朱迪斯·巴特勒主体哲学思想及其文化政治批判

王 慧 著

ZHEJIANG UNIVERSITY PRESS
浙江大学出版社
·杭州·

本书系教育部人文社会科学研究项目（项目批准号：20YJC751026）与中国博士后科学基金资助项目（项目批准号：2020M671799）最终成果。

序

姚文放

　　王慧的专著《朱迪斯·巴特勒主体哲学思想及其文化政治批判》即将出版了，这是值得庆贺的事儿。在我记忆中她还是2016年提交毕业论文时的模样，当年她就凭借这火红色的封皮包裹的20余万字的毕业论文一举通过论文答辩，获取了博士学位。现今她交给我的书稿已扩充到30余万字，增加了若干篇章，提出了许多新的问题、新的构想、新的观点，可谓洋洋大观了。

　　该书对朱迪斯·巴特勒的研究是从主体哲学出发，在文化政治批判的框架中进行的，用王慧的话来说，巴特勒的理论呈现出强烈、鲜明的文化政治批判意味，其中所涉性别政治、身体政治、性政治、生命政治、共居政治等都是在跨文化空间中展开的文化政治批判。不过王慧也指出，对于中国学界来说，巴特勒并不是一个十分熟悉的名字，可以说对巴特勒的研究还处于起步阶段，对其理论的整体性研究，特别是中国化视域的研究少之又少。

　　朱迪斯·巴特勒是一位资深而多产的学者，已出版15部独著、15部合著，在学术刊物上发表了大量学术论文，另有不少随笔札记、访谈和公共演讲等形式的文章。按说就凭这般巨量的著述，巴特勒也不至于在中国学界遭遇如此的低迷和冷落啊。

　　常言道，事出反常必有妖。在这个问题上，我有一种直觉，这一反常情况可能与学界对文化政治的偏见和拒斥有关。

关于这一点，还需从"文化政治"的最早的倡导者特里·伊格尔顿说起。伊格尔顿作为"新马克思主义"的代表人物之一，在美学、文学理论等方面提出了许多创见，其中一个重要的观点是"我们所研究的文学理论是政治性的"[1]。这一判断首先是针对种种形式主义和唯美主义批评谋求"纯文学理论"的主张，在他看来，在"纯文学理论"搁置历史与政治的企图中再清楚不过地表现出它们的意识形态倾向，因此不应因文学批评具有政治性而对其横加责备。但这还不是最主要的，伊格尔顿强调文学理论的政治性还大有深意在，他说得很清楚："一切批评在某种意义上都是政治的，人们往往把'政治的'一词用于政见与自己不一致的批评，这里讲的不是这个意思。"[2]这就确认了他并非将"政治的"一词用于关乎政见或党争的批评，不愿为那种根据政治信念和行动来进行阅读的"政治批评"站台。那么，伊格尔顿是为何种"政治批评"进行争论呢？他所说的"政治批评"是什么意思呢？关于这一点，伊格尔顿在其《文学原理引论》的"结论"开头就有过提示："我所说的政治无非是指我们组织社会生活的方式，以及它所包括的力量对比关系"，他以南非的体育运动为例，指出"从一开始这就是一个政治问题"。[3]将政治拉进体育运动，这与通常人们所理解的"政治"大相径庭，但又确乎已成为当今世界见怪不怪的常规，譬如说"乒乓外交"，就是地地道道的"政治"。这就有了另一种"政治"。

这另一种"政治"其实就是伊格尔顿后来力倡的"文化政治"。伊格尔顿最初在《文化的观念》（2000）中关注到"文化政治"或"文

1　特里·伊格尔顿：《文学原理引论》，文化艺术出版社，1987年版，第229页。

2　特里·伊格尔顿：《文学原理引论》，文化艺术出版社，1987年版，第247页。

3　特里·伊格尔顿：《文学原理引论》，文化艺术出版社，1987年版，第228页。

化政治学"[1] 的问题，后来在《理论之后》（2003）中对之进行了比较充分的论证。他先是发现了 20 世纪 60 年代以来，"文化"概念的内涵发生了重大变化，从自身的本义变成了对国别的、性别的、种族的、地域的特殊身份的认定，这种种文化身份已经从解决问题的办法一跃而成为问题本身，从而"过去几十年间支配全球议事日程的激进政治的三种形式——革命的民族主义、女权主义和种族斗争，作为符号、形象、意义、价值、身份、团结和自我表达的文化，正好是政治斗争的通货"[2]。"文化政治"就此进入了伊格尔顿的理论视野，成为"政治批评"的重要方面。在他看来，从文学向文化政治学的转移乃是顺理成章之事，因为连接这两个领域的是主体性的观念。文化具有鲜明的社会主体性，那些受过主体性科学的训练的文学批评家也完全有资格讨论文化问题，因而这种转移并不是不合逻辑的。

不过伊格尔顿进一步指出，"文化政治"概念的内涵还有待于明确，任何政治变革都扎根于人们的感情和观念之中，如果这种变革得不到他们的赞同，不与他们的需求紧密相连，那是不可能持久的。而"文化政治"研究不仅与真理、理性、信仰有关，而且与性别、种族、民族相涉，其中的内涵极其丰富多彩，乃是一个完整的人性的世界。伊格尔顿说："文化理论的作用就是提醒传统的左派曾经藐视的东西：艺术、愉悦、性别、权力、性欲、语言、疯狂、欲望、灵性、家庭、躯体、生态系统、无意识、种族、生活方式、霸权。无论如何估量，这都是人类生存很大的一部分。"[3]

然而不争的是，上述林林总总恰恰是当代诸多学派、知名学者

1　关于这两个概念，可以参照姚文放：《从形式主义到历史主义：晚近文学理论"向外转"的深层机理探究》，北京大学出版社，2017 年版，第 59—61 页。

2　特里·伊格尔顿：《文化的观念》，方杰译，南京大学出版社，2003 年版，第 44 页。

3　特里·伊格尔顿：《理论之后》，商正译，商务印书馆，2009 年版，第 30 页。

高度关注、人人争说的问题，如果往上追溯的话，即便马克思、恩格斯的理论学说，也从未将之排除在研究的视野之外。他们提出了"两种生产"的理论，肯定生活资料的生产和人类自身的生产即种的繁衍是人类两种最基本的生产活动；他们研究过妇女解放和男女平等的问题；阐述了民族与阶级、民族解放与社会革命的关系问题；讨论了殖民主义的问题，特别是针对中国问题写过多篇文章，对于西方列强对中国发动的殖民战争作了大量经典性的论述；他们还对殖民主义推行的种族主义和种族歧视予以谴责。总之，有理由认为，马克思、恩格斯的上述理论，恰恰构成了如今"文化政治学"的先声。

可见文化政治学作为文化研究取得的一项重要成果，标志着与社会政治相对应的另一种价值系统的生成。无论是社会政治还是文化政治都旨在处理和协调人际关系，区别只在于前者主要处理以社会体制体现的人际关系，涉及国家、政府、议会、党派、外交、工会、法院、警察等；而后者则主要协调以文化身份构成的人际关系，涉及性别、性、民族、种族、族裔、年龄、地域等。这两者都有一个核心问题——权力问题，包括权力的掌握、支配、抗衡、斗争等运作方式，只不过这种权力运作方式前者是在社会体制层面上加以实施，而后者则是在文化身份层面上得以体现。

但是，文化政治学从诞生之日起，就屡遭"非政治"的诟病，以至于伊格尔顿在《理论之后》中不得不大费周章来加以说明。其实他在《文学原理引论》中就已对此作了不乏预见的论述："认为存在着批评的'非政治'形式的想法，只是一个神话，它促使文学的某些政治用途更为有效。"[1] 伊格尔顿将"政治批评"与"非政治批评"的差别比作首相和君主的差别：君主往往装作若无其事而提出某些政治目标，

1　特里·伊格尔顿:《文学原理引论》，文化艺术出版社，1987 年版，第 244 页。

而首相却总是表现得无所顾忌，十分直率。其实"这两种批评家之间的差别不是非政治的和政治的批评之间的差别。这是不同的政治形式之间的差别"[1]。可见这里"政治批评"与"非政治批评"就像钱币的两面，本来就属于同一个东西。

伊格尔顿指出，对文化政治持排斥立场的现代文学理论有一种不良倾向，那就是以枯燥乏味的概念探索代替了有血有肉的日常生活，对生动活泼的真实历史实行了"飞越"："现代文学理论叙述的竟是如何飞越这些现实，而一头扎进似乎是茫茫无边的选择之中：诗作本身、有组织的社会、永恒的真理、想象、人的思维结构、神话、语言等等。"这种概念化、教条化的做法透露了一种极端主义的倾向："它那固执、任性、无休止地多方拒绝承认社会的与历史的实际。"[2]

令人不解的是，这种被伊格尔顿斥为概念化、教条化的文学理论至今在我们这儿仍像阿Q的子孙一样绵绵不绝，一直有人将伊格尔顿的"文化政治"视为"非政治化"，甚至进一步将对"文化政治"进行的研究也视为"非政治化"。这种偏执大大地妨碍了对于"文化政治"问题的深入研究，小而言之是压制了原本可以激发创造性、建构性的学术新域，大而言之则是无端放弃了包括马克思、恩格斯的理论学说在内的进步的、合理的理论原本可以争取的地盘。

从这个意义上说，王慧该书的问世不仅让中国读者进一步了解和熟悉了朱迪斯·巴特勒，而且也推进了对于"文化政治"的中国研究，其学术价值和理论意义是值得充分肯定的。

1　特里·伊格尔顿：《文学原理引论》，文化艺术出版社，1987年版，第245页。

2　特里·伊格尔顿：《文学原理引论》，文化艺术出版社，1987年版，第230页。

目录

引 论

对于当下学界来说，朱迪斯·巴特勒（Judith Butler，1956— ）已经成为当代女性主义、性别研究、酷儿研究、政治哲学、社会伦理学、文化批判等多个领域不可逾越的一个名字。她集多重标签于一身：第三次女性主义浪潮的领军人物，美国后结构主义哲学家、后现代主义思想家、后女性主义理论家、后马克思主义女权主义者、酷儿理论家、批判性知识分子、文化批评家等。有趣的是，巴特勒本人拒绝任何固定的身份类型，"对于身份类型这种东西，我一向感到十分不安，我把它们看作一种避不开的障碍，我把它们理解为或者说是提升为一种不可避免的麻烦"。对于这种麻烦她很感兴趣，因为"恰恰是这些类型的不确定性造成了一种愉悦"，但是，一旦把她"放进一个身份类型之中"，她又会"转而反对那个类型所代表的性倾向，而对于任何身份类型都是这样，只要它想要控制这种性欲倾向，它认为自己可以描述和恩准这种性倾向，至少是想去'解放'这种性倾向，我就会去反对它"。[1] 对于身份的警觉，使巴特勒不断挑战各种话语、学科之间的边界，并参与各种社会文化运动与话语实践。综观巴特勒的学术道路，多重的文化身份、多元的研究视角以及宽

1　[美]朱迪斯·巴特勒：《模仿与性别反抗》，李银河主编：《妇女：最漫长的革命——当代西方女性主义理论精选》，中国妇女出版社，2007年版，第214页。

1

阔的研究视域，形成了错综复杂的理论体系。这无疑给巴特勒的研究带来一定的难度，对其思想的把握也容易出现偏差。而强烈的社会干预、深切的现实关怀以及巨大的学术影响又使其成为当今学术界一个颇具开放性与现实意义的研究课题。

16 岁那年的出柜风波让巴特勒遭受严厉的道德谴责，成年后失去工作、爱人和家庭的景况给巴特勒带来严重的精神创伤。但确如巴特勒自己所说，幸运的是这些伤痛并没有阻止她"追寻乐趣，以及坚持为自己的性 / 别生活寻求合法的承认"，正是因为对生命被暴力排除的承受，对被剥夺了生命权利甚至被宣判了"死刑"的幽闭的存在状态的深切体会，巴特勒的著作呈现出一种对生存 / 生命的强烈欲望和顽强努力：如何"生存下去"，如何"让生命可能"，以及如何"重新思考这些可能性"。[1] 这里的生命不是形而上的抽象生命，而是一种鲜活的现世生命，是作为活生生的人的生命。生命作为巴特勒理论视野的一个范畴，并没有局限在性别领域，而是指向更广阔的身体、阶级、种族、宗教、政治、伦理等领域中那些遭受社会规范排斥、否定或抹除，甚至遭受社会暴力的边缘性个人或群体，这让巴特勒的理论呈现出强烈鲜明的文化政治批判意味。

这里，必须对"文化政治批判"概念做一个清晰的界定。首先，这里的"批判"不是一种负面的评价或谴责，而是继承康德批判传统的判断和审视之意。其次，这里的"文化政治"与葛兰西最早作为整体概念提出的"文化政治"不同，它是由文化的政治化和政治的文化化这两个双向互逆过程共同催生出来的一个概念，特别是受福柯微观话语权力理论的影响，摆脱了宏观政治的影响，演变为泛化

1　[美]朱迪斯·巴特勒：《性别麻烦：女性主义与身份的颠覆》，宋素凤译，上海三联书店，2009 年版，"序（1999）"第 13—14 页。

的、文化意义上的政治。但"文化"政治作为文化"政治"，不变的是对文化中"权力"的聚焦与关注，文化政治探讨的正是文化中的权力问题。恰如姚文放先生所说，"无论是社会政治还是文化政治，其核心问题都是权力的问题，包括权力的分配、使用、执行、生效、争夺、转移、巩固、延续等要义"，而"文化政治则主要指性别、种族、民族、族裔、性、年龄、地缘、生态等文化权力关系"。[1]姚文放先生是国内"文化政治"最早的倡导者之一，他系统梳理了这一概念的缘起和文化内涵。1991年，美国非裔女作家贝尔·胡克斯第一次提出"文化政治学"（Cultural Politics）概念，后经由格伦·乔丹、克里斯·威登、艾伦·森费尔德的推广，特别是弗雷德里克·詹姆逊和特里·伊格尔顿的大力推崇，"文化政治"概念已经成为"时下崭露头角并迅速趋热的新概念和关键词"。[2]然而，国内学界对于这一概念还相对陌生，有待深入研究。姚先生认为"文化政治"具有非常丰富的文化内涵，"从时间上说，它是一种后现代政治；就其表现形态而言，它是一种具体政治；就其重要性而言，它是一种边缘政治；从其世俗性来说，它是一种日常生活政治；就其学理性质而言，它是一种学术政治；就其心理特点而言，它是一种欲望政治；从传统观念看来，它是一种非常规政治；从正统观念看来，它是一种非正式政治"。[3]文化政治复杂纷纭的文化内涵展现了极其广阔的研究空间，如果说社会政治领域更适合政治家去关注，那么文化政治领域则更值得文化学者去垦拓和耕耘。

福柯认为"权力"比法律和国家机器更复杂、更稠密，更具有

1 姚文放：《从形式主义到历史主义：晚近文学理论"向外转"的深层机理探究》，北京大学出版社，2017年版，第61页。

2 姚文放：《从形式主义到历史主义：晚近文学理论"向外转"的深层机理探究》，北京大学出版社，2017年版，第59—60页。

3 姚文放：《文化政治三维度》，《求是学刊》2011年第2期，第100页。

渗透性，姚先生认为福柯对权力的论述说明，"文化政治在性、性别、种族、民族、年龄和时空等方面所涉及的文化权力关系更加切近人的生命、人生、家庭、族类、肉身、官能、欲望、情感等个体性、私人性、血缘性、生理性的部分，这是每个人从出生起就置身其中且终身不能摆脱的命运际遇，更多自然淳厚的人间气、人情味和草根性"。这也使得文学理论不再是一种"不食人间烟火"的理论，而是"一个完整的世界、人性的世界"。[1] 姚先生认为，其实"文化政治从未在学术理论中缺席"，"例如法兰克福学派中人霍克海默、马尔库塞、阿多诺、本雅明、哈贝马斯等，颇多关于文化政治的论述。又如晚近的文化理论家像罗兰·巴特、朱丽娅·克里斯蒂娃、利奥塔、德里达、拉康、福柯、阿尔都塞、亨利·勒菲弗尔、布尔迪厄、鲍德里亚等，对于文化政治的研究也情有独钟"，甚至"马克思、恩格斯的理论学说，也从未将性、性别、民族、种族、殖民主义等问题排除在它的研究之外"，而且马克思与恩格斯的这些理论"当为如今文化政治研究的先声"。[2] 正是由于文化政治的介入，晚近的文学理论在很多方面发生了后现代转折。

姚先生认为，"文化政治与社会政治从来就是一种互待、互动、互补的关系，只不过它在今天得到了充分凸显，更加引起人们的关注而已"。[3] 与社会政治相比，文化政治更富于文化意味，"这种宽容的、柔性的微观政治，作为社会结构中缓解紧张、释放能量的缓冲带，是任何时代、任何社会都需要的，从而对于宏观政治的合理和

1　姚文放：《从形式主义到历史主义：晚近文学理论"向外转"的深层机理探究》，北京大学出版社，2017年版，第62—63页。

2　姚文放：《从形式主义到历史主义：晚近文学理论"向外转"的深层机理探究》，北京大学出版社，2017年版，第63页。

3　姚文放：《从形式主义到历史主义：晚近文学理论"向外转"的深层机理探究》，北京大学出版社，2017年版，第64页。

完善不乏补偏救弊作用"。姚先生强调，"其实对于整个政治生活来说，也许微观政治更重要、更加不可或缺"，因为文化政治的那些权力关系是通过种种细微的通道渗入日常生活和个人存在的，对于种种社会问题更能作出即时反应和积极干预。所以，文化政治"更切近人们的人生、生命和生活，更关心人的命运遭际，更多倾听人的悲欢和歌哭，比起社会政治的宏大叙事来，更多对于人本身的体贴和担当"。[1] 可见文化政治本身就具有鲜明的文化批判意味，即对于"以人为本"理念的张扬。[2] 最后，姚先生强调必须对文化政治的性质进行重新考量，虽然从表面上看，文化政治"不像社会政治那样直接诉诸政治实践"，它似乎主要是"一种诉诸文本的'学术政治'和'审美政治'"而非"实践政治"，但是从它对社会政治的重大影响看，可以首肯弗雷德里克·詹姆逊的见解："在这种时候，谁要是仍然把学术政治和知识分子的政治主张仅仅看作是'学术'问题，就显得不明智了。"[3]

如果说"文化政治"的开创者贝尔·胡克斯具有的特殊的身份使其提出的议题成为一个集地缘、阶级、性别、种族、民族和族裔问题于一身的文化符号，成为多种文化政治的交集，是文化政治的一个样本，那么，朱迪斯·巴特勒关注的性别、身体、性、生命与共居等议题也是一种文化政治，具体说，是一种微观政治、一种边缘政治、一种实践政治，这也可以被看作文化政治批判的一个样本。更为重要的是，巴特勒在跨文化空间中展开的文化政治批判，并不是一种凌空高蹈式的理论分析，也不是枯燥乏味的空头说教，而是以

---

1 姚文放：《从形式主义到历史主义：晚近文学理论"向外转"的深层机理探究》，北京大学出版社，2017年版，第64—68页。

2 姚文放：《审美文化学导论》前言，社会科学文献出版社，2011年版，第14页。

3 姚文放：《从形式主义到历史主义：晚近文学理论"向外转"的深层机理探究》，北京大学出版社，2017年版，第70—73页。

深切关注主体述行生成中的他者生命来展开论述和阐发的，并作为一种实践政治以期实现现实社会的转变。

现任教于美国加州大学修辞学与比较文学系的巴特勒1984年在耶鲁大学获得哲学博士学位，其博士论文《欲望主体：二十世纪法国哲学的黑格尔反思》（*Subjects of Desire: Hegelian Reflections in Twentieth-Century France*，1987）考察了黑格尔哲学在20世纪法国哲学领域产生的深远影响。从总体看，《欲望主体：二十世纪法国哲学的黑格尔反思》是巴特勒理论生涯一部重要的哲学或纯理论著作，初显了巴特勒理论的根本核心和思想走向。巴特勒说自己所有的著述从某种意义上说都围绕着黑格尔式的哲学问题展开：欲望与承认之间是什么关系，他异性对主体的生成有何作用，或者说主体与他者之间应该保持一种怎样的激进且富有建设性的关系。[1]特别是后来增补的最后一章对巴特勒以后的学术生涯产生了巨大影响，巴特勒日后关注的诸多问题也在这一章初见端倪。可以说，《欲望主体：二十世纪法国哲学的黑格尔反思》与之后的《权力的精神生活：服从的理论》（*The Psychic Life of Power:Theories in Subjection*，1997）、《说明自我》（*Giving an Account of Oneself*，2005）、《主体诸意义》（*Senses of the Subject*，2015）等著作一起奠定了巴特勒文化政治批判的哲学基础。

在随后的学术生涯中，巴特勒受到当代法国批评理论的冲击和后结构主义、语言学转向（尤其福柯话语理论）的影响，思想不断呈现关键性的转变[2]。首先从对主体哲学的探讨具体化为对性别主体

---

1 Butler, J. *Subjects of Desire: Hegelian Reflections in Twentieth-Century France*. New York: Columbia University Press, 2012. p. xiv.

2 这里没有使用"转向"一词，因为巴特勒自己并不认同这种说法，虽然其思想并没有一条线性发展的路径。通读巴特勒的作品，会发现她一直关注政治与伦理问题，所以，与其说她的关注点有所转向，不如说在不同作品中阐发问题的方式不同。

和身份的思考，这个转变使得巴特勒成功介入女性主义理论，这是巴特勒主体理论在性别领域的具体化，成为文化政治批判的起点，同时也是其成名作《性别麻烦：女性主义与身份的颠覆》(*Gender Trouble: Feminism and the Subversion of Identity*，1990）得以生成的理论契机。其中提出的"性别述行"(gender performativity)[1] 理论引起来自学界各领域学者广泛而深入的探讨，不断被引用并引发持续争议。在某种程度上说，"性别述行"理论已经成为巴特勒独有的个人标识。这本著作使巴特勒收获了无数荣誉，当然其中也不乏否定之声，甚至是严苛的人身攻击。巴特勒积极参与到这些论争之中，不断修正并丰富述行理论，陆续出版了一系列著作，包括专著《身体之重：论"性别"的话语界限》(*Bodies That Matter: On the Discursive Limits of "Sex"*，1993）、《权力的精神生活：服从的理论》(*The Psychic Life of Power: Theories in Subjection*，1997）、《一触即发的话语：述行政治》(*Excitable Speech: A Politics of the Performative*，1997）、《安提戈涅的诉求：生与死之间的亲缘关系》(*Antigone's Claim: Kinship Between Life and Death*，2000），以及《女性主义论争》(*Feminist Contentions*，1995）、《偶然性、霸权和普遍性——关于左派的当代对话》(*Contingency, Hegemony, Universality——Contemporary Dialogues on the Left*，2000）、《何谓左派理论？新文学理论政治研究》(*What's Left of Theory? New Work on the Politics of Literary Theory*，2000）等几本合集。在这些著作中，巴特勒延续了对述行理论的探讨，将争论议题延伸到身体、乱伦禁忌、亲属关系、跨性、双性、性别诊断和变性手术等领域，探讨社会规范与承认和差异政治。她认为必须

---

1 gender performativity被译为"性别述行""性别操演""性别表演"等，这里采用"性别述行"的译法。

把性别问题和种族、阶级、族群等各种作为区分"人的资格"的概念隔栅联系在一起加以思考，将对性别规范的批判置于人类生存与延续的框架之内，并将其共同涵盖在一个问题之下：关于"人"的规定性。同时，巴特勒也与南希·弗雷泽（Nancy Fraser）、德鲁西拉·康奈尔（Drucilla Cornell）、塞拉·本哈比（Seyla Benhabib）、斯拉沃热·齐泽克（Slavoj Zizek）、埃内斯托·拉克劳（Ernesto Laclau）这些具有相对类似学术背景的理论家展开了积极而有益的对话。

"9·11"事件使巴特勒的思想和理论重心又发生了微妙的转变，种种"失去"直接促使她反思政治领域的现实暴力，并以此重估现实政治的伦理基础。这时的巴特勒针砭时弊，对社会政治进行犀利深刻的批判。这集中体现在这样几部著作中：《偏见的表象：美国反歧视法的逻辑》（*Prejudicial Appearances: The Logic of American Antidiscrimination Law*，2001）、《脆弱不安的生命：哀悼与暴力的力量》（*Precarious Life: The Powers of Mourning and Violence*，2004）、《消解性别》（*Undoing Gender*，2004）、《说明自我》（*Giving an Account of Oneself*，2005）、《战争的框架：生命何时值得哀悼》（*Frames of War: When Is Life Grievable?*，2009）、《犹太人欲求什么？关于异国民族主义与其他幽灵》（*What Does a Jew Want? On Binationalism and Other Specters*，2011）、《宗教在公共领域的权力》（*The Power of Religion in the Public Sphere*，2011）和《殊途：犹太人和犹太复国主义的批判》（*Parting Ways: Jewishness and the Critique of Zionism*，2012）等。巴特勒将政治批判的视野扩展到社会政治领域，关注更为广泛迫切的政治与伦理议题，涉及那些被政治主体排除在外的社会贫民、未开化民族、殖民地人民的生命权利，民族战争，恐怖组织袭击等社会政治问题，批判各种权力暴力，回归到社会政治领域关于人的自由、权利、责任、意义等与生命有关的话题，以及对于规范框架和霸权话语的哲学思考，将生命权力问题再度哲学化，以期最终走出忧郁逻辑，维护脆弱不安的生命，共建人类家园。这也可以看作巴特勒文化政治批判对社会政治批判的一种干涉、调节和修补的尝试。

巴特勒主要通过随笔札记、采访会谈集、公共演讲集等方式，集中探索国家暴力的当代社会政治，批判种族暴力，提倡共居（Cohabitation）政治，致力于创建一种伦理责任，发表了大量有关战争、政治的时论。比如：《褫夺：政治述行》(*Dispossession: The Performative in the Political*，2013)、《主体诸意义》(*Senses of the Subject*，2015)、《集会的述行理论注解》(*Notes Toward a Performative Theory of Assembly*，2015)、《非暴力的力量》(*The Force of Non-Violence*，2020)等。巴特勒因而被视为当代最具影响力的批判型知识分子的代表。

新冠疫情突然降临，空气中处处弥漫着疾病和死亡的气息。面对这场全球公共健康灾难，世界人民都在期待着疫苗的诞生。巴特勒关注疫情，担忧疫情会给社会边缘性他者带来灾难性毁灭。她在谈到新冠病毒疫苗公正分配问题时说，假如新冠病毒疫苗试验成功，它会不会跨越国界、种族、性别、贫富等所有边界和障碍，让每一个人都能仅仅由于"人"的身份而获得它和使用它？巴特勒担忧西方资本主义国家会由于民族主义、种族主义、性别歧视，及对老人和其他弱势群体的冷漠让许多人得不到这一疫苗的保护。[1]在疫情大流行的同时，巴特勒敏锐觉察到西方许多国家都出现了"反性别运动"（Anti-gender movement），抵制与有色人种、性少数和种族主义等主

---

1 肖巍：《渴望一个新世界：疫情下资本主义的局限性——从朱迪斯·巴特勒就"新冠病毒疫苗公正分配"著文谈起》，《中国妇女报》2020 年 3 月 31 日。

题相关的书籍。巴特勒在"第一本非学术性质"的作品《谁在惧怕性别？》（*Who's Afraid of Gender?*，2024）中指出，在疫情的背景下兴起的这种"性别恐慌"运动其实源自一种对性别的妖魔化想象。基础设施的失灵、移民潮带来的恐慌、对失去白人至上主义认同的焦虑，使得许多人迫切地需要寻找一种"问题的根源"，而"性别"则凝结着社会和经济的焦虑，被视为一种"入侵式的力量"，这也进一步强化了对"性别"作为一种破坏性力量的想象，性别变成一种幻影，甚至是威胁本身。[1]巴特勒一如既往地深邃敏锐，不断拓展着文化政治批判的范围。

从以上梳理可以看出，巴特勒的文化政治批判建立在主体哲学的基础之上，以性别身份和述行理论为起点，不断将主体形成的述行逻辑扩展到更为广阔的身体、种族、阶级、族裔以及当代社会政治、反恐战争等批判视域中，形成性别政治、身体政治、性政治等多个主体理论视域，最终经由生命政治的伦理批判归趋于共居政治。所以，巴特勒看似断裂的各种话语实践之间，其实有着自身演进的内在理路，并贯穿着一条理论主线：始终以生命关注为核心，对那些被社会各种规范排除在规范主体之外的边缘性他者，甚至失去做人资格的生命和群体保持始终关注。本应属于主体一部分的他者生命，却作为"构成性外在"被排斥在主体之外，成为一种边界外的存在。如果说一般的主体理论是从内在构成的角度探究主体的建构，那么巴特勒则侧重探究主体是怎样通过各种排除性机制来建构和再现的，将重点放在主体建构过程中被排除在外的"构成性外在"上，即那些本应该作为主体构成性存在却被主体排除在外的生命和群体。其目

---

1 刘亚光：《朱迪斯·巴特勒首部非学术作品将出版，关注被想象的性别》，《新京报·书评周刊》2021 年 12 月 14 日。

的是为"构成性外在"的他者群体争取成为"人"的资格，打开各种可能性的生命领域，从而实现主体的重构。但是，这种重构不是简单地将这些边界外的生存主体纳入现有规范体系内，而是通过对规范体系本身的反思与批判，打破既定的主体边界，重建一个更具有普遍性和包容性的主体范畴，使之能够容纳原来所不能容纳的，实现原来不可能实现的，这是一种本体论意义上的重构。而且，这种重构本身是一种述行性活动，无始无终，用巴特勒的话说，这是一种"述行性主体"，它将主体建构成一个具有永久性争议的开放性场域。这体现出巴特勒理论背后执着的现实关切，具有强烈的文化政治倾向。巴特勒笔耕不辍，呈现出理论视域和理论建构的不断深入和拓展，形成了广阔的文化政治批判体系。

无论是在国外还是国内，巴特勒研究都是一个正在深化并仍需进一步发掘的开放性领域。巴特勒的批判思想有待进一步深入阐发，其批判体系需要更加细致的梳理和阐述，对其学术定位和理论价值也需要在深化认识的基础上做出更加客观合理的评估。基于此，本书拟在当今理论转向与范式转换的背景下，尝试从"文化政治"的视角廓清其基本理论视域，对巴特勒的主体哲学沉思及其对当代社会特定领域主体命运的文化政治批判进行系统研究。首先，理清"主体"概念在西方哲学史中的发展历程，探讨巴特勒主体哲学思想体系的建构。对主体本体论意义的重构始终贯穿巴特勒思想发展的各阶段，这构成其文化政治批判实践的深层哲学基础。其次，系统探究文化政治批判的逻辑性展开及其生成机制与衍变理路。本书将巴特勒的文化政治批判概括为性别政治、身体政治、性政治、生命政治、共居政治五个方面，探讨它们在具体社会语境中的内在关联、权力运作及其话语策略，构建其文化政治批判体系，这也是巴特勒主体哲学介入文化政治批判的内在逻辑。最后，探讨巴特勒在中国的接受与中国社会主义女性主义的跨国生产，并对中国特有的性别理论研究与话语实践进行梳理与审视。

综观巴特勒的学术道路，其理论体系涉及黑格尔哲学、法国哲学、女性主义、性别理论、酷儿理论、精神分析理论、伦理学、当代政治批判与犹太哲学等诸多研究领域。其中，文化权力关系始终是巴特勒思想的重心，使其看似断裂无关的诸多议题形成一个横牵纵连的理论体系：以主体哲学为核心，以述行为运作逻辑，以生命关注为旨归，始终关注被社会规范与霸权话语排除、否定、抹杀的边缘性他者，以共建全球人类宜居的家园。阅读巴特勒的著作，犹如攀爬德勒兹的"千高原"，层峦叠嶂，但却充满无穷诱惑。

第一章
主体哲学：文化政治批判的理论基础

　　主体（subject）是西方哲学一个极为重要的概念。在哲学中，主体指一种有着主观体验或与其他实体（客体）有关系的存在，作为"实施行为并为之负责的个人或实体"，主体常常被当作"人"的同义词，或指涉人的意识。自笛卡儿以来，"主体－客体"问题，或者说主体与客体的分离就被看作西方思想的根本问题。对笛卡儿而言，"主体"特指一种有着充分意识的思想着的"主体"，尤其是思维或自我，即思考着的、认知着的行为者。因此主体优于客体，如果没有主体的认可，客体就没有本质或者根本无法存在。不过在笛卡儿这里，主体这个"思考的自我"代表"知识的实质领域"，只有认识论的作用，而没有任何伦理内涵。到了德国古典哲学，"主体"的词义发生了重要演变，康德赋予主体伦理意义。康德的批判哲学强调个人运用自身理性的力量，他关于启蒙的名言"勇于运用你自己的理性"所体现的敦促主体运用自身理性的观念不仅是启蒙和现代性最核心的特征，也是主体性的核心特征之一。主体成为"主动的心灵或思考的原动力"。这里我们要注意的是，康德的主体不仅是一个有着理性思维和经验思维、组织着自己对物质世界的感知的个别主体，还是一个有着自由，从属于道德法则的行为者。从康德对启蒙的定义中我们可以得到现代主体性的两个基本特征：一，个体自身有着理性的力量，能够运用理性进行抉择，即他并不受合理性的宇宙秩序所约束；二，个体因此能够自由地进行抉择。到了黑格尔那里，"主体"一词有了更宽泛的意义，不再局限于个体或个人，而是指涉有自我意识的、自我调节的社会行为者。它既指集体，也指个人，即黑格尔将主体看作一个有自我意识的活动体系。因此在传统哲学中，主体既是知识的根源，也是伦理责任的根源，甚至是社会革命的执行者（马克思主义哲学）。就是说，自我被看作一个根本的、明确无疑的东西以及一切认知和意义的最终起源。因此，自笛卡儿确立近代哲学以降，主体的存在就一直被认为是最基本的认识论现实。[1] 人们常常把主体理解为一个现成的"什么"，一个像"物"一样的"东西"，"为了征服世界"，主体"必须担当导演的角色"[2]。然而，如今这一现代主体正处于一种危机中。20 世纪的现象学和存在主义、精神分析理论、结构主义、后结构主义和后现代主义阵营都尝试从不同的视角重新思考主体问题。当代西方学者诸如巴迪欧、福柯、德勒兹、德里达、齐泽克、哈贝马斯、让－吕克·南希等都有各自关于主体的独特思考。尤其是福柯那句"人将被抹去，如同大海边沙地上的一张脸"[3]，让人对当代主体的命运唏嘘不已。

巴特勒对"主体"的探索始于黑格尔哲学，恰逢西方现代主体观念衰落与转化的关键时期。巴特勒站在内部批判的立场，以一个更高的融合视点，兼容并包，尝试建构适合自己政治目标的主体理论。在巴特勒的理论视域中，主体是一个具有不同层次和范围的复杂体

1　汪民安主编：《文化研究关键词》之"主体"词条，江苏人民出版社，2011 年版，第 500—503 页。[英]雷蒙·威廉斯：《关键词：文化与社会的词汇》之"Subjective（主观的、主体的）"词条，刘建基译，生活·读书·新知三联书店，2016 年版，第 519—525 页。

2　[德]彼得·毕尔格：《主体的退隐：从蒙田到巴特间的主体性历史》，陈良梅、夏清译，南京大学出版社，2004 年版，第 34 页。

3　[法]米歇尔·福柯：《词与物——人文科学考古学》，莫伟民译，上海三联书店，2001 年版，第 506 页。

系，既包括哲学主体的理论探讨，也包括各种具体化的主体实践；既指个人主体，也指群体主体。从哲学领域的欲望主体到女性主义与性别研究领域的性别主体、身体主体，再到社会政治领域的种族主体、阶级主体、宗教主体，统合于对生命主体的思考，体现了巴特勒对主体生命的终极关怀意识。可以说，巴特勒的主体理论是一个涵盖社会、政治、文化等领域的理论体系。

巴特勒关于主体的观点主要散见于《欲望主体：二十世纪法国哲学的黑格尔反思》《权力的精神生活：服从的理论》《说明自我》和《主体诸意义》四部论著中。本章主要以这四部论著为主，探寻巴特勒主体理论的发轫发展历程，追踪其不同时期对主体认识的动态轨迹。这四部作品的内容大多为哲学层面的探讨，几乎没有涉及最为人们熟知的、具有代表性的性别、身体等议题，所以早些年不论是在中国学界还是在西方学界很少有人关注。但从最近的学术动向看，这些著述也逐渐受到学者们的关注，它们所探讨的议题包括主体的塑形理论及权力运作机制、主体生成的困境及二重性、各种主体建构的否定排斥机制连同主体理论背后深藏的现实关切，主体自我与他者的关系等问题。可以说，对主体哲学的思考和论述始终贯穿着巴特勒思想发展的各个阶段，构成了巴特勒文化政治批判的深层哲学基础与理论基石。所以要想深入了解巴特勒文化政治批判及其背后的现实关切情怀，必须将主体哲学作为其文化政治批判研究的出发点。

第一节　欲望主体：主体哲学的生成语境

巴特勒在博士学习期间，主要受到黑格尔哲学和现象学的影响，其博士论文《欲望主体：二十世纪法国哲学的黑格尔反思》就是来源于黑格尔《精神现象学》中"欲望"一词。后来巴特勒遭遇了当代法国理论，其学术生涯戏剧性地发生了第一次转变。博士论文出版时增添了一章《欲望的生死搏斗：黑格尔与当代法国理论》，很明显这是当代法国理论冲击的结果。从目前的研究看，《欲望主体：二十世纪法国哲学的黑格尔反思》并没有受到过多的关注，巴特勒自己说它是"年少无知"的作品，论述也略显枯燥乏味，但是实质上它仍不失为巴特勒一部极为重要的哲学或者纯粹理论著作，不但标志着巴特勒求学期间受到的德国古典哲学、现象学、法兰克福学派、批判理论等学术训练，也预示了巴特勒的学术道路和思想走向，同时也初显了巴特勒理论最根本的现实关切。巴特勒说自己所有的著述从某种意义上说都围绕着黑格尔式的哲学问题展开：欲望与承认之间是什么关系，他异性对主体的生成有何作用，或者说主体与他者之间应该保持一种怎样的激进且富有建设性的关系。[1]然而，《欲望主体：二十世纪法国哲学的黑格尔反思》一书的精髓还不仅在于此，其中揭示的黑格尔式主体困境，即"欲望主体"在当代理论语境中面临的决定论与唯意志论的深刻悖论，几乎贯穿在巴特勒所有著作中，构成了巴特勒理论的出发点和重心，成为巴特勒此后所有著述力图阐发、调和与澄清的核心问题，特别是后来增补的最后一章对巴特勒此后的学术生涯产生了巨大影响。巴特勒日后关注的诸多问题，比如性别主体、身体主体、权力主体等，也在这最后一章初见端倪。

《欲望主体：二十世纪法国哲学的黑格尔反思》以黑格尔《精神现象学》为蓝本，从哲学层面探讨了所谓黑格尔式主体在 20 世纪法

1　Butler, J. *Subjects of Desire: Hegelian Reflections in Twentieth-Century France*. New York: Columbia University Press, 2012. p. xiv.

国哲学领域的文化翻译和接受境况，包括亚历山大·科耶夫、让·伊波利特、萨特以及当代法国学者德里达、福柯、拉康、德勒兹等人对黑格尔主体思想的解读或批判，试图勾勒出一个重要比喻的哲学发展历程。在巴特勒对黑格尔哲学理论的复述中，重点突出了黑格尔式哲学的两个方面——欲望和主奴辩证，其中欲望保证了主体发展的原动力，主奴辩证则是主体发展过程的生成法则，而这两点又恰恰是 20 世纪法国哲学家批判黑格尔哲学的出发点和切入点。

一、黑格尔式欲望主体在 20 世纪法国哲学中的历史命运

在黑格尔看来，欲望不再是同理性相对的他者，而是人类主体形而上本体地位的保证；欲望具有内在的理性，规定着我们的生成变化，是决定我们是其所是、不是其所不是，即确认自我意识的重要元素。它既代表了人类的根本欲求，又代表了通达人类主体的途径，简言之，欲望就是主体的化身，是意识的自反特性，有着重要的存在论意义。黑格尔认为一个主体生命必然表现为一种充满欲望的自我，主体时刻扬弃、否定并超越自身，不断踏上新的征程，最终由最低级的感性意识达到最高级的绝对精神，获得同一性身份。主体这种孜孜以求的欲望构成并确保了黑格尔式主体持续发展的动力，这一欲望主体正是黑格尔式主体不同于传统哲学之所在。巴特勒将黑格尔式的主体欲望描述为一种"克服外在差异并使之成为主体内在特质"的欲望，但是认为黑格尔预设了共同的社会基础、共同的人性、共享的历史观，使主体成为抽象普遍的形而上学主体，成为人类欲望的抽象化身。差异非但无法在"扬弃"中解决，反而被遮蔽与抹杀在"同一"之中，黑格尔式欲望主体俨然成了主体历史悲剧在哲

学层面的始作俑者。[1] 在《欲望主体：二十世纪法国哲学的黑格尔反思》中，巴特勒通过考察黑格尔式主体在 20 世纪以科耶夫为滥觞的法国哲学中的接受潮流，认为从某种意义上说，20 世纪法国的哲学史就是黑格尔式主体遭遇流放、分裂乃至最终解体的历史。

科耶夫强调黑格尔哲学的历史面向，认为人类一旦发现上帝乃是自身的投射，为了通达"存在的自由"，就必然不能再幻想神圣，而必须面对自身的有限与死亡，这也意味着历史将走向"终结"与"极境"。[2] 巴特勒认为科耶夫的主体在所谓后历史世界中被实体化，从而失去了辩证的力量。伊波利特则认为欲望不再是主体的动力与保证，而是自我与他者之间的"共谋"，自我只能在外在他者中发现自己，于是承认他者成为自我从他异性中回归的条件，然而他异性毕竟是纯然的异在，他者无可超越，所以自我只能处于不断迷失和回归的征途中。然而迷失和回归却成为一种自我的扩充、移置的强化，这反而丰富了主体意识。所以在伊波利特那里，黑格尔式主体仿佛一个没有固定身份的悲剧人物，总要面对动荡不安的命运，其主体之旅也被描述为一个永无休止的"生成"过程，结局悬而未决并将永远保持开放。[3] 伊波利特这种自我与他者相互生成的主体观对巴特勒的主体理论产生了不可估量的影响。如果说科耶夫与伊波利特关注的是抽象的欲望主体，那么在萨特那里，黑格尔式主体变成了具体而历史的"自我"。萨特极力强调黑格尔式欲望主体的想象面向，认为是欲望创造出了想象的"自我"主体，也只有通过想象，欲望才

1　Butler, J. *Subjects of Desire: Hegelian Reflections in Twentieth-Century France*. New York: Columbia University Press, 2012. pp. 181-183.

2　Salih, S. *Judith Butler*. London: Routledge, 2002. p. 33.

3　Butler, J. *Subjects of Desire: Hegelian Reflections in Twentieth-Century France*. New York: Columbia University Press, 2012. pp. 78-84.

能得到满足。[1] 所谓主体的同一充其量只是一种欲望的虚构。

根据菲利普·萨博的解读，科耶夫、伊波利特、萨特关注的核心都是黑格尔式欲望主体的"否定性"问题，他们共同创造了"人本主义与存在主义修订版"的黑格尔哲学。但是很明显，科耶夫与伊波利特的理论中仍有着重建、修复黑格尔式欲望主体的倾向，他们仍试图使主体恢复成为同自身及世界保持一致的"同一"整体。[2] 但是，这一倾向在萨特的理论中开始发生动摇。我们清楚地看到，黑格尔式主体在欲望想象的编织下不得不受制于"无谓的激情"，在永无止境的绝望中沦为欲望的囚徒。[3] 特别是在当代法国理论的批判和解构下，早已岌岌可危的黑格尔式主体彻底崩溃，沦为拉康"律法禁制的囚徒"、德勒兹"奴隶道德的工具"、德里达"无用的能指符号"，以及福柯"权力的话语虚构"，被放逐至永无复归的绝境。

拉康将黑格尔式欲望纳入结构主义和精神分析的理论框架，给欲望增加了晦涩的无意识面向。在拉康看来，父权律法压抑了一切异质与乱伦欲望，并虚构出完全受制于符号秩序的"囚徒"主体。也就是说，主体只有经由压制性律法才可以获得文化可理解性，得以进入社会领域，而那些不接受压制的欲望在社会上无法存在，即那些越轨的主体必然被排除于可理解的范畴，成为需要接受治疗的精神病患者或者被完全排斥的"怪人"。而且拉康认为，欲望的真正实现将导致主体本身的瓦解，所以主体只能在想象中回忆欲望的满足。

1　Butler, J. *Subjects of Desire: Hegelian Reflections in Twentieth-Century France*. New York: Columbia University Press, 2012. p. 97.

2　Butler, J. *Subjects of Desire: Hegelian Reflections in Twentieth-Century France*. New York: Columbia University Press, 2012. p. ix.

3　Butler, J. *Subjects of Desire: Hegelian Reflections in Twentieth-Century France*. New York: Columbia University Press, 2012. pp. 6, 36.

拉康式无意识欲望颠覆并消解了"黑格尔式"自主、连贯、同一的自我意识，标志着黑格尔式主体的瓦解。[1] 在德勒兹眼中，黑格尔式主体不仅是拉康意义上的文化禁锢的产物，是奴隶道德的产物，更沦为反生命欲望的产物与帮凶。德勒兹将欲望提升到人类本体论的核心地位，认为欲望的否定性特征是压抑历史遭到遗忘的体现与症候，遂将批判目标定位于否定性欲望本身，试图通过唤起尼采的强力意志，打破否定性，抗拒奴隶道德，以创造欲望抗拒缺乏欲望，认为这样我们就能回归欲望那原初充盈的生命力和富有创造性的革命力量，达成酒神式的狂欢颠覆乃至解放。[2]

不难看出，拉康和德勒兹都预设了某种超越文化从而外在于法律的本体论式欲望，认为是文化的律法限制了欲望的"同一"，试图借此攻击黑格尔式主体。两者不同之处在于，在拉康看来，欲望无法反抗，符号秩序"法"网恢恢之下的欲望只能凭借无意识绝望地想象极乐；而在德勒兹看来，反抗完全可能，但只能诉诸生命本能拒绝法律，解放爱欲。很明显，拉康和德勒兹可谓各执决定论与唯意志论的一端，事实上，拉康和德勒兹所代表的两端充分体现出了黑格尔式欲望主体在当代法国哲学中陷入的困境，这一困境正是主体自身固有的矛盾。

真正令巴特勒信服的是福柯的观点。福柯对拉康和德勒兹的理论进行了批判性继承和发展，他反对拉康式的压抑法权，强调话语对主体的建构作用，认为主体并非拉康眼中禁制权力的囚徒，所谓"压抑假说"本身就是一套社会文化建构出来的压抑系统，欲望不过

1　Butler, J. *Subjects of Desire: Hegelian Reflections in Twentieth-Century France*. New York: Columbia University Press, 2012. pp. 186-195.

2　Butler, J. *Subjects of Desire: Hegelian Reflections in Twentieth-Century France*. New York: Columbia University Press, 2012. pp. 208-215.

是这套压抑文化机制所建构的结果，是各种权力－知识管控话语在试图禁制欲望的同时所创生的产物，并没有什么先验的本体地位，更不存在一个所谓先在的、被压抑的、有待于去解放的欲望。他同时将"本能"与"压抑"的对抗改写为创造性欲望同所谓"法权"式欲望之间的张力，从而赋予欲望具体的社会历史内涵，彻底消解了那种非历史的本体式的欲望。福柯反对德勒兹描绘的解放图景，认同创造性的欲望，认为主体的反抗潜能只能寓于权力与话语内部。福柯反对一切"解放"论调，认为解放思维仍然属于霸权思维的产物，这种拉康式思维形成主流话语／受压抑话语的二分格局，严重误解了权力的多重弥散特征，从而摧毁了话语颠覆的希望。福柯进而认为，权力关系纵横交错的杂多结构形成了权力既是压制性的也是反抗性的双重特性，这就是福柯的辩证法：权力与话语并存，话语既是权力的工具，又是颠覆与反抗之所在；或者说，话语既然是权力的工具，就一定是颠覆与反抗的所在。[1]

我们无法想象脱离权力的"解放"话语，如果说我们仍然有反抗权力的潜能，那么它一定存在于权力话语内部，而非超脱于权力话语之外。所以，我们只能发现话语内部存在的颠覆性因素，也就是说，我们不能推翻权力，我们能做的就是去改造权力内部的关系，进而找出主体自由的出路。因为对福柯而言，权力并非自我同一的事物，权力流动、生成、变化于日常生活的各个角落，权力的历史也并非线性的进步史，而是一系列的突变与创新。在福柯的勾勒下，权力流变成为没有主体、没有目的的生成过程。其中，差异与对立并不会导向扬弃与同一；相反，差异与对立的增殖正是导致二分霸权

1　Butler, J. *Subjects of Desire: Hegelian Reflections in Twentieth-Century France*. New York: Columbia University Press, 2012. pp. 218-219.

颠覆与瓦解的因素，而反抗权力的潜能也正在于此。[1]

巴特勒借 20 世纪法国哲学家的"主体阐释学"揭露了黑格尔哲学体系的虚妄与权力的建构，勾勒出黑格尔式欲望主体在 20 世纪法国被放逐的当代命运，并指出了黑格尔式主体在当代理论语境中面临的深刻悖论。但巴特勒认为，放逐并不是一劳永逸地取消对主体的讨论，毋宁说是一种建设性的敞开："对主体的批评不是对主体的一种否定或拒绝，而毋宁是一种质疑的方式，用以质问其作为一种预先给定的或基础主义的前提所具有的结构。"[2] 巴特勒还指出，法国学者无论是在接受黑格尔、想象黑格尔，还是在批判黑格尔、试图摆脱黑格尔时，无一例外地始终受到黑格尔的影响，包括她自己。在《欲望主体：二十世纪法国哲学的黑格尔反思》中，巴特勒多次强调，法国哲学家对黑格尔哲学的解读实为"误读"：他们不仅误读了主体，也误读了差异。巴特勒指出，黑格尔式的欲望主体既然在欲求他者承认的驱使中不断绽出并"超越"自身，就必然处于时刻超越而无法返归、不断迷失而无法自主的状态之中。而且，差异无法化入绽出主体的"同一"身份，不断经历"丧我"的主体并非"拥有"或"忍受"欲望；相反，主体正是欲望本身，行动迫使主体不断替换超越自身。[3] 然而，当外物也是人，也是具有自我意识的他者时，我们如何证明自己存在的真理性呢？这就是《精神现象学》一书最具洞见的主奴关系辩证。

1　Butler, J. *Subjects of Desire: Hegelian Reflections in Twentieth-Century France*. New York: Columbia University Press, 2012. p. 225.

2　Butler, J. *Subjects of Desire: Hegelian Reflections in Twentieth-Century France*. New York: Columbia University Press, 2012. pp. vii-xi.

3　Butler, J. *Subjects of Desire: Hegelian Reflections in Twentieth-Century France*. New York: Columbia University Press, 2012. pp. xi-xxi.

二、黑格尔式主奴辩证

所谓自我意识就是自我认识的能力，然而同时作为认识对象和认识主体，自我如何能认识自我呢？黑格尔为这个困惑了很多哲学家一生的难题设计了一个绝妙的方案：将主体自我异化（self-alienated），从而跳出自我，使自我的对立面成为自我的他者，通过对外在他者的否定而确认自我主体的存在，于是自我意识成为可能。在主奴关系这一哲学戏剧中，黑格尔首先将主人确立为独立的自我意识，而将奴隶确立为依存的自我意识。然而吊诡的是，主人独立的自我意识必须依靠奴隶依存的自我意识才能证明自身的独立性。不仅如此，借奴隶得到承认的主人逐渐丧失"否定性"，安于现状毫无进取；奴隶则辛勤劳作改造自然，逐渐达至"纯粹自为"的生存状态。此时主奴地位遭遇悖论，除非主人杀死奴隶，才能恢复最初自我意识的自主，然而一旦杀死奴隶，主人地位又将无法得到承认。从黑格尔的论述中，我们很清楚地认识到，主人和奴隶之间的对立实为同一主体的两种自我意识，即自我和自我的他者之间的对立，而自我需要克服的他者实际上只不过是主体自身内部的他异性。

在《欲望主体：二十世纪法国哲学的黑格尔反思》中，巴特勒深刻揭示了这种主奴辩证的困境，将之称为"生死搏斗"。她认为在主人与奴隶之间，奴隶自我意识的获得使得主奴关系发生了权力逆转，表面看似独立自主的主人却对奴隶有着极为强烈的依赖性，这暴露了主体独立自主的虚幻性。巴特勒认为与他者的最初遭遇实质上是一种自恋式的谋划，这种谋划因为无法认识到他者的自由而最终只能宣告失败。[1] 黑格尔式主体最终并没有也不可能成为上帝，因为上帝不过是自我的投射，并非自我的同一（self-identical），它只能在不断扬弃和否定的欲望之旅中，循环往复地历经丧失与获得、惊险与快乐、不断否定又持续生成的过程而无可安宿。也就是说，黑格尔哲学表面上建构的封闭圆满、无所不包的系统其实是一个具有开放性的场域，其中包含着无限性，但是这个无限性与体系的关系又很难用"包含"这一空间关系来描绘。于是，巴特勒将时间概念引入这种空间关系。时间本身的内在复杂性打破了体系的有限、停滞、封闭。所以主体并不是一次性完成的概念，而是一个不断变化、不断生成的过程，而且这个过程没有终点。

通过主奴关系的辩证，我们意识到，自我与他者并非只是简单地相互联系，主奴关系的逆转意味着自我与他者实则互为彼此，只有凭借相互承认，自我与他者才能够成立，才能获得自我的身份。巴特勒指出，主奴关系这种彼此承认的欲望实为一种暧昧的共谋欲望，在这一共谋欲望的驱使下，两个自我意识互相确认自身。这就意味着主体总是"互涉式"的，同时也意味着，只有通过具体的历史与社会情境，欲望主体才能得到承认，并获得形而上学的地位保证。

通过解读黑格尔，巴特勒为我们廓清了她思想的主角：主体，一个活在时间里，与他者具有无穷关系的主体，这好比堂吉诃德的旅途，或者贝克特永远也等不到的戈多。所以巴特勒的主体有几分后现代的解构味道，它永远处于重复的生成状态，但是"这个'生成'并不是简单的或者连续的事件，而是一种不稳定的重复和危险的实践，它因必须如此而始终不能完成，并同时在社会存在的边界上

1　Butler, J. *Subjects of Desire: Hegelian Reflections in Twentieth-Century France*. New York: Columbia University Press, 2012. p. 49.

摇摆不定"。[1] 但人空有行动并非一无是处，如同海明威笔下拖着巨大鱼骨的老人，似乎无功而返，但丝毫不减损其行为的尊严。巴特勒对此的解释是，主体之所以能在一次次的失败后不屈前行，是因为我们有认识自身的欲望，在主体的无尽旅途中，它随处可以发现它自己。这里，巴特勒的述行理论已初具雏形。

在《欲望主体：二十世纪法国哲学的黑格尔反思》一书的结尾，巴特勒探讨了福柯和克里斯蒂娃的有关理论，指出主体阐释需要结合具体的历史与权力情境，以谱系学方式分析主体的塑形条件。[2] 这直接预示了巴特勒此后著作的阐发方向。《权力的精神生活：服从的理论》是巴特勒另一部探讨主体的比较纯粹的理论著作，在这部著作中，巴特勒试图将福柯的权力话语和精神分析理论结合起来，将主体问题具体化为权力主体，即权力如何形塑主体的问题，进一步分析了主体在接受权力塑造过程中的"依赖"与"共谋"，同时也指出主体能动性的可能性，借此彻底揭露了主体本身固有的矛盾：主体既是囚徒，又是主人；既意味着屈从，又意味着能动。这是黑格尔式主体暴露的矛盾，同时也是一切政治探讨的意义所在。

第二节　主体的双重性：屈从与反抗

如果说黑格尔式主体在 20 世纪法国哲学被颠覆的历史命运无可避免，那么主体"死亡"之后呢，如何看待主体？是否需要重建？如果需要，起点在哪儿？此时黑格尔式主体的巨大幽灵又重现出其晦

1　[美]朱迪斯·巴特勒：《权力的精神生活：服从的理论》，张生译，江苏人民出版社，2009 年版，第 26 页。

2　Butler, J. *Subjects of Desire: Hegelian Reflections in Twentieth-Century France*. New York: Columbia University Press, 2012. pp. 230-238.

涩的笑脸。这是福柯曾经错过的笑脸，他太过专注于权力，以至于忽略了身体不仅是权力的身体，同时也是"人"的身体，是有"意识"的人，尤其是有"潜意识"的人的身体。巴特勒会心一笑，还是要回到黑格尔，这就是巴特勒《权力的精神生活：服从的理论》对于主体的独特思考。巴特勒认识到权力并不只是关于主体之间的交换，或者主体与他者之间经常性的倒错，事实上权力的运作本身生产了我们用以思考的那个二元框架，所以巴特勒将理论重心转移至对权力关系运作机制的探究上。在《权力的精神生活：服从的理论》一书中，巴特勒再次从黑格尔开始，经由对尼采、弗洛伊德、阿尔都塞、福柯这一谱系的探讨，试图借助福柯话语理论和精神分析理论的结合，解析主体在外在权力关系和内在精神世界的双重形塑过程，探讨权力在主体的屈从与生产中的双重作用和权力所采取的精神形式。管控性的社会权力催生并利用了主体获得与维持自身主体性地位的欲望，借此制造了主体的屈从，并阐明了权力具体运作过程的述行性特征和排斥性机制，进一步揭示了主体既屈从共谋于权力，又具有反抗颠覆潜能的矛盾特质。这一过程也正是主体能动反抗的潜能所在，或者说巴特勒的主体本身就是一种具有颠覆和反抗潜能的能动力量。这是巴特勒为解决主体悖论开拓的第三条道路，主体决定论与唯意志论的困境反而成全了巴特勒的述行理论。

一、对福柯权力理论的精神分析改写

巴特勒深刻意识到福柯权力理论和精神分析理论的理论缺失，从对福柯权力理论的批判入手，借助黑格尔、尼采、弗洛伊德、阿尔都塞等的理论，为福柯的权力理论增添了精神分析面向。

　　福柯在 20 世纪 50 年代就通过对"压抑假说"的批判创构了话
语权力理论，认为权力不再是绝对君权的暴虐，也不同于"法权"
式的压抑，而同时具有压抑性和生产性双重特性。也就是说，福柯
所探讨的主体不仅受控于外在的权力关系，同时其主体的身份也是
这种压抑性话语所建构出来的。[1] 在《权力的精神生活：服从的理论》
"绪言"中，巴特勒引用福柯的话语理论，指出"作为权力的一种形
式，服从（subjection）是自相矛盾的"。它既是一个"被权力屈从的
过程，同时也是成为一个主体的过程"。[2] 这是主体的两难悖论：我
的能动性反而来源于我的被屈从。在对福柯的理论重述中，巴特勒
意识到福柯的权力表述暗示了主体出现之处的一个矛盾："如果自主
（autonomy）的结果是以屈从为条件的，而且，所建立的屈从或者依
赖是被严格压抑的，主体将和无意识一起出现。"[3] 也就是说，权力在
命令身体服从规范的同时也塑造出主体的心灵与精神世界。福柯曾
将这个类似监狱的空间结构称为"灵魂"（soul），认为"灵魂是身体
的牢狱"，囚禁灵魂比囚禁身体更为重要和根本。从这个意义上，巴
特勒认为福柯的理论具有一种特定的精神分析价值。可是，福柯并
没有对权力在主体的屈从和生产中所起到的双重作用，即权力对主
体构成的具体运作机制做出详细阐述。巴特勒认为，福柯将精神分
析理论的丰富概念"精神"简化为监禁的"灵魂"的做法，不仅减少
了主体对规范化与塑形反抗的可能性，也排除了恰好在精神与主体

1　Butler, J. *The Psychic Life of Power: Theories in Subjection.* California: Stanford University Press, 1997.
pp. 83-84.

2　[美]朱迪斯·巴特勒：《权力的精神生活：服从的理论》，张生译，江苏人民出版社，2009 年版，
第 2 页。

3　[美]朱迪斯·巴特勒：《权力的精神生活：服从的理论》，张生译，江苏人民出版社，2009 年版，
第 6 页。

之间不可通约性中出现的反抗。[1] 如此一来，主体的形成就不可能被完全思考清楚，而且极有可能会被误认为是权力的单向运作，那么主体反抗权力的能动性就无从谈起，身体也只会沦落为驯服的身体。

于是，巴特勒质问："权力所采取的精神形式是什么？"即：主体是怎样在屈服中形成的？借助精神分析理论，进而尝试将福柯的权力理论和精神分析理论结合起来，探索权力述行过程中主体对权力所采取的精神形式，建构自己独特的主体理论。巴特勒认为主体在权力对身体的塑造、改造、摧毁过程中形成，解构与建构同在。当然，巴特勒对于精神分析理论也并非简单的"挪用"，而是在为福柯权力理论增添精神分析面向的同时，也借助福柯的权力理论对精神分析进行了批判性的再思考。因为精神分析没有涉及话语权力问题，更否认了主体反抗的可能性。就像福柯所揭示的，精神分析话语将其分析对象建构为话语律法之外受到压抑的性本能冲动，不断将其对象建构为"疾病"，继而又扮演起"解放者"的角色，试图解除禁忌。这不过是精神分析话语的一种狡猾建构。也就是说，精神分析的对象正是其自身压抑性法权话语的建构产物，其理论话语的效力恰恰来自它试图"反对"的权力，因而无法开启有效的反抗，但精神分析理论却对此浑然不觉。

二、主体的屈从

（一）苦恼的意识：主奴关系逆转之后

为了探索权力在精神层面的塑形机制，巴特勒号召我们回到黑

1　Butler, J. *The Psychic Life of Power: Theories in Subjection*. California: Stanford University Press, 1997. p. 87.

格尔的主奴辩证，循着黑格尔的思路，去考察奴隶“苦恼的意识”。巴特勒认识到黑格尔《精神现象学》一书从“主奴关系辩证”到“自我意识的自由”的转换是黑格尔哲学最易被忽视的一个环节。但是，这一环节无疑具有重大意义，巴特勒敏锐地注意到，在这一章的最后，自由仍然受缚于奴役状态，奴隶深陷于苦恼的意识。也就是说，奴隶在主奴关系逆转之后并没有获得真正的自由，而是化作了自我奴役，对此，巴特勒对黑格尔式主奴辩证进行了“反乌托邦式的解析”。

　　根据巴特勒的解读，奴隶在主奴关系逆转之后表面上成为自己的主人，但实际上深陷于苦恼的意识。就像福柯强调的“灵魂是身体的牢狱”，摆脱外在权威获得的“解脱”并不足以将主体引向“自由”。奴隶自我确认的意识是从自身非常脆弱的地位上获得的，伴随着对死亡的恐惧、对某种控制的丧失和被剥夺的恐惧，这种恐惧不再是通过他者的暴力发生，而是在生命的领域作为一种策略引入的。为了避免死亡的威胁，他从对死亡的认识中退却了，把主奴的对立矛盾内化为自我的二分精神结构并使之加剧，自我意识于是分裂为肉身和灵魂的对立。身体再次被掩饰为一种他性并被分离出来，但是这个他性被内在于精神自身之中。也就是说，身体作为一种内在的外在性被重新建构，作为意识必须继续否定的东西而存在并维持不变，同时把自己附着在自己的各种特征之上，采用一种装模作样或顽固的姿态，紧紧抓住那些似乎很坚固的东西。苦恼的意识就出现在这种用来减轻恐惧的顽固性中，更确切地说，出现在通过用一系列装模作样和顽固的姿态来减轻死亡恐惧的行动中。于是被恐惧和对恐惧拒绝的需要激发，道德规范和律令出现了。苦恼的意识在对身体的自我奴役和自愿承担道德戒律这二者之间建立了一种联系，作为一个双重结构，苦恼的意识把自己当成嘲笑的对象，通过斥责自己、否定肉身和有限自我奴役，获得反身性（reflexivity）。或者说，通过对这些道德律令的反身运用，主体以一种"苦恼的意识"进入了一个伦理世界，不得不屈从于各种规范和理想。[1] 这也是尼采和德勒兹疯狂批判的基督教道德或者奴隶道德。

巴特勒认为，黑格尔式奴隶这种反身性的苦恼意识意义深远，它揭示了"屈从"权力的精神世界是权力关系逆转（转向主体自身）与内化（塑造精神世界）的双重结果。在出于恐惧对规范的制造和对规范反身性的强迫接受这双重意义上，苦恼的意识成为主体生成的前提条件。这使巴特勒打通了黑格尔与尼采、弗洛伊德在主体屈从过程中自我否定倾向理论之间的界限，启发了我们进一步理解权力精神世界的视野。[2]

（二）尼采的"愧疚"（guilt）与弗洛伊德的"禁律"（prohibition）

尼采的《论道德的谱系》对禁欲理想的批判展开了一个近似于黑格尔辩证法的结构，巴特勒认为，这个禁欲的理想很像黑格尔的苦恼意识，为我们提供了一种对精神形成和服从问题的政治洞察。对尼采来说，禁欲的理想来自人类世界那些所有不允许发泄的本能的内向化，从而在人身上滋生出被称为"灵魂"的东西。它可以理解为一种指向虚无的意志，这是一种把所有的痛苦都化为愧疚的方法。尽管愧疚致力于否定人所欲求的具体对象，但它并不能消除这种欲求的特点，"这个意志本身被保留"。[3] 而惩罚律法，这个被国家组织用来保护自己免受古老自由本能侵害的可怕屏障，使得这些本能的

1　[美]朱迪斯·巴特勒：《权力的精神生活：服从的理论》，张生译，江苏人民出版社，2009年版，第31—42页。

2　Salih, S. *Judith Butler.* London: Routledge, 2002. p. 122.

3　[美]朱迪斯·巴特勒：《权力的精神生活：服从的理论》，张生译，江苏人民出版社，2009年版，第53页。

拥有者转而反对、仇恨、残暴对待、迫害、突袭他自身，这就是"坏良知"的起源。所谓"坏良知"，就是自我惩罚的意志，因为对外界无能为力而转向否弃自己，让自己痛苦，并由此获得道德感。惩罚既是严酷的，也是生产性的。这种坏良知的拥有者以迫害自己为乐，通过自我惩罚，一个内在自我的精神世界由此诞生。可见，精神或灵魂并非先验的实体，而是这种反身活动的结果。

弗洛伊德的《文明及其缺憾》一开始认为良心（更确切地说，是后来成为良心的焦虑）是抑制本能的原因，但是后来这种关系被颠倒过来了，"于是，每一种本能克制就成了良心的一种动力的根源；每一次对本能满足的新的克制都增强了它的严酷和偏执"。[1] 巴特勒认为，这个辩证的逆转线路可以用来解释为何禁制的律法无法使身体服从。对力比多的压抑本身被看作一种力比多投注的压抑，禁制的律法并不是外在于它所压抑的力比多，这种禁制的律法之所以能够造成压抑和禁制，是因为禁制本身成为一种性本能的活动。道德禁制自身，特别是那些和身体相对的禁制，是被他们试图控制的身体活动所维持的。所以根据弗洛伊德的观点，"禁律"成为被禁止的本能或欲望的满意的替换场所，和在谴责法律的名义下重新体验本能的一个机会。在这样一种戏剧形式中，这个禁律并不试图删除被禁止的欲望，相反，禁律试图再生产被禁止的欲望，并且通过这种放弃变得更加强大。[2] 巴特勒认为，弗洛伊德的良心近似于尼采的愧疚，前者压抑本能，后者否弃意志，两者都是通过"转向自身"这一修辞得以生成的。这一转向的目的本是否弃欲望、压抑本能，但结

1　[奥]弗洛伊德：《文明及其缺憾》，车文博主编：《弗洛伊德文集12》，九州出版社，2014年版，第133—134页。

2　[美]朱迪斯·巴特勒：《权力的精神生活：服从的理论》，张生译，江苏人民出版社，2009年版，第52—53页。

果却是，这种欲望和本能从未被否弃，而是在否弃的结构中得到保存和重申。

（三）"召唤"（interpellation）：共谋的欲望

阿尔都塞的"召唤"理论描述了主体被塑形的场景：代表权威人物召唤某人，该人回头接受召唤，主体被建构，成为驯服的身体，获得意识形态建构的社会地位。很多人批评召唤理论过于简化，未能充分考虑召唤来源的多样性和具体召唤情境的复杂性。巴特勒将之称为"一个蹩脚的例子"，认为这样一种主体是语言规范的主体，在阿尔都塞这种宗教式的召唤中，被召唤的个体无一幸免，消解了任何反抗的可能性。但是同时巴特勒也认为，阿尔都塞为我们提供了一个可以超越具体历史叙事的"寓言"：召唤之所以成功，不仅仅是因为召唤话语与律法的力量，也因为被召唤个体对召唤主动接受的欲望。这种主动接受召唤的应答欲望具体来说是一种负罪感或曰愧疚，如果没有个体的带有负罪感或愧疚的主动回应，召唤就不会成功，社会权力与意识形态话语也就无法建构主体。[1]同时，巴特勒指出，个体回应律法的另一个原因是个体完全不具备批判反思律法的能力，这意味着我们相对于律法的开放性和脆弱性。由于促使个体回应召唤的愧疚先于对律法的认识，因此，负罪感和愧疚总意味着无知与无辜。但是不管怎样，它们保证了律法的干涉，也保证了主体存在的延续性。换言之，主体的出现有赖于个体的共谋欲望。

借助黑格尔、尼采、弗洛伊德、阿尔都塞等人的理论，巴特勒

1　Butler, J. *The Psychic Life of Power: Theories in Subjection.* California: Stanford University Press, 1997. pp. 106-107.

为我们阐释了主体塑形过程中可能的"精神"面向。这种主动对有统治权的意识形态的依赖，引出了服从的双重意义：一是向这些规则屈服，二是在社会性的范围内，由于这种屈服而被建构。也就是说，"屈服和控制是同时发生的"。"当阿尔杜塞明确并矛盾地把屈服重写（recast）为一种控制的时候，这种控制/屈服的二元结构就被他抛弃了。"所以从这个意义上说，"被一个主体所执行（performed by a subject）的既不是屈服也不是控制；作为控制的屈服和作为屈服的控制的有生命的同时性，是主体出现的可能性条件"。[1] 只有凭借精神对权力的强烈依恋，只有依靠精神与权力的共谋，人们才能在屈从的同时成为主体。

（四）强烈的依恋：权力与精神的共谋

巴特勒认为，这种强烈的依恋首先归因于个体的"脆弱性特质"（vulnerability）。作为"一种语言的范畴，一个占位的符号，一个形成中的结构"[2]，个体只有出现在话语中，才能成为政治意义上的"主体"。即，"存在"与"主体身份"从来都不是无条件的自明事实，使主体得以存在的社会条件总是超出了主体的掌控范围。只有主动依附此类社会条件，我们才有可能成为主体，获得文化可理解性。这不仅是一种条件，也是一种无法改变的事实。在《暴力，哀悼，政治》一文中，巴特勒详细阐述了人类的这种脆弱特质。[3] 所以，为了生存，为了取得社会存在的资格，个体宁愿去依附暴力、贫苦、痛

1　[美]朱迪斯·巴特勒：《权力的精神生活：服从的理论》，张生译，江苏人民出版社，2009年版，第112页。

2　[美]朱迪斯·巴特勒：《权力的精神生活：服从的理论》，张生译，江苏人民出版社，2009年版，第10页。

3　[美]朱迪斯·巴特勒：《脆弱不安的生命：哀悼与暴力的力量》，何磊、赵英男译，河南大学出版社，2013年版，第15—43页。

苦，甘愿接受它们的塑造，无论是现实层面的还是象征和符号意义上的，因为即使是遭受虐待也总比无所依附要好。这就是弗洛伊德所说，作为一种姿态的在场或者对象的确定性，总还是一个在场和刺激的场所，聊胜于什么对象也不在场。也是尼采所说，意志宁愿意愿空无，也不愿没有意愿，这是一种对欲望的欲望，是一种欲望的意愿，哪怕仅仅是为了延续欲望，即使所欲求的恰好是那排斥欲望的东西。

在巴特勒看来，权力正是利用了人们这种强烈的依恋欲望，换言之，权力塑造主体的过程有赖于主体的精神世界。就像弗洛伊德认为的，权力塑形主体的过程中，利用了主体的自恋倾向，而这种自恋式依附导致的结果便是，主体形成并屈从于律法。可见，权力并非外在于主体，因而这一精神世界同样是权力的精神世界，利用精神层面的共谋欲望，权力在精神世界塑造出"自我反思"与"道德意识"，将主体建构为"反求诸己"的存在，并由此开启了作为自我反思与反抗的"主体"。[1] 黑格尔"苦恼的意识"也暗示道德上的悲惨不可能被一贯地维持，它总是承认它试图否定的身体的存在。这种对悲惨的寻求和依恋，既是主体服从的条件，同时也是对这种服从的潜在的破坏。在巴特勒看来，权力必须凭借主体精神世界对权力的"强烈依恋"才能施加影响，但悖论在于，这一"依恋"欲望既是主体构造上的弱点，又是反抗潜能聚集的所在。[2]

1　Butler, J. *The Psychic Life of Power: Theories in Subjection.* California: Stanford University Press, 1997. p. 16.

2　Jagger, G. *Judith Butler: Sexual Politics, Social Change and the Power of the Performative.* London: Routledge, 2008. pp. 90-92.

三、主体的反抗

巴特勒认为，主体必须首先屈从，反抗不过是权力和精神共谋的产物，无法摆脱先在的权力管控，这是政治话语共同面临的悖论。巴特勒直面这个悖论，认为悖论的存在并不意味着政治挑战的无望，并以这个悖论为起点，探讨主体在共谋欲望与权力管控的精神运作机制下的反抗潜能。

（一）阿尔都塞"召唤的误识"

巴特勒对阿尔都塞的召唤理论进行了精彩的后结构主义解读。她首先质疑：阿尔都塞的召唤一定会成功吗？作为寓言性场景，召唤可以一劳永逸地将个体建构为主体吗？由于"应答"之前并不存在"主体"或"主体"模板，被召唤的人可能误听了信息，或者回应了其他名字，也有可能坚持不接受这种方式的召唤。阿尔都塞认识到，这种命名的施行行为可能只是"试图"形成它的被召唤者，这种主体化有可能是一种"误识"，一种"错误的和暂时的总体化"。[1]如果说一个人误识了生产这个主体的努力，那么这个生产本身就会摇摇欲坠。

巴特勒将阿尔都塞的召唤理论比作"宗教召唤"，但目的并非赞叹权力的无所不能，而是试图发掘其"挫败"。但是，召唤的挫败并不意味着个体可以随意违背甚至逃离规范，而是意味着"禁制"无法彻底决定人类主体的建构过程，意味着我们应当在人类强烈依恋的欲望中寻求召唤失败的可能。诚然，共谋并屈从于律法令个体成为主体，它表现为一种暴力的形式。"这个反对暴力，甚至对它自己施以暴力的主体，本身就是一种预先的暴力的结果，而如果没有这种

1　[美]朱迪斯·巴特勒：《权力的精神生活：服从的理论》，张生译，江苏人民出版社，2009年版，第108页。

暴力，主体是不可能形成的。"[1] 但主体的形成并不是一蹴而就的，在主体化与社会化的过程中，权力的规范效力需要凭借仪式化的再生产才能得到维持，而且这种再生产并非刻板而机械的复制，而是不断重复述行的结果。所以，主体作为这种再生产和重复述行的场所也就意味着，主体可以以自身方式再生产权力规范。因为导致主体屈从的权力是主体自己招致的权力，而主体施展的权力已经不同于塑造主体的权力，它变成了这样的东西：权力从来不只是外在于或者先在于主体的条件，也并非完全等同于主体。[2] 权力的述行过程在主体应用权力的过程中产生偏移，再生产规范的过程必然包含裂缝、转机、重构乃至颠覆，也让主体针对律法的反叛与挑战成为可能。[3] 所以，权力的重复述行既意味着主体的屈从与受塑，同时也意味着反抗潜能必将出现，权力必将自掘坟墓。

（二）福柯的"生产性权力"

一开始，福柯在法权的历史谱系内部寻找激进性重构颠覆主体的可能。对福柯而言，反抗和颠覆不可能外在于建构主体的话语领域，所谓"符号域"本就是权力关系的建构产物，而反抗同样属于权力关系的后果。[4] 福柯所说的权力不仅存在于对规范的反复解释或询唤的要求中，而且也是构成性的、生产性的、可延展性的、多样化的、增殖的和冲突的。此外，在它的重新指称中，法律自身被改变

---

1 [美]朱迪斯·巴特勒：《权力的精神生活：服从的理论》，张生译，江苏人民出版社，2009 年版，第 62 页。

2 Butler, J. *The Psychic Life of Power: Theories in Subjection*. California: Stanford University Press, 1997. p. 16.

3 Butler, J. *The Psychic Life of Power: Theories in Subjection*. California: Stanford University Press, 1997. p. 129.

4 Butler, J. *The Psychic Life of Power: Theories in Subjection*. California: Stanford University Press, 1997. p. 98.

为那种反对并超越它原来目标的东西。

后来，福柯用"生产性权力"取代了"法的权力"，认识到反抗并非只存在于某个单一的场域，它存在于精神、想象域与无意识等多个权力场域相互创造、管制、拒绝、挑战、否认等各种复调式矛盾冲突中："反抗无处不在、种类繁多，每一种反抗都是具体的个案：可能的反抗、必然发生的反抗、未必发生的反抗；自发的反抗、猛烈的反抗、孤独的反抗、集中的反抗、蔓延的反抗、暴戾的反抗；还有迅速妥协的反抗、心怀鬼胎的反抗、无私奉献的反抗……究其定义而言，反抗只能存在于权力关系的应用领域之中。但这并不意味着反抗只是反动或反弹，并不意味着反抗只能被动地屈从于统治，因而最终只能以失败收场。"[1] 最后一句话显然是对拉康的讽刺。拉康把反抗托付给想象域，想象域虽然反抗象征律法的施行，但是它却无力改变现有律法，反而事先假定了象征律法的连续性，间接维护了法律的现状；而现实律法虽然在精神层面失败，但是它永远不会被精神的反抗置换和重新表述。[2]

福柯认为抵抗不可能发生于权力话语之外，但是反抗的源泉究竟是什么，其运作机制如何，福柯并没有给出一个明确的解释。所以面对主体能动性的质疑，福柯只能这样模糊地回答："哪里有权力，哪里就有抵制。"[3] 这总得显得底气不足。后来福柯又说，一个人、一个团体或一部分人，甚至全体人民通过冒着生命危险参加某种运动与他认为不公平的权力抗争，从而表明"我不再服从了"，这种运动在

1　Foucault, M. *The History of Sexuality, Vol. I: An Introduction*. trans. Robert Hurley, New York: Pantheon Books, 1978. pp. 95-96.

2　[美]朱迪斯·巴特勒：《权力的精神生活：服从的理论》，张生译，江苏人民出版社，2009年版，第92页。

3　[法]米歇尔·福柯：《性经验史》，余碧平译，上海人民出版社，2005年版，第62页。

福柯看来是不可征服的。[1] 但是，为什么参加运动？为什么获取自由的意志会压倒继续存活下去的欲望，从而让人甘愿冒着生命危险起而反抗？这种反抗真像福柯所说既"属于历史，但它又以某种方式脱离历史"吗？[2] 福柯政治遭遇了难以走出的瓶颈。依循巴塔耶的逻辑，福柯最终将自由和解放搁置在括号里，使越轨行为本身成了最终目的，走向自我的伦理学，成为苏格拉底式哲人。从这个意义上说，福柯的主体理论具有阿尔都塞式的决定论意味。其实在主体建构这个问题上，巴特勒从福柯反身性的洞见中读出了福柯理论具有的精神分析意味，但他陷入了权力与反抗的恶性循环。福柯无法回答的，弗洛伊德给予了启示，巴特勒通过对精神分析理论的解读，阐明了主体在精神领域形成的具体运作机制。

（三）权力主体的忧郁机制

弗洛伊德的无意识理论为我们探索主体的形成开拓了思路。无意识不但构成了可说领域的界限，也决定了我们话语的界限。在主体转向自我的过程中，"我"通过压抑机制而形成。这种被压制的东西作为一种主体无意识的剩余积淀在内心。话语与权力的压抑机制并非一劳永逸地构造了"我"，主体化是一个不断重复的过程。在不同的社会语境下，"我"在这种重复的行动中赋予同样的行动新的意义，同时摸索新的行动的可能性。这就是再赋义的过程，它为主体的反抗提供了可能。

弗洛伊德认为，排斥与压抑不同，对欲望的压抑还有让欲望继续存在下去的可能，而排斥则将欲望屏蔽在屏障之外，这便构

1　福柯：《言与文》，转引自[英]莱姆克等：《马克思与福柯》，陈元等译，华东师范大学出版社，2007年版，第55页。

2　[英]莱姆克等：《马克思与福柯》，陈元等译，华东师范大学出版社，2007年版，第55页。

成了主体的先行性丧失[1]。在权力与个体的共谋游戏中，创造、禁制、拒绝、否认、排斥同时发生作用，这一过程在塑造主体的同时也创造出遭到禁制与拒斥的"失去"。这种"先行性丧失"是忧郁症的起源：我丢了东西，但具体丢了什么，我不得而知，这是一种"对丧失的丧失"。所以社会规范要想发挥作用，就"不仅需要利用人们的精神世界，还需要使之受制于一系列'忧郁'的矛盾心理"。[2]

忧郁与哀悼虽然都是针对"失去"的心理反应，但弗洛伊德认为两者又有所不同。在《哀悼与忧郁》中，弗洛伊德认为哀悼的解决途径是将力比多投入转向其他对象，即放弃旧爱、另觅新欢；后来在《自我与本我》中，他又认为，哀悼无法彻底完成，人们只能以忧郁式的"认同"或"自居"来面对失去：逝者并入主体，形成精神世界的"自我"，换言之，在忧郁中，逝者遭到主体的"合并"，"自我"最终以逝者自居。巴特勒认为，弗洛伊德在两部作品中这种看法的微妙转变极具意义。这一转变意味着，"依附"关系无法消解，人们无法彻底斩断情丝，认同恰恰是保留"依附"关系的手段。主体塑形过程中，精神世界忧郁地合并了原来属于"外部"世界的权力关系，其中就包括自身原先针对逝者的矛盾情感。忧郁合并或忧郁认同塑造了分裂的"自我"，遭到否定、排除、贱斥的成分（逝者）终将成为"自我"的组成部分，作为主体的剩余、身体的剩余、精神的剩余，将一直困扰着"自我"。[3]可见，精神世界的诞生不过是社会权力塑造的

1　Butler, J. *The Psychic Life of Power: Theories in Subjection*. California: Stanford University Press, 1997. p. 23.

2　Butler, J. *The Psychic Life of Power: Theories in Subjection*. California: Stanford University Press, 1997. p. 167.

3　Butler, J. *The Psychic Life of Power: Theories in Subjection*. California: Stanford University Press, 1997. pp. 175-181.

结果，更准确地说，是社会塑形权力遭到忧郁内化的后果："忧郁者不仅将逝者从意识领域撤回，同时也将社会世界的组织结构内化到精神领域。"[1] 很明显，这里巴特勒探讨忧郁的目的，并非揭示拉康式自我的"无望"，而是强调精神世界的社会属性以及其中包含的反抗潜能。

同时，忧郁合并的过程也揭示了其霸权的运作机制，即一种排斥性机制，这种机制可以简单概括为：权力禁制产生失去，精神世界拒绝接受失去，于是将其并入自身，并由此塑造自身各部分之间的矛盾、龃龉、冲突，同时也揭示了权力主体反抗的潜质。在"深入内心"的过程中，权力遁形于精神世界，成为出乎意料的"逝者"，由此接受主体精神世界的合并与改造。这个吸纳合并的过程恰恰动摇了权力的"绝对权威"，颠覆了权力的"主宰地位"，从而为改造意义甚至打破规范创造了条件。可见，权力无法对主体施加单向的影响，人类的"精神"世界也不只是权力屈从的产物，主体的矛盾同时正是能动性的矛盾：主体在接受塑造的同时具有反抗与颠覆的潜能，这使得精神的反抗成为可能。所以，主体世界在面对拉康式法网恢恢的符号铁律时并非完全无能为力，巴特勒将主体的塑形过程延伸到主体精神世界的努力，规避了某些理论在所谓的"原初"欲望中寻求反抗或解放潜能的徒劳之举。[2]

但是，巴特勒不同意将无意识简单而直接地解释为必然的反抗场所这种浪漫的观点。首先，无意识并不只是并且总是具有反抗规范化的属性，既有的权力秩序还得到了无意识强烈依恋的支持，主

1　Butler, J. *The Psychic Life of Power: Theories in Subjection*. California: Stanford University Press, 1997. p. 181.

2　Butler, J. *The Psychic Life of Power: Theories in Subjection*. California: Stanford University Press, 1997. p. 21.

体对服从的无意识的依恋，暗示了无意识也存在被驯服的无意识成分，它并不比主体更自由，并不能完全摆脱规范化的话语。或者说，无意识中也有权力运作的痕迹，并不一定必然表现为反抗。比如，那些控制性的权力机制本身往往会反身性地被情欲化，这种受虐性的反转在标准"内化"（社会规范内化为心理禁忌）概念中得不到合理解释。其次，即使我们承认无意识是反抗的场所，这种反抗也无法永久性地阻止权力机制的运行，因为询唤从终极意义上说总是不彻底的，这使一切借助规训手段制造主体的努力都不可能彻底。

关于主体的反抗，齐泽克说："如果我们把自己的反抗设想为某种超额（excess），野蛮的帝国主义侵略以某种方式扰乱我们从前那种自我封闭的身份时所造成的超额，那么我们的立场就会更加坚固，因为我们可以声称我们的反抗植根于帝国主义体系内在的动力中——通过其内在的对抗，帝国主义体系本身激活了导致其灭亡的力量。"[1] 由于内在的矛盾，体系本身会产生一种力量，这种力量的多余部分是体系所不能控制的，因此炸毁了体系的统一体，破坏了体系复制自身的能力。遗憾的是福柯没有看到"剩余"和"超额"，但是福柯的前提是对的，我们必须承认，对权力的反抗是权力大厦内在固有的东西。虽然反抗是作为对权力的反抗出现的，并因此绝对内在于权力本身，但通过增殖与再赋义，体系内的对抗会启动一个过程，这个过程能炸毁权力，导致它最终的瓦解。

四、主体的未来面向

巴特勒在对阿尔都塞召唤理论的重述中指出，任何"召唤"都

1　转引自马元龙：《棘手的主体：自主抑或臣服？》，《外国文学》2009 年第 4 期，第 72 页。

无法穷尽"存在"的可能性，而召唤的挫败不仅意味着"自我同一"式身份的挫败，也意味着更开放、更具伦理意义、更面向未来的生存。[1] 这引起巴特勒的思考，有没有"一种不同的转向"，它"需要一个不（not）去存在的愿望"，它"可能在别处存在，或者以别的方式存在，同时又不否认我们所反对法律的共谋关系？""它是被法律所授予能力的转向，即转离法律，同时抵制它的身份的诱惑"，具有"一种超过和反对它的出现的条件的能动性"。这是"一种批判性的去主体化"，对于这个去主体化的领域，我们有很多问题无法回答，"但是，它们指出了一个思考的方向，也许它是先于良心的问题的"。巴特勒认为，这也是斯宾诺莎、尼采与阿甘本等人一直思考的问题，"我们如何理解把存在的欲望作为一种建构性的愿望？在这样的叙述中重新安置良心和询唤？"同时还要思考，"这样一种欲望是怎样不但被单个法律所利用，而且也被各种法律所利用，以至于我们为了维持社会'存在'（being）的某种意识而屈服于从属地位？"[2] 福柯正是因为假设了欲望的可分离性，才意识到刺激和逆转在某种程度上是不可预见的，而这正构成了被管制对象反抗的可能性。[3]

阿甘本在《未来共同体》（*The Coming Community*）中的思考给了我们一个重新思考道德规范的方向。阿甘本写道：

> ……这并不意味着人类不是并且没必要成为什么，也不意味着被简单地交给虚无，由此可以自由地决定与接纳自身的存

---

1 Butler, J. *The Psychic Life of Power: Theories in Subjection.* California: Stanford University Press, 1997. p. 131.

2 [美]朱迪斯·巴特勒：《权力的精神生活：服从的理论》，张生译，江苏人民出版社，2009年版，第124—125页。

3 [美]朱迪斯·巴特勒：《权力的精神生活：服从的理论》，张生译，江苏人民出版社，2009年版，第57页。

在与命运（虚无主义与决定论在这一点上并无二致）。实际上，人类需要并且不得不成为某种事物，但这并非某种本质或某种严格意义上的"事物"，这只是意味着，人类的存在乃是一种可能（possibility）或潜能（potentiality）。[1]

巴特勒建议我们可以把"存在"重读为潜在的可能性，任何一种特定的询唤都无法穷尽可能性。一种询唤的失败也许彻底削弱了主体在一种自我认同的意识中"是"（to be）的能力。但是，它也可能标志了一条属于未来或者通向未来的道路，这是一个更具开放性甚至更道德化的存在。[2]

在《权力的精神生活：服从的理论》中，巴特勒从"欲望"入手，把"欲望"与"权力"结合起来，提出"渴望接受权力塑造的主体"。其中，精神分析为巴特勒提供了某种理论支撑，使其得以批判性地阐释主体塑造过程中的排除性运作机制，借此理解权力在精神世界的具体运作方式和过程。

第三节　我是谁：主体哲学的伦理反思

借助福柯的话语理论及其精神分析理论，巴特勒深入详尽地分析了主体生成的双重性。对主体思考的深入和对现实中各种主体的考察，特别是"9·11"事件的发生，促使巴特勒的研究重心发生了转移，由对性别、身体政治的研究转向讨论现实政治与实践领域，重

1　Agamben, G. *The Coming Community.* trans. Hardt, M. Minneapolis: University of Minnesota Press, 1993. p. 43.
2　[美]朱迪斯·巴特勒：《权力的精神生活：服从的理论》，张生译，江苏人民出版社，2009年版，第126页。

新反思哀悼、暴力、权利、生命、自由等概念，关注政治伦理问题。有人认为这是巴特勒的政治伦理转向，其实纵观巴特勒的思想历程，不难发现，巴特勒这个所谓转向受到自身理论的内在拓展和社会现实的外在推动双重力量的影响。从内在看，所谓政治伦理转向乃是巴特勒既往主体关注在全新领域内的衍生与发展，不过是运用主体理论介入现实政治，拓展了主体自我形成的探讨，仍然隶属于巴特勒一直关注的主体问题，而非其理论的非连续性或曰"断裂"。从外在考察，自《消解性别》开始，巴特勒已经将对性别规范的批判延伸至整个人类生存和繁衍的框架内，全球化宏观背景下特别是以"9·11"事件为中心的各种政治、战争、国家与非国家暴力等错综复杂的社会新局势，使巴特勒深切体验到作为整体范畴的人类生命的脆弱不安和随处受到的死亡威胁。

《脆弱不安的生命：哀悼与暴力的力量》《说明自我》《战争的框架》《犹太人欲求什么？关于异国民族主义和其他幽灵》《宗教在公共领域的权力》《殊途：犹太人和犹太复国主义的批判》《褫夺：政治述行》等几部著作主要探讨了政治与伦理主体问题，巴特勒深刻认识到自我被一些先在的社会条件限制，脱离自我生存的社会条件则我无法说明自身，主体对自我的感受是受其自身境遇限制的。所以，巴特勒认为哲学反思需要转向社会理论。巴特勒提供了一种道德的自我批判，认为透明的、理性的、连续的伦理主体是一个不可能的构建，它试图否认、排除、拒绝承认那些他异性成为人类。巴特勒批判地吸收了列维纳斯的他者伦理，强调自我与他者相互依存的关系，强调他者对于自我存在和完善的重要性，只有通过他者的经验，在悬置判断的情况下，我们才最终具有伦理反思的能力，反思他者的人性，哪怕那种人性是反对自身的。我们每个人既是主体的他者，又是他者的主体。[1] 在此基础上，巴特勒将社会和政治批判作为其伦理实践的核心问题，提出非暴力伦理，以应对当代社会暴力问题。巴特勒这个转向犹如福柯思想晚年风格的变化，与伊格尔顿和德里达也颇为相像，任何理论好像最终都会落脚于对人类生命本身的关注，个人的、集体的、国家的，最终是全人类的。

从巴特勒的性别、身体政治向政治伦理批判的演进中，我们可以清晰地看到黑格尔式的主奴辩证，而巴特勒最终努力的方向则是主体与他者的和谐共存，一种共生伦理。倡导一种道德生活意味着什么？为响应批判性自治和建立一个新的人类主体领域界限的需要，巴特勒给新的伦理实践提供了一个富有挑衅性的框架：把我们经常作为伦理实践出发点的"我都做了些什么？""我应该去做什么？"等问题，替换为"'我'是谁？""'谁'有义务以某种方式承担起这个叙述本身并给予行动的责任？"这样的优先性问题。

一、说明自我的困难：人类的脆弱特质

如果说黑格尔意义上的自我意识是自由之始，那么对自我的说明则必须依赖自我之外的其他条件，自我只能"被"说明，不能自我说明。巴特勒曾经解读过卡夫卡寓言式的"odradek"那扭曲悖论的存在，其中显示出神话般的人性辩证结构，犹如巴特勒眼中悖论的现代性和批判性自我的否定辩证法："当'我'试图以自身为起点来说明自我，立刻发现自我只能暂时摆脱叙述的能力范围在社会中短暂显现；甚至，'我'试图说明自我的尝试必须在具体社会情境中才能进

---

1 范岭梅：《朱迪斯·巴特勒主体思想的演变》，《外国文学动态》2012 年第 6 期，第 54—56 页。

行，这是说明自我的必备条件。"[1] 由于自我必须处于主体的位置才能被显现，所以巴特勒对说明自我的思考与她对主体建构的框架是相一致的。

对自我的说明毕竟是艰难的。脆弱无知是人与生俱来的共有特质，人们无从寻找这脆弱的根源，更奢谈弥补，它不但先于我的形成，还是"一种条件，一种无法改变的事实：我们从一开始就'暴露'于相互的关系之中，'暴露'于他人的影响之下"。[2] 这是比"失去"（loss）更普遍存在的一种"原初褫夺"（primary dispossession）状态，而这种状态则是我们最根本的生存处境。

它首先表现为物质层面上的"一无所有"，比如，在社会暴力的冲击和霸权的压制下我们很容易失去家园，遭受人身伤害甚至失去生命。巴特勒特别分析了我们的物质性身体面向公众的脆弱特质，"身体发肤将我们暴露于他人的目光与接触之下，使我们易于遭受外界的暴力，也让我们可能沦为暴行的卒子与工具"。[3] 所以，虽然我们努力争取自己的身体权利，但事实上身体并不完全属于我们自己。"我们无法一直保持'完璧'状态……当我们面对他者的时候，所触、所嗅、所感、期盼触摸、回忆感受……所有这些都打破了我的'完璧'状态。"[4] 冥冥之中好像有事物在约束着我们，但我们并不清楚它究竟是什么，从何而来，我们为什么会受制于它、受它掌控。就像弗洛伊德提醒我们的，当我们失去，我们会面临着一个谜团：我们并不清楚自己所失为何物，而且失去的隐秘之处仍有未解之谜。

1　Butler, J. *Giving an Account of Oneself.* New York: Fordham University Press, 2005. p. 8.

2　[美]朱迪斯·巴特勒：《脆弱不安的生命：哀悼与暴力的力量》，何磊、赵英男译，河南大学出版社，2013年版，第25页。

3　[美]朱迪斯·巴特勒：《脆弱不安的生命：哀悼与暴力的力量》，何磊、赵英男译，河南大学出版社，2013年版，第21页。

4　[美]朱迪斯·巴特勒：《脆弱不安的生命：哀悼与暴力的力量》，何磊、赵英男译，河南大学出版社，2013年版，第19页。

其次，在符号与形而上学层面，"褫夺"指的是"一无所知"的无知与混沌，即《说明自我》中所谓"自我描述的挫败"。自我被一些先在的社会条件限制，脱离自我生存的社会条件则我无法说明自身，主体对自我的感受是受其自身境遇限制的。"我"形成的过程中，"我"中有"他"，我的"异己成分"（foreignness）恰恰构成了我同他人的伦理联系。我无法完全了解自身，因为"我"包含了他人谜一般的踪迹。这个一无所知具有的伦理价值就是：我容易受到伤害，容易受到他人影响，受制于他者，而对此我却无能为力。所以我不能遗世独立地思考"责任"问题，因为我不可能脱离社会关系的制约，而正是这种制约向我们提出了"责任"问题。从这个视角看，这种"一无所知"构成了伦理和政治的前提。我试图说明"自我"，但仍然无能为力。更重要的是，"我"从一开始就不只是我"自己"，我的故事、我所依循的"讲述"规范从一开始就不只属于我。[1]这是自我表达的困境，我永远无法脱离那个建立了你对我的可得性（availability）的文法来感受我。

再次，巴特勒同意列维纳斯的看法，认为伦理责任正是为了摆脱传统意义上自主自足、全知全能的"主体"伦理观。由此出发，巴特勒另辟蹊径，分析塑造主体的言说结构，并以精神分析视角审视"主体""自我""责任"的形成过程，由此质疑"自我"在精神世界的"自足"及说明"自我"的可能。那些我们无法用意识与语言把握的原初依存关系及受制关系，并非只是被"自我"接受而已，它们还首先建构了"自我"。没有这些"关联"，就不存在所谓"自我"。[2]所以在说明自我时，巴特勒一方面将问题对准外在的权力关系和暴力现实，

1　Butler, J. *Giving an Account of Oneself*. New York: Fordham University Press, 2005. p. 82.

2　Butler, J. *Giving an Account of Oneself*. New York: Fordham University Press, 2005. p. 58.

一方面探讨了主体自身的内在精神世界，包括情感、欲望、激情等因素，比如在悲痛时，我们会体验到自身无法控制的事物，我们会发现自己的情感失控，难以自制。[1] 巴特勒还特别建议在思考国际关系的框架中应该保留悲伤的成分，这可以让我们重新思考人类的脆弱，从而意识到呵护彼此生命的集体责任。巴特勒这样说道："许多人认为，悲伤是私人的事情，它让人回归独处的状态，因此悲伤无关政治。但是我认为，悲伤能够让我们认识到政治社群的复杂。悲伤首先让我们意识到自己同他人之间的关系纽带，这一纽带有助于我们理解人与人之间最根本的相互依存状态与伦理责任。"[2] 可见，在巴特勒看来，悲伤可以转化为政治资源，借助悲伤，我们逐渐体会并理解苦难本身，虽然这是一个缓慢的过程。

总之，我无法主宰、无法掌控我的主体塑形条件，我所追求的"自主权"并不"自主"。我在思考自己是谁时，无法抽离自身的异己存在，这些陌生晦涩的事物让我无法将自身构想为自足、独立、完满的存在。[3] 因此，巴特勒使用"脆弱不安的生命"一词来指称所有人的存在状况。

二、社会暴力的主体妄想

巴特勒认为这种不自由不自主的脆弱"自我"概念可以作为构想社群的另一种途径。因为人与人之间的关联不但可以用以描述主体形成过程的历史事实，同时也是社会政治生活存在的规范面向。我

1　Butler, J. *Precarious Life: The Powers of Mourning and Violence.* London: Verso, 2004. p. 28.

2　[美]朱迪斯·巴特勒:《脆弱不安的生命：哀悼与暴力的力量》，何磊、赵英男译，河南大学出版社，2013 年版，第 18 页。

3　Butler, J. *Giving an Account of Oneself.* New York: Fordham University Press, 2005. p. 65.

们必须依据这一层面思考人与人之间的相互依存状态，而暴力总是在利用这一关系纽带。"9·11"事件让我们意识到，在当代政治社会中，我们面临无法回避的脆弱感，这种脆弱是一种集体的状态，是社会和政治本体的构成性特征，是我们理解其他社会关系的本体条件。作为社会的人，我们无疑会暴露于各种不熟悉或不可知的力量中，只要作为主体的我处于与他者的关系中，我的生命就是脆弱的、岌岌可危的。因而，"褫夺"意味着一种无法避免的暴力，在暴力中，我们受制于他人意志的摆布，甚至会因为他人的肆意妄为而处于危险境地。我们的生命是如此脆弱，特别是在政治生活中，人类这种弱点愈发明显。面对人的脆弱，我们既可能产生怜悯、重视和爱护的情感，也可能产生鄙视、疏远和毁灭的敌意，当今社会种种战争冲突便是由后一种对待脆弱的方式引发的。脆弱无法被消除，但是它却可能被利用、被鄙视甚至被毁灭。因此理解和承认人类这种共同的脆弱感，对形成稳定的社会关系和政治局势至关重要。而否认人类共同的脆弱特质，以暴力之心相互对待，便会引发循环暴力，给双方带来伤害。[1] 正因如此，巴特勒认为我们才有必要探讨伦理。

汉娜·阿伦特《论暴力》指出，暴力与战争的根源在于"主宰"式的主体妄想。[2] 而巴特勒认为这妄想背后是否认的运作逻辑，拒绝承认自身的失去，拒绝承认逝者的资格，否认人类共有的脆弱特质，甚至否认敌人与我们一样同属人类。否认一切，结果必然是拒绝理解、拒绝哀悼。于是，以暴制暴，假借安全之名，限制一切异己的声音，迫不及待地诉诸无期限的反恐战争。这印证了阿多诺的谶语：国家暴力将各类假想敌"斥为'非人'"，借此使暴力成为'正当'手

---

[1] Butler, J. *Giving an Account of Oneself*. New York: Fordham University Press, 2005. p. 65.

[2] [美]汉娜·阿伦特：《共和的危机》，郑辟瑞译，上海人民出版社，2013年版，第81—83页。

段"[1]。

巴特勒特别批判了美国以"反恐战争"为名发动的永无止境的暴力战争，呼吁人们正视"事件"的力量，因为此类"存在的断裂"饱含着伦理责任的召唤与求新的需求。在巴特勒看来，责任既非教条，亦非原则，而是行动，是可能受挫的实践。批判式的伦理责任不同于既往的伦理准则，有着明显的"捍卫我群"的伦理目的，而对那些非我族类的生命及群体，以捍卫我群或自保为名合法地施用暴力，人类的文明史不断重复此类悲剧，而永无休止的反恐战争也无疑印证了这一逻辑。在忧郁症的作用下，主体的"心灵"成为抹杀"异己"、否定"逝者"的所在，忧郁症式的排斥、抹杀已经构成了当代政治暴力运作的潜在模式与深层框架。温迪·布朗提出"左派忧郁"（Left melancholia）概念，认为在社会领域普遍的忧郁逻辑之下，向来标榜进步、开放的左派政治力量同样可能因此囿于忧郁症般的封闭逻辑，走向故步自封、墨守成规的反面。[2]

阿多诺指出，"非人"并非"人性"的对立面，而是"人性"的缺陷与不完美，是我们无法掌控却又无从回避的物质与非物质条件。这也是悖论所在：人类脆弱无知的特质恰恰成为责任伦理的基础和起点。因为脆弱，我们才应当面向更为平和包容的人类共存状态，呵护本已脆弱不安的生命；因为无知，我们才有可能摆脱故步自封的忧郁状态，探讨更为激进开放的"未来共同体"。[3]正视他者的先在事实、正视生命的脆弱特质，这正是巴特勒伦理观区别于"想象政治"的核心要义。在"想象政治"中，不存在他者的优先影响，更不存在生命

1　Butler, J. *Frames of War: When Is Life Grievable?*. London: Verso, 2009. p. 93.

2　[美]温迪·布朗：《抵制左派忧郁》，庞红蕊译，汪民安、郭晓彦主编：《生产（第8辑）：忧郁与哀悼》，江苏人民出版社，2013年版，第80—87页。

3　Butler, J. *Giving an Account of Oneself*. New York: Fordham University Press, 2005. pp. 110-111.

的脆弱不安；只存在"先发制人"的怒火，"以暴制暴"的废墟。"想象政治"幻想的破灭是人们必须正视的"失去"，也是必须进行的"哀悼"。[1]

巴特勒并不认为哀悼的完成意味着忘记哀悼对象或者用别的对象来替代他的位置，而是认为哀悼意味着愿意接受并服从改变。"你"的存在让我发现：我从来都不只是"自己"，我与你同在；没有你就没有言说关系，没有你就没有我。我的欲求之中存在着"你"（他者与异己）的踪迹，我无法抽离自身之内的异己存在。也就是说，对巴特勒而言，哀悼意味着直面暴力，意味着直面现实的勇气，意味着摆脱忧郁权力的自恋循环，承认"失去"并正视"失去"带给"自我"的冲击与启示，意味着正视他者的召唤，意识到"自我"与"他者"之间的先在关联与共存需求。所以情况并不是独立存在的"我"失去了与我相对的"你"，而是我们之间的联系成为我的组成部分，我和你之间有一种难以言喻的关联。所以当我失去你，我会哀悼这失去，同时也会变得无法理解自身。没有你，我是谁？关系褫夺了我们，同时也构建了我们。

三、非暴力伦理：自我与他者的新型伦理关系

如果说福柯后期追求的是一种伦理政治，巴特勒似乎继承了福柯的心性，但巴特勒关心的不只是主体自我道德的完善，她更认识到他者的意义，她发现了列维纳斯。列维纳斯批判了传统道德哲学封闭、自足、同一的意识主体，认为主体的存在具有一种他异性。列维纳斯认为，他者总是在存在论的意义上先于我，我对他者的面

1　Butler, J. *Giving an Account of Oneself*. New York: Fordham University Press, 2005. p. 65.

孔有无可推卸的责任，用于维系我与他者关系的纽带就是责任。责任一词有回应他者的紧迫感，强调其行为如何对他者产生影响。列维纳斯的主体则永远形成于回应他者的需求中：当他者看我时，我就处在他者目光的逼迫之下，我一下子就对他负有了责任。我由于他者的出现而获得存在，因而我对他者就有了责任，这是一种纯粹的伦理关系。被他者注视，对他者的脆弱负有责任，这将决定主体如何思考和行动，列维纳斯的理论说明，"我"无法只对自己负责。

巴特勒受列维纳斯的启发扭转了惯常的责任伦理模式，摆脱了传统意义上自主自足、全知全能的"主体"伦理观。她认为，我们之所以需要对他者负责，并非因为我们是自己行动的主体，也并非因为我们是民主与进步的主宰；相反，我们承担责任正是因为我们的不自主、脆弱和无知，为了维护自我与他者之间的相互关联，我们才有责任回应他者的"面孔"。简言之，这种伦理回应正是为了摆脱"自我"或"主体"忧郁而封闭的自我执念。[1]巴特勒援引列维纳斯说：

> 接近"面孔"乃是责任的最基本模式……面孔并不是在我面前，而是在我之上；它是濒临死亡、洞穿死亡、揭露死亡的他者。……这一他者请求我不要让它孤独死去，否则我就成了导致它死亡的共谋。……因此，回应他者并对他者负责的使命搁置了自我生存的自然权利：生存权（le droit vitale）。……在伦理学中，他者的生存权优先于我自身的生存权，这种优先性体现在如下伦理律令概括：不得杀人，不可危及他人生命。[2]

---

1 Butler, J. *Giving an Account of Oneself.* New York: Fordham University Press, 2005. p. 91.

2 Butler, J. *Precarious Life: The Powers of Mourning and Violence.* London: Verso, 2004. pp. 131-132.

巴特勒注意到，列维纳斯并没有指明为何面对他者的脆弱人们最主要的反应是杀意，或许他者面孔脆弱无知的特性是易于引起杀戮的原因，面对他者岌岌可危的生命状态，对主体而言，暴力是一种诱惑。但由于面孔既传达了他者的痛苦挣扎与脆弱无助，又传达了禁止杀戮的神圣旨意，面孔实际上提出了一个伦理困境：害怕自己的生命受到威胁，又担心自己不得不杀人，但是谋杀他者，自我也无法存活。惧怕遭受暴力与担忧挑起暴力纠结在一起，因此有人会为了自保而选择杀戮他者。巴特勒认为，如果面对脆弱他者的第一反应是杀戮的欲望，那么伦理律令就要遏制这一本能的冲动。

巴特勒从列维纳斯极富神学色彩的论述中获得了启示，开辟了批判权力的新路径。"面孔"所代表的事物并非字面意义上的面孔，或者说不只是人类的面孔，或者，它并不只是面孔而已，它是人类的苦难，是人类苦难的哭泣与请求，它甚至可以是莫可名状的"召唤"，我们无法对其进行直接描述。然而，"面孔"是他者带来的隐晦启迪，"面孔"带来的伦理要求与个体的自保倾向相违背。只有倾听"面孔"的无言诉说，只有感受到"面孔的驱使与要求"并"以他者的名义为他者感到义愤"，暴力的受害者才能受到哀悼，生命本身才能得到尊重。[1] 因此，列维纳斯将"面孔"带来的伦理要求视为"存在的断裂"（a rupture of being），并且认为这一断裂同样是话语面临的境况，是难以言喻的外界启迪，是"他者"与"异己"对"自我"发出的召唤，它时时提醒我们"不得杀人"，这是我们每一个人不可忽略、不可推卸的伦理责任。

所以，在《说明自我》中巴特勒指出，在列维纳斯式或者阿伦特

1　Butler, J. *Precarious Life: The Powers of Mourning and Violence.* London: Verso, 2004. pp. 144, 150-151.

式的意义上，当问及"我是什么？"的时候，我们实际上是在问"你是谁？"[1] 不管这个第一发问者是"我"还是"你"，都将首先并且必然指向那个"我"之外的一个对象。换言之，巴特勒认为"你"是一个与"我"不可分割的存在，"我"要认识我自身，首先要认识与"我"相对的那个"你"。在全球化的时代，伦理问题之所以存在，是因为"你""我"必然相遇，我们彼此都是对方潜在的伤害对象。忧郁的权力已经向我们展示：否认他者就是背弃与"我"息息相关的"你"，否认"你"也就失去"自己"。承认他者、理解他者于是成为伦理责任的重要任务。伦理的希望就在于直面并回应他者的"召唤"："如果我与你难分彼此，你就成了我的一部分，我们就再也离不开对方。我必须知道自己何以同'你'紧密相连……并且认识到，想要了解你就必须打破并放弃我'自己'的语言。只有这样，我才能够奢谈'我们'。你正是我迷失中的收获。人们终将明白，古往今来，'人类'正是这样形成的。"[2] 如巴特勒所言，"回应伤害的方式让人们有机会阐发伦理，从而成为真正的'人类'"。[3]

巴特勒在黑格尔的意义上实现了对他者的认定，即他者与自我处于相互性认知之中，如果要认识"我"，首先要知道那个我们事先并不知晓也不能完全理解的"你"。这个由"我"及"你"的自我认识过程，恰恰又暗合了黑格尔意义上主人与奴隶在自我与他者这一关系链条上的斗争与转化。但也正是在彼此指向的意义上，巴特勒实现了对黑格尔的扬弃，并对列维纳斯的他者观进行了批判的接受和改造。

然而，巴特勒深刻地认识到，在当代国际政治关系中，西方推

1　Butler, J. *Giving an Account of Oneself*. New York: Fordham University Press, 2005. p. 31.

2　Butler, J. *Precarious Life: The Powers of Mourning and Violence*. London: Verso, 2004. p. 49.

3　Butler, J. *Giving an Account of Oneself*. New York: Fordham University Press, 2005. p. 101.

行的全球政治范式俨然是在以国家安全的名义宣扬毁灭，而"责任"
已成为导致全球不负责任状态的工具。负责任的全球政治应该是什
么样子，巴特勒并没有明确给出答案。但是在《战争的框架》中，她
用了完整的一章提出，必须用非暴力伦理来应对复杂的国际政治局
势。同时，巴特勒指出，非暴力伦理不是一个放之四海皆准的原则，
我们必须追问，谁是实行非暴力的主体？这个主体是在什么样的框
架下对谁实行非暴力？归根结底，我们对暴力行为的反应依赖于世
界观得以形成的框架，依赖于表象领域得以界定的框架。为了避免
暴力的循环发生，关键在于承认生命脆弱不安的生存状态，尤其是
要承认被规范排除在外的脆危生命。在"9·11"事件之后，巴特勒更
为关注被政治规范排除在外的边缘群体，尤其是那些在政治和法律
上被剥夺了一切权利的、各种法律皆可随意处置的脆危生命，巴特
勒一如既往地体现了她对他者边缘群体的深切关怀。

四、对巴特勒非暴力伦理的一个反思

　　巴特勒一贯坚持由霸权领域的内部逻辑入手进行批判颠覆的逻
辑，直面人类共存的需求，回应社会暴力，批判国家权力，反思生
命困境，继而响应伦理责任的召唤，力图使权力摆脱否认、区分、
排斥的忧郁逻辑，由此导向平等、承认、包容的非暴力伦理。波尔
认为，这种版本的伦理学实际上是"一种改革的形式，一种反对革命
的劝告"，就好像"给社会关系涂油以便嘎吱作响、生锈的部分能运
行得更加顺滑、更加公正和较少暴力"，并且认为如果按照巴特勒的
理论施行，"那将会是一种绝对的道德准则和冷漠的普遍者的暴力的

设立"。[1] 的确，在巴特勒那里，伦理学似乎发生了不可避免的神学转向，一向激进的巴特勒在伦理学上好像失去了激进性，进入社会改良者的阵营。巴特勒自己似乎也认识到了这一点，她认为那种自我对他者的"回应"注定会遭受挫败。就像卡夫卡质疑的："人们，任何人！到底是怎样获得这样一种观念的，即人可以用信件来彼此交流的呢！人可以思考一个远处的人，也可以触及、拥抱一个附近的人——其他的所有一切，都在人力之外。"[2] 但更相悖的是，巴特勒也坚定地认为，自我对他者这个注定要遭受挫败的"回应"（伦理责任）同样也是无从规避的。[3] 悖论无处不在。

第四节　主体哲学的理论意义及其反思

作为文化政治批判的哲学基础，主体始终是巴特勒思考的对象。21世纪以来巴特勒一方面继续关注性别问题，另一方面将性别议题拓展至社会政治领域，走向伦理关怀和伦理实践。《主体诸意义》（*Senses of the Subject*，2015）是巴特勒近二十年来论文的一本合集，这些论文体现了她通过对黑格尔、克尔凯郭尔、笛卡儿、斯宾诺莎、马勒布朗士、梅洛－庞蒂、弗洛伊德、伊里格瑞、法农等人思想的思考，继续关注主体问题，将主体问题中的精神分析面向扩大，着重对在主体形式中情感的角色进行了反思，认为各种情感欲望等心理精神因素对于主体的形成具有重要的意义。她在对黑格尔式的欲望，对权力的精神形式，以及自我说明可能性反思的基础上，认为

1　R. 波尔：《走向无伦理学的反叛》，林子赛译，《马克思主义与现实》2015年第1期，第131—138页。

2　Butler, J. "Who Owns Kafka?". *London Review of Books*, Vol. 33, No. 5, 2011.

3　Butler, J. *Giving an Account of Oneself*. New York: Fordham University Press, 2005. pp. 10-11.

在特定历史领域，主体的形成和权力关系不可分割，欲望、愤怒、爱、悲伤等感情要素也注定要与权力纠结在一起共同构建主体。

巴特勒在不同的哲学情境中说明了自我如何试图创造自我，业已受到社会权力和弥散的微观权力影响和塑形的自我如何对抗自己的意志。这种最初的冲击留下了被动行为（agency）和主动行动（action）的双重印记，它反对这样的观念，即主动行动需要克服受到他者、受到语言学和社会世界影响的存在情境。这种意义的二元结构展现了对生命和实践的渴望，展现了悲伤的危险，展现了具现化的抵抗，展现了爱，展现了沉溺和褫夺的模式。巴特勒与黑格尔、斯宾诺莎、笛卡儿、梅洛-庞蒂、弗洛伊德、法农等不同哲学家进行对话，探讨了具现化、欲望、关系性等理论，重新激活并修正了在权力的诸领域之内对主体进行架构和解构的基本问题，并在分析中突出了诸如性别、性征、种族等关键问题。《主体诸意义》进一步发展了巴特勒关于伦理关系的具现化的思考。

回首巴特勒的理论道路，不难发现，巴特勒对主体问题情有独钟，其根本动力和她的人生道路以及内心深处的情感有着千丝万缕的联系。巴特勒自身的生活境遇、情感体验和生命感受是她重要的理论来源。巴特勒在一次访谈中说，理论肯定以各种方式肇源于生活与激情，但理论提供了某种对其起源的折射式图像，这就可能会使起源没有其效果那么突出。如果我们只有酷儿理论却没有传记和自传，这个世界就会变得贫乏不堪。[1]

在其成名作《性别麻烦：女性主义与身份的颠覆》中，巴特勒描述了自己成长过程中家庭成员和自己所遭遇的性别规范暴力："一位

1　[美]朱迪斯·巴特勒、沃伦·J.布鲁门菲尔德等：《"有一个人在这里"：朱迪斯·巴特勒访谈》，何磊译，《当代艺术与投资》2011年第1期，第85页。

叔叔因为他解剖学上不正常的身体而受到监禁，被剥夺了亲人和朋友，在堪萨斯大草原上的一所'收容所'里度过余生；同性恋表亲因为他们的性倾向——不管是真的还是想象的——而被迫离家；我自己16岁那年的出柜风暴；以及后来成年生活里，遭遇失掉工作、爱人、家庭的景况。"[1] 生命被剥夺，情感被放逐，这一切都让巴特勒遭受了严厉的、足以产生精神创伤的道德谴责，深深地铭刻在她的心灵上。所以，巴特勒的主体理论首先涉入性别政治领域，致力于为性别打开可能性的努力，是有迹可循的。面对打开性别的可能性有什么意义的质疑时，她回应，只有一个不了解在社会世界里以一种不可能的、难以读懂的、无以实现的、不真实的和不合法的状态生活是什么滋味的人，才会问出这样的问题。深入巴特勒的精神世界，我们深深体会到一股强烈的要生存下去，要让生命可能，以及重新思考这些可能性的欲望。所以，巴特勒对于性别的研究其实根底上是对于人的生存和生活的关心，是对于生命本身的关注。当然尤其是为了帮助那些被所谓正常的、可理知的、具有强制性的各种社会规范排除在外甚至被抹除的人们取得生存的一席之地。寻求对性少数身份的承认是一项艰难的工作，但却是求生存的一个必要之举。[2] 的确，对可能的性别化生活的思考本身从一开始就被某些习以为常的、暴力的假定给扼杀了，巴特勒试图瓦解所有挥舞着真理话语的大旗、剥夺少数性别实践与性实践的合法性的理论。但是有时候，这种理论上的瓦解还不是最困难的，理论的话语实践带来的心理恐慌反而是最令巴特勒忧心的。巴特勒质问，打破性别的二元对立框架，真

---

1 [美]朱迪斯·巴特勒：《性别麻烦：女性主义与身份的颠覆》，宋素凤译，上海三联书店，2009年版，"序（1999）"第13—14页。

2 [美]朱迪斯·巴特勒：《性别麻烦：女性主义与身份的颠覆》，宋素凤译，上海三联书店，2009年版，第2，13—14，19页。

的那么恐怖那么吓人吗，以至于这种打破还没有开始，就必须先从定义上把它当作不可能，同时在意义的探索上把它从思考性别的一切努力中剔除掉？

巴特勒曾经论述过一个与女性主义运动历史相关联的概念，即ec-static，就其字面含义而言，有脱离静态、狂热、不由自主或绽出 [1] 之意。它可能包含多重含义：可能是出于激情而不由自主，也可能是出于愤怒或痛苦而失控。巴特勒对此进行思考，如果"我"可以把自己包含在"我们"之中，那么我的发言对象就是处于"失控"或曰"绽出"中的"我们"，无论这种失控是出于爱欲激情、悲伤情感还是政治愤怒。巴特勒从中分析出了一种政治困境：我们习惯上认为权利属于"个人"，然而在反对歧视时，我们的"身份"却又变成"群体"或"阶级"，因为我们必须使用这种语言才能得到法律保障，享受法律的权利。但是，这并不意味着法律定义就足以描述我们，这种自由主义人类本体论确立的某种法律框架虽可以在这个框架内确立我们的合法地位，但是，它却无法充分说明激情、痛苦、愤怒等情感。这些情感令我们超脱自身，使我们受到他人约束；情感影响我们，令我们情绪起伏，也必然让我们同他人的生命紧密相连。[2] 在列维纳斯看来，"受伤"与"义愤"之类的情感正是人类伦理的根基。[3]

巴特勒也曾经形象地将国家权力运作的区分排斥机制称为"框架"，这个框架的隐喻不但限定了我们理解、反思和批判，同时它的威力和危害还在于：它可以作用于人类感官，借由各类物质媒介，有选择地让人们接触并理解世界；它麻痹人们的情感，使人们

1　"绽出"，马丁·海德格尔的一个哲学术语，指"超越自身"的存在。

2　[美]朱迪斯·巴特勒：《脆弱不安的生命：哀悼与暴力的力量》，何磊、赵英男译，河南大学出版社，2013 年版，第 19—20 页。

3　Butler, J. *Giving an Account of Oneself*. New York: Fordham University Press, 2005. p. 51.

在对部分范准面孔产生狂热情感的同时，对其他非人面孔保持冷漠。[1] 在权力与战争"框架"的作用之下，人们已经开始对战争暴行无动于衷。苏珊·桑塔格的《关于他人的痛苦》认为在"框架"的作用之下，战争机器依据自身的忧郁想象，先发制人地"消灭"异己以求自保，却忽略了"我族"同"异己"之间的真实联系：我们同样脆弱，我们相互依存。[2] 而且，在新媒介和新技术等物质"框架"的作用之下，人们甚至可能难以产生"义愤"感，因而也就难以做出伦理的回应。的确，在消费和媒介文化建构的完美主义和永恒生命的影响下，人的欲望无限扩张，人类的情感由于追求不到而变得脆弱。英国社会学者梅斯特罗维奇（Stjepan G. Mestrovic）将之称为后情感（postemotion）。他认为西方社会已进入"后情感社会"，其明显标志之一就是全社会已经导向"一种新的束缚方式，在现时代走向精心制作的情感"，"其中合成的和拟想的情感成为被自我、他者和作为整体的文化产业普遍地操作的基础"。也就是说，人们生活的一切方面都被文化产业普遍地操纵了，"不仅认知性内容被操纵了，情感也被文化产业操纵了"。在后情感社会，后情感主义成了人们生活的一条基本原则，它"是一种情感操纵，是指情感被自我和他者操纵成为柔和的、机械性的、大量生产的然而又是压抑性的快适伦理"，人们追求的不再是美、本真、纯粹等情感主义时代的"伦理"，而是强调日常生活的快乐与舒适，即使是虚拟和包装的情感，只要快适就好。[3] "后情感主义"不相信本真情感及人类现实"本质"的存在，它们洞穿经典情感主义的人为假定实质，索性把情感话语碎片用作日常想象、戏拟或反讽的原材料，并且热衷于成批生产这种替代或

1　Butler, J. *Frames of War: When Is Life Grievable?*. London: Verso, 2009. p. 55.

2　Butler, J. *Frames of War: When Is Life Grievable?*. London: Verso, 2009. pp. 68-69, 99-100.

3　转引自王一川：《从情感主义到后情感主义》，《文艺争鸣》2004 年第 1 期，第 8 页。

虚拟的情感。[1] 这样的情感似乎消解了自身作为一种反抗性力量的可能。

弗洛伊德在《本能及其变化》中指出，我们在某种程度上被我们不知道、不能知道的东西驱使，这种驱动力既不是纯生物性的，也不是纯文化性的，而总是两者的密集汇合。如果我总是由不是来自自身的规范构造而成，那么，这种建构是怎样发生的呢？巴特勒认为，情感和欲望的出现和构成是规范变成感觉上属于自己的东西的一种方式。在我以为我就是我的地方，我其实就是自己的他者。巴特勒进一步分析了这种情况的缘由，因为规范的社会性超越了我的开始和终结，维系了一个超越了我的自我理解运作的时空场。巴特勒认为，主体是通过排除而建构的，具体来说是通过创建一个由非认定的主体、前主体、落魄的形象和从视野中抹去的人群构成的领域，随后被自治的效果隐藏和遮盖。"自治是一种被否定的、从属的逻辑结果，等于说，在它能够掩盖其构成物的爆发的范围内，自治的主体能够维持它的自治的幻像。"[2] 忧郁的运作机制揭露出，主体身份是"失去"他者的"忧郁"产物，自我之所以能够生存，其关键并不在于面对外部世界时，自我行使了自主权；相反，如果不投身于外部世界并与之发生关联，所谓自我就不可能出现。从一开始，自我就不是自己；唯有吸纳他者，使其成为自我，自我才能够形成。社会话语规范规定了生存的条件，它质询每一个社会存在：若能符合此类话语规范，人们就有可能生存，就有可能为话语所容纳。事实上，只有失去自主的观念，人们才有可能生存，自我才能得到解脱，才

<hr />

1　傅守祥：《消费时代大众文化的审美伦理与哲学省思》，《伦理学研究》2007 年第 3 期，第 20页。

2　[美]朱迪斯·巴特勒：《暂时的基础：女权主义与"后现代主义"问题》，朱荣杰译，王逢振主编：《性别政治》，天津社会科学院出版社，2001 年版，第 82 页。

能摆脱忧郁症排斥社会的倾向。在自我出现的时刻，他者已经离我们远去；而他者的踪迹正是自我得以出现的前提条件。执着于自我的自主就等于忘却他者的踪迹；而承认他者的踪迹就意味着开启哀悼的进程：哀悼永远不会终结，除非自我毁灭，否则我们永远无法摆脱他者的影响。这正是语言和社会生活造成的失去；主体永远不可能自主地塑造自我。所以要想生存，我们就必须承担"失去"，但"失去"也开启了我们的存在。

"假如我能，那么，我将设法返回到在身边的主体。"[1] 因为有社会性、文化性的规范存在，被创造的主体注定有边界，然而，边界之外并非空白，边界外的生存，就是那些不符合社会规范的特例。巴特勒说，那些被排斥被放逐的他者——女性、同性恋者、有色人种、劳工阶级等，时时刻刻威胁着那个规范的主体，提醒我们意义重组和主体重建的必要性和紧迫性。琼·斯科特在《性别与历史的政治》中认为，一旦弄清了主体是通过排除性的行动来形成的，那么对那种建构和排除的行动进行追究就在政治上显得必要了。[2]宣称主体被建构并不等于主体被确定，相反，主体的建构性特征正是它能动作用的先决条件。在主体理论的探讨中，巴特勒流露出深切的现实关切情怀，由性别、身份、身体等概念切入现实政治，其主体哲学思考涉入女性主义理论及实践领域，揭露自主、同一、自然、主宰式主体的虚妄。

通过梳理巴特勒主体思想发展的脉络，我们可以体察到她高度理性的话语之下涌动着的对主体充满感性特质的同情与理解。所以在巴特勒的文化政治批判中不可忽略她对主体理论的通盘思考。

1　[美]朱迪斯·巴特勒：《暂时的基础：女权主义与"后现代主义"问题》，朱荣杰译，王逢振主编：《性别政治》，天津社会科学院出版社，2001年版，第82页。

2　Scott, W. J. *Gender and the Politics of History*. New York: Columbia University Press, 1988.

阿尔都塞在《保卫马克思》中提出"问题式"范畴，认为提问题的方式比寻找那个所谓唯一答案更重要，问题的"生境"本身也决定了问题的意义在于提问、体验、商讨，在于"催生生存方式、惯习实践的重组与突变"。[1] 相对传统的主体理论，巴特勒的问题式发生了重大变化，而且不断变换。如果说一般的主体理论是探究主体是怎样建构的，那么巴特勒的理论则侧重于主体是怎样通过排除机制生成的，并且将重点放在对被主体排除在外的本该作为主体构成性存在的生命的关注，探究主体形成的社会权力关系和内在精神世界运行的双重机制，以此重建主体。这为巴特勒对具体主体领域，比如性别主体、身体主体、伦理主体、国家权力主体以及各种社会政治主体的研究提供了理论基础和批评路径。巴特勒从主体的当代命运出发，深刻揭示了边缘他者形成的内在排除机制，最终落脚于主体自我与他者的共生关系。对主体的思考使得巴特勒对他者问题的关注有了坚实的理论保证，而对他者问题的关注又使得主体突破、超越自身的局限，不断形成新的主体理论。但是，这种建构并不是简单地将主体之外的他者和异己纳入原有的主体领域，而是要建构一个更宏大、更具包容性的主体领域，用巴特勒的话说，是要将主体建构成一个具有永久开放性的争议场所。因为建构总会有排除，这是无可避免的。可见，巴特勒的主体观是一种本体论意义的颠覆，这体现出巴特勒对主体哲学的独特思考。

1　Grosz, E. *Time Travels: Feminism, Nature, Power*. Durham. NC: Duke University Press, 2005. pp. 155-170.

第二章
性别政治：文化政治批判的介入

　　巴特勒的主体理论背后的现实关切促使她将主体的哲学沉思介入社会领域中具体主体的当代命运。巴特勒在回忆自己的学术道路时说道，在耶鲁校园遭遇福柯之后，她就开始思考哲学和政治的关系，思考是否能用哲学的方法来研究性别问题。由主体的当代命运出发，巴特勒从对哲学主体的关注转向了对性别身份的思考和颠覆，成功地介入女性主义与身份政治，将主体理论具体化为"性别主体"，从性别视角延续并进一步阐发了主体理论，这也是其成名之作《性别麻烦：女性主义与身份的颠覆》得以生成的理论契机。对性别主体的关注是巴特勒文化政治批判对女性主义理论的成功介入，这构成了巴特勒文化政治批判的开始。本章以《性别麻烦：女性主义与身份的颠覆》及前后相关的论著为主，探讨巴特勒的性别政治理论的形成、引起的争议和巴特勒对争议的回应，以及在这个基础上对性别述行理论的不断修正和丰富。

第一节　性别政治的生成语境

一、后结构主义转向与反思

深受后结构主义理论特别是福柯话语理论的影响，巴特勒思想经历了后结构主义转向，同时敏锐地认识到后结构主义本身的理论缺陷。早在 1989 年，巴特勒就关注到批判女性主义理论中普遍存在一种异性恋假设。因一贯反对以性差异原教旨主义为核心的异性恋主义，巴特勒援引了法国后结构主义理论来论述自己的观点。后结构主义被美国理论界拿来用以影响美国的性别理论，试图改变其政治困境。虽然后结构主义时常以形式主义的面目出现，有着脱离社会语境等问题，但美国女性主义对它的挪用在某种程度上避免了这些缺陷。然而，巴特勒还是敏锐地认识到，不管是后结构主义形式主义的辩护者，还是文化左派对后结构主义的批判，都把后结构主义当作统一、纯粹和铁板一块的存在。同样，在"法国女性主义"中也存在理论惯有的那些习以为常的、暴力的理论预设。巴特勒认为这些理论预设从一开始就将我们对性别化生活还有些什么可能性的思考给抹杀了，而且它们竟然还在文学研究学者和一些社会理论家当中广受欢迎。由此，巴特勒对后结构主义本身进行了深刻的反思与批判，认为"后结构主义不是什么单一的东西；它不是一种一元事物或一套一元文本，而是范围广阔的作品，这些作品是在费尔迪南·德·索绪尔、法国黑格尔研究、存在主义、现象学，以及不同形式的语言形式主义的影响下出现的"。[1] 在文化理论领域里，性别研究以及后殖民和种族研究实现了对后结构主义理论的超越，获得了新的移置的生命。激进女权主义认识到女人之间也存在着差异，比如在有色人种和白人妇女之间，在"品行端正的女人"和"放荡坏女人"之间，"妇女"这一概念也包含着一种不稳定的、"剩余的"含义。[2] 所以，巴特勒对于后结构主义的借鉴并不是简单地把后结构主义挪用到女性主义，而是以明确的女性主义立场重新表述那些理论。在对理论的重述中，理论有了新的发展场域，获得了新的生命。巴特勒将之称为文化翻译，认为理论本身就是文化翻译。巴特勒认为这并不是简单地以历史主义取代理论，也不是对理论进行历史化以揭露它的一些概念化主张具有历史偶然性的局限，而是理论从不同文化地平线交会之处浮现，这种文化翻译尤为重要，虽然它的成功与否并不确定。所以在《性别麻烦：女性主义与身份的颠覆》中，巴特勒倾向于运用一种融合的方式，同时解读不同的法国知识分子，比如列维—斯特劳斯、福柯、拉康、克里斯蒂娃、维蒂格等，虽然他们之间少有联系，也拥有不同的读者群。这显示出《性别麻烦：女性主义与身份的颠覆》知性上的混杂性，而混杂性正是美国理论的一个重要特征。于是《性别麻烦：女性主义与身份的颠覆》就成为某种形式的文化翻译。其目的是"试图对那些立足于学科领域的重要边界上的立场给予肯定。重点不在于保持边缘性，而是参与到从其他学科中心发展出来的各种网络或边缘地带；所有这些集结起来，构成了对那些权威的多元置换。性别的复杂性需要一些跨学科的、后学科的话语，以便能抵抗学院对性别研究或妇女研究的驯化，并使女性

1　[美]朱迪斯·巴特勒：《消解性别》，郭劼译，上海三联书店，2009 年版，第 200 页。

2　[英]朱利斯·汤申德著，邰继红编译：《后马克思主义的女权主义》，周凡、李惠斌主编：《后马克思主义》，中央编译出版社，2007 年版，第 363 页。

主义批判的概念具有激进的特质"。[1]

任何一个理论的提出都有着复杂的理论渊源和各种社会文化背景，要追溯理论背后的这些渊源和背景总不是那么容易的事情。巴特勒自己也说，要找到一本书得以竟成的各种不同的契机，是不可能的事。但是在巴特勒的理论中，我们还是可以看到这些后结构主义理论家及其理论的身影：奥斯汀的《如何以言行事》（*How to Do Things with Words*）中关于语言的行动力和表演性依赖于一定的社会规范和仪式的观点，布尔迪厄关于言说权威背后是被具化的国家暴力的认识，德里达的"延异"理论以及并不总是能成功但"失败"中其实蕴含着意义重组可能性的"引用"理论，拉康的三界说，阿尔都塞的召唤理论，还有福柯的话语理论，弗洛伊德的精神分析理论等等，这些理论都为巴特勒审视女性主义性别身份提供了理论基础。

二、对福柯主体理论的借鉴与改造

后现代主义特别是福柯的主体观在女性主义研究领域引起了不小的震荡。对福柯主体理论的借用和批判之间产生的张力揭示了女性主义与话语理论之间矛盾关系的实质所在，女性主义需要超越福柯的后现代话语。

福柯认为主体不是一个作为意义派生源头的先验自足的实体，而是由社会权力关系和话语实践建构而成，因此并不具有本质的意义，在此基础上福柯宣告了主体的死亡。既然主体死了，那么什么在讲话？对女性主义来说，在妇女刚刚开始登上主体位置的时候就宣布主体的死亡，这是否有一个遏制的问题？有人认为这是针对妇

1　[美]朱迪斯·巴特勒：《性别麻烦：女性主义与身份的颠覆》，宋素凤译，上海三联书店，2009年版，"序（1990）"第2—4、5页。

女和其他开始为自己利益讲话的群体的一个阴谋。但是，福柯所谓主体的死亡实质只是笛卡儿哲学以来大写主体的死亡，并不是宣告主体本身的死亡。很显然，那个主体的死亡并不代表言论的结束，或者能动作用的结束，也不是政治辩论的结束，而其实是一种"范式"的转换。福柯在方法论上抛弃了说话主体，强调所说出的话而不是说话者，而女性主义则有必要"承认主体的在场"，因为"女性主义正是建立在特别关注其他女性经验的前提之上，因此'谁在说话'至关重要"。[1]

后现代女权主义借用福柯这一思想，对西方启蒙运动以来宣扬的理性主体提出质疑，进而对现代女权主义争取的女性主体性进行反思，认为建立在"男女平等"理论上的女性主体不是女性的真正主体，不过是男权逻辑思维的延续，是建立在男性经验基础上、以男性为标准的主体，这样的主体或主体性并不能从根本上使妇女获得解放。而且在当今主流话语是男性话语的父权制社会中，对于女性的任何定义都无法摆脱具有某种本质特征的客体他者的局限。所以后现代女权主义因为害怕某种主体幽灵的重现，规避了对女性和女性特征进行任何本体上的界定，拒绝对女性主体性的重构，放弃了对女性解放具体目标的追求，转而以解构为目的，为解构而解构，这就使它在颠覆父权制文化强加于女性的各种本质的同时也解构了自己，从而使女性主义自身丧失了存在的合法性，陷入政治僵局。

巴特勒在对福柯话语理论挪用和改造的同时，也意识到了它的局限性。福柯的男性视角使其无法辨别贯穿在女性生活中各种不同的权力关系以及差异的多样性。对女性主义而言，关注差异意味着

1　Ramazanoglu, C. *Up Against Foucault: Explorations of Some Tensions between Foucault and Feminism.* London: Routledge, 1993. p. 144.

关注对女性的压迫与其他形式的权力关系之间的区别，更意味着关注差异的动力学。所以女性主义必须规避解构的无能，重新关联解构和主体性，重构女性主义主体与政治，寻找"革命"或"政治"的可能性。巴特勒认为解构主体并不是否定、抛弃或废除主体，而是要进行更深入的探求，把主体作为一个政治问题进行质疑。解构并不是意味着我们对"主体"这个词语的所指不再承担任何义务，而是要考虑它在权威的巩固和隐藏中所起到的语言学功用。[1] 这就意味着重构必须面对新形势刷新主体性概念，直面当代主体的多元性，在现代性的废墟上重新寻找新的"女性主体性"，一种能够破除现代性和后现代性双重诅咒的主体性。这在实质上反而是一种主体的重建。

但是，宣称主体被建构并不等于主体被确定，相反，主体的建构性特征正是它的能动作用的先决条件。在某种意义上，主体是通过某种区分和排除，抑或一种抑制建构而成的，对于女性主义来说，这是一个按照传统与女性联系起来的可能的转变领域。所以更为重要的是，解构其封闭的系统，使主体术语开放。重构主体性理论必须肯定其物质性的出场，保持其对于未来的指向性，使主体性能在物质性与意识的冲突中短暂出场，而后被消解和重构。这样既规避了现代性主体的同一性，又让主体性得以短暂出场，重返政治领域。一个可能被再次消解和重构的主体的出场可能很短暂，但意义重大。从这个意义上讲，女权主义对主体性的质疑和解构不仅应该是对现代女权主义的颠覆，更应该是对女权主义主体所存在问题的深入探索。

1　[美]朱迪斯·巴特勒：《暂时的基础：女权主义与"后现代主义"问题》，王逢振主编：《性别政治》，天津社会科学院出版社，2001年版，第86页。

三、文学的灵感及生命的欲望

巴特勒也从文学作品中汲取着理论的灵感，这体现出她对性别问题的独特思考。在《性别麻烦：女性主义与身份的颠覆》中，巴特勒提供了性别述行理论的一个文学来源，那是从德里达对卡夫卡《在法律门前》的解读中获得的灵感。《在法律门前》是卡夫卡未完成的小说《审判》中的一部分，小说讲述了等待法律的主人公——一个乡下人——坐在法律大门前，想求见法律却不得的故事。那个守护法律大门的人只是特权阶层中最卑微的一员，但就是这样一个最低等级的执法者，却可以无限期地延宕像等待法律的那个乡下人这样的弱势群体晋见法律的机会。坐在法律大门前等待的那个乡下人至死也没有见到法律的真面目，而法律的权威正是通过这个乡下人的无期限的等待和对法律意义的渴望与惧怕得以建立起来的。期待某种权威性意义的揭示，是那个权威之所以被赋予力量并获得建制的方法：期待召唤它的对象，使之成形，就像阿尔都塞的召唤理论。巴特勒从中获得灵感，思考对于性别我们是否也被某种类似的期待所奴役。我们常常认为性别以一种内在的本质运作，期待着有朝一日性别的本质会被揭露出来。这样的期待本身最后生产了我们所期待的性别现象本身，生产了它假定为外在于它自身之物。而且这种期待持续重复发生，成为文化所支持的时间性持续存在，其语境的自然化最终获得了性别具有本质这一幻象式结果。也就是说，并不存在一个先在的性别本体，我们所以为的性别本质，其实不过是性别规范不断作用于我们的身体而形成的，是性别规范在我们身体上不断重复和述行（performativity）的结果。

巴特勒理论的根本动力还来自她自己被排除的边缘化命运。巴特勒关注性别问题的背后是其情感深处对于那些被性别霸权话语排斥、忽略、践踏的生命的哀悼和怜惜，为之争取作为"人"的最基本的生命权利——"生存"下去的可能。这种生存、生命欲望来源于自己和身边亲人朋友切身的情感体验。《性别麻烦：女性主义与身份的颠覆》中有多处此类表达，比如，"我想，这本书展现的顽强的使性别'去自然化'的努力，是来自一种强烈的欲望：对抗理想性别形态学（morphologies of sex）所意味的规范暴力，同时根除一般以及学术性欲话语所充斥的那些普遍存在的自然的、理当如是的异性恋假设。这个去自然化的书写……它来自一个要生存下去，要让生命可能，以及重新思考这些可能性的欲望"，"坚持为自己的性／别生活寻求合法的承认"，"求生存的一个必要之举"，"此书的书写是一个集体奋斗的文化生活的一部分，这个奋斗在为那些生活于、或者试图生活于性／别边缘的人们，扩展具有生活价值的生命的可能性上面已经有了一些成果"。[1]

四、从现象学到谱系学

自《话语的秩序》一文起，福柯不再仅仅通过话语来研究主体，而增加了权力作为新的维度，关注焦点转向了"话语构成"背后的话语和权力运作机制，转向谱系学研究。在一次访谈中，福柯专门批驳了人们对他"权力－知识"观点的误读，指出，"权力－知识"这一表述方式本身意味着知识并不是覆盖在统治结构上面一层薄薄的面具，而是与权力融合在一起，知识就是权力，两者是同一的，只

---

[1]　[美]朱迪斯·巴特勒：《性别麻烦：女性主义与身份的颠覆》，宋素凤译，上海三联书店，2009年版，"序（1999）"第14、19、20页。

不过某种权力形式能够生产出对象和结构都极为不一样的知识。[1] 受福柯的权力－知识观影响，不少女性主义学者意识到，过分依赖自我知识并将其作为实现女性自由的工具必然会使女性主义陷入困境，于是把质询的目光转向女性主义自身的话语，探讨"妇女""性别"范畴的"女性主义谱系学"。巴特勒认为，"只探讨如何使妇女在语言和政治上得到更充分的再现是不够的；女性主义批判也应当了解'妇女'这个范畴——女性主义的主体——是如何被生产，同时又如何被它赖以寻求解放的权力结构本身所限制"。[2]

随着关于父权制更为复杂、理论化的知识的大量涌现，当代女性主义权力－知识架构再次发生了重大转变。传统女性主义将两性之间不平等的权力关系分析建立在"父权制"压迫的普遍假设之上，这种父权制对女性的整体压迫和禁止体现出女性主义单一、静态的权力观，而福柯对权力关系模式的重新界定使女性主义质疑自己对权力关系的理解和把握，女性主义学者意识到父权制权力的运作远非如此简单，福柯的话语理论并不否定制度权力的重要性，但他更为关注的是"权力得以实施和协商的各种各样的场所"[3]，并在此基础上建立一种复杂、动态的权力关系体系。女性主义知识日益多样化、专业化，尤其是作为一种独特知识形式的"女性主义理论"逐渐"摆脱了对性别关系和父权制经验主义的考察"[4]，关于更广泛的运动或妇女解放目标的论述不再是女性主义关注的焦点。在对这一发展历程的审视和分析中，女性主义学者所看到的不是权力的丧失，而是"权

---

1 [法]米歇尔·福柯：《权力的眼睛——福柯访谈录》，严锋译，上海人民出版社，2021 年版，第124—125 页。

2 [美]朱迪斯·巴特勒：《性别麻烦：女性主义与身份的颠覆》，宋素凤译，上海三联书店，2009 年版，第 3 页。

3 Mills, S. *Discourse*. London: Routledge, 2004. p. 84.

4 Ramazanoglu, C. *Up Against Foucault: Explorations of Some Tensions between Foucault and Feminism*. London: Routledge, 1993. p158.

力的新路线"或是"权力的微观政治学"。

在《欲望主体：二十世纪法国哲学的黑格尔反思》结尾，巴特勒指出，身份政治所执着的"身份"不再被视作毋庸置疑的理论起点，而被视为权力建构的产物、谱系学批判分析的对象。主体理论现象学式的欲望分析需要让位于历史性的谱系分析。在身份政治的危机下，必须以性别、身体的谱系学分析取代基础主义、现象学式的身份政治。在性别主体批评中，巴特勒将重心转移至对权力的运作机制的探究上，解构权力建构的自然性别表象，发掘背后潜藏的霸权框架，揭露权力运作的种种区分排斥机制，为性别主体的多样性打开文化意义上的可能性。

第二节　性别话语的谱系学批判

主体问题对政治来说至关重要，特别是对女性主义政治而言。然而，有时候女性主义对性别主体的思考却会无意识地复制父权话语用以自圆其说的叙述逻辑，反而延续甚至巩固了父权体制实在基础主义的话语虚构，给妇女以及同性恋者、双性恋者、易装者、跨性别者等性少数群体持续带来本体论上的排除。巴特勒不再关注性别主体的政治再现，而是从女性主义话语内部入手，运用福柯对基础主义的谱系学批评方法，从形而上学、精神分析以及政治实践等不同的话语领域对性别范畴进行一种批判式的谱系学探究。巴特勒称自己的工作是"性别本体论的批判性谱系学"，通过揭露生理性别、社会性别与欲望等基础范畴是某种独特的权力形式产生的结果，试图从根本上解构性别在本体论意义上的那些性别实在主义的建构，去除阳具逻各斯中心主义（phallogocentrism）[1]与强制性异性恋这样一些定义性制度的中心性地位，最终揭露性别政治与理论领域中普遍存在的各类迷思以及背后隐含的规范霸权思维，实现了主体理论针对现实政治的"介入"乃至"颠覆"。

一、女性主义性别主体的实在本体论框架

（一）"妇女"作为女性主义主体的基础主义虚构

巴特勒首先对女性主义性别主体"妇女"所体现出来的基础主义虚构提出质疑。一般来说，女性主义理论为了追求政治再现，总会假设存在某种同一的身份，于是"妇女"范畴构成了女性主义争取利益和实现目标的性别主体。然而，"妇女"作为再现女性主义主体最终代表的可行性，从女性主义话语内部遭到了质疑。巴特勒认为，按照福柯的理论，权力的司法体系首先生产了主体，然后又再现这些主体，而受到司法结构管控的主体由于服从于这些结构，会根据这些结构的要求进行生产与运作。所以，把妇女再现为女性主义"主体"的语言和政治之司法结构本身就是话语建构的，结果女性主义主体成了那个原本是推动其解放的政治体系的一个话语建构。巴特勒认为女性主义不加批判地诉诸这样一个体系来解放妇女，显然是自砸阵脚。[2]不但如此，巴特勒认为主体的这种政治运作还把司法结构这个基础有效地遮蔽并自然化了，就像卡夫卡的《在法律门前》所揭

---

1 巴特勒基于弗洛伊德和拉康的理论，用phallus来表示男性生殖器所能指的男权、夫权，而phallogocentrism则是phallocentrism与logocentrism两个词的合并，因本章主要依托专著 *Gender Trouble* 探讨性别政治问题，所以参照宋素凤的译本，译为"阳具逻各斯中心主义"。第三章因为参照版本不同，译为"菲勒斯-逻各斯中心主义"，也做了注释说明。

2 [美]朱迪斯·巴特勒：《性别麻烦：女性主义与身份的颠覆》，宋素凤译，上海三联书店，2009年版，第2—3页。

示的，法律生产了法律之前的主体，又把这个话语结构当作一个自然化的基本前提调用，然后用它合法化法律本身的管控霸权。

除此以外，女性主义将妇女作为一个共同身份的假定也遭遇了政治问题。"妇女"绝不是一个稳定的能指，它并没有充分得到它所试图描述或再现对象的同意，即使在复数的情形下，它也是一个麻烦的词语、一个争论的场域、一个焦虑的起因。就像丹尼斯·瑞里（Denise Riley）"我就是那名字吗？"所暗示的，妇女有着多重意指，在不同的历史语境中，性别的建构并不都是前后一致的，它与种族、阶级、族群、性和地域等范畴所建构的身份形态交相作用。认为女性主义必定有一个建立在所谓跨文化身份上的普遍基础的政治假设，潜藏着这样的认识：父权制与男性统治的普遍或霸权结构里存在着对妇女压迫的某种单一的形式。近年来，普遍父权制的概念受到广泛批评，因为它不能解释性别压迫在它们存在的具体文化语境中是如何运作的。

如今普遍父权制的主张虽然不像当初那样具有公信力，但是要置换这个框架推演的结果——关于"妇女"的设想有某种普遍的共通性这样的概念，却并非一件易事，虽然相关的辩论已有很多。巴特勒认为，被视为严丝合缝的女性主义主体的妇女范畴是一种过于急促而不成熟的建构，结果必然造成对这个范畴多重的排斥。政治和话语再现的领域预先设定了一套主体形成的标准，只有被认可的、符合作为主体资格的主体者才能得到再现。如果不加质疑地调用"妇女"这个范畴，会使女性主义作为一种再现政治的可能性从一开始就被排除。当然可以把再现的对象扩及一些主体，有人建议女性主义可以扩大它所建构的主体的再现范畴，但是反讽的是，如果这种扩及仍是建立在排除那些不符合主体的心照不宣的规范要求之上的话，就是说，如果这样的提议拒绝考虑这些再现主张的建构权力，这种扩及又有什么意义呢？当再现成为政治唯一的重心时，已经不经意间维系了一种统治与排除的关系。当然我们的任务不是要拒绝再现，而且我们也无法拒绝再现。巴特勒认为，也许只有当我们不再一味认定"妇女"这个主体时，"再现"对女性主义才是有意义的。

所以，巴特勒认为我们需要某种激进的文化政治批判，她建议我们应该在这个文化政治的关键时刻，从女性主义的内部，对建构一个女性主义主体的要求进行反思。并且，在女性主义的政治实践中，从根本上重新思考本体论的身份建构，设想一种复兴女性主义的新的基础。这种新的基础是一种暂时的、偶然性的基础，它将会从建构一个单一的或持久的基础这样的观点中解脱出来，因为这种单一持久的基础不可避免地会造成一种排除，而且会受到被排除在外的那些身份位置或者反身份位置的挑战，从而悖论性地破坏女性主义拓展它所主张的"再现"这个政治目标。更加严重的是，将妇女范畴建构为一致的稳定的主体，会对性别关系造成一种不明智的管控和物化，这恰好与女性主义的目标背道而驰。

所以女性主义的任务不能只是探讨如何使妇女在语言和政治上再现，而是要在语言的、政治的司法结构建构的当代权力场域的框架里，对司法结构所生产、自然化以及固化的身份范畴做出批判的论述，追溯并探讨那些生产且隐藏合格的女性主义司法主体并使之得以形成的历史以及它在文化结构中的政治运作，进而探究将实际上是制度、实践、话语的结果，有着多元、分散起源的身份范畴指定为一种起源或原因的政治着眼点和动机。这正是探讨妇女范畴的女性主义谱系学的任务。

在考察女性主义主体"妇女"范畴的实在基础主义本质之后，巴特勒重新解读了各具影响力的法国女权主义理论家诸如波伏娃、伊里格瑞、维蒂格等的有关理论和观点，详细考察了生理性别、社会性别以及欲望这三个概念的建构性特质，指出囿于一种普遍性和二元论的框架，她们理论中的一些激进性未能得到发展，并拆解了生理性别、社会性别以及欲望这三者之间在性别化支点上的因果联系和强制性秩序，反思现实政治中诸多未经审视、习以为常、不证自明的前提预设：实在形而上学（metaphysics of substance）和阳具逻各斯中心主义。

巴特勒认为这种行为，至少从马克思以来就是文化批判的一部分。而且，在巴特勒这里，这个文化批判又担负起一份额外的责任，那就是从对性别化表象的理解入手，考察性别本体建构的排除性机制，指出主体"概念本身如何容许了一些可能性，而一直以来，这些可能性都被各种不同的性别物化形式——这些物化形式建构了主体各种具有历史偶然性的本体——所强行排除了"。[1] 所以，与传统女性主义倡导统一的妇女身份不同，巴特勒呼吁将马克思的"历史的在场"（the historical present）作为批评的起点，在语言和政治的司法结构所建构的权力场域中对其所生产、自然化并固化的身份范畴进行谱系学批判。[2]

（二）对几位女性主义理论家的批判性解读

1. 波伏娃对社会性别的主体预设

巴特勒首先对波伏娃的理论进行了解构性重读。波伏娃"女人不是天生的，而是后天形成的"这句话开启了女性主义性别的文化建

---

1 [美]朱迪斯·巴特勒：《性别麻烦：女性主义与身份的颠覆》，宋素凤译，上海三联书店，2009 年版，第 46 页。

2 Butler, J. *Gender Trouble: Feminism and the Subversion of Identity*. London: Routledge, 1990. p. 5.

构论。巴特勒认为波伏娃社会性别"形成"的论述背后仍然预设了一个主体的存在，这是一个能动者，一个我思故我在的主体，它以某种方式获取或者挪用了那个性别属性。也就是说，女性主义在生理性别和社会性别之间的区分仍然隐含地保留了男性与女性之间的二元性别体系，以及二者之间某种模拟性的因果关联。这使得社会性别像镜子一样反映生理性别，或者说被生理性别限制，忽略了社会性别的激进性。从逻辑上看，巴特勒认为生理性别与社会性别的区分其实潜在地挑战了主体的统一性，暗示了女性主义主体在生理上性别化的身体（生理性别）和文化建构的性别（社会性别）之间的一个根本的断裂，即"在理论上，这个主体也可以接受其他的性别属性"。所以在巴特勒看来，社会性别作为一种身份，并没有本体论意义上的实体，而是通过表演和模仿不断被建构起来。从而社会性别可以成为"一个自由流动的设计"，成为生理性别的多元体现。波伏娃的主张"身体是一种情境"暗示了身体应该是获享自由的媒介，而不是定义与限制的本质，暗含了性别的流动性、多元性和身体反抗的激进性，但波伏娃最终不加批判地复制了存在主义现象学的理论框架，无意中维护了精神和身体的本体论区别与它们之间的二元论，以及精神高于身体的等级秩序，无法完全把女性的身体从"麻烦的陷阱"里拯救出来。借鉴伊里格瑞的见解，巴特勒将这解读为波伏娃低估了的阳具逻各斯中心主义的一个症候，从而走向话语霸权的反面重塑。[1]

巴特勒进一步质疑了生理性别的自然性，认为生理性别和社会性别一样，也不过是一种文化建构的结果。"生理性别不能构成一个

1　[美]朱迪斯·巴特勒：《性别麻烦：女性主义与身份的颠覆》，宋素凤译，上海三联书店，2009 年版，第 11—18 页。

先于话语的解剖学上的事实。事实上从定义上来说，我们将看到生理性别其实自始至终就是社会性别。"[1] 而为了稳固生理性别的稳定性与二元的框架，生理性别被建构为一个前话语的领域。巴特勒将矛头指向异性恋机制，在规范性的异性恋话语原则制造主体反复言说和引用的性别表述行为的进程中，一些人被建构为弃儿，排除在二元结构之外。

2. 伊里格瑞的他异者意指幻想

伊里格瑞反对波伏娃"女人是第二性他者"的观点，认为不能简单地将女人理解为男性主体的反面或他者。在伊里格瑞的解读中，女性不是一种性别，女人既不是主体，也不是第二性他者，而不过是以他者性的形态展现于世的具身化了的男性，主体与他者两者都是用来支持一个封闭的阳具逻各斯中心意指经济的，在这个普遍男权中心的封闭循环的意指文化体系里，它通过对女性完全的排除来达成它一统权力的目标，所以女性不过是二元对立经济的一个异己、一个他异者，二元对立经济本身不过是男性用以进行独白式自我阐发的一个伎俩。所以对伊里格瑞来说，阳具逻各斯中心模式中有关女性的意指，永远是男性在男权中心话语体系里基于自我膨胀的欲望而生出的幻想。关于这个无解之题，其实波伏娃在《第二性》里早已指出，她说男性无法解决女人这个问题，因为这样一来，他们就成了球员兼裁判。[2]

由此可见，性别实在认识论的框架就显得很可疑。巴特勒认为，

1　[美]朱迪斯·巴特勒：《性别麻烦：女性主义与身份的颠覆》，宋素凤译，上海三联书店，2009 年版，第 12 页。

2　[美]朱迪斯·巴特勒：《性别麻烦：女性主义与身份的颠覆》，宋素凤译，上海三联书店，2009 年版，第 13—15 页。

"这个观点暴露了实在是男权中心话语的一个持久而基本的幻想"[1]。阳具逻各斯中心主义不但没有在语言上做出自我克制的姿态，允许女人拥有他异性或差异性，反而提出一种命名来遮蔽女性、窃取其位置。所以，不论是在结构上还是在语言上，女性这一性别的可能性都被排除在外。

对于社会性别意义的尖锐分歧使巴特勒从根本上重新对身份的范畴进行思考。巴特勒认为，如果说波伏娃是"从一个失衡的辩证关系里失败的互惠性寻找原因"，那么，伊里格瑞则认为"这个辩证关系本身是男权中心意指经济独白式的精心构造"。伊里格瑞揭露了男权中心意指经济的认识论、本体论以及逻辑结构，明显拓宽了女性主义批判的范畴。但巴特勒认为，伊里格瑞的分析力度也因为一统性的思维而被削弱了。巴特勒质疑伊里格瑞那种男权中心经济是独白式的铁板一块的认识，认为它忽略了不同文化和历史语境中的各种性别差异，无法认识到性别压迫在各个具体文化里的运作，这本身就是一种帝国主义的认识论。其危险在于它不但将男权中心的意指体系普遍化，而且重复了这个体系所赖以自我巩固的"一统化"策略，重复了阳具逻各斯中心经济自我膨胀的作为。[2]

3. 维蒂格的女同性恋主体

生理性别的文化建构性是巴特勒在书中制造的一个重要的"性别麻烦"，这个违反一般直觉的论点在维蒂格的一些论著里已出现。同波伏娃一样，维蒂格也认为"一个人不是天生就是女人"，但她将语言行为理论运用到她对生理性别的论述上，指出生理性别通过不

1　[美]朱迪斯·巴特勒:《性别麻烦：女性主义与身份的颠覆》，宋素凤译，上海三联书店，2009年版，第15页。

2　[美]朱迪斯·巴特勒:《性别麻烦：女性主义与身份的颠覆》，宋素凤译，上海三联书店，2009年版，第18—19页。

断重复的语言行为获得"真实""自然"的面貌。对维蒂格而言，生理性别不是天生、自然的，作为对身体的一种政治投资和文化诠释，生理性别从一开始就已经是社会性别，而社会性别也内置在生理性别中被自然化了。[1]

与伊里格瑞相反，维蒂格认为只有女性是一种性别，因为男性是一种普遍性的人的形式存在，男性就是普遍性。对维蒂格而言，加之于性别的二元限制是为强制性异性恋体系的生殖目的服务的，维蒂格呼吁打破性别的二元限制，让女人能够拥有一个普遍的主体身份。维蒂格并没有根据一个无可回避的父权象征秩序的规则，批判地指出主体一律是男性的，而是提出了一个等量齐观的女同性恋主体作为语言使用者来取而代之，反而肯定了人道主义的规范模式对女性主义期许的实在形而上学框架。维蒂格支持女同性恋解放的激进志业，不仅肯定了人类的自由具有前社会的性质，同时也认可了应为性别范畴的生产和自然化负责的实在形而上学。

在法国女性主义和后结构主义的范围里，性别表现出复杂性和不一致性，这表明理解性别范畴的不同方式与生产性别身份的权力场域如何被表达有关。但是，"所有这些观点的一个核心概念是：性别在霸权语言里以一种实在（substance）的面貌存在，从形而上学上来说是始终如一的一种存有"。巴特勒认为，"这样的表象是通过对语言以及 / 或者话语的操演扭曲而达成的，它掩盖了'生而为'（being）某个生理性别或社会性别基本上是不可能的这个事实"。[2]

1　[美]朱迪斯·巴特勒:《性别麻烦：女性主义与身份的颠覆》，宋素凤译，上海三联书店，2009 年版，第 147 页。

2　[美]朱迪斯·巴特勒:《性别麻烦：女性主义与身份的颠覆》，宋素凤译，上海三联书店，2009 年版，第 25 页。

二、精神分析视野下强制性异性恋矩阵生产

巴特勒选择性地检视了列维－斯特劳斯、精神分析理论以及女性主义有关乱伦禁忌及性别获得理论，追问欲望与性别是如何被建构为具有一致性的。认识到乱伦禁忌是一种试图在异性恋框架里强制实行截然区分的、具有内在一致性的社会性别身份的机制，异性恋情欲通过乱伦禁忌机制，被建构为自然的和前文化的，深刻阐述了异性恋框架下的性别身份和欲望的关系是如何形成的。但是，精神分析仍然维持了某些未被觉察的关于身份基础的假设，而这些假设的运作对巩固等级制本身是有利的。巴特勒用福柯《性经验史》中对压抑假说的批判以及权力运作的框架来思考乱伦禁忌等叙事，我们将看到那个禁止性的或司法性的结构，一方面在一个男权主义的性别经济里确立了强制性异性恋制度的假定，另一方面使得我们得以对那个经济制度提出关键性的挑战。

（一）结构主义亲属关系的异性恋假设

巴特勒的后结构主义立场使她质疑列维－斯特劳斯对律法结构的普遍化，但她最关注的还是列维－斯特劳斯在亲属关系中所呈现的异性恋假设。借鉴盖尔·鲁宾（Gayle Rubin）关于"交易女人"的理论，巴特勒认为父系姓氏交换场域中的女人并不具有身份的资格，只是一个用以区分不同宗族，同时把它们结合在一个共同但内部分衍的父系身份之下的关系条件，于是巴特勒认为以交换女人进行男性文化身份分衍的父系宗族关系其实是建立在一种男性同性社群欲望的基础之上的，这是"一种被压抑、因而也是被鄙视的情欲；它是男人之间的关系，归根结底是关于男人之间的结盟，然而这却是通

过异性恋制度对女人的交换和分配进行的"。[1] 其中，作为"交换物品"的女人中介并掩饰了男人之间不受到认可的欲望关系。

巴特勒从中看到了斯特劳斯理论中的激进性，对斯特劳斯来说，作为亲属关系理论核心的乱伦禁忌，不是一个简单的社会事实，而是一个广泛存在的文化想象，它"象征地表达了一个古老而悠远的梦"。[2] 这大概就是福柯所谓的禁忌的生产性特征。禁忌的存在绝不意味着它的有效运行，相反，由于对那个禁忌的情欲化，它显示了社会中广泛存在的乱伦实践。可惜的是，列维－斯特劳斯本人错失了把乱伦当作既是幻想又是社会实践来分析的机会。所以，巴特勒认为，异性恋情欲和男人的性能动两者的自然化都是话语的建构，而在基础性的结构主义框架里，这些话语建构却没有得到任何说明，反而处处被当作是理所当然的。可是，乱伦异性恋情欲是如何在表面上被建构为自然的、前人为的欲望矩阵的？欲望又是如何被建构为异性恋男人的特权的？巴特勒随之转向精神分析领域，与有关精神分析理论进行交锋。

（二）精神分析话语对欲望的安排

1. 拉康的性别意指实践

拉康的性别身份理论别开生面，认为性别化的存有（being）是通过语言的意指结构生产的。男性"有阳具"和女性"是阳具"的性别位置都是象征秩序的一个能指，建立在这样幻想的性别位置上的异性恋情欲，也不可避免地被推进了一种喜剧的情境。拉康指出"伪

1　[美]朱迪斯·巴特勒：《性别麻烦：女性主义与身份的颠覆》，宋素凤译，上海三联书店，2009 年版，第 56 页。

2　[美]朱迪斯·巴特勒：《性别麻烦：女性主义与身份的颠覆》，宋素凤译，上海三联书店，2009 年版，第 58 页。

装"（masquerade）是主宰女性位置幻想的一种心理机制。巴特勒从拉康的论点读出一个激进的可能性，即伪装是对性别本体的一种述行生产，它产生了性别"存有"的假象。如果进一步挖掘这个观点，那么女性主义政治将从以"性别本体"为基础的身份政治转向一种"戏仿式的建/解构"策略。然而，异性恋、男性中心的视角使得拉康本人以及从他的观点里获得启发的女性主义理论家没能抓住这个激进的维度，而不论对女性欲望的论述或是政治的构想都停留在本体论的叙事框架里打转。

这个问题在拉康对女同性恋的论述上更为明显。拉康声称女同性恋是从受挫的异性恋情欲而来，这个受挫经验"强化了对爱的需求的那一面"。女同性恋被当成了对性欲本身的拒绝。[1] 另一位精神分析学者里维埃尔（Joan Riviere）的相关论述中也出现了类似的对女同性恋"去情欲化"的想象。里维埃尔将女同性恋描述为"渴望有男性特质"的女人，但她强调这无关乎情欲的层面，也就是说女同性恋与男性竞争的是在象征秩序里平起平坐的关系，而不是竞逐一个性客体——女人。[2]

拉康也好，里维埃尔也好，他们之所以在女同性恋的描述上做出如此偏颇的论断，巴特勒认为是因为他们无法想象主动的以及以女性客体为目的的女性性欲。巴特勒将他们理论的困境归结为对欲望的男性化和异性恋化的想象，所有脱离"被动"规矩方圆的女性欲望等同于男性化的认同，而在一个异性恋文化体系里，女性的男性化认同意味着"会产生对一个女性客体……的欲望；因此戴上女性特

1　[美]朱迪斯·巴特勒：《性别麻烦：女性主义与身份的颠覆》，宋素凤译，上海三联书店，2009年版，第66页。

2　[美]朱迪斯·巴特勒：《性别麻烦：女性主义与身份的颠覆》，宋素凤译，上海三联书店，2009年版，第70—71页。

质的假面，这透露的可能是对女性同性情欲的一种否认"。[1] 她指出这是弗洛伊德所谓的抑郁合并（melancholy incorporation）的心理机制，不只是女性气质，性别化的运作都牵涉了抑郁合并。

2. 弗洛伊德的原初双性情欲说

弗洛伊德以俄狄浦斯情结来描述性别认同的形成机制，而乱伦禁忌是启动这个过程的核心。在这个所谓奠定性别的契机里，小男孩和小女孩都面临放弃一个欲望客体的关键选择，因此也意味着一个重要的爱的客体的丧失。巴特勒结合弗洛伊德提出的原初双性情欲说指出，在这个过程中丧失的爱的客体有可能是与自己性别相异的父母，也有可能是与自己性别相同的父母。在禁忌的异性恋情欲投注里，被否定的是那个爱的客体，而不是异性恋的情欲形态或目的，但在禁忌的同性情欲投注的情况下，爱欲客体和同性情欲本身都被否定了。为了解决这个丧失，弗洛伊德借助抑郁的内化合并机制，将那个丧失的客体内化合并为自我认同的对象。很明显，在弗洛伊德的俄狄浦斯叙事里，禁忌的异性情欲投注与禁忌的同性情欲显然不是放在一个对等的地位，异性恋情欲投注占据了首要性的位置而成为启动俄狄浦斯情结的关键。根据弗洛伊德原初双性情欲说，原本应该会发生的在两种客体、两种性别倾向中作抉择的场景不复出现，同性情欲投注在进入俄狄浦斯阶段之前，就已经被拒绝作为一个选项而被否定了。在弗洛伊德的双性情欲理论里，没有同性情欲，只有异性之间的吸引。

弗洛伊德提出的原初双性情欲的论点，原本具有一种颠覆的潜能，让文化深层的同性情欲禁忌可以浮出表面被讲述，但他关于倾

1　[美]朱迪斯·巴特勒：《性别麻烦：女性主义与身份的颠覆》，宋素凤译，上海三联书店，2009 年版，第 72 页。

向（dispositions）的理论阻断了这个颠覆性的发展。巴特勒指出，弗洛伊德以女性和男性倾向来设想双性情欲的概念，而这些倾向显然又以异性情欲投注为其自然的目的，这显示了"对弗洛伊德而言，双性情欲是在一个单一的心灵里同时存在两种异性恋情欲"。[1] 在这点上，弗洛伊德与拉康、里维埃尔的叙事一样，都呈现了一种否认原初情欲的症候。

精神分析以一种反基础主义的方式肯定了某种性别的复杂性，但这非但没有解除僵化等级化的性别符码的控制，反而维持了某些未被察觉的关于身份基础的假定，排除了以一个比较激进的谱系学来探究性欲与权力关系的文化根源的可能性。巴特勒思考，有没有一种可能，使这些权力场域保持其复杂性，综合思考它们生产性的能量呢？

（三）禁制（prohibition）重新表述为权力

1. 福柯的生产性律法

福柯对律法的文化生产可能性的分析得益于弗洛伊德在《文明及其缺憾》（*Civilization and Its Discontents*）中提出而后又被马尔库塞在《爱欲与文明》（*Eros and Civilization*）中重新诠释的升华理论。弗洛伊德和马尔库塞都指出升华的生产性作用，认为文化产物和制度是爱欲升华的结果。福柯在批判弗洛伊德压抑假说的基础上提出一种生产性律法的概念。在《性经验史》中，福柯批判了压抑假说，他指出，乱伦禁忌以及隐晦的同性情欲禁忌假定了一个时序上早于压抑律法存在的原初的欲望（即圆满的欢愉），在进入文化领域的那

---

1 [美]朱迪斯·巴特勒：《性别麻烦：女性主义与身份的颠覆》，宋素凤译，上海三联书店，2009 年版，第 82 页。

个时刻，欲望经受了对原初同性力比多倾向的压抑，产生了异性恋欲望的移置现象。所以福柯认为司法性律法并非只是行使压抑的功能，我们应该将它重新设想为一种话语实践，它实际上生产了异性恋情欲。它不只扮演一种负面的或排除性的法典角色，同时它也是一种核批机制，更确切地说，是一种话语律法：它区别什么是可说的、什么是不可说的，什么是合法的、什么是不合法的，并划定不可说、不合法的领域。也就是说，这个压抑性律法"通过建构一个关于它自身系谱的叙述故事来合理化和巩固其运作，而这叙述故事有效地遮掩了它本身深陷于权力关系之中的这个事实。因此，乱伦禁忌没有压抑什么原初倾向，却成功创造了'原初的'和'次级的'倾向的区别，来描述并再生产合法的异性恋情欲和不合法的同性情欲之间的区别。的确，如果我们将乱伦禁忌设想为主要是在效果上具有生产性的，那么建立'主体'、并且自此以后作为主体欲望的律法而存在的禁忌，成了身份，尤其是性别身份，得以建构的手段"。[1]

2. 盖尔·鲁宾的交易女人

在对列维－斯特劳斯、拉康和弗洛伊德的女性主义解读中，最有影响力的文本之一是盖尔·鲁宾的《交易女人：性的"政治经济学"》。虽然在这篇文章中福柯没有出现，但事实上它为福柯式的批判创造了条件，后来鲁宾曾考虑如何在福柯的框架中对这篇影响深远的文章进行改写。鲁宾强调乱伦禁忌是一种禁律，同时也是一种认可。由于寻求文化自我再生产和维护亲属团体的独特社会身份，作为异族通婚先决条件的异性恋情欲因而获得建制，因此，乱伦禁忌不仅禁止同一血缘关系的成员之间的性结合，也包含了对同性情

1　[美]朱迪斯·巴特勒:《性别麻烦：女性主义与身份的颠覆》，宋素凤译，上海三联书店，2009年版，第98页。

欲的禁制。

　　鲁宾运用精神分析理论尤其是拉康的精神分析对列维－斯特劳斯关于亲属关系的论述进行补充，认为在生理性别的男性或女性转变为社会性别化的男人或女人之前，每个小孩都拥有成为人类所表达的所有性别的可能性。巴特勒认为这种论述意味着，鲁宾试图找出一个"律法之前"的性欲，并把它描述为一种原初的双性情欲，或者是一种理想的、不受约束的多形态性欲，这样的努力虽然隐含着律法先于性欲的意义，然而如果将福柯对压抑假说的批判运用于乱伦禁忌——范式性的压抑律法——之上，那么我们会发现，律法同时生产了被认可的异性恋情欲和违反规范的同性恋情欲，两者都是结果，在时序上和本体上都晚于律法本身。从这个意义上说，鲁宾仍然执着于生理性别与社会性别的二分模式，认定某种截然区分而且先在的"生理性别"本体真实，它在法律的名义下被重新打造，也就是说在后来转化为"社会性别"。而且，虽然鲁宾宣称对前俄狄浦斯时期的孩童来说，性别的世界充满无限可能，但她并不同意有一个原初的双性情欲。随着异性恋的强制性特性日渐松弛，以及行为和身份上双性恋和同性恋的文化可能性的浮现，鲁宾预见了社会性别被推翻的前景，对她来说，这也是一个异性恋的强制特性崩溃的时代。然而对于社会性别是否能够完全根除以及在什么意义上它的崩溃是在文化上可想象的，鲁宾并没有阐明。[1]

　　通过在结构主义、女性主义、精神分析领域对性别话语以及政治实践的解析，巴特勒意识到，强制性、自然化的异性恋制度要求并规定性别是一个稳定的、二元对立的异性恋情欲结构，要求并生

1　[美]朱迪斯·巴特勒：《性别麻烦：女性主义与身份的颠覆》，宋素凤译，上海三联书店，2009年版，第99—101页。

产每一个单义性的性别化词语，以此构成可能的性别界限。也就是说，生理性别、社会性别和欲望这三者形而上学的一致性只有在二元对立的异性恋形式这个"古老而对称的美梦"里，才能被预设、被物化、被合理化进而被认识和表达。通过拆解生理性别、社会性别和欲望的强制性因果关联，巴特勒在理论上颠覆了异性恋霸权话语对性别政治领域既有的性别、欲望及身份概念的强制性规定，揭示了其背后权力排除机制的潜藏运作，将批判的矛头指向异性恋矩阵和阳具逻各斯中心主义，进而颠覆了性别的实在本体论。

第三节　性别述行理论及其反思

一、性别述行理论的提出

在后结构主义的理论转向特别是福柯话语的理论背景下，巴特勒在重述并整合诸多理论的基础上，成功介入对女性主义性别理论的批判。基于对性别身份的解构，巴特勒提出了一个个激进的观点：生理性别和欲望不过是一种文化建构；生理性别、社会性别和性欲之间并不具有一致性；男女二分的性别二元论的框架以及由此建立的异性恋规范也不过是把性别置于前话语前文化的领域来确保的一种文化建构，性别背后没有实体，只不过是一种述行行为，而且这个述行过程永远不会完成，永远处于在路上的状态；等等。在整合这些激进性观点的基础上，巴特勒提出了"性别述行"理论。

性别述行理论一经提出，就引起学术界的广泛关注并从未间断对此理论的讨论和争议，这是巴特勒本人没有预料到的。但很显然，述行理论是巴特勒影响最大最深远的理论，在某种程度上已经成为她的个人标记。性别述行理论统合了巴特勒对主体、性别、权力的论述，解构了理想化的二元性别模式，实现了性别认识论的转向，将建基于"内在性"、具有"深度意涵"的空间性框架，转化为建基于"身体表面意指"、指涉"管控性重复实践"的时间性框架。[1] 通过揭示性别的述行性而革命性地动摇了本质论眼中的性别所具有的稳定性和不变性，对女性主义和身份进行了有力的颠覆，在理论层面打开性别的文化可能性，从而为我们思考性别主体的多样性开辟了新的道路，也为女性主义深入探索妇女的性别角色提供了坚实的理论依据。

二、性别述行理论探析

巴特勒一直没有对性别述行理论的内涵进行明确界定。面对学术界的讨论和争议，巴特勒本人不断予以回应，修正并丰富着这个理论，也就是说，性别述行理论本身也是一个述行的过程，是一个永久开放性的场域。所以要对这个理论进行明确的阐释并不是件容易的事。这里，拟把性别述行理论作为关键词，结合巴特勒在相关著作中的阐释，从性别行为的述行性、性别身份的建构性、性别形成的历史仪式性，以及述行运作的排除性机制等四个维度对之进行理解和把握。

（一）性别行为的述行性

尼采在《论道德的谱系》里宣称，在行动、变成的背后没有实

1　宋素凤：《〈性别麻烦：女性主义与身份的颠覆〉——后结构主义思潮下的激进性别政治思考》，《妇女研究论丛》2010 年第 1 期，第 95 页。

在的"存有"，"行为者"只是加诸行为之上的一个虚构，行为就是一切。在对波伏娃的女人是"变成"的重述中，巴特勒也认识到："女人本来就是一个构成中的术语，一种正在变成的建构，我们无法确切地指出它在何时开始而又在何时结束。作为一个持续进行中的话语实践，它会不断保持自己对介入和再意指的开放性。即使是在性别固化为最为极致的物化形式时，'固化'本身也是一种隐秘的持续不断的实践过程，受到各种社会手段的支持和规约。所以，一个人是永远不可能最终成为女人的，就好像有一个终极目的在某处存在着，并最终支配着涵化与建构的过程！"[1]

巴特勒进而在实在形而上学的框架之外重新思考性别范畴，认为在性别表达的背后并没有一个实在的性别身份，所谓身份不过是由被认为是它的结果的那些"表达"，通过述行行为而建构的。这就意味着，性别并不是一个先在的、一致而完整的本体，作为一种主体身份，性别不是一个名词，也不是一组自由流动的属性，它并没有本体论意义上实体的存有，而只是一种具有述行性的行为，是它建构了它所意谓的那个身份。其自然化、实在化效果也不过是在时间的轴线上，在一个高度刻板的管控框架里，通过强制性地回应文化的性别指令，对身体不断地予以风格化，不断重复一套管控性性别实践，进而在身体上、性别表达上不断趋近规范的性别理想而产生的一种暂时性的实在假象。而且，性别是一种没有起源、没有终结的过程，它就是述行过程本身。这个述行行为是永远的现在进行式，不可能有达成理想规范，可以用完成时态表达的那一刻。也就是说，作为一个复杂的联合体，性别最终的整体形式永远被延宕，任何一个时间点都不是它的真实全貌。因此，开放性的联盟所支持

1　Butler, J. *Gender Trouble: Feminism and the Subversion of Identity.* New York: Routledge, 1999. p. 43.

的身份，将因当下的目的，或被建构或被抛弃，而成为一种暂时的、流动的具有争议性的理论场域。它将是一个开放性的集合，容许多元的交集与分歧，而不必服从于一个定义封闭的规范性终极目的。

但是，说性别是一种过程、一种生成，并不意味着我们能够自由地选择，按照巴特勒的主体生成理论，我们对于性别风格的选择一开始就受到社会规范的限制，"社会性别是一个心照不宣的工程，它以自己的方式创造一个人的文化历史。它不是我们必须做的事情，而是我们已经而且一直都在做着的事情"。[1] 巴特勒否认在性别身份的背后有一个自由选择的意志主体。在她看来，并不存在一个先于性别述行的"我"，"我"不过是在述行过程中不断生成的。与人道主义的主体不同，巴特勒认为主体不是一个事先预设的、本质化的实体，而是流动的、过程中的范畴。在这个意义上，性别一直都是一种行动，但它不是所谓先于它存在的主体所行使的一个行动。

所以，性别述行并不是舞台表演，因为表演意味着先行存在一个表演者，其背后也预设了一个行动者的主体角色。而述行并没有预设这个性别主体的存在，在述行概念里，并不存在先于述行行为的本体论身份，正是一系列的述行行为形成了我们所以为的性别的本质和身份，述行先于表演者，表演者只是述行产生的效果。因为在巴特勒的理论语境中，性别是在强制性地重复性别规范的过程中逐渐形成的。通过扮装，我们也可以清晰地辨别述行和表演。扮装是对社会性别的戏仿，它暴露了社会性别本身的模仿性结构，揭示了异性恋规范的不稳定性，同时打开了新的意指空间，它所产生的增衍效应使霸权文化无法再主张自然化或本质主义的性别身份，因为在扮装的戏仿实践中，身体不再是一种存有，而是一个可变的疆

1　Salih, S. *Judith Butler*. London: Routledge, 2002. p. 47.

域。所以将述行化约为表演是一个错误。很明显，这里巴特勒对于扮装具有的颠覆意义太为乐观。后来，巴特勒对扮装进行了反思，认为扮装并不必然导致颠覆，有可能反而会重新巩固异性恋的霸权统治。同时，巴特勒对身体的论述引发了激烈的批评——认为巴特勒忽略了身体的物质性。的确，巴特勒在《性别麻烦：女性主义与身份的颠覆》中并没有详尽展开对身体的论述，也有很多理论缺陷。《身体之重：论"性别"的话语界限》着重回应并探讨了这些问题。这点我们将会在第三章进行详细的论述。

（二）性别身份的建构性

福柯认为，知识、话语、权力三者密不可分。话语作为语言实践，是权力关系的集聚中心，有自身的社会和历史语境。权力不仅仅是压制性的，而且是弥散性的、生成性的，它分散在无数的话语实践中，而正是各种话语实践产生知识、表达秩序。由于涉及权力，知识不再具有中立的和客观性的价值，话语也不试图表达真理，而是为了维护主导意识形态的社会秩序。我们关于性别的知识也正是主导意识形态为维护其权力地位而通过哲学、宗教、心理学、医学、文学等学科，以及学校、家庭、医院等场所的各种话语实践而产生的。巴特勒深刻认识到权力、话语与知识的密切关系，她认为，作为主体性基础的身体不是纯粹的，也具有文化性，受到话语的控制，"身体总是和语言相关"[1]。当我们认为物质先于话语，将其作为我们讨论性别差异的基础时，却发现，实际上物质充满了关于性别话语的积淀。这种不可化约的物质性，正是通过问题重重的性别话语网络得以建构的。这也是巴特勒要对性别话语作谱系学研究的原因。

1　Butler, J. *Bodies That Matter: On the Discursive Limits of "Sex"*. London: Routledge, 1993. p. 68.

巴特勒借鉴英国著名语言学家奥斯汀的言语行为理论，进一步丰富了述行理论。在《如何以言行事》中，奥斯汀提出述行性语言的概念，它不涉及对错，但具有依言行事的力量，发话人必须具有适当的身份、地位和权力，而且他的话语要符合一定的惯例。比如牧师在教堂主持婚礼时说出"我宣布你们结为夫妻"那一刻，这对新人就成了夫妻。在言语行为理论中，述行性是产生它所命名的东西的语言实践。巴特勒正是借鉴了奥斯汀关于述行性语言的生成力量而宣布性别的述行行为生成性别身份，并不存在独立于这些述行行为的"本体论"的身份，人的性别身份不是既定的、先在的，而是流动性的、过程性的。身份范畴不是基于身体物质性的个人特征，而是语言和意指的述行效果。

在此基础上，巴特勒吸收阿尔都塞的观点，提出话语对性别的建构是通过"询唤"达成的。医学的询唤把一个未出生的婴儿从"它"转变为"她"或"他"。在此命名中，通过对性别的询唤，女孩被女孩化，被带入语言和亲属关系的领域。但这种对女孩的女孩化却不会就此结束，相反，这一基本的询唤被不同的权威多次重复，并不时地强化或质疑这种自然化的结果。命名既是设立界限，也是对规范的反复灌输。[1] 巴特勒认为，就像牧师主持婚礼一样，当医生宣布刚出生的婴儿为男孩或是女孩的那一刻起，对性别的询唤就发生了，婴儿成了一个性别化的主体，处在该文化对男性特质或女性特质的界定之中。可以说，文化对社会性别的建构是在不断地被个人引用的过程中维持和进行的，男性和女性都在不断地引用社会性别规范。

读《性别麻烦：女性主义与身份的颠覆》，有时候会感觉性别不过是一种自我创造，或者好像我们可以跳开某个性别呈现的表面

1　Butler, J. *Bodies That Matter: On the Discursive Limits of "Sex"*. London: Routledge, 1993. p. 232.

而直接解读出它的心理意义。这两种假定使得巴特勒的性别述行理论有些摇摆不定，有时是语言性的，有时又是戏剧性的。巴特勒认为这两者一直互有关联，而且彼此错落出现。如果把言语行为重新设想为一种权力的例示，我们就会注意到述行的戏剧性和语言性的维度。

（三）性别形成的历史仪式性

性别形成的历史仪式性首先表现在性别作为一种行为是一种对规范不断重复的过程，其次表现为在这种重复中产生了再赋义的可能性，而能动性就此产生。

当我们不断地重复社会性别规范时，我们正以一种持续的述行行为逐渐形成稳定的性别身份。但是，述行性不是一种单一的行为，也不是人们可以自由控制、任意为之的行为，虽然"就其目前类似于行动的状态而言，它隐藏或者掩饰了它实际上是一种重复的惯习。不仅如此，这种行为本身并不是一种戏剧性的表演，实际上，它是否具有戏剧性，要看其历史性被掩盖的程度（反过来说，其历史性越不能被揭露，它就越具有戏剧性）"。[1] 这说明述行性总是在强制性地重复性别规范的过程中逐渐形成的，即巴特勒所说的历史仪式性。

有一种对述行的流行解读，将述行看作舞台意义上戏剧性的表演。巴特勒曾专门谈到这种糟糕的误读：一个人早上醒来，打开衣柜，决定当天将扮演哪一种性别，并且晚上将这件外衣放回原处，等待下一次的选择。这种解读忽略了性别述行行为的历史性，只看到了当时的述行行为，因而给人的感觉是述行只是具有戏剧性的行为。这种个人决定其性属的任意性和工具性的主体显

1　Butler, J. *Bodies That Matter: On the Discursive Limits of "Sex"*. London: Routledge, 1993. p. 12.

然背离了性属的初始含义，而且未能认识到主体的存在已经由性属决定。针对这种误读，巴特勒在《酷儿批判》一文中指出："我们不能得出结论说，所述行的性别的一部分就是关于性别的全部真相。表演（performance）作为一种有界限的'行为'，应与述行性（performativity）区别开来。述行性重复人们赖以形成的规范，这是一种对规范的强制性重复，我们无法自由地摆脱这些先于我们的规范，它们建构、激活和控制性别化的主体，而表演则意味着先行存在一个表演者。"[1]

巴特勒进一步借用德里达的"引用"（citation）概念，扩展了述行性的语意张力。在德里达那里，引用是瓦解一切权威的基础，并且它总是处于一条延异性的引用链中，没有起源，没有终结。所以一方面，巴特勒赋予述行理论一定的能动性，即性别化的主体在重复引用性别规范的过程中充满了变化的可能性；性别对规范的引用并不是机械地、一成不变地被动接受既定话语的文化规范，它既重复引用既有的规范，又不断延缓、阻碍和消解形成既有概念的权力话语，在引用过程中产生偏离和缝隙，而能动性就产生在这种改变规范的再赋义过程中，引用规范时产生的空白、失败、偏离、拒绝便是能动性的源泉。另一方面，巴特勒也深刻意识到，这种建构是无法真正完成的，继而将其看作开放和延异的序列。只有这样理解述行行为，才能产生不断变更和增生裂变的性别身份。这也意味着性别身份永远不能达成，只能通过表演和模仿不断被重申。

但是，导致其能动性的根源究竟是什么，巴特勒在这里并没有明说，她仅指出，能动性的源泉在于"能动的束缚"（enabling

1　Butler, J. *Bodies That Matter: On the Discursive Limits of "Sex"*. London: Routledge, 1993. p. 225.

constraints），就像拿起工具的动作只是因为有工具放在那里。[1]这似乎是说，只要有"引用"就会有偏离，就会有能动性的可能性。这种解释对传统女性主义而言，并不具备说服力。这也正是巴特勒的能动性反抗引发争议之处。巴特勒意识到这一点，重新回到黑格尔，借助精神分析理论，重新探讨了欲望和承认的关系，对于能动性反抗进行了更深沉的思考。

（四）述行运作的排除性机制

更重要的是，巴特勒指出了性别述行运作过程的排除性机制，她认为，性别的建构是通过排除那些不符合性别规范的各种性别形式而完成的，性别主体的排他性造成了男女性别二分的事实以及男尊女卑的等级秩序，以及由此形成的阳具逻各斯中心主义与强制性异性恋霸权矩阵的性别规范。而这些性别规范一经建构，其建构逻辑便即刻隐藏自身，使被建构的性别成为一种自然的先于生命的存在，并作为一种性别规制力量，执行着规范的权力，直接将不符合性别规范的那些生命形式排除在外。甚至女性主义理论本身也未能幸免于这种运作逻辑，对于"妇女"这个性别主体的规定性就是这样一种排除性的建构。

性别述行理论对传统女性主义以身份政治为基础进行政治建构的尝试和努力构成了有力挑战。巴特勒强调女性主义批评在解构父权霸权话语一统化的同时，也要保持对女性主义一统化做法的自我批判。那些对阳具逻各斯中心主义和父权异性恋霸权机制的话语的倒转，不加批判地模仿了压迫者的手段，而不是提出一套不同的框架，从而巩固了本欲批判的对象。巴特勒还认识到，这种殖民的行

1　Butler, J. *Gender Trouble: Feminism and the Subversion of Identity*. London: Routledge, 1990. p. 145.

为并不是只属于男权中心主义的，它也能够在阶级、种族与异性恋中心控制中运作，统一在身份的层次上设立一种排他性的团结规范，排除那些颠覆身份概念的可能性。所以，"坚持妇女范畴具有一致性与一体性，实际上是拒绝承认那些建构各种各样具体的'女人'的文化、社会与政治等交叉成因所具有的多元性"。[1] 巴特勒反对任何以其实践的先决条件为由而限制性别意义的女性主义理论，这会在女性主义内部设立排除性的性别规范，而且往往带有恐同症的后果。所以，女性主义应该小心不要理想化某些性别表达，这将反过来产生新的等级与排除形式，特别反对那些规定某些形式的性别表达是错误的或后天衍生的，而另一些则是所谓的正确以及原初自然的真理体制。

所以在巴特勒看来，女性主义的任务既不是要建立也不是要消除"性别"（sex）和"性属"（gender）之间的差别，而是要通过揭露性别二分机制中的话语"幻象"与"权力关系"，对性别边界进行模糊处理，置换原有不合理的性别区分机制，为不确定的"性别"和"性属"开放空间。在《性别麻烦：女性主义与身份的颠覆》中，巴特勒说自己"力图思考、推翻并置换那些性别观念的可能性——它们支撑着男性霸权和异性恋权力，并将其自然化、物质化；力图制造性别麻烦——从而达到对那些建构性的范畴进行移植、颠覆、捣乱、扩散的目的——它们试图摆出一副身份幻象的姿态，将性别控制在原初的位置"。[2]

巴特勒对性别主体的解构和性别身份的分裂，给女性主义带来了颠覆性的冲击，所以，虽然巴特勒自认为是站在一个内部批判的

1　[美]朱迪斯·巴特勒：《性别麻烦：女性主义与身份的颠覆》，宋素凤译，上海三联书店，2009年版，第20页。

2　Butler, J. *Gender Trouble: Feminism and the Subversion of Identity*. London: Routledge, 1990. pp. 44.

立场来书写，以激发对它所属的思潮运动的基本词汇的批判性检视，以期为这个运动带来更民主、更具有包容性的生命愿景，但事实却是，女权主义阵营根本不承认她，甚至敌视她。在这一点上，她本人的命运和她理论中探讨的那些被主体排除的各种边缘人群的命运何其相似。

三、性别述行理论的几点反思

（一）暂时的基础

巴特勒性别述行理论直接冲击了女性主义的理论根基，当一个理论连自己为之奋斗的终极目标和理论基础都变动不居时，这个理论本身是否还有存在的价值和可能？女性主义又将安身何处？巴特勒由此成为不少女性主义理论家批评的对象，被认为明显是在拆女性主义的台。巴特勒认为，任何给妇女范畴以普遍或具体内容的努力，假定事先需要团结的保证，将必然地产生分裂，而作为出发点的"身份"也永远不能成为巩固女性主义政治运动的基础。身份范畴永远不只是描述性的，而只能是标准化的，而且具有排他性。

但这并不等于说"妇女"这个词不该被使用，或者我们应该宣布这个范畴的死亡。基础主义策略不能以转变或扩大现有身份概念作为一个规范的目标，其政治联盟也不是去扩大"妇女"范畴，去呈现内在多元的复杂性自我，好像事先就存在一个"妇女"范畴在那儿，只需填入种族、阶级、年龄、族群和性欲等成分就可以使之变得完整。巴特勒认为这是一个错误的想法，就像维蒂格所说，这种多元性其实不过是另一种意义上的单义性。巴特勒认识到，为了认可或保证妇女的范畴作为重塑含义的场所，就要提高它赋予妇女含义的可能性。巴特勒建议女权主义可以做这样的假设："事先假设'妇女'指定了一个不可指定的充满差异的领域，一个不能用描述性的身份范畴归总概括的领域"，那么，"妇女"这个词本身就变成了一个"永远开放的与可重塑含义的场所"。所以，她认为"妇女之间关于这个词内容上的不同意见应该受到保护和珍视"，"这种长久不断的歧义应该作为女权主义没有根基的根基来加以肯定"。[1] 她建议为女性主义的政治实践提供激进的可能性：冲破性别的本体认识论，将可变、流动的身份作为政治策略的先决条件。所以，解构女性主义的主体不是责难对它的利用，恰恰相反，是要让这个词释放出多重含义，把它从其受到限制的母性或种族主义的本体论中解放出来，是要使之成为一个能够承载未预料到的意义的场所，一个永久性的政治论争场域。如此就有可能丰富女性主义理论的单一的基础，使其避免遭到被它排除在外的那些身份位置的挑战。

所以，妇女概念的不稳定并不可怕，它不会动摇、消解女性主义理论本身，相反，这种解构反而是一种更加有力的颠覆，是一种直指问题根源的更加彻底的颠覆。然而"基础"仍然会面临一些内在的悖论：为解决在对妇女的描述中应该包括什么这一问题而建立标准化的基础，只会而且总会产生一个新的政治争论的场所；还会面临谁将制定这些标准，它们将产生什么样的争论等问题。当然，悖论的存在并不等于说不要基础，作为一个政治问题，性别身份还是有存在的必要性的，只不过在设置政治基础的同时，要允许"失败和争论"，要承认有风险，但这些都是女性主义政治的激进民主化进程所要冒的风险的一部分，是促进这个进程发展的推动力。在这个意义

1　[美]朱迪斯·巴特勒：《暂时的基础：女权主义与"后现代主义"问题》，王逢振主编：《性别政治》，天津社会科学院出版社，2001年版，第88页。

上，这个风险并不是任何女性主义的实践活动，而就是这个基础本身。[1] 出于政治化的目的而调用身份范畴，总会面临身份将来可能成为我们所对抗的权力的工具的危险，但这不能成为我们不去使用"身份"这个概念的理由。即使在现今统治我们的法律、政治和语言话语里寻求对性少数身份的承认是很艰难的一项工作，巴特勒仍然认为它是求生存的一个必要之举。

（二）对普遍性的反思

　　巴特勒关于性别的现代政治建构涉及对或然性和普遍性关系的思考，在《性别麻烦：女性主义与身份的颠覆》中，巴特勒倾向于用一种完全负面且排除性的框架来理解"普遍性"的主张。然而从自己的生活体验中，巴特勒看到这个词语本身具有重要的策略价值，认识到对普遍性的主张可以是预期性的和述行性的，它召唤一个还不存在的现实，让尚未相遇的文化地平线有了交会的可能性。因此，巴特勒将普遍性定义为一种以未来为导向的文化翻译工作。在《可激动的语言》第二章，巴特勒又提出了一些对普遍性的反思，并且在与拉克劳、齐泽克合写的《偶然性、霸权和普遍性——关于左派的当代对话》中，将性别研究和政治理论再度与普遍性的概念联系起来。其中，巴特勒和齐泽克不约而同，都从形式主义的视角来分析和批判拉克劳霸权理论的二元论特征。巴特勒认为拉克劳的霸权逻辑预设了某种先验形式，即霸权逻辑的"空能指"，由此导致了政治霸权的非历史性以及霸权的先验形式优于政治建构的具体内容，使拉克劳的霸权逻辑分裂为空洞的能指和偶然性政治内容相结合的二元论。

1　[美]朱迪斯·巴特勒：《暂时的基础：女权主义与"后现代主义"问题》，王逢振主编：《性别政治》，天津社会科学院出版社，2001 年版，第 86—89 页。

所以在巴特勒看来，拉克劳的霸权理论中所蕴含的普遍性并无具体性的内容，而仅仅是一个虚空的形式，一个由特定的具体内容来填充的空位。拉克劳对于巴特勒的批判给予坚决回击，直接将巴特勒的论证称为"巴特勒的论证诡计"，认为她歪曲了霸权概念的内涵，并以其人之道还治其人之身，将巴特勒的武器调转枪口朝向她自己："述行行为是不是一个空的位置，将要在不同的语境中用各种各样的方式填充？或者说，它是不是语境依赖，因此存在着并包含述行行为的社会？"[1] 进而指出了巴特勒观点的自相矛盾，如果巴特勒将她具体的抽象基础上的"空能指"指认为康德式的二元论，那么巴特勒自己的"述行行为"也难逃康德二元论的嫌疑。具体说，巴特勒在其所提出的结构限制与她未加定义的"文化"和"社会"范畴或语境依赖之间存在着一组二元的对立。一方面，巴特勒对文化和社会及其所依赖的语境从不加以规定；另一方面，她又强调先天的社会规范或结构对主体的制约和束缚。拉克劳首先指出："巴特勒从未清楚地问自己，她的整篇文章为之疾呼的那个问题——语境依赖性的条件和历史性本身——是什么？"继而认为巴特勒将面对两种选择："要么她不得不断言历史性本身是一个偶然的历史建构——因此存在着不是历史的从而完全被超验地规定的社会（因此，巴特勒的整个计划都将自相矛盾）。要么她不得不提供某种历史性本身的本体论，为此，她不得不把超验结构的维度再度引入她的分析中。"但是，拉克劳认为，这每一种选择都会令巴特勒不快，虽然实际上她忍不住选择了后者。[2]

1　[美]朱迪斯·巴特勒、[英]欧内斯特·拉克劳、[斯洛文尼亚]斯拉沃热·齐泽克：《偶然性、霸权和普遍性——关于左派的当代对话》，胡大平等译，江苏人民出版社，2004年版，第198页。

2　[美]朱迪斯·巴特勒、[英]欧内斯特·拉克劳、[斯洛文尼亚]斯拉沃热·齐泽克：《偶然性、霸权和普遍性——关于左派的当代对话》，胡大平等译，江苏人民出版社，2004年版，第192—193页。

同性别建构论一样，性别述行论也是悖论性的。性别的认同过程既包括了对社会规范与规则的妥协、退让和服从，也包含了对社会规范的抵制，甚至对抗。显然在巴特勒看来，性别形成的过程，既是规范的具体化过程，是一种具有强制性、胁迫性的述行实践，同时这一述行过程也并非全部规定好的、完美无缺的。在社会规范和主体之间，既存在着社会规范对主体的质询，也存在着主体对社会规范的拒绝和反抗。从巴特勒的分析方法看，在性别的述行及其规范和语境依赖诸关系之间，她娴熟地运用黑格尔的辩证法，将性别的社会建构与"文化翻译"或"文化转换"等概念密切地关联起来。这既是巴特勒对黑格尔辩证法的积极运用，也是其性别述行论招致批判的主要缘由。因为在性别问题上，她最终将性别的社会规范约束与性别自主解放通过辩证的方法奇妙地结合在一起。难怪在巴特勒批评拉克劳的霸权具有康德二元论之嫌后，拉克劳反唇相讥，批判巴特勒的理论自身就有二元论的嫌疑，认为她的理论处于结构限制与她未加定义的"文化"和"社会"范畴或语境依赖之间的二元对立中。[1]

　　也有学者认为在《性别麻烦：女性主义与身份的颠覆》中，巴特勒调用一种反辩证法的模式完全否定了自然，用"语言"和"法则"两个术语取代了"社会"和"历史"两个概念，宣称是话语权力本身的差异（即德里达所言的语言的时间化和空间化）导致了颠覆的可能性，这虽然把有关社会关系的讨论去本质化了，但也把话语和身体置于一种单向度的关系中，致使幽灵般四处弥散的话语和权力维持着一种历史批判无法穿透的韵味，淹没了性和身体的质性，这是

1　孔明安：《政治霸权的逻辑及其普遍性的困境——简析后马克思主义视域中的普遍性与本质主义之争》，《国外社会科学》2013 年第 1 期，第 18—26 页。

同一性的残留，主体会因此丧失批判力。于是建议用阿多诺的否定辩证法理论来修正巴特勒的性别述行理论，使身体和主体溢出话语的权力。[1] 这个批评其实是有道理的，在《性别麻烦：女性主义与身份的颠覆》中，巴特勒的确有这样的话语倾向。巴特勒自己也认识到《性别麻烦：女性主义与身份的颠覆》前后章节有断裂之处，前面部分对性别抑郁的讨论，明显引用了内在心灵的隐喻，但是这个重点并没有带入对述行性的思考本身，缺失了述行理论运作的内在心理世界。虽然巴特勒否认全部的内在心理世界只不过是一套风格化行为的结果，但是却把心理世界的"内在性"当作理所当然的，这是一个重大的理论错误。巴特勒将这个问题归结为自己的"狂热"症候，也就是弗洛伊德所谓的否认丧失的忧郁心理机制。巴特勒在《权力的精神生活：服从的理论》中探讨权力的精神世界在心理层面的运行机制及自我颠覆的可能性，又在《说明自我》中重新审视了法兰克福学派。福柯晚期曾不无惋惜地说，如果他早些了解法兰克福学派，就会省去好些力气，不会说那么多蠢话、做那么多蠢事了，因为法兰克福学派已经开启了好多路径。[2] 巴特勒也努力从法兰克福学派中汲取理论力量。

巴特勒的性别理论引发的性别话语建构的唯意志论的争议，让我们看到普遍性和特殊性之间那难以弥合的裂缝。

1　李昀、万益：《巴特勒的困惑：对〈性属困惑〉的阿多诺式批判》，《当代外国文学》2006 年第 2 期，第 60—66 页。

2　Butler, J. *Giving an Account of Oneself*. New York: Fordham University Press, 2005. p. 118.

第四节　戏仿的颠覆策略及其反思

在论述构想的性别政治策略之前，巴特勒首先对非本质主义立场的克里斯蒂娃、以谱系学方法解构性别自然性的福柯，以及自外于异性恋霸权话语的维蒂格逐一检视，分析他们政治策略的可行性。随后，基于性别述行理论，通过对社会现实生活和政治领域的各种性别规范的审视，巴特勒提出了性别戏仿的颠覆策略，尝试在实践层面打开各种性别及关系的现实可能性。巴特勒"持续制造着性别麻烦，彻底思考并寻求颠覆、置换那些支持男性霸权与异性恋主义权力的自然化和物化的性别概念的一些可能性。这项努力所采取的策略不是去描绘一个乌托邦的彼岸，而是对那些企图以本质的身份假象使性别安于其既有位置的建构性范畴，加以调动、颠覆混淆，并使之增衍"。[1]

一、对性别实践话语的检视

（一）克里斯蒂娃的身体政治

巴特勒首先对克里斯蒂娃的母性身体做了批判性检视。萨拉·米尔斯（Sara Mills）说，女性主义者应该关注多元话语，而不是单一话语，这样才可以反抗主导话语，进而建构自我感。[2] 克里斯蒂娃挑战了拉康的叙事，假定文化的意义必须建立在压制原初的与母体联

1　[美]朱迪斯·巴特勒：《性别麻烦：女性主义与身份的颠覆》，宋素凤译，上海三联书店，2009 年版，第 47 页。

2　Mills, S. *Discourse*. London: Routledge, 2004. p. 84.

系的基础上，指出"符号态"是在文化的框架内，即在多元意义以及语义的开放性占上风的诗语言里，表达了原初的力比多多元性。作为一个语言的维度，它由原初的母性身体承载，这个原初的母性身体不但推翻了拉康的基本前提，也成为象征秩序中一个永恒的颠覆根源。但巴特勒认识到，克里斯蒂娃将母性描述为承载了一套先于文化本身的意义，建立在符号态理论上的身体政治以一种母性本能的目的论语言来描述原初多元内驱力，构成了一个前话语的力比多经济。这不啻维护了文化是一种父权结构的观念，而把母性在本质上划为一种前文化的事实。克里斯蒂娃对母性身体自然主义的描述事实上维持了一个先于语言的本体身份，从而物化了母性身体。这一方面排除了对它的文化建构进行可能性和可变性的分析，即对它进行谱系学研究的可能；另一方面重复了父权文化对女性身体的母性建构。因此，反讽地，克里斯蒂娃以母性本能目的论为核心的符号态多元内驱力，与她批判的父系律法大写阳具一样成了单义的能指。

对于符号态，克里斯蒂娃认为它是一直被压抑的一个语言维度，同时也承认它是一种不可能前后一贯地维系着的语言。在她的设想里仍维持了一种优先性，巴特勒指出了她的理论在政治操作上的有限性。虽然克里斯蒂娃将符号态描述为象征秩序的颠覆根源，但她所说的这个力比多根源是无法在文化的框架内维系的。而且如果符号态在文化中持续在场，将会导致个人的精神错乱以及文化生活本身的崩溃。克里斯蒂娃的原初内驱力通过符号态的颠覆，对父系律法霸权只会造成一种短暂而徒劳的干扰而已。巴特勒分析了克里斯蒂娃政治策略的失败在于它几乎未加批判地挪用了内驱力理论；此外，巴特勒还仔细检视了克里斯蒂娃对语言符号态的功能的讨论，发现她似乎在符号态这个层次上使父系律法重新复位。巴特勒认为，克里斯蒂娃似乎给我们提供了一个颠覆策略，但这个策略却永远不能成为一个可持续的政治实践。[1]"回归一个原始的或是真正的女性特质，是一种乡愁式的、视野局限的理想，它回绝了提出一套论述、视性别为一种复杂的文化建构的当代要求。这样的理想不仅往往流于为文化上的保守目标服务，也在女性主义阵营里形成一种排他性的实践，反倒加速造成了这个理想原本一心想克服的分裂问题。"[2]

（二）福柯的田园式身体欢愉

虽然福柯试图对克里斯蒂娃提出批判，但仔细检视他本身的一些著作，巴特勒发现他对性别差异所表现的漠视是有问题的。然而福柯对性别范畴的批判提供了某种洞见，让我们深刻认识到为了确立单义的性别而设计的当代医学虚构的管控实践。巴特勒对福柯的批判集中在《性经验史》的两个例证上。

一个是发生在 1867 年一个农人因为与未成年少女发生亲昵行为而受到刚刚兴起的现代医疗和法律机构惩罚的事件。福柯评论说，这种行为在乡村性生活中是司空见惯的事，是一种"无关紧要的田园式的欢愉"，但是"现代社会……在这些单纯的成人和机敏的孩子之间几乎半公开的欢愉周围安装了一整套滔滔不绝的演讲、分析和调查机制"。[3]巴特勒指责福柯似乎背叛了他对"解放"话语的"正式"抛弃，而向往一种"田园式的"欢愉，并担忧福柯对"田园式的"欢愉的着迷会秘密滋生他通过性获得解放的梦想的本体论参照："福柯

1 [美]朱迪斯·巴特勒：《性别麻烦：女性主义与身份的颠覆》，宋素凤译，上海三联书店，2009 年版，第 106—108 页。

2 [美]朱迪斯·巴特勒：《性别麻烦：女性主义与身份的颠覆》，宋素凤译，上海三联书店，2009 年版，第 50 页。

3 Foucault, M. *The History of Sexuality, Vol. I.* trans. Robert Hurley, New York: Vintage Books, 1990. pp. 31-32.

调用了一种前话语的力比多多元性的比喻修辞，有效地预设了一种'先于律法的'性机制。"[1]

也许巴特勒对福柯有着误读。对福柯而言，确实存在一种"先于法则"的性机制，不过那应该是先于现代资本主义社会的法则，他分析那个有史料记载的事件，也是为了考查性机制是如何转变为现代西方模式的，但是福柯并没有说这种"先于法则"的性机制没有受到权力话语的影响。虽然在情感上福柯给予那种田园式的欢愉肯定和向往，但也并没把它视为理想的性机制形式，号召我们为了某种乌托邦式的未来重返这种牧歌式的过去。而且，福柯的主要目的是批判，对打着启蒙旗号的现代资本主义的批判，而非对过去理想的重现。但是，他也确实展示了过去"先于律法"的性机制是多么的不同，以此批判现代权力–知识的关系。

另一个是关于双性人赫尔克林。福柯在其日记中读出一个超越性别与身份范畴的"幸福的非同一性的化外之地"[2]，在福柯看来，这是一种乌托邦的时刻，一种对美好事物的瞬间向往。赫尔克林的自杀表明这种非同一性的梦想虽然在辩证法的意义上是同一性社会的产物，但是在现实社会里是"不可能"实现的。福柯主张性机制总是处于权力的矩阵中，"诉诸一种先于律法的性机制，只是解放性政治的一种虚构而共谋性的妄想"。[3]但是巴特勒指出，福柯对赫尔克林日记的解读是他对赫尔克林文本的浪漫化挪用，这明显与他的理论相悖。她认为赫尔克林的身体欢愉"超越了强加在它们之上的规约"，透露出福柯对解放话语的伤感迷恋。巴特勒进而声称："如果性机制是在现有权力关系中由文化建构而成的，那么设想一种'先于'、'外

1　Butler, J. *Gender Trouble: Feminism and the Subversion of Identity*. New York: Routledge, 1999. p. 123.

2　Butler, J. *Gender Trouble: Feminism and the Subversion of Identity*. New York: Routledge, 1999. p. 127.

3　Butler, J. *Gender Trouble: Feminism and the Subversion of Identity*. New York: Routledge, 1999. p. 123.

于' 或 '高于' 权力规范的性机制就是一种文化上不可能的事，而在政治上也是不切实际的幻想。这样的假设将会拖延当前的具体工作，即在权力本身的构架里，重新思考性机制和身份颠覆的可能性。"[1]

巴特勒以福柯的理论重读赫尔克林的日记，补充依照这个框架原本应该可以获致的成果，即例示父系异性恋律法如何在身体的场域施展作为，生产合法与不合法的性欲，并通过一种解放话语模式隐匿这个生产过程。然而在结论部分，巴特勒却指出律法"只生产那些它能保证终究会——由于忠诚——自食败果的反抗，以及生产那些在全然臣服之后，别无选择而只能重申创生它们的律法的主体"。[2]这样的描述似乎排除了抵抗的可能性，也偏离了她关于律法的"生产性"维度的观点，巴特勒在此暂时遗忘了她的理论初衷。

（三）维蒂格的后生殖性欲政治

维蒂格的《女同志身体》对弗洛伊德的《性学三论》进行了"倒错式的阅读"，认为婴儿的多元弥散机制向单一的生殖性机制的"规范化"应该被"倒错"，她肯定的恰恰是弗洛伊德视为未发展的性欲特征的价值，成功开创了一种"后生殖性欲政治"，寻求恢复受欲望律法压抑之前的多元形态性欲。但巴特勒认为维蒂格预设了一种"二元关系"，即多元的性机制和生殖性性机制之间的对立。巴特勒总结说，在维蒂格的著作中，"多形态的变态性欲被假定先于性／别的标记而存在，被举扬为人的性欲的终极目的（telos）"，并指出维蒂格的"后生殖性欲政治"这种单一性、对抗性的反话语"倒错"实践恰好"建立在她力图打破的精神分析发展理论的假定上"，结果只不过

---

1 Butler, J. *Gender Trouble: Feminism and the Subversion of Identity*. New York: Routledge, 1999. p. 40.

2 [美]朱迪斯·巴特勒：《性别麻烦：女性主义与身份的颠覆》，宋素凤译，上海三联书店，2009 年版，第 138—139 页。

用一种反话语的方式不断地自我复制她所欲拆解的性欲霸权话语的二元对立框架。[1]

另一方面，维蒂格把颠覆政治的支点建立在性欲霸权话语之外的原初、本质的性欲之上的做法，正中霸权话语的下怀，使它用以自我隐匿的叙事逻辑可以不受检视。巴特勒指出，从其主体、权力的概念以及对异性恋、同性恋的截然二分来看，维蒂格的女同志政治志业与她意欲打破的异性恋秩序在认识论上没有什么区别，依旧停留在一种"起源"与"压抑－解放"的叙事逻辑中。她质疑维蒂格将异性恋制度当作一个绝对体系的理解，也怀疑以一种逆转话语的模式来对抗父权异性恋霸权的有效性。巴特勒认为"权力是不能够撤回或被拒绝的，而只能重新予以调度……男同志和女同志实践的规范性焦点，应该放在对权力的颠覆性和戏仿性重新调度上，而不是放在全面的超越这样一个不可企及的幻想上"。[2]所以，巴特勒认为，"更机巧而有效的策略是彻底地挪用以及重新调度身份范畴本身，这不仅只是挑战'生理性别'而已，而是要在'身份'的场域里表达多元性／别话语的辐合，以使那个范畴——不管是哪种形式——永远受到质疑"。[3]在这个意义上，巴特勒指出维蒂格的小说以文字演绎了对父系异性恋霸权话语的颠覆性调度，反而比她的理论文本更具激进性。

1　[美]朱迪斯·巴特勒：《性别麻烦：女性主义与身份的颠覆》，宋素凤译，上海三联书店，2009年版，第37—38页。

2　[美]朱迪斯·巴特勒：《性别麻烦：女性主义与身份的颠覆》，宋素凤译，上海三联书店，2009年版，第163页。

3　[美]朱迪斯·巴特勒：《性别麻烦：女性主义与身份的颠覆》，宋素凤译，上海三联书店，2009年版，第168页。

二、戏仿：性别政治的话语实践

性别述行理论开启了抵抗性别管控霸权话语的可能性，由于身份与话语同存共延的关系，巴特勒指出，颠覆身份的可能性形式不能诉诸一个先在或外在于话语的支点，而只能存在于重复的意指实践之内。巴特勒在一些男同志和女同志的"戏仿"性别实践上看到身份的增衍以及抵抗的可能性。为了使身体去自然化，巴特勒提出对文化建制的身体进行某种"解体"，重新对其进行意指，提出一种以"戏仿"为形式的政治实践设想，以打破生理性别、社会性别与性欲等范畴，并且超越二元框架来展现它们具有颠覆性的重新意指与增衍。

性别戏仿的概念建立在这样一个认知上，即所有的性别身份都是对信念上的性别理想的一种模仿，而不是一个本质。戏仿演绎了这个模仿的欲望与过程，进而揭露性别身份的虚构性，它是由"对某个幻想的幻想所构成"。巴特勒在此一度修正她的用词，认为弗雷德里克·詹姆逊（Fredric Jameson）的"姿仿"（pastiche）[1] 概念更能表达一种"嘲弄原件概念的模仿"，不过巴特勒仍用"戏仿"这个概念。[2] 巴特勒在这里想表达一种"戏仿行为背后没有行动者"的能动性概念，但她的表述使得"能动性"和"戏仿"概念都产生了一些歧义的空间。巴特勒的修辞也增加了一些接受上的歧义，她在文中多处以

1　"pastiche" 来源于弗雷德里克·詹姆逊的《后现代主义与消费社会》（"Postmodernism and Consumer Society"），意为一种中性的模仿实践，没有戏仿所具有的别有用心的动机，没有讽刺的冲动，没有讥笑，没有隐约的某种规范的东西存在。参见Foster, H. *The Anti-Aesthetic: Essays on Postmodern Culture*. Port Townsend, WA: Bay Press, 1983. p. 114. "姿仿" 引用了宋素凤的译法，参见 [美]朱迪斯·巴特勒：《性别麻烦：女性主义与身份的颠覆》，宋素凤译，上海三联书店，2009 年版，第 181 页。

2　[美]朱迪斯·巴特勒：《性别麻烦：女性主义与身份的颠覆》，宋素凤译，上海三联书店，2009 年版，第 180—181 页。

"表演"来描述"性别述行"，让人产生"表演主体"的联想。述行指涉的是一种性别生产的过程，它意味着一种受到管控、带有"重复强迫症"的行为。在一般情况下，这个述行过程被性别法律隐藏而不被觉察，而表演却带有自觉的意味，因此在一些接受语境里，性别述行直接与性别表演等同，"性别表演"取代"性别戏仿"成为政治形式的命名，性别颠覆政治被简化为自由游转于不同性别风貌之间的酷事，自足自决的主体再次还魂。

虽然巴特勒从理论上开启了性别的各种可能性，可是在实践层面只提出了"戏仿"这一种可行的身体反抗的实践策略，除了文中提及的扮装、易装、T/P 等性别实践，是否还有其他形式的性别实践符合她所谓颠覆的身体政治？巴特勒并没有对她所提出的颠覆政治形式做出一些具体的描绘，她也拒绝对此提出一些规范性的陈述。在《性别麻烦：女性主义与身份的颠覆》中，巴特勒辩解道，自己无意提出或建构一些新的、可能的性别化的典范形式，"重点不在于提出一种新的性别化的生活方式"或者"提供一个可能的典范"，以建立什么规范性的性别规范，"相反地，本文的目的是想为性别打开可能性的领域，而不强制规定什么形式的可能性应该被实现"。[1] 我们可以理解巴特勒对分类和规范保持高度警惕的态度，她对"流动"和"打破分类"的坚持也值得支持，但是这样一来，我们就无法判定巴特勒所提出的政治策略，与她所批判的建立在"先于"或"外在于"霸权话语之上的性别政治相比，是否在现实中更具有操作性和效力。而且，从篇幅上讲，性别述行和戏仿这样的重要概念和政治设想的叙述仅用了一节，明显不足，也因此留下了许多疑义有待厘清。

---

[1] [美]朱迪斯·巴特勒：《性别麻烦：女性主义与身份的颠覆》，宋素凤译，上海三联书店，2009 年版，"序（1999）"第 2 页。

如今看来，时隔三十年，巴特勒激进的性别政治构想几乎没有使女性主义政治改弦易辙，这造成人们对"戏仿"策略的质疑。当然，没有彻底改变并不意味着这个设想不具操作的可能，许多时候它也许更说明了实在的本体论、本质主义、二元对立框架在文化上作为惯例的积重难返。巴特勒在《身体之重：论"性别"的话语界限》《可激动的话语》《消解性别》等著作中继续讨论了变装表演与性别话语的实践问题，其中前两部著作多集中于对性别述行概念的阐述，后一部适当着眼于具体的政治操作。这些问题我们会在后面的章节详细论述。

性别真是一个麻烦的东西。但是，巴特勒认为麻烦有时候并非一个负面的词，性别制造的麻烦并非都带有负面的价值，进而认为麻烦是避免不了的，关键是如何更好地制造麻烦，而什么又是身处麻烦之中的最好应对方式。

第三章
身体政治：性别政治批判的延展

在性别政治的探讨中，有很多富有争论性的议题没有展开，身体的物质性就是其中一个。巴特勒把身体放回到性别研究中，关注性别述行中身体的风格化问题，相对忽略了身体的物质性。面对友好的批评和恶意的嘲讽，巴特勒将理论重心放在"身体"话语上，从性别政治转移到身体政治，探讨身体和性别的物质性与述行理论的关联性。身体议题并不是巴特勒的独创，但与法国女性主义的本质主义立场不同，巴特勒援引福柯的术语和谱系学方法，站在生产性权力框架的政治立场，讨论性别和身体的物质性，强调身体是可变的，而且恰恰是通过身体的持续行动与变化产生了性别的某些表象。这种福柯式的立场使她不再讨论身体的实在本体论问题，转而讨论身体是如何被形塑的。

通过解读柏拉图、伊里格瑞、拉康、弗洛伊德、德里达等人的相关论述，以及维拉·凯瑟、詹妮·利文斯顿等人的文学文本和电影作品，巴特勒详细考察了霸权话语是如何形塑身体和性别的，进而对作为性别话语界限的身体进行诠释。首先否定身体是天生固定的，其次分析这一物质效果的形成过程。在这个过程中，各种行动被性别律法驱动，构成了身体的轮廓、外表和特质，而且，律法传唤主体并让主体以"合法"的异性恋方式去行动。这对于性别的实践至关重要，它构成了性别的话语界限，也就是说，身体并不是一个静止的存在，而是性别话语述行的动态化效果和场域。巴特勒"主张重返物质（matter）概念本身，不将其看作一个场域或表层，而视其为一个物质化过程，其最终的稳定产生了我们称为物质的边界、固定性与表层"[1]。这个物质化过程持续生产边界和表面的效果，我们要质疑的就是这一过程。通过对身体物质性的探讨，巴特勒揭示了性别话语在身体上的运行机制，同时也揭示了在此过程中必然产生的排除、错综复杂的身份认同及其不确定性。因为身体作为性别话语建构的界限，设置了身体可见的／不可见的、可理解的／不可理解的、可接受的／不可接受的物质界限，使身体成为性别话语不断征引性别规范并强制化其实施效果的动态化场域。

第一节　几个基本概念的厘清

一、何谓"建构"

将身体视为物质性的建构要求我们对"建构"概念本身的含义进行反思。

巴特勒批评了女性主义话语流行的性属[2]建构理论，这种建构论假定了文化与自然之间的二元区分关系，暗含了一种基于自然的文

1　[美]朱迪斯·巴特勒：《身体之重：论"性别"的话语界限》，李钧鹏译，上海三联书店，2011 年版，"导言"第 10 页。

2　朱迪斯·巴特勒论述身体政治的理论基石是对 sex/sexuality 与 gender 的区分，本章对这三个概念的翻译采用了李钧鹏的译法，分别译为"性别/性象"与"性属"，有时也依据具体情况泛译为"性别"。[美]朱迪斯·巴特勒：《身体之重：论"性别"的话语界限》，李钧鹏译，上海三联书店，2011 年版，"序"第 1 页。

化或社会域作用，自然被假定为一种被动的表层，外在于社会域，却又必不可少。有些女性主义者已经意识到，这种将建构行动具化为铭刻或强加的话语意味着一种隐性的男性主义，而等待穿透行动来赋予意义的被动表层具象显而易见是一个女性形象。性别之于性属正如女性之于男性。也有女性主义者指出，本性这一概念本身需要加以反思，因为本性概念有其历史，有人建议将本性重构为符合女性主义和生态学的一系列动态的相互关系，这种重构对那种将社会域单方向作用于自然域并将其注入特征与意义的建构理论产生了质疑。构筑于一连串对区分两个性别的关键标准的争议之上的"性别"概念本身就是一个麻烦不断的界域，然而，被具象化为这种场所或表层的自然域同时又被阐释为不具价值，不仅如此，在自然域领受社会角色时，也领受了它的价值。如果将社会域与自然域看作两个互换的不稳定场域，那么一旦领受了性属的社会角色，性别还剩下什么呢？是性别在这一领受过程中遭到弃置从而被性属取而代之完全实体化为性属，或者，从唯物论的角度，构成了一种完全的去实体化？

如果将这种性别和性属的差异与激进语言建构主义放在一起思考，问题将变得更加复杂。先于性属的性别好像成了一种先于建构的语言上的假设和建构，一种建构的建构，而性别则变成一种虚构或者幻象，被逆向地安置在一个封闭的前语言的场域。那么是否可以说，性别不复存在，只是一种对立于真实的虚构或者现实的幻象，或者说，这些对立需要重构？激进建构主义常常做出自我否定与确定的假设。如果这种理论不能将性别理论化为其行动所基于的场域或者表层，它最终会将性别假设为非建构之物，从而在无意识中限定无法用建构来解释的东西，承认语言建构主义的局限性。而如果性别是一个人为的假设，是一种虚构，则性属并不假定一个作为其基础的性别，相反，性属制造了一个先于话语的"性别"误称，建构则成为万物皆为且只为话语的语言学一元论。于是就出现了一场很多人已经听腻了的针锋相对的辩论，这也是建构论的两种典型情况：

一种是将建构主义化约为某种语言学一元论。这种建构论的典型思考模式是："如果一切都是话语，身体又是什么？"这种建构论实质上是另一种本质决定论，只不过将性别本质主义转化为性属本质主义。这里，建构是一种类似造物主的能动者，它产生且构成了作为其客体的世间万物；它是神圣的述行者，产生并完整构筑其命名之物，是同时命名和创生的及物指称。这种建构论架空了主体的能动性，假定了建构的决定性，某个东西的建构就是它被创造和决定的过程。

另一种是建构被比喻为看似假定了一个主体的言语行动。这种建构论的思维模式是："若性属乃建构而成，建构者又是谁？"准确地说是："若主体乃建构而成，建构者又是谁？"[1]这将建构假定为一个自由意志的主体，这一主体通过一场工具性行动制造其性属。巴特勒认为这种建构论的困境在于文法的诱惑，认为必须存在一个引导建构过程的作为能动者的主体。因为通常意义上，我们会认为，如果没有一个事先表演或展演这一建构的"我"或"我们"，活动或建构何以可能？这里，建构被视为一种可以被操纵的行为，这不仅假定了一个主体，而且修复了被建构主义质疑过的人本主义的自由意志主体。而且，这种观点认为，建构是行动，它只发生一次，其后果也得以固化，从而建构主义被化约为一种决定论，也就意味着

1　[美]朱迪斯·巴特勒：《身体之重：论"性别"的话语界限》，李钧鹏译，上海三联书店，2011年版，"导言"第6页。

主体的撤离或移置。这种观点也是导致福柯权力理论被误读的根本原因，权力被误解为文法和形而上的主体，人本话语内的形而上学场域专属于人，而权力似乎将人移置为活动的源头。然而，这是一种从结构主义的立场来理解的"建构"。它意味着，存在建构主体的结构与诸如"文化""话语""权力"的客观力量，在"人"被移位后，它们就占据了主体的语法角色。于是主体的文法和形而上的位置得以留存，只不过这些位置的占据者处于轮换中。从而，"建构"仍然被理解为由一个先在的主体发起的单边过程，从而强化了主体形而上学的那种认为任何活动背后必然潜藏着一个具有发起性和能动性的主体的假设。在这种观点中，话语/语言/社会域被人格化，并且在这种人格化的过程中，主体形而上的地位被重新确立。巴特勒认为这种建构话语无法胜任女性主义的任务，单纯否认性属的文化建构所基于的、作为稳定参照物的先于话语的"性别"的存在是不够的。因为性别本身已经被性属化，已经被建构，并不足以解释性别的物质性的强制产生。

对此，巴特勒建议，我们可以换一个角度思考问题。说性属是被建构的，并非意味着有一个先于并展演这一活动的施为主体，性属也并不一定是由一个在任何意义上"先于"建构的"我"或"我们"来建构的，虽然我们并不能确定是否存在一个与性属无关的"我"或"我们"。屈从于性属，但又被性属主体化了的"我"或"我们"既不先在于也不居后于性属化过程，而只是在性属关系的基质中出现，并成为这种基质。巴特勒的这种论述避免了滑向建构主义或本质主义的任何一端。但将主体看成在性属化关系基质中并作为这种基质制造出来，并非要消解主体，而只是试图理解其出现与行动的前提。严格说来，这种性属化活动不是人的一种行动或表达，不是一种自由意志的僭用，当然也不是戴上面具的问题；而是一种使所有自由意志首先成为可能的基质，是其促成性文化前提。在此意义上，性属关系基质先于"人"的出现。巴特勒举了一个医学询唤的例子，对婴儿"它"转换成"他"或"她"的命名，既是对边界的设定，也是对性别规范的反复灌输。这种标示或询唤引致了安排、界定，并延续了"人"的话语和权力的场域。这在那些性属看似出了差错的、被嫌恶的人的身上表现得最为明显。

为何要将被建构之物看作人为的、可有可无的？身体的某些建构是否表示我们离不开这些建构，否则将不会有"我"或"我们"？如果说某种建构具有构成性，少之我们将无从思考，这说明身体只出现、持续、生存于性属受到某种高度规制的体系的生产性限制中。巴特勒认为建构是一种"构成性限制"，是一种"排除性建制"，这种建制同时制造出了可理解的身体界域与不可思议的、被嫌恶的、无法存活的身体界域。其实这两者并不是一种二元对立的关系，因为对立属于可理知性，后者是被排除的、不可理知的界域，它作为其自身不可行性的幻象、可理知性的界限与构成性外在缠绕着前者。[1]所以，建构本身具有某种排斥功能，或者说，建构本身是一种排斥性建构，是一种构成性限制。从中我们可以明显看出，性属的建构是以排他性为基础的，从而人的制造不仅相对于非人，而且通过一系列严格说来被剥夺了文化表述可能的排除与彻底性的抹除。这里必须注意，对主体建构所基于的这种抹除和排除的探寻，既不是建构主义的，也不是本质主义的。这是一种悖论性的表述，因为话语的建构产物出现了一种"外在"，但这种外在并非一种绝对意义上的

---

1 [美]朱迪斯·巴特勒：《身体之重：论"性别"的话语界限》，李钧鹏译，上海三联书店，2011年版，"序"第3—4页。

外在，即那种超出或抵制话语边界的本体意义上的在场性；而是作为一种构成性"外在"，它只能在话语的最脆弱的边界上，并作为这种边界，基于与话语的相对关系而被理解——当它能够被理解时。所以只说人的主体性是被建构而成的并不够，还必须继续探讨建构背后的权力运作，人的建构具有区分性，它产生了较具人性的人与较不具人性的人、非人、无法被看作人的人。这些被排除的场域给"人"划了界限，成为一种构成性外在，且作为其消解与再表述的持续可能出没于这些边界。

所以，探讨身体政治的意义不但是对引发了争论的性别政治的反思，将性别扩展到更广泛意义的身体，同时也是对异性恋霸权如何塑造性别与政治问题的进一步探讨。被物质化为性别化的身体其实和是否具有生命／人的资格这个问题直接相关。巴特勒对建构的反思不是为建构主义辩护，而是对构筑了性属边界的抹除和排斥进行审问。巴特勒认为，建构主义与本质主义之间的争论忽略或者说误读了解构，解构从来就不认为"一切皆为话语建构"，这属于话语一元论或语言主义，这种观点拒绝承认排斥、抹除、暴力性排除与嫌恶的构筑性地位及其在正统话语中的破坏性回归。这也是巴特勒建构理论的最终落脚点：如何通过使不那么重要的身体变得不可思议、不可存活，来改变身体"必要"界域的构成。也就是说，这种构成性外在作为被正统话语排斥、抹除与嫌恶的存在，同时也是处于正统话语的脆弱边界的"幽灵"和"憧憧鬼影"，时时刻刻威胁着正统话语的构成界限，进行着破坏性的回归。

对于建构，巴特勒主张重返"物质"概念本身。物质不能被看作是一个场域或表层，而应该被视为一个物质化过程，其暂时的稳定产生了我们称为物质的边界、固定性与表层。根据福柯的规训权力的生产性与物质化效力，巴特勒认为物质永远是被物质化而成。于是问题式发生了变化：由性属如何作为和通过对性别的某种阐释被构筑而成，变成性别是通过何种管制规范被物质化了，以及将性别的物质性视为既定事实是如何假设和强化了性别出现的规范前提的？

二、物质性与物质化

很多学者指责巴特勒的述行理论虽意在探讨身体如何被各种具有规范化效力的惯例操控，但她最终抽空了物质的内容，悬置了身体的物质性，同质化了身体经验的多元性，陷入话语一统天下的结构主义泥淖。话语剥夺了身体的质性，也剥夺了身体的物质性、抵抗性和颠覆性的可能。按照巴特勒的说法，身体是建构的，那么，难道人生老病死、喜怒哀乐等也是建构的，也是对"标准的仪式化的重复"吗？如果身体是建构的，身体的物质性怎么办？

这涉及巴特勒对物质性的理解。巴特勒在很多场合不止一次声称自己并不否认身体先在的物质性，不否认身体作为在理论上无法化约的肉体生命的存在。巴特勒在《身体之重：论"性别"的话语界限》的序中指出："身体当然有生有死，要吃要睡，有痛有乐，经受疾病与暴力；并且，有人可能会抱着怀疑的态度说，这些'事实'不能只被看作建构。这些基本的、无可辩驳的体验当然有其必然性。事实也确实如此。"对于身体的以上事实巴特勒绝对承认，但是，巴特勒认为，尽管如此，焦虑仍然存在。她坚持认为，性别化身体的物质性是由社会自身建构出来的，这种生产观不是"观念论"的，而那种将"唯物主义"看作高于"观念论"的评价本身就是奠基在有问题的二元逻辑之上的。"无可辩驳性绝不等同于对它们的肯定，也不等同于特定的话语手段。"[1] 因为承认性别或者物质性的无可辩驳性永远是在承认某种性别、某种物质性。而且身体并不只具有物质性，巴特勒把精神重新纳入身体范畴，使身体成为涵盖物质、精神和社会多个层面的理论场域。"正如没有话语手段就不可能接近任何先在的物质性，任何话语也都无法捕捉那种先在的物质性。声称身体是一种捉摸不定的指称并不等于声称它只是而且总是建构的，在某些方面，这正是声称存在的建构的界限，可以说，建构必然有遭遇其界限的地方。"[2] 在一次采访中巴特勒明确说道："你们说我逃避物质性，恐怕我不能赞同。我的观点是身体确实有一种物质性，但是这种物质性永远不可能在文化阐释之外为人所知。并不是说文化生产了身体的物质性，而是说一个人的身体总是以某种方式被给定。"[3] 可见，巴特勒并不是否认身体的物质性，也并不认为身体的物质性完全是语言的产物，而是说物质性的概念不可避免地与意指联系在一起。性别化的身体不只是生物学意义上的物质单位，更是权力、知识和话语的汇聚点。因而身体不可能只具有纯粹的物质性，它与主导社会的话语实践密不可分。我们只能通过再现系统了解身体的物质性，探讨身体作为性别规范不断征引述行的物质化场域，揭示性别规范对于身体的形塑机制和过程。

巴特勒尝试去寻找一种思考的途径，不会贬抑身体的物质性，而是能够激活身体物质所蕴含的积极的政治力量，以此去超越后结构主义和女性主义自身的限制。巴特勒将身体的物质性与性别的述

---

1 [美] 朱迪斯·巴特勒：《身体之重：论"性别"的话语界限》，李钧鹏译，上海三联书店，2011 年版，"序"第 3 页。

2 Butler, J. "How Bodies Come to Matter: An Interview with Judith Butler". *Signs*, Vol. 23, No. 2, 1998. p. 278.

3 Blumenfeld, J. W. *Butler Matters: Judith Butler's Impact on Feminist and Queer Studies*. London: Routledge, 2005. p. 14.

行性联系起来思考。首先，性别差异常常被看作物质性差别，但性别差异从来就不只是受物质性差异的影响。宣称性别差异与话语边界不可分离并不等于说话语生成了性别差异。性别分类从一开始就是规范性的，福柯将之称为"规制性理想"。因而，"性别"不是某个人所拥有的东西，或对某个人的静态描述：它是"某个人"得以生效的规范（当然，性别并不是物质化身体的唯一规范），它使其成为文化可理知界域内有生命的身体。而且，性别不仅是一种规范，还构成了生成受其支配的身体的一种规制。一旦"性别"与其规范性被联系起来，对身体物质性的思考就离不开对管制规范的物质性的讨论。性别的规制力是一种生产力，具有生产、划界、流通、区分它所控制的身体的力量。从而，性别是一种被强制物质化了的规制性理想，而且这种物质化是基于某些受到高度规制的行为而发生（或未能发生）的。换言之，性别是一种最终被强行物质化了的理想建构，它不是身体的简单事实或静态状况，而是一个过程，经由这个过程，管制规范对"性别"加以物质化，并通过这些规范的强制性复现完成这种物质化。巴特勒认为，性别的管制规范以一种述行的方式构成了身体的物质性，所以身体的物质性是一个过程，物质性是由物质化的效果而产生的。在这个意义上，身体固化、轮廓与运动的构成完全是物质性的，但物质性将被重构为权力的产物，被视为权力的最重要的后果。

然而，身体物质化的过程意味着身体的物质性从来就不曾完整，而且身体从未对强迫其物质化的规范毕恭毕敬。事实上，在此过程中产生的不稳定性，即再物质化的可能标志了一个界域，其中规制性律法的权力可以被反戈一击，生成质疑这种规制性律法霸权的再表述。

三、物质性身体的建构

受过哲学训练的人总是与有形之物保持一定的距离，倾向于以一种非具身性的方式来勾勒身体。结果总会将身体遗漏，或者更糟，否定身体。甚至有些人还会倒退回到逻各斯，从逻各斯的残存构筑理论出发，质疑身体的物质性。这就涉及身体建构的排斥机制。巴特勒认为，性别是被强行物质化了的理想建构，它通过对性别律法的反复征引和复现，强行对身体加以物质化。这表现为一种语言的暴力，它通过排除和否定机制建构自身，而这个排除和否定机制本身生产了意义和非意义、可理解的和不可理解的、可解释的和不可解释的、可接受的和不可接受的界限，而身体就是呈现这种性别规范的界限。这是性别存在的物质前提，对这个前提的质疑才是更具强大生命力的颠覆。

然而坚持身体在某种意义上是被建构的，并不意味着巴特勒认为话语能够从其语言学本体中构筑身体。在一次采访中，巴特勒说她早期强调去自然化，与其说是反对自然，不如说是反对调用自然来为性属化的生活设定必要的界限。[1] 巴特勒一直致力于避免决定论和唯意志论之间的二元对立，其策略就是述行理论。

对于身体物质性的重构，巴特勒强调了这样几点：1. 身体被重构为权力动态的产物，从而身体与控制其物质化的管制规范以及物质化后果的意指不可分割。2. 述行不是主体生成她/他所宣告之物的行为，而是话语制造它所规制和限制的现象的复现权力。3. "性别"不再是被强加了性属建构的身体既定特征，而是一种控制了身体的

1　Digeser, P. "Performativity Trouble: Postmodern Feminism and Essential Subject". *Political Research Quarterly*. Vol. 47, No. 3, 1994. pp. 659-673.

物质化的文化规范。4. 领受、僭用、采用身体规范的过程不是由主体所经受，相反，主体，意即说话的"我"，是通过性别领受而形成的。5. 性别领受过程与身份认同问题，以及异性恋律令用来促成某种性别化身份并排除或否认其他身份的话语有关，从而形成了主体的排除性矩阵，同时生成了还不是"主体"但构成了主体域之构成性外在的被嫌恶者的界域。这个"不宜居住"且"无法栖居"社会生活地带限制其主体域，构成主体域的边界，它将构成让人畏惧三分的身份场域，基于这一场域——并通过这一场域——主体域将限制其对独立与生活的主张。由此，主体通过排除和嫌恶被构筑，而排除和嫌恶产生了主体的构成性外在，一个被嫌恶的外在。作为主体的初始性拒斥，这个外在终究是"内在"于主体的。[1]

　　巴特勒对性别化身体的物质性建构，为我们开启了一个激进地思考身体的分析模式，并明确地把批评矛头指向异性恋规范的管控实践。然而，巴特勒所期许的对活生生身体的重视并没有在作品中获得充分的证实，由于巴特勒只是在规范异性恋的管控框架中讨论身体的物质性，其理论固然给我们提供了分析身体受限制的方式，但也有把女性身体的丰富经验简约化之嫌。女性在生活中体验到的身体感受，并不能仅仅简化为异性恋霸权的性别律法所建构的结果。

第二节　物质性身体的两个谱系

　　巴特勒反对将建构与物质性看作两个互不相容的概念，认为身体物质化的过程实际上是外在权力运作的结果。从这一点出发，身

1　[美]朱迪斯·巴特勒：《身体之重：论"性别"的话语界限》，李钧鹏译，上海三联书店，2011年版，"导言"第2—3页。

体的物质性不仅不是承担文化建构不变的前提基础，从根底上说，物质性本身反而是一种促成性排除或者构成性排除的建构，是一个使得建构得以进行却被排除于建构过程之外的场域和表层，而充当这一建构的物质性场域就是身体。在身体物质化过程中，权力的诡计在于，将一个客体建构成一个想当然的本体，出现在话语和权力之前，成为一个理所当然的、不可辩驳的存在，作为认识论的出发点，并成为政治论辩的要件。"通过将建构产物视为给定事实，这种经验主义的基础论成功地埋葬并掩饰了其得以构建的权力关系系谱。"[1]

对巴特勒而言，解构物质概念意味着继续重复性地使用它们，破坏性地重复它们，把它们从作为压迫性权力工具的情境中置换出来，从其形而上学的居所中解放出来，以理解形而上学服务于何种政治利益，从而允许这一称谓具有并服务于差异极大的不同政治目的。因为关于理论的选项，并非一定要遵循"要么……，要么……"的二元论逻辑思维理论模式。使身体的本质问题化可能会在一开始导致认识论确定性的迷失，但失去确定性并不必然带来政治虚无主义的结果。相反，这种迷失很可能标示着政治思维的一个显著的、富有前景的转向。"如果担心一旦不能够再把主体及其性属、性或其物质性视为当然，女权主义将会一败涂地，那么明智之举是考虑一下让那些从一开始就设法使我们处于从属地位的前提保持在原位，会产生什么样的政治后果。"[2]巴特勒将身体的物质性和性别的述行性联系在一起，超越了是非的二元对立，对物质性采取一种构成主义

1 [美]朱迪斯·巴特勒：《身体之重：论"性别"的话语界限》，李钧鹏译，上海三联书店，2011年版，第12—13页。
2 [美]朱迪斯·巴特勒：《暂时的基础：女权主义与"后现代主义"问题》，王逢振主编：《性别政治》，天津社会科学院出版社，2001年版，第94页。

的批判模式，追溯了物质性的理论谱系，展示身体动态化的形成过程，在某种具体的社会历史语境中探究缠绕的权力关系的运行。

一、物质性之性别：古典身体理论的当代重现

巴特勒认为"物质"并不是一个透明无辜的中性词，物质形成本身就是基于一系列暴力，当它与女性联系在一起时，某种菲勒斯中心主义的权力运作就已经开始了。巴特勒通过追溯哲学史中物质性概念的演变谱系，探讨了权力关系是如何影响"性别"和"物质性"的构成的，以此说明性属基质是如何参与物质性的构筑，以及为什么女性主义者应该对物质性形构的批判谱系学感兴趣，而不是将物质性视为不可化约的。

在亚里士多德的著述中，物质性尚未实现，也没有提供女性主义所试图寻回的身体，但巴特勒建议我们可以将物质的 schema（意为形式、形象、外观、穿着、姿态或语法形式等）与历史情境变化的权力 – 知识相联系。这类似于福柯对身体物质化的观点。在《规训与惩罚》与《性经验史》中，福柯把亚里士多德的"灵魂"变成"身体的牢狱"，认为身体物质性的本体不是假定的，而永远是被授予的，并且这种授予只能在权力内部通过权力而发生。物质性标示了权力的某种产物，准确地说，就其构成性而言，物质性就是权力。权力通过成功地将构建产物视为既定的自然事实形成经验主义的基础论，成功地掩饰了其得以构建的权力关系谱系。巴特勒认为福柯以话语和物质性相互界定的物质化过程关注的是权力的生产、形构的维度，但没能解释被去物质化的话语理知体系排除的是什么，也无法解释非理智域是什么。在伊里格瑞那里，这个被排除的就是被

西方传统文化排斥的身体，准确地说，是女性的身体。[1]

巴特勒考查了伊里格瑞对哲学史的系统重读，在《他者女人的窥镜》中，伊里格瑞间接提及关于排除的问题。她认为，在哲学领域中，物质／理性、身体／灵魂等二元对立是基于对潜在破坏的排除而形成的，在菲勒斯－逻各斯中心主义（phallogocentrism）[2]内部，一切明确的区分发生在一个其自身无法包容的印刻空间里，作为印刻之场所，物质无法被明确地主位化。更重要的是，这未被表述的物质指代了柏拉图体系中的构成性外在，为了使这一体系显得内在连贯，它必须被排除在外。菲勒斯－逻各斯中心主义体系将女性作为从属纳入男女二元对立的体系并将女性制造为这一体系必须排除之物，"女性"成为一种构成性排斥或构成性外在，遭到哲学物质话语的替代和移置。可见，排除发生在"物质"形成过程中，并通过这一过程实现，而女性则从形而上学哲学专属话语中被排除了。[3]伊里格瑞坚持认为，"促成形式／物质二元对立的排除是男性与女性的区分关系，其中男性二者兼具，女性则根本无法成为可理知项"，所以我们根本无法用哲学来具象化女性，而且"被拒认的女性残余（remnant）作为菲勒斯－逻各斯中心主义的印刻空间、作为接收男性意指行为之标记的镜面留存了下来。这一镜面自身没有任何贡献，而只是给出了菲勒斯－逻各斯中心主义自足性的（错误的）映射与保证"。[4]

伊里格瑞认为这个印刻空间是一种不同于"物质"范畴的物质

1　[美]朱迪斯·巴特勒：《身体之重：论"性别"的话语界限》，李钧鹏译，上海三联书店，2011年版，第9—13页。

2　在巴特勒著作中，phallogocentrism是phallocentrism与logocentrism两个词的合并，因本章主要依托专著Bodies That Matter探讨身体政治问题，所以参照李钧鹏的译本，译为"菲勒斯-逻各斯中心主义"。第二章因为参照版本不同，译为"阳具逻各斯中心主义"，也做了注释说明。

3　[美]朱迪斯·巴特勒：《身体之重：论"性别"的话语界限》，李钧鹏译，上海三联书店，2011年版，第14页。

4　[美]朱迪斯·巴特勒：《身体之重：论"性别"的话语界限》，李钧鹏译，上海三联书店，2011年版，第19页。

性，而这种无法包容在形式／物质区分中的过剩物质类似于德里达的增补概念，德里达将之称为第三性属或类型。二人都认为，二元对立在排除的同时制造了被排除者，但是这个被排除者并不是一种绝对外在或完全独立的存在。巴特勒认为，对于一个体系来说，作为一个构成性或者相对性外在是由一系列排除所形成的，这些被排除在外的东西实际上仍然存在于体系之内，作为其不可主位化的必需品，以矛盾、破坏以及对其系统性之威胁的面目出现。这个印刻空间作为形而上学的一个处所，在柏拉图的《蒂迈欧篇》中被描述为宫籁（Chora）。[1] 这是物质性和女性气质在表面上合并为一种先在于并构成了一切经验主义观念的物质性的场域，它与子宫有关，标示位于可感知世界与可理知世界之外的、难以指称的、无法象征的场所，也是神秘化女性的一种表现。通过授权对女性的独一表征，柏拉图意在禁止不可指称物可能产生的主格可能性的繁衍。然而在柏拉图给这不可假定之物以一种假定方式命名时，他反驳了自己。在某种程度上，这种权威性的、对容器不可命名的命名构成了一个初始性或原生性的印刻，这是对此容器的穿透，也是一种暴力性抹除。巴特勒认为，柏拉图的宫籁隐喻假定了这一本原与肉身的相似性，宫籁并不应该等同于母性／女性。巴特勒认为伊里格瑞对柏拉图的反复征引不是对本原的控制或简单复现，而是一种违抗。这种违抗看似发生在本原自身的用语之内，但它质疑了柏拉图想索取的初始力，揭示出柏拉图将宫籁类比于女性的荒谬性，暴露并展示了被排除者，试图将其重新带回体系之中。但是，巴特勒也深刻地意识到伊里格瑞的这种征引其实只是一场对菲勒斯机制的重复与移置，

---

[1] [美]朱迪斯·巴特勒：《身体之重：论"性别"的话语界限》，李钧鹏译，上海三联书店，2011年版，第18—19页。

它好像是在模仿本原，但不过是为了移置这一本原作为本原的身份，只是模仿了移置行为本身，这种移置揭示出母体本原只是菲勒斯－逻各斯中心主义阴谋的产物，是一种建构的产物，而并没有给作为母性的女性一个不同的本原。按照伊里格瑞所说，女性无处不在或者无所不是，这正是通过移置造成的一种逆向移置。事实上，伊里格瑞这种老套的诠释可能会使她被看作是不具批判性的母性主义者，因为母性之重刻仍然是建立在菲勒斯妒羡哲学命题的语言之上的。这种文本实践并非根植于一个对立的本体，而是存在于——实际上是穿透、占据并重置了——父系语言本身。伊里格瑞这种对柏拉图的僭用式解读，似乎在展演一场逆向穿透（他处穿透）的幻象，而这正是柏拉图的体系所排斥的。[1]

所以，巴特勒认为，"物质性"是在对女性的排斥过程中被建构起来的。"可以说，在西方哲学史中，一部物质性概念形成的历史，就是一部对女性的排斥史。"[2]但是，仅仅揭示出身体物质化的历史中对女性的排除是不够的，巴特勒提出质疑：伊里格瑞在指出女性被排除的同时，会不会犯同样的错误，而将女性禁锢在文化的他处呢？男性理性具象的想象形态是通过对其他所有可能的身体的排除来刻画的，所以巴特勒认为，容器不仅仅是一个用来表示被排除者的具象；作为一个具象，它支持被排除者，从而产生了对一切无法用女性标记表现之人——拒绝养育者－容器形象的具象——的另一种排除，女性并不是男性理性系统排除掉的唯一的东西，这是伊里格瑞的"他处"的"他处"。换句话说，伊里格瑞没有追踪女性与其他的"他者"

---

1 [美]朱迪斯·巴特勒：《身体之重：论"性别"的话语界限》，李钧鹏译，上海三联书店，2011年版，第26—28页。

2 王玉珏：《权力话语与身体的物质化——朱迪斯·巴特勒的女性主义系谱学研究》，《西南大学学报（社会科学版）》2015年第3期，第21页。

之间的转喻关联，而是将"他处"理想化并僭用为女性，让"女性"垄断了"他处"的被排除者，这本身形成了一种排斥性，"模仿"了其反对的那种暴力。

实质上，这里巴特勒要探讨的不是"性别之物质性"，而是"物质性之性别"，是为了说明物质性不过是"一部关于性别差异的戏剧上演的场所"，她的阐释不仅是为了对传统女性主义轻易回归身体的物质性或自然性别的物质性提出警告，还意在表明，论及物质就是在提及性别层级与性别抹除的沉淀的历史，"回归物质要求我们将物质视为一个在重复和矛盾中展演性别差异的早期戏剧的符号"。[1] 于是巴特勒转而探讨性别差异与身体物质性的关系，试图阐明异性恋常态是如何塑造了一个游移于物质性与想象域的身体轮廓，或者说，它就是游移本身。很明显，巴特勒并不是对身体的物质性进行质疑，而是试图确立身体物质性的表达和形成的规范性前提，尤其是这种物质性如何基于不同的性别分类而形成。由此，巴特勒深入精神分析理论，考察身体物质性形成的第二个谱系。

二、身体的规训：精神分析领域的物质性谱系

在巴特勒的理论界域中，真正的问题不是身体是什么，而是制造肉体生命的形式是否依赖于制造一个限定并缠绕着可理知身体之生命场域的遭排除之域。对身体物质性的形塑，不仅表现在对女性身体的排斥上，还表现在对身体的规训上。巴特勒认为这种逻辑在某种程度上属于精神分析范畴，所以，我们可以通过精神分析理论，来理解对身体进行性别规训的禁止力量是怎样作用于身体之上的，

1　[美]朱迪斯·巴特勒：《身体之重：论"性别"的话语界限》，李钧鹏译，上海三联书店，2011 年版，第 32 页。

柏拉图对身体的阳具起源论的阐述在很大程度上预示着将菲勒斯假设为性别定位的举隅象征的弗洛伊德和拉康的观点。如果说性别化身体的塑形、构成和变形是由一系列初始性禁止、一系列强制的可理知标准推动的，我们就不能只是从身体之外的理论或认识论定位来思考身体是怎样出现的。相反，我们需要探讨物质形态的发生问题，即身份认同是如何制造出弗洛伊德所谓的"性别化身体"，需要知道可理知性别的标准是如何建构身体域的，禁止的塑形力究竟由什么构成等问题。

（一）弗洛伊德的"直译化的幻想"（literalizing fantasy）

弗洛伊德开辟了性别化的一个重要而又长久被忽略的战场——身体。弗洛伊德的《论自恋》从身体的疼痛开始，将疾病与动欲联系起来，比如威廉·布施的诗句"他全神贯注……于他臼齿的疼痛的小孔中"，弗洛伊德认为全神贯注使蛀牙的小孔通过一种与精神联系的疼痛加剧了肉体的疼痛，使其成为精神病痛———一种源自心灵的精神痛楚。之后在《自我与本我》中，弗洛伊德明确提出病痛是身体自我发现的前提，认为自我首先并最终是一个"身体的自我"，并进一步指出，这个身体自我"不仅是一个表面的实体，而且它本身还是一种表面的投射"。[1] 这有力地打破了西方哲学话语长期以来贬抑身体、将身体视为灵魂的束缚的身心二分论。

在弗洛伊德那里，被假定为男性生殖器的生殖器作为一个"原型"，成为身体部分通过想象的投注在认识论上变得可理解这一过程的范例，然而这些生殖器所表演的替代在接下来的论述中被倒置和

1　[奥]西格蒙德·弗洛伊德：《自我与本我》，车文博主编：《弗洛伊德文集9》，九州出版社，2014年版，第168页。

抹除，男性生殖器突然成为动欲的原始场所，然后又成为一系列替代或移置的场所。这里明显呈现出一个悖论：生殖器一方面成为人类欲望产生的起源，被欲望驱使，另一方面又被设置为欲望移置的场所，可以转移。巴特勒认为这种悖论逻辑或许只为了表达一个愿望："将生殖器理解为一个原生理想型（origininating idealization），意即被象征性地编码（symbolically encoded）的菲勒斯。"[1] 作为优位性意符与生殖性意符的菲勒斯，其本身却是由一串动欲性身体部位的例证所产生，即由男性生殖器既是原型同时又是起源这一悖论来表述。通过一系列游移特性的转喻链，有关身体任何部位在时序或本体上的首要地位被中止。

巴特勒对这种被假定的男性"原生性"的幻象生产提出质疑，正如对柏拉图的《蒂迈欧篇》的解读一样，弗洛伊德的文本实为男性主义"原型"的强行性生产。在弗洛伊德的文本中，初始性是通过对在两难中产生的一系列替代物的反转与抹除而构筑的，这是一种想象性投注。[2] 巴特勒认为，我们可以将其重新描述为一种想象形态，进而认为，这种想象形态不是一种前社会或前期象征的形态，而是由产生了可理知的形态学可能的规训体制安排的。而且，这些规训体制并非永恒的结构，而是在不同历史阶段可作相应修正的可理知性的标准，他们制造并征服了物质性的身体。所以，从身体形态发生的层面上看，身体自我、稳定的轮廓感以及空间边界的固化是通过身份认同行为而获得的，精神分析理论为我们证实了这些身份认同的霸权性。

1　[美]朱迪斯·巴特勒：《身体之重：论"性别"的话语界限》，李钧鹏译，上海三联书店，2011年版，第43页。

2　[美]朱迪斯·巴特勒：《身体之重：论"性别"的话语界限》，李钧鹏译，上海三联书店，2011年版，第46页。

那么，性别化身体在多大程度上是通过规训体制所支配的认同行为获取的呢？巴特勒认为身份认同不是一个有意识之存在仿照其他人塑造自身的模仿，而是显现自我的同化之激情。巴特勒认为，从一开始弗洛伊德就错了：对身体创伤或疾病的自我关注如何变成身体部位的动欲发现并与想象对等呢？按照弗洛伊德的理论，有一种对爱恋的禁止伴随着想象的死亡威胁，在某种意义上构筑被投射的身体形态，但重构这些禁止的内容则意味着可变投射的可能性，没有这些身体理念，自我将无法存在。弗洛伊德认为，性是在某种罪责的道德框架的结构性作用下形成的。当身体和罪责联系在一起时，身体就有了某种道德的维度。比如，艾滋病的恐同话语就是在罪责下产生的话语。弗洛伊德将病症的具象与动欲性身体部位结合在一起，这就是为什么"艾滋病被幻识性地理解为同性恋的病症"。我们看到，不符合规范的欲望被和疾病紧紧绑定在一起。在自我理念的监控下，某些性向就会带来罪恶感。罪恶感带来的痛苦，产生了对同性恋的禁止。这是一种反身内向的控制力，对同性恋的禁止，实际上是对同性恋的欲望的一种自我转向，而"道德感的这种自我谴责正是同性恋欲望的反向回转"。[1]这些支撑性理念由禁止和疼痛所规制，从而被理解为规制权力的强制性、实体化的后果。所以，那些规范着性的种种禁令，实际上是通过使身体承受苦痛而运行的一种抑郁机制，是对丧失的整合。同性恋被禁止之后，成为一种抑郁结构，铭刻在身体之中。

巴特勒在《性别麻烦：女性主义与身份的颠覆》中将之称为"直译化的幻想"，通过这个策略，身体成为生理性别自然化和异性恋化

---

1 ［美］朱迪斯·巴特勒：《身体之重：论"性别"的话语界限》，李钧鹏译，上海三联书店，2011年版，第46—48页。

的一个场域，身体以不证自明的生理性别的解剖学事实重新出现。这里，"直译"作为一种遗忘形式的总体策略，在一个直译化的生理性别构造上遗忘了想象界和一种可想象的同性情欲。经由这个"直译化的幻想"，文化上对性别化的定义与禁忌被直接转译为身体上"可想象的"和"不可想象的"快感部位，幻想与真实混同，成为生理性别表面上的解剖学事实，而这正是抑郁异性恋症候所特有的一种直白表意的幻想。[1] 身体的生理性别化的表面，成为一个自然化的身份和欲望的必要符号。"肉体事实被当作原因，而欲望则反映了那肉体性无可动摇的结果。"这是一种因果倒置，正如乔纳森·卡勒引用尼采的那个例子：当一个人感觉到痛，可能会发现一根针，这说明针是引起痛的原因，说明在时间先后关系上针是先于痛的。而尼采却认为，这忽略了"痛"这一效果在"针"之先这一事实[2]。同理，巴特勒认为，所谓生理的"性"决定社会"性别"也只不过是被倒置了的因果关系，实际上社会"性别"这一效果才是"性－性别－性征"序列中最关键的环节，有了它，其他环节才得以存在。

但由于禁止并非每次都能成功，也就是说，禁止并不总是生产出完全顺从社会理想的温顺的身体，它们可能会勾勒出有异于常规的异性恋两极的身体表层。从而，这些可变的身体表层或身体自我可能会变成某些不再完全从属于任何结构特性的转移场所。巴特勒描述了身体物质化的过程——精神的形式比如抑郁，返身向内，将外界的道德力量作用于自身，通过对身体的控制产生了自我。身体在这个过程中获得一个符合规范要求，也就是道德要求的形态。并

1　[美]朱迪斯·巴特勒：《性别麻烦：女性主义与身份的颠覆》，宋素凤译，上海三联书店，2009年版，第94—96页。

2　[美]乔纳森·卡勒：《论解构：结构主义之后的理论与批评》，陆扬译，中国社会科学出版社，1998年版，第70页。

且在身体的物质形态上，我们再也看不到精神的影子，精神仿佛跟肉体没有关系，肉体也仿佛仅仅是一具肉体。规范对身体产生作用的这个过程，隐蔽而狡猾，所以巴特勒才会借助精神分析理论，去探究精神对身体这个"物质"的作用过程。

这里，巴特勒论述的身体的物质性并不是身体的物质性问题本身，而是身体是如何通过规训体制而使自身得以显现，以思考身体的边界是如何通过性别禁忌来勾勒的，也就是身体的边界问题。

（二）拉康的"菲勒斯"镜像

拉康的《镜像阶段》试图解释身体边界的起源，他将自恋关系置于首要位置，从而将母体置换为一个基本认同的场域。巴特勒认为，通过身体的投射与误识，拉康镜像阶段重写了弗洛伊德的自恋理论。在这个重写过程中，拉康将身体的形态学视为一种心智上的投射，一种将身体作为整体和控制场所的理想化或"虚构"。不仅如此，他还指出，这种建立起形态学的、自恋性与理想化的投射构成了产生客体与认知其他身体的前提。拉康认为，只有诉诸语言和性别差异标记，这种感觉或知觉上的生成，即身体，才能维持其想象中的完整性。只有凭借理性化与统合的镜面形象，身体才能成为整体，而这一镜面形象是通过具有性别特征的称谓得以维系的。对拉康来说，构成完整身体的并非自然边界或终极本性，而是基于姓名的血缘法则。从而，被命名就是被引入律法，并按照这一律法进行身体构成。巴特勒批评拉康的思路至少存在两方面的问题：一，成为客体与他者世界的认识论前提的形态学模式被标记为男性，并因此成为人类中心主义与男权中心主义认识论帝国主义的基石，这也是伊里格瑞对拉康的批评，并成为她女性想象理论的批判性理由；二，在《菲勒斯之意指》中，通过菲勒斯控制了话语中的意指这一观点，拉康对《镜像阶段》中所勾勒的身体作为控制中枢的理想化进行了重新阐述。尽管拉康明确否认了菲勒斯作为一个身体部位或想象产物的可能性，但这种否认被解读为构成了他在《菲勒斯之意指》中赋予菲勒斯的象征特性。作为身体部位的理想化，拉康文中的菲勒斯这一虚构的具象蕴含着一系列的矛盾，这与困扰弗洛伊德对动欲性身体部位分析的一连串矛盾相似。[1]

巴特勒紧接着用这种观点来解读异性恋基质的灌输问题。拉康的性别领受其实是一种对性别律法的征引，这样性别律法就不再是先于其征引的固定形式，而是通过征引，被制造为先于并超越了主体所生成的肉身替代。这种征引表现为性别/身体沉淀或物质化的过程，通过对权力的征引获取存在，是一种在"我"的形构过程中建立了与权力的原生关联的征引。[2]这有别于并直接对立于那种存在于他/她所反对的管制性规范之外的自由意志的主体这种观点。主体化的悖论在于：反对这些规范的主体本身是由于这些规范才成为可能。巴特勒通过分析电影《巴黎在燃烧》中对性别象征律法的不合法性洞察的戏剧化表现，认为只有依赖于映射过程本身，被映射的理想物才得以成为理想物。也就是说，象征域所强制的其实是对律法的征引，而这也使得律法自身的权威得以重复并巩固。如此一来，重复"征引"律法就为改变律法并扩充其权力、移置其必要性之产物提供了可能，同时这也暴露了异性恋基质的虚幻性。

巴特勒认为必须对拉康身体的康德式表述进行重构。就现象学

1　[美]朱迪斯·巴特勒：《身体之重：论"性别"的话语界限》，李钧鹏译，上海三联书店，2011年版，第56—57页。

2　[美]朱迪斯·巴特勒：《身体之重：论"性别"的话语界限》，李钧鹏译，上海三联书店，2011年版，第97—98页。

意义而言，身体的物质性不应被概念化为心智的单边性或因果性产物，我们必须认可并确证一系列有关身体的"物质性"，这些物质性由生物学、解剖学、生理学、荷尔蒙与化学构造、疾病、年龄、体重、代谢、生命与死亡所意指。上述范畴都是无法被否定的。但这些物质性的不容否定性绝不等于说，对其确证的后果，意即受阐述基质影响之物，促成和限定了这种必要的确证。上述每个范畴都有其历史和历史性，每个范畴都是通过区分性边界线，即其排斥之物构成，话语与权力之间的关系制造了它们的层级与重叠，并挑战着这些边界，这意味着它们同时是持久和冲突的场域。身体并非只具有语言性，语言与物质性并非水火难容。身体的物质性不应被视为理所当然，在某种意义上，它是通过形态学的发展而被获取、构筑的。按照拉康的观点，被认为是基于理想化血缘关系的差异化规则的语言，对于形态学之发展至关重要。作为一个被投射的现象，身体不仅是投射的根源，而且永远是客观世界的一个现象，一种对拥有其身体的"我"的偏离。在一定程度上，某个人所"作为"的身体是一个在镜像与外化的情况下获得其性别化轮廓的身体。所以，身份认同过程对性别化物质性的形成至关重要。拉康认为，应该把镜像阶段作为一种身份认同来理解，并认为，自我是其构成性身份认同的累积产物。拉康认为，不仅身份认同先于自我，而且与形象的认同关系构建了自我。不仅如此，基于认同关系的自我本身就是一种关系，或更准确地说，是这种关系的累积史。自我并非自我认同的实体，而是一部想象关系的沉淀史，它将自我之核心定位于其自身之外部，置于赋予并制造身体轮廓的外在化意象中。在这种意义上说，拉康的镜像并不反映或代表一个既存的自我，而是为自我的投射提供框架、边界与空间描绘。

通过述行将菲勒斯宣告为优位意符，拉康阻止了这一意符陷入词语误用的繁衍。这种表演性宣告制造了优位意指这一过程本身，然而其优位性受到被其忽视的替代者的潜在挑战。巴特勒认识到拉康引入并建构菲勒斯否认的矛盾身份在文法上有着明显的矛盾。拉康说，菲勒斯"不是"想象的产物，"更不是"器官，其实这暗示了一种递进的否定：和器官相比，菲勒斯更有可能是一个想象的产物；如果二者选一，它就是想象物，而不是器官。为了进行优位象征和意指，菲勒斯必须否认阳具，然而，菲勒斯在本质上又必须依赖阳具来进行象征，没有阳具，菲勒斯就什么也不是。通过解读，巴特勒认为菲勒斯构成了一个认同与欲望的两难场域，它明显有别于相关的异性恋常态。菲勒斯的可移置性使得女同性恋菲勒斯这种看似自相矛盾的说法成为可能。

（三）女同性恋菲勒斯：幻识性认同对于另类想象的思考

弗洛伊德的身体自我和拉康的身体之投射理想暗示着，身体的轮廓，即解析学意义上的划界，在部分上是一个外在化认同的产物。这一认同过程本身是由一个变形的愿望所激发的。一切形态发生所特有的欲想本身是由一个在文化上非常复杂的意指链所预备和构成的，这一意指链不仅构筑了性象，而且将性象构造为身体和器官被持续重组的场所。如果说身份认同的投射由社会规范所规制，而且，如果这些规范被阐释为异性恋强制力，那么，异性恋常态可能要对这种界定了性别的身体性状的形式承担部分责任。这对于彻底思考另类想象特别是女同性恋菲勒斯具有重要的意义。

巴特勒认为女同性恋菲勒斯可以被说成是拉康式模式的出人意料的产物，一个明显矛盾的意符，它通过一种批判性的模仿，对拉康式菲勒斯看似具有生成性与控制性的力量及其作为象征秩序的优位意符的身份提出质疑。女同性恋菲勒斯所象征的行动在象征域以及身体形态发生的层面上挑战了非冲突逻辑与强制性异性恋立法之间的关系。从而，它试图开启一段话语，以重新思考诸多潜在的政治关系，这些关系构成了身体部位与整体、解析与想象、肉体实在与心智的分离，并在其中延续。

女同性恋菲勒斯意指了一种欲望，从历史的角度看，这种欲望是在禁止的交叉口产生的，其仍然试图颠覆规范性要求。将女同性恋菲勒斯说成是一个可能的欲望场域，并不是指一个可以与真实物相比较的想象的认同或欲望；相反，它只是将一个备选的想象提升为一个霸权性的想象，并通过这一主张展示霸权性想象如何通过一种排他性异性恋形态的自然化来构筑自身。在这个意义上，我们讨论的是女同性恋菲勒斯，而不是阳具。因为这里所需要的不是一个新的身体部位，而是一种对异性恋主义性别差异的霸权性象征体系的移置，以及对构成动欲快感域的其他想象模式的关键的释放。

由于菲勒斯是一种不完全等同于任何身体的理想化象征，它是一个可以转移的幻识，而且，通过一种积极的重新划界，菲勒斯与男性形态的自然关联将受到质疑。复杂的认同想象帮助塑造了形态发生说，而且它们无法被充分地预测，这表明，在身体自我的构建及欲望的配置中，形态理想化是一个必不可少却又无法预测的成分。它还意味着，身体自我并不一定存在一个想象的模式，且有关男性和女性形态之理想化和贬损化的文化冲突将以复杂的方式出现在形态想象中。在这个意义上说，女同性恋菲勒斯是一个在理论上非常有用的虚构，它对于一些有相关想象的优位性的模仿、颠覆以及再流通的问题可能会有所帮助。女同性恋菲勒斯这种说法暗示了，意符可以超越它被指定的结构位置进行意指或再意指。事实上，意符可以在移置这一意符优位性的情境和关系中被重复。菲勒斯不具有独立于其象征场合的存在，它不能在没有场合的情况下象征。从而，女同性恋菲勒斯为菲勒斯不同的意指提供了场合，并在此意指过程中，无意地再意指了其自身的男性主义和异性恋的优位性。

如果说性象一开始就受到高度的约束，这就意味着在身份的层面上构建着一种本质主义，如何定位并描述这种更深层次的且或许是无法复原的构成与限制感就成为性象建构论的关键。性象建构论被用来反对强制性异性恋的常态化幻识观点，其中也有着忽略这些约束的风险，但是某些同性恋研究向系统生成本质主义的转向标志了对构成性约束进行探讨的渴望。于是，巴特勒通过构成异性恋现象之常态化的否认逻辑，对性象中的约束感进行定位，将建构主义和本质主义之争转向下面这个更复杂的问题：根深蒂固或构成性的诸多限制是如何被表现为象征性局限的？将表现在心智上的政治性限制的概念理解为性属述行性的东西，而不将约束或限制置于一种生理学或者心理学的本质主义中，目的是为这种约束找到一个形而上学的场域或起因。

通过引入性别差异的精神分析话语，以及女性主义对拉康的重新审视，巴特勒部分重申了性别化所受到的象征性约束。然而这种对性象固化与受限特征的强调，需要坚持性象之建构性者仔细解读。因为性象不能被简单制造或丢弃，建构主义也并不是随心所欲地构筑他／她的性象。相反，它需要将限制考虑在内，这些限制是有生命的、有欲望的存在所不可或缺的。所有这些存在不仅受到难以想象的东西的限制，而且受到完全不可理喻之物的约束：在性象中，这些约束包括另类欲望的完全不可理喻性、另类欲望的完全无法容忍性、某些欲望的缺乏、他人之反复强迫、对某些性象之可能的持久否认、恐慌、成瘾的吸引力以及性象与疼痛之间的联系。但是巴特勒并不是对性别与性象的限制这个无穷性的任务进行全面考察，而是以一种整体性的方式，主张对有关什么可以被建构、什么不能被建构的诸多限制进行考察。比如在恋母情结中，构成性别的象征性要求伴随着惩罚之威胁。其中两个被嫌恶的同性恋具象被隐含在阉割具象之内：女性化的男同性恋者和男性化的女同性恋者。拉康认为，对以上任一角色的恐惧驱动了一个语言内性别角色的领受，这个性别角色是通过异性恋定位而被性别化了的，并且是通过对男女同性恋的排斥与嫌恶而领受的。

巴特勒将关注点放在理解这一限制是如何被固化的，何种性别之不可行性充当了性别定位的构成性限制，以及在其体系内这些限制具有何种重构之可能上，而不是去确认性别角色领受的限制因素本身。但是对同性恋嫌恶的拒绝并不必然会产生对性别精神分析理论的批判性反思。我们不应将身份认同和欲望视为非此即彼的现象，也就是说，除了同性恋和异性恋，还有其他性别认同的可能性。这就是后来出现的新性别，即一种多元认同。但这种多元认同也并不是暗示每个人都是被"是"或"有"这种流动性的认同驱动。巴特勒在对性别形成机制的探讨中，给予性别的多重可能性一定的可能。性象受到寻回被禁对象的幻想的驱动，同时也受逃避寻回被禁对象可能招致的惩罚威胁的欲望所驱动。

第三节　身体的反抗及其政治意义

反抗自苏格拉底以来就是一种回溯性回归，然而近两个世纪以来，被视为反抗和革命的东西在大多数情况下都放弃了回溯性追问，让新的教条取而代之，与政治相伴的意识形态尤其如此。巴特勒的反抗与这种虚无主义不同，通过探究物质性被形塑的政治意义，认为女性主义对性别规训的反抗，不能仅仅着眼于权力之外或之先的外在反抗，而是要在权力内在性中寻找反抗之路。巴特勒不再将男女视为对立，因为对立性的话语也将生成外在，生成一种非意指的印刻空间，"他处"的"他处"将被排斥而无从找寻，这同样也是一种暴力，一种排除的暴力。巴特勒要做的，是将那些看上去是必要的外在性存在作为一种新的思考的出发点，进而阐明规范性建制的暴力与或然性。当然，巴特勒并不是要追求一种能包容一切的表征，因为排除在所难免。所以，反抗也是一种永远具有述行性的生成状态。

一、身体反抗的可能性

福柯吸收了黑格尔又背离了辩证的逆转，将身体引入对主体的考察，认为主体的建构必须通过身体领域，被置放于身体之上的限制不仅需要和生产了它们试图限制的身体，也扩张了身体的领域。也就是说，服从的逻辑从一开始就假设了欲望的可分离性，所以其刺激和逆转在某种程度上是不可预见的，它们有能力超越辩证的逆转，超越生产它们的管制目标，而这正构成被管制对象反抗的可能性，这被很多人当作一种最终的乌托邦姿态的东西。而且，禁制话语令禁止权力本身充满情欲化，而一旦权力机器本身变得充满情欲，其压抑目的自然会被颠覆消解。所以在《规训与惩罚》中，由于对权力和身体的讨论明显缺乏对性征的思考，规训的权力似乎确定了驯良的身体反抗的无能，灵魂作为"一种权力解剖学的效应和工具"，成了"肉体的监狱"。然而在《性经验史》中，规训法律的压抑作用因为自身被色情化，即变成性欲投注和刺激的对象而遭到削弱，使得身体的反抗成为可能，这对于巴特勒来说意义重大。巴特勒认为福柯关于权力规训的描述显示了"主体化的过程主要通过身体发生"[1]，并在重述福柯理论的基础上分析了福柯身体的反抗为何在《规训与惩罚》中没有得到彰显，而在《性经验史》中身体具有了反抗的属性，从而认为，性是具有内在反抗性的，并把反抗性的力量界定在性别化的身体领域中。

巴特勒的述行理论深刻揭示了自主权的悖论：性别非但不是由主体自己决定的，反而是决定主体的诸要素之一，但性属也不是招之即来挥之即去的，而是由权力关系所建构，由生产并规制各种肉体存在的规范性限制所建构。同样，身体自主权的诉求以属于自我为基础，但又总被转与他人，就是说，身体除了以其物质性承载自我以外，它又在权力话语当中被书写与锻造。所以，在巴特勒看来，身体与主体之间的关系复杂而微妙，它是自我建构的重要场地，也是法律实施的场所，所以与其说身体是一个建构发生的场所，不如说它是对主体是被动形式的这种观念的一种破坏，而且这种破坏"被保存在规范化之中"，因而用来制造并稳定化性属以及性别物质性的仪式化重复与再表述，并不是简单的一成不变的重复，而成为对具有构成性的性属规范的批判性重构。所以身体的物质化从来不曾真正完成，或者说性别规范对身体的述行根本不可能完全成功。因为一方面，身体的物质化形成是性别规范不断反复征引性别理想将之

1　[美]朱迪斯·巴特勒：《权力的精神生活：服从的理论》，张生译，江苏人民出版社，2009年版，第79页。

施加于身体的过程，性别规范本身是一种构成性的性别理想建构，这是由它自身的排除机制所决定的，现实的身体永远无法被理想形塑，物质化的过程也是永远被延宕的过程，这势必会导致在身体物质化过程中出现各种断裂缝隙和空白，而这些断裂缝隙和空白就是被排除性别回归自身的途径和可能。在这个具有破坏性的反复征引过程中，要保持身体概念的开放性和作为政治论争的场所，这样才能不断把它们从作为压迫性权力工具的情境中置换出来。另一方面，身体的物质化不曾真正完成的原因在于身体本身，因为巴特勒在阐释身体作为性别规范不断行使权力的动态化展示和场域的同时，其实并没有否认身体本身所具有的物质性基础和属性，而这点也构成了身体反抗的可能性。也就是说，身体在被管制具有被动性的同时，还具有反抗的可能。正所谓上坡路和下坡路是同一条路，身体就是一个这样的场域。

然而，与身体如何并朝什么方向建构同样重要的是，身体如何并朝什么方向不被建构？此外还要进一步思考，没有被物质化的身体如何在规范的物质化过程中为身体提供必要的"边界"？或者，身体形构过程中规范的物质化如何制造一个遭嫌恶的身体的界域，一个变形的场域，而由于无法成为完整意义上的人，这个界域怎样强化管制性规范？同时，这个遭遇排斥和嫌恶的领域向象征霸权提出了什么挑战，而它可能又对具有物质性的身体的限定、符合"生命"标准的生活方式进行一番怎样彻底的重构？

二、精神分析视域下的身体反抗

（一）象征性复现与象征域的危机

拉康认为"身体自我被投射进视觉他异性之场域"，只有通过称谓，作为视觉投射或者想象构成的身体才能得到维系。但作为一种视觉的虚构，自我不可避免的是一个误认的场域，也就是说，象征域所导致的自我之性别化寻求驯服自我的不稳定性。在巴特勒看来，象征界秩序总是已经被作为主体的社会生存所必需的前提，而且，只有当主体在这种象征秩序中认可了自己，并通过一再重复的述行姿势于其位置就位，象征秩序本身也才能存在并被再生产。所以拉康把反抗简化为对象征结构的想象性误认，这样的反抗虽然阻止了象征化的彻底实现，但仍然依赖于并在相反的方向上维护了象征域，无法对象征秩序做出重新表述。拉康的先验的象征事先固定了我们的生存坐标，没有为回溯性地替换这些预设的条件留下任何余地。

于是，巴特勒开始思考：怎样实现真正有效的反抗？怎样真正削弱或取代现存的社会象征秩序？这个政治努力的焦点和传统左翼人士是一样的。她明白，单纯对象征界秩序进行戏仿性的走了样的述行性表述，未必能打开象征轮廓的可能性，甚至会陷入危险境地，"主体被迫重复那些造就了他的社会规范，但这种重复制造了一个危险领域，因为如果人们不能'以正常的方式'恢复这种规范，他就会受到进一步的制裁，就会感到基本的生存条件受到了威胁。可是，如果在当前的组织中没有危及生命的重复，我们又如何开始去想象那种组织的偶然性，并实际改写生命条件的轮廓？"[1] 这段话是

---

1 Butler, J. *The Psychic Life of Power: Theories in Subjection.* Columbia: Stanford University Press, 1997. pp. 28-29.

否意味着，面对强大的他者，我们要么臣服，要么疯癫，此外别无选择？当主体感到基本的生存条件受到了威胁，会受到既有象征秩序进一步的制裁时，主体有可能会迫于社会存在的威胁和压力，重新屈从于原有象征秩序而被收编，从而自我消解了主体的反抗力量。这种情况应该是有的，准确地说，是普遍存在的。但是很明显，巴特勒赋予了这个"危险领域"更多的能动性和反抗意义，如果这种重复来源于象征体系自身的漏洞，来源于制造主体时形成的主体剩余，那么这就意味着象征界为自己挖掘了坟墓。然而，看似静止的象征界究竟是如何遭受颠覆性的重复与再意指的呢？

　　根据精神分析理论，巴特勒认为性别是通过举隅性化约的近似化而被领受的，这是身体获取作为男性或女性的性别一体性的途径。但是，反过来看就出现了这样一个悖论：身体的性别一体性基于对其化约为理想化举隅（"有"或"是"菲勒斯）的认同。从而，那些未能服从律法或遵从律法之规训的身体就失去了它在象征域中的立足点，即文化重心，并作为空洞的想象形态，变成了一种虚构的东西。这种身体向支配着性别可理知性的规范提出了挑战。标示了性别的语言学象征的称谓只是用来掩盖性别的虚构性，并规制了身体部位成为其他幻识性投注载体的可能性。身体自我的虚构性和不稳定性对称谓造成了麻烦，称谓不仅标示了性属的不确定性，而且产生了性别形态的具象化危机。所以象征域的危机就是关于是什么构成了可理知界限的危机，就是称谓指涉的危机以及称谓所赋授的形态稳定性的危机。所以，拉康式的象征域的异性恋本性依赖于一系列刚性的、先定的身份，象征域的或然性、对性别资格的异性恋主义的限定受到了再阐述，从而松动了看似可理知性之固定边界的虚构基础。称谓未能将身体的身份认同维系在文化可理知性内，身体部位

147

脱离了一切共同的中心，互相分离过着独立的生活，成为拒绝被化约为单一性象的幻识性投注场域。最终，律法的生命超越了律法的终极目的，生成了一种独有的性欲抗争与破坏性复现。[1]

巴特勒讨论了维拉·凯瑟的几部小说，以此来探究父系象征域如何为性属与性别的颠覆预留了空间。凯瑟的小说展现了父系象征域本身并不是一个完整的、完满的体系，它通过描述或呈现一种无法言明的欲望，通过某种性属的侵入，引发了父系律法的再意指问题，这种再意指动摇了作为交叉性认同与欲望之场域的称谓和身体。

（二）论辩实在域：重塑象征域的再意指能力

齐泽克的《意识形态的崇高客体》提出一种作为述行的政治意符理论，将性别差异问题与政治意符的述行性联系起来。在齐泽克的政治述行理论中，居于核心地位的是对话语分析未能抵制象征的批判，这被称为"创伤"或"实在域"。政治意符尤其是代表主体角色、作为政治动员和政治化召集地的政治意符，如妇女、民主、自由，并非描述性的，而是具有各种幻识投注的空符号。没有意符可以代表一切，每个意符都是永久性的误识。而正是由于这些意符没能完整地描述它们所代表的群体，这种失败反而将意符构建为幻识性投注和话语再表述的场所，获取了政治动员的权力，开创了一种将身份主张重构为幻识域、不可能域的方式。齐泽克强调身份的幻识许诺是政治话语内的一个召集地以及失望的必然性，它赋予意符新的意义，并给出了政治再意指的新可能。

巴特勒通过对精神分析理论自身矛盾性的解读批评了齐泽克的

1 [美]朱迪斯·巴特勒：《身体之重：论"性别"的话语界限》，李钧鹏译，上海三联书店，2011年版，第128—130页。

这种观点。巴特勒认为，政治意符的开放性和述行性对于一种未来的草根民主概念至关重要。对意符的幻识性投注的探讨离不开这些意符的历史性。将德里达的"征引"概念引入述行性，对政治意符的述行特性进行阐发，这对草根民主理论颇具价值。通过对齐泽克理论的批判性解读，巴特勒探讨了如何将述行重构为征引和再意指，以及在一种既没有物化异性恋规范，也没有物化相应厌女症的霸权理论中，精神分析最具解释力之处。但是，精神分析有着自身的局限性，它最初的禁止以及异性恋训谕最终变成了永久的恒定的实体化存在。巴特勒认为，尽管齐泽克的这种理论富有启发性和新意，将话语的述行性与政治动员的力量联系起来的尝试值得肯定，但它还是依赖于一种未被质疑的性别对立，这种对立在无意中将异性恋矩阵设置为一种永久的、无可争议的文化结构，而女人成为话语中的一个"污点"。从而，那些试图质疑这种结构的人是在与实在域进行辩论，是在与无可辩驳之事物、创伤以及决定且限定一切话语的恋母情结的必然性进行辩论。也就是说，齐泽克将抵抗的场域界定在实在域，这个场域是无可辩驳的，因而这个反抗是无意义的。

拉康在讲演录《精神病患》中提供了一种对实在域的不同解读，在这本书中拉康反复提到，"被象征界否认的将重现于现实域"，并明确指出，这种拒绝应当被理解为拒斥或否认。然而，对于这种拒绝和被拒之物的位置，拉康却语焉不详："被象征界否认的"暗示了象征界"内部"存在一系列表现为拒绝甚至废弃的意符。巴特勒注意到，法语的表述更加明确：不是"象征界否认了什么"，而是"象征界里的什么被否认了"。如果说被否认的会在实在域中重现，则在其被否认并重现于实在域之前，它已经出现在象征域中了。[1]

巴特勒认为，这里被排斥的是一个意符，对实在域的抵制就是对女性阉割的抵制，或对男人的构造力的否定，试图消解实在域的人往往轻视阉割的差异化力量及其作为象征域的永久性。[2]巴特勒要做的就是必须对被话语排除者进行再理论化，这种排除是为了使政治意符成为召集地，成为幻识投注与期待的场域。巴特勒区分了两种性质不同的排除理论：一种是认为一切话语就其本质都是基于排除的理论，一种是将某些社会与性别角色归为"构成性外在"的理论。就精神分析可以被用来从可理知域中永久性地排除某些社会与性别角色而言，巴特勒认为，它倾向于第一种排除，反而服务于它所质询的规范化律法。那么，我们如何将这种与社会情境密切相关的被排除的构成性外在，作为被排除于政治意指域的无声者，而不是作为政治上的精神病或者精神病具象，重塑为至关重要的存在呢？或者进一步思考，我们真的可能清晰地区分出依据社会情境而定的主体形构的规则与一系列的"律法"或"结构"吗？前者就一定是基于排除和排斥的被规制的主体制造，而后者就一定会构成塑造一切主体的不变的排斥机制吗？当然，后一种情况下，排斥的律法或规训机制被视为超越历史情境并具有普遍性，从而这种律法免除了它在话语和社会上所生成的再表述。巴特勒认为这种免除极为重要，当然风险在于因情境而变的主体－塑造之规训机制有可能被物化为普遍使用的律法。

1　[美]朱迪斯·巴特勒:《身体之重:论"性别"的话语界限》，李钧鹏译，上海三联书店，2011年版，第201页。

2　[美]朱迪斯·巴特勒:《身体之重:论"性别"的话语界限》，李钧鹏译，上海三联书店，2011年版，第203页。

（三）对被话语排除者的再理论化

述行并不是自由或任意的选择，话语的历史性，尤其是规范的历史性构成了话语的述行力。将"性别"视为一种强制意味着一个主体被这种规范言及并制造，而且这种规范及其所象征的规制力将身体物质化为这种训谕的后果。然而，这种物质性并不十分稳定。同时性别化律令所制造的差异化身份认同也不完全稳定，不具有穷尽性。而且，这种训谕和律令要求并生成了一个"构成性外在"——这一不可道、难存活与不可述之域生成了物质性的边界，却又出于上述原因无法保护这种边界。述行的规范力，其判决何为"存在"的权力，不仅基于复现，而且基于排除。在身体这个例子里，意指离不开排除，排除是意指的卑贱的边界，它被严格排斥，受到创伤，不可表述，无法存活。[1]

如何对"或然性"加以理论化？这是个难题，因为在解释"或然性"的同时，这种理论本身无疑也是以这种或然性为基础的。齐泽克认为一切意识形态形构都是基于一种构成性对立，即界定之开放性，为一切话语形构都少不了的或然性所保证。所以意识形态应被看作对一系列或然性关系的遮掩或"缝合"。而这种意识形态的缝合从来不曾完结，也就是说，它从未成为一系列不可或缺或无所不包的关联，而是展现了一种作为构成要素的或然性，这成为意识形态的恒久的不稳定性。巴特勒批评了齐泽克的理论基于阉割律法、创伤和实在域的"本质同一性"，将或然性加以固化，从而排除了其本身之或然性的"或然性"。事实上，齐泽克的理论设定了一种先于一切意识形态形构的"律法"，这种律法对于话语和象征域内的男性，以及

1　[美]朱迪斯·巴特勒：《身体之重：论"性别"的话语界限》，李钧鹏译，上海三联书店，2011年版，第184—185页。

作为"污点"的、"外在于话语圈"的女性具有重要的社会与政治意义。[1]

巴特勒认为，通过借助一种亘古不变的前意识形态、前话语的"律法"为这种外在划界，并进一步通过律法规定本体化的主从关系的性别差异，生成了一种"外在"于社会可理知的场域，且这种"外在"永远从否定的角度界定社会域。这是一种古典意义上的"意识形态"策略，只有将意识形态重构为"物化"，这种策略才能被理解。永远有一个"外在"和"构成性对立"，这看似不错，但赋予划分了象征可理知性的"内在"与"外在"的律法特征和内容，就预先排除了对社会与历史情境的必要分析，将诸多律法的汇总产物混淆为"一部"律法，从而排除了在将来对居于民主方案核心地位的边界进行再表述的可能。[2]说一切话语形构都是基于排除，这并不等于说一切排除都是一样的，文化可理知性的生产是如何以不同方式得到动员以规制政治域的，也就是说，谁有资格成为主体，谁不能作为主体，对此我们需要从政治上进行评估。

我们说一个意符具有政治性，就是说它间接征引了自己的先例，借助先在意符的幻识许诺，将其重构为"新生"的生产和许诺，这种"新生"是基于过去的、根深蒂固的惯习，后者常常被注入政治权力，预示未来。所以，我们可以说政治意符具有述行性，但这种述行性可以被重构为征引力。在这个意义上没有任何意识形态形构能将自己塑造为不可或缺之物，而这种失败正是其民主前景的一部分，是作为再表述场域的政治意符的没有根基的"根基"。将"女人"看作一

---

1 [美]朱迪斯·巴特勒：《身体之重：论"性别"的话语界限》，李钧鹏译，上海三联书店，2011年版，第192—193页。

2 [美]朱迪斯·巴特勒：《身体之重：论"性别"的话语界限》，李钧鹏译，上海三联书店，2011年版，第204页。

个永远处于抗争状态的场域，或女性主义抗争场域，就是假定这个类别不能是封闭性的，并且，出于重要的政治原因，这个类别永远不能被封闭。这个类别永远不能具有描述性，这一点是其政治效能的前提。许多"女人"拒绝接受对"女人"的描述，这不仅证实了一个概念所带来的暴力，而且证明了建构一个完整或全面的概念或类别是不可能的。巴特勒认为，"为了缓解和重构这种暴力，有必要认识一种双重运动：借助一个类别，从而暂时生成一种身份，同时又将此类别开放为一个永远处于政治抗争中的场域。然而，对这个用词的质疑并不意味着我们应该放弃它，但其必要性也不表明我们不该对它作出的排除进行持久的拷问，且目的是学会如何在一种民主抗争的文化中对待政治意符的或然性"。[1]

三、反抗的必然失败及其政治意义

主体的排除机制是不可避免的，被嫌恶对象的产生也是必然的，是主体的排斥性机制的必然产物，是一种初始性拒斥的结果。而且对于被嫌恶对象作为主体内在的构成性外在的幽灵身份，其暴露主体局限的危险也是不可控制和不可预料的，也就是说，反抗可能注定会是一种悲壮的结局。

（一）安提戈涅的反抗

对于拉康来说，注定死亡的安提戈涅扮演了开创象征界的角色，而象征界反过来把那些规范的亲属关系形式伪装成"一种文化可理解

---

1 [美] 朱迪斯·巴特勒：《身体之重：论"性别"的话语界限》，李钧鹏译，上海三联书店，2011 年版，第 219—220 页。

性的前提"。[1] 因此，象征界是站在异性恋和亲属关系的立场上所形成的一种批判的阈限，它能够引发人们对乱伦的恐惧。乱伦禁忌本质上是在传达一种异性恋制度下的生育模式，欲望的一部分被彻底地排除在合格的主体之外，这种欲望的排除是在无意识的维度上进行的，以至于对大部分人而言根本无法意识到这些欲望。巴特勒把安提戈涅看作一个在文化上不可想象和不可理解的符号，认为主体在根本上是一种抑郁症的结构，一旦主体试图在文化可理解的领域外活着，抑郁症就会浮现出来。作为一个从出生就不被象征界接受的主体，安提戈涅比任何人都具有更宽广的认同领域，她的欲望是完全开放性的。也正因为这种根本性的缺失，安提戈涅的爱欲没有固定对象得以安置，这成为撼动象征界的新的政治可能性的浮现点。

巴特勒一直坚持不懈地打开象征界之门，主张在象征界与个人之间加入社会的维度以打破象征界超越性的假象。而巴特勒的矛头恰恰指向整个社会存在的根本性排除，揭示整个象征界最大的幻象，即以异性恋制度为基础的亲属关系对任何同性性欲可能性的根本压抑，这造成了整个社会都具有一种基础性的抑郁，即对同性欲望的无意识的丧失。巴特勒敏锐地指出象征界所排除的不只是主体固定的身份，乱伦禁忌实际上将爱的领域中的一部分完全剔除。"如果主体形成的进程需要一种性征的预先拒斥，需要一个基础性的禁律，它禁止某种欲望，使自己成为一个欲望的焦点，从而，主体通过对这种性征的禁止得以形成。这个禁律既形成这种性征，也形成了据称承担该性征的主体来承担它。……实际上，禁律成为一种形式奇怪的保存，一种将废除色情的把法律色情化的方法，但是，它只能

1　[英]安吉拉·麦克罗比:《文化研究的用途》，李庆本译，北京大学出版社，2007年版，第235—236页。

通过强制的色情化起作用。从这个意义上来说，'性的身份'是一种明确的生产性的矛盾，因为身份是通过对被认为是它所承担的性征的某种维度的禁律形成的，而且，当性征被和身份捆绑到一起时，在某种意义上，它总是要削弱它自己。"[1]巴特勒所要找寻的永远不是那等待着被解放的某种本质主义的爱欲，而是对服从、对权力规训下的身份的无意识的超越，即便这种超越永远是失败的，但是这种重复性的冲突不会消失，因此，断裂的可能性就永远存在。对安提戈涅的解读背后贯穿了巴特勒对权力与主体问题的深刻思考。

（二）反抗的政治意义

面对反抗的失败，巴特勒持一种积极态度和立场：不是将这种威胁与破坏看作对社会规范注定失败的、悲壮的长期抗争，而将其视为力图对象征界的合法性与可理知性进行再表述抗争的关键资源。巴特勒建议我们必须抵制那种视排除为伤感的意指必要条件的婉约理论姿态，而要将这种必要"外在"重新象征为一个未来的地平线，其中排除的暴力永远处于被征服中。但同等重要的是对外在的保留，是话语到达其边界的场域，未被包括进某个真相建制之物的晦涩成为在语言上不适当和不可表征的破裂场所。由于这一建制无法表征对其连贯性构成根本性威胁之物，它阐明了这一规范性建制的暴力性与或然性。在这个意义上，彻底的、包容性的表征并非我们的目标：在某种话语内包容、代表、引入一切边缘化的、被排除的角色，就是在说单一话语没有边界，它将归化一切表示区别的符号。如果存在一种政治语言所必需的暴力，则我们有可能永无止境地、无法

---

1 [美]朱迪斯·巴特勒：《权力的精神生活：服从的理论》，张生译，江苏人民出版社，2009年版，第97页。

控制地拥有——却又不曾完全拥有——必要的排除。[1] 也就是说，只能尽量最大限度地包容和最小限度地排斥，完全的包容和零限度的排斥是不可能的。

巴特勒是悲观的，同时又是乐观的。一方面，她高估了通过述行性的改写或替换对大他者的功能进行扰乱的颠覆性潜力，这些实践可能最终会支持它们意图颠覆的东西，甚至就是由它们造就的，因为这种违越本身可能已经被大他者的霸权形式考虑到了——拉康所说的大他者不仅是那些象征规范，还包括对它们法典化的违越。而巴特勒低估了象征性秩序的反攻击力量和它作为实体的坚固性，以至于身体边缘性、述行性的置换成为一种闹剧性的小打小闹。另一方面，巴特勒没有考虑从整体上彻底重建基本象征秩序的激进姿态。齐泽克认为，要真正打破某个意识形态的幻象，仅仅认同还不够，还必须付诸行动，行动就是摆脱大他者的控制，它重新定义了在社会上得以维持的述行条件，是对整个领域进行彻底的改装，如同安提戈涅那样决绝地反抗，才能中断象征的命运，唯有以行动冒犯象征——而不仅仅是观念上的反抗、抵制象征——象征命运的中断才是可能的。所以齐泽克批评巴特勒把这种根本维度中的"行动"与对人的象征条件所作的述行改写混为一谈，只是停留在述行展演上的抵抗，而没有任何付诸实际的行动。纯粹的述行改写虽然是一种破坏性的替换，但是仍然局限于霸权领域，这种理论符合意识形态象征之网的运作模式，好像在进行一场内部的游击战，用霸权领域的术语反对霸权本身。齐泽克批评道，一旦考虑到主导话语的边际改写，巴特勒就止步不前了，她仍然停留在"内部违越"的立场

1　[美]朱迪斯·巴特勒：《身体之重：论"性别"的话语界限》，李钧鹏译，上海三联书店，2011年版，第35—36页。

上，作为一个参照点，这需要装扮成主导话语的他者，而这种主导话语只能被边际性地替换或者违越。[1] 齐泽克这个批评是有道理的，巴特勒的反抗近似于改良，虽然她的目的是建构新的社会秩序。但是，齐泽克自己的理论又何尝不是一种述行性的边际改写？

第四节　身份认同的政治难题

错综复杂的身份认同及其不确定性，背后是权力的复杂性和相互关联性。这构成了一张权力的动态地图，给身份认同带来了政治难题：一，如果说身份认同的投射由社会规范所规制，而且这些规范被阐释为异性恋强制力，那么，异性恋常态可能要对这种界定了性别的身体性状的形式承担部分责任。二，如果说异性恋常态显然不是生成身体轮廓或设定身体可理知边界的唯一的规训建制，那么还有什么其他的规训建制界定了身体的物质性呢？

一、超越否认逻辑

不管是在精神分析理论还是在性属理论里，性别角色都是通过一种否认逻辑获得的，这一否定逻辑以否认同性恋为代价，暗示了同性恋与嫌恶之间存在着一种关联，同时将同性恋贬低为暂时性的想象域。这里，同性恋并没有被完全否认，它受到了"款待"，但是这种"款待"表明象征域并没有完全或者最终构筑其性别主体，然而也是并永远是一种没有权力对相应律法的条款进行重新阐述的无足轻重的反抗。事实上，在认同异性恋的否定逻辑中，同时也有一种

1　Zizek, S. *The Ticklish Subject*. New York: Verso, 1999. p. 264.

对遭受否定和嫌恶的同性恋可能的认同，它表明异性恋和同性恋之间的相互排斥，只有使其中一个在文化上具有可能性，而另一个只能是暂时的、想象的，这两者才能共存。所以，巴特勒认为必须对生成并维系上述性别角色的规范性"征引"的否定进行探讨。为了明确区分某种身份角色，这种否认在政治上成为必然。然而矛盾的是，这种否认本身最终削弱了其意欲联合的同盟。这种策略不但产生了异性恋的虚假的联合，也错过了改善异性恋主体化的理论缺陷、驳斥同性恋歧视所基于的非此即彼的否定逻辑的机会。[1]

这引出了一个政治难题：如果这种合乎逻辑性是通过制造、排除、否认威胁着主体－角色的遭嫌恶的幻象产生的，那么表述一个合乎逻辑的身份－角色的代价是什么？也许只有以身份认同的不合乎逻辑性为代价，二者才能被联系起来。在某种程度上，构成性认同正是一直受到拒认的认同，正是通过这反复的否认，主体设置了它的边界并建构了其"整体性"的诉求。这是一种必须不断被摧毁和埋葬的认同，是一种主体用来维系其边界的强制性否认。[2] 所以问题不是增加现存现象域内，即当前文化接受界域内的主体－角色的数量，占据这些角色也并不是要在现有象征界中攀升至已有的结构性区位。因为主体角色多元轴线的增长将必然导致排斥与降格的增加，而这只能产生更多的分裂，产生一种无法协调的差异的繁衍。所以，这里的政治任务是勾勒出联结政治领域内诸多动态的、关系性定位间的相互关系，它不是简单地拼凑，而是找到一种占据这些位置并使其向民主抗争开放的方式，这至关重要，因为在抗争中这些位置

1　[美]朱迪斯·巴特勒：《身体之重：论"性别"的话语界限》，李钧鹏译，上海三联书店，2011年版，第100—102页。

2　[美]朱迪斯·巴特勒：《身体之重：论"性别"的话语界限》，李钧鹏译，上海三联书店，2011年版，第102—104页。

的排他性朝着一个更复杂的联盟框架方向被持续地重构，尽管这种重构永远不可能是完全的。

巴特勒说她对承认通常被拒绝的认同这种可能不抱任何终极的政治幻想。因为某些拒认是构成性约束，且不能被消除。但是这里必须有一种重构，严格说来，并不是一个主体在否认其认同，而是某些排除和排斥构成了主体，并作为其自身动荡的永久性或构成性幻象持续存在。将所有被排除的身份认同改造为被包容的成分，将所有差异归于统一这种大同理念标志着黑格尔式的合题，它没有外在，而将所有差异归为其自身的典型特征，则成为帝国主义的象征。[1] 但我们必须对身份认同的强化所引出的潜在的残酷进行仔细考虑：身份认同的强化无法承认它所依赖的排除，为了使这一被强化的认同得以存在，这些排除必须被嫌恶，这些认同必须被拒绝。

但是某些女性主义的观点，包括巴特勒自己都会错误地以种族、性象、阶级或地缘政治的定位／移置为代价，将性属提升为政治动员的认同场所。这不是一个简单地将主体尊为认同的多元体的问题，因为认同总是相互交叉、相互倚靠。所以问题不在于将种族、性象与性属联系起来，好像它们是完全分离的权力轴线，这些称谓作为"类别"或"角色"的多元化在理论上的分离是以排除为前提的，后者赋予它们一种虚假的一致性并服务于自由法治国的规制目标。

二、去自然化的政治意义

巴特勒对性属去自然化的政治意义进行了质疑，即性属的去自然化是否有可能成为重新巩固异性恋霸权性规范的工具，巴特勒以

1　[美]朱迪斯·巴特勒：《身体之重：论"性别"的话语界限》，李钧鹏译，上海三联书店，2011年版，第104—105页。

扮装为例重新对其进行了阐释。巴特勒认为许多读者对扮装的扩散可以颠覆主流性属规范的解读其实是一种误解。扮装反映了被卷入构成主体的权力体制，从而被卷入主体所反对的权力机制的更一般的情形，和颠覆之间并不存在必然的联系，而且扮装很可能反而会促成夸张的异性恋性属规范的去自然化与再理想化。对于那些未加质疑而重新理想化异性恋规范的去自然化的戏仿，异性恋可以通过去自然化扩展其文化霸权，例如再次对异性恋常态进行理想化。当然这也间接表明了异性恋文化强大的社会整合功能和顽强的生命力。

扮装的批判性并不必然要求性属种类的增加。它并非简单的数量增加的问题，而要求将异性恋建制未能完全以立法规范或包含其理想这一点暴露出来。因而，扮装并不与异性恋相对立，扮装的流行也不会威胁到异性恋，相反，扮装往往是异性恋与作为其构成要素的忧郁的寓言化。

其实扮装作为某种两难的场域，有着两种功能：颠覆与一种基于嘲弄和贬抑的模仿或认同。前面我们已经论述了认同是一种两难的过程，一切认同都是有代价的，它表现为认同的迷失，一种对非自愿规范的强制性的近似，这种规范选择了我们，但它无法完全支配我们，因为我们占据着它、逆转着它、再意指着它。所以我们不能仅仅将变装视为对女性的贬抑，这存在一个问题：它将男扮女的易性行为、变装与扮装塑造为男同性恋活动（事实并非如此），并进一步将男同性恋诊断为根植于对女性的憎恶。这种诊断假定，女同性恋源自异性恋体系中的某些失败的经历，从而继续将异性恋设置为女同性恋欲望的"起因"；女同性恋被塑造为一种出轨了的异性恋因果律的致命后果。[1] 在这一框架中，异性恋永远是真实的，而女同性

1　[美]朱迪斯·巴特勒：《身体之重：论"性别"的话语界限》，李钧鹏译，上海三联书店，2011年版，第115—116页。

恋只能是一个面具与永远的伪装。在激进女性主义对扮装的批判中，对女性的移置被描述为男扮女装的目标与后果；在恐同者对女同性恋的不屑中，对男性的失望与移置被理解为女同性恋的起因与归宿。按照以上观点，扮装只不过是对"女性"的移置与僭用，其本质不过是基于一种女性贬抑，而女同性恋只不过是对男性的移置和僭用，其本质是对男性的憎恶。

这些移置和僭用还与另一种移置相关联，它关乎欲望、幻识性愉悦，以及无法被化约为异性恋基质与否认逻辑的爱恋形式。这里，爱恋被理解为完全通过否认逻辑而产生，从而扮装只不过是受挫折或拒绝之苦的爱恋的产物，是对由爱生恨的"他者"的吸纳。这是一种逆向的殖民化，沿袭了恐同症的逻辑。这一否认逻辑将异性爱恋设置为扮装与女同性恋的起源与真相，并将二者阐释为受到阻挠的爱恋的症候。

巴特勒深刻地认识到，其中有一种可能性在对这种移置的解释中被移置了，那就是，欢愉、欲望与爱恋有可能不是取决于其否认之物。这里，巴特勒接受了精神分析的观点，认为爱恋的对象和目的大部分都是被否认的对象和目的，但巴特勒不认同"同性恋只不过是被否认的异性恋"这种说法。因为同性恋作为一种爱恋在文化上还不为人所接受，将同性恋化约为异性恋的倒置或偏离只会重新巩固异性恋的文化霸权。[1] 而且，异性恋与同性恋二元对立的设置，排除了这二元之外的他者可能性。

巴特勒通过电影《巴黎在燃烧》进一步探讨了扮装问题。维纳斯最后的死亡悲剧标明了扮装的复杂性：存在着对去自然化的残酷的、

1　[美]朱迪斯·巴特勒：《身体之重：论"性别"的话语界限》，李钧鹏译，上海三联书店，2011 年版，第 117 页。

致命的社会限制。性别的去自然化并不必然导致规范的颠覆，反而有可能导致一种持续的压制性的再理想化，就其多重含义来说，性别的去自然化也并不必然意味着从霸权性压制中的解放。同时，《巴黎在燃烧》也表明，接近与揭露真实性规范（即象征性规范）之幻识性的双重运动——重复并模仿，强迫中又有破坏——这种重复在授予产生了它的真实性规范合法性的同时，又剥夺了它的合法性。葛兰西的霸权理论认为，霸权以再表述为基础，但是有时候，根深蒂固并具有防御性的再表述的累积威力压倒了从更大的体制中构筑另一种文化形貌的脆弱的努力。然而更重要的是，这种先在的霸权同时"抵抗"着它自己，所以严格说来，被边缘化者和主导者之间并不是对立性的。从这个意义上说，巴特勒认为，《巴黎在燃烧》记述的既不是一场有力的反抗，也不是一场痛苦的再驯服，而是二者的不稳定的共存。这部电影展示了性欲化且模拟规范所带来的痛苦的愉悦，而这些规范通过排除它们不得不表演的逆向占据来获得权力。这种对主导文化的僭用不是为了维系对它的遵从，而是要改变这种主导，这是一种主体施为，是话语（位于话语中，且作为话语）的权力，是表演（位于表演中，且作为表演）的权力，这种权力不断重复以追求重复之构造——且有时会获得成功。但缺少观众的参与，这部电影将无法获得这一效果。

三、其他权力规制对身份的塑造

巴特勒批判了伊里格瑞认为性别差异问题是我们这个时代最重要的问题的说法，这种独特地位表明，性别差异不仅比其他差异更具根本性，而且其他差异可能都是从性别差异中衍生而来的。巴特勒具体批判了两种假定：

（一）性别差异

性别差异构成了一个独立的关联或分离的领域，不应该被理解为是通过或作为权力的其他载体来表述的。

巴特勒认为，尽管种族、性象和性别差异有充分的历史缘由作为独立的分析范畴，但出于同样迫切并重要的历史原因，巴特勒质疑了它们之间这种看似独立的关系，认为必须在这些因素重合之处、之外找到它们之间相互缺一不可的场域，这不同于权力、从属、主体施为、历史性这些并列的、泾渭分明的领域。

巴特勒从精神分析的角度解读内勒·拉森（Nella Larsen）的小说《冒充白人》。小说人物贝娄的种族主义的悖论和黑格尔主奴关系的悖论有着相同的逻辑。他的种族主义情感要求有和黑人的这种联系，因为没有黑人，没有对他和黑人之间联系的持续的否认，他将无法成为白人。他的白人身份是以这种否认为基础的，而通过这种否认逻辑，他的白人身份被永久地——但又是焦虑地——得到重构。其实贝娄有着对种族边界的焦虑。在这里，巴特勒对种族的观点是：种族在某种意义上可以被阐释为具有述行性。通过白人身份的性别屏障的仪式化生产，贝娄制造他的白人身份这种焦虑的重复强化了受限制的白人身份的物质后果，但其边界承认了它的脆弱性，原因在于它要求为其所排除的"黑人身份"必须存在。在这种意义上，就其物质化而言，"种族"是通过复现和排除被建构的。贝娄对克莱尔"黑鬼"的称呼"将他的欲望维系为一种否认，它不仅形成了他对克莱尔的矛盾心理，还形成了他用来构筑自己种族身份/认同的脆弱边界的性欲两难"，也就是说，"尽管他说自己永远不与黑人发生联系，但为了一种和他对展示自己种族纯粹性（racial purity）的渴望交织在一起的性欲上的满足，他需要这种联系，也需要对它予以否认"。[1]

《冒充白人》这部小说发表在 1929 年，隶属于哈莱姆文艺复兴的传统。对于其主题，有很多不同意见。巴特勒认为，对这部小说是关于种族还是关于性象与性象冲突的选择不仅毫无必要，而且这两个方面其实是密不可分的，它们的关联为解读性象冲突的种族化提供了一条途径。小说中同性恋的欲言又止与克莱尔的黑人身份的难辨交融在一起。拉森的"酷儿"概念同时具有种族与性别焦虑的含义。巴特勒意识到种族的社会规制是与性别差异和性象相联系的权力界域，这里，巴特勒颠覆了自己之前对异性恋强制力的整体性的论述，规制性理想型这一象征域也永远和种族以及种族化询唤的重复有关。《冒充白人》表现了黑人女性"超升"的代价，就是不明不白的死亡或自杀，这表现了黑人女性性自由的不可能性。

（二）性别差异的本质性或优先性

性别差异优于种族差异的说法表明，许多精神分析学派的女性主义理论都是以白人种族为前提的，因为它们不仅认为性别差异更具本质性，而且假定了一种无关种族的性别差异关系。这种观点显然将白种人超脱于种族的范畴。性别差异比种族差异更具本质性这种说法就是在假定性别差异就是白人的性别差异，且白种人不是种族差异的表现。在主体的构筑中，性别差异体系并非先于种族或阶级体系，《巴黎在燃烧》表明了性别差异并不比种族、阶级差异更具

1　[美]朱迪斯·巴特勒：《身体之重：论"性别"的话语界限》，李钧鹏译，上海三联书店，2011 年版，第 166—167 页。

有优先性。巴特勒认为性别差异之于种族差异，并不具有时序上或者本体意义上的先在性，所以，必须抵制在种族主义、同性恋憎恶与厌女症之间建立起类比或者类推关系的权力模式。

身份认同引出了权力的复杂性问题，除了性别，还有其他很多范畴用于意指身体物质性，比如种族、阶级、族裔等以及它们之间的关联性问题。电影《巴黎在燃烧》中维纳斯最后的死亡悲剧也表明了性别、种族、阶级之间的关联性。作为规制性理想型，这些权力载体之间是相互依赖与配置、相互交叉影响以进行自我表述的。巴特勒意识到，事实上，如果没有对权力概念的地缘政治维度及其关联附属的当代分支的实质性修正，以上任何一个概念或其载体都是无法想象的。进而明确了这些权力载体（性别、种族、阶级、族裔等）之间的关系：一方面，任何将一个权力载体置于另一个权力载体之上的分析肯定将面临批评，这不仅忽略或贬低了其他载体，而且它自身的建构以排除其他载体为基础。另一方面，任何声称包含了一切权力载体的分析可能会陷入认识论上的帝国主义的陷阱，假设了作者可以完全表明并解释其同时代的权力的复杂性。因为没有作者或文本能够提供这种对世界的反思，那些号称提供了这种图景的人，其主张显然是可疑的，具有明显的政治用途。因为文本并不能完整地反映作者或其所处世界，它们进入了一个阅读成为局部挑衅的场域，不仅要求参照已有文本进行阅读，进入现有话语世界，而且发起了一系列对其基本假设质疑的僭用与批评。

理论范畴也是具有历史性的，它们通过排除性的划界产生，而且话语与权力总是在改变着它们的边界。道德作为一种身体力量规划着这些范畴的合法性，所以它们同时是持久和冲突的场域。巴特勒反思了象征域的社会关系构成，对性象及其心理表述的社会规制是由种族化性属、性属化种族、种族理念的性别化或性属规范的种族化的交集构成的。事实上，象征域同时也是一系列种族化的规范，而且生成了真实性主体具有种族意味的"性别"概念。深肤色的妇女被"多元询唤"，被"多元命名"建构，那么象征域或为社会所接受的规范的场域，就是由种族化规范构成的，它们不但与性属规范共存，而且错综复杂地交织在一起。身份认同问题不再是一个预先设定的角色或齐一性的实体，而是权力动态地图的一部分。[1]

身份政治的某些形式将合乎逻辑的身份 – 角色抬高和调整为具有首要地位的政治策略时，对身份认同的规制就代替了一种身份认同动态地服务于一场更大范围的文化斗争的政治，而这场文化斗争的目的则是对那些被"合乎逻辑的主体"否认与排除的群体进行重新表达与赋权。但是，要求彻底克服借以获取文化可行性的构成性限制也将会带来新的暴力。这表明我们需要一种差异体系，在各种身份认同形成并被移置的十字路口强制对各认同之间不存在交集的非冲突逻辑进行重构。但是考虑到构成了一切以身份认同为基础的政治团体的权力的复杂性，要求身份认同互不相交的结盟政治就不可避免地产生了一个暴力的裂痕，一种最终将通过排除之暴力撕裂身份认同的倾轧。而在公众领域，通过抹除或规训在文化和政治上被建构的身份认同，构筑了恐同和种族主义霸权。为了暴露基于隐性特权的帝国主义人本主义的虚假本性，我们必须坚持他异性。明确的身份认同的坚决主张肯定会导致对重新巩固霸权性权力差异的构成性排除（即强加于所有表述的排除）的清算。

最后，巴特勒强调，认同的转变并不意味着一种认同因另一种

1　[美]朱迪斯·巴特勒：《身体之重：论"性别"的话语界限》，李钧鹏译，上海三联书店，2011年版，第106—107页。

认同而被否认。斯图亚特·霍尔（Stuart Hall）建议，既然身份认同是由话语建构起来的，那么，为什么不能通过建构自己的话语来塑造人们所期许的身份认同呢？一方面，霍尔反对认同源于某种共同不变本原的自然主义认同观；另一方面，他又强调身份认同的话语分析，最重要的是聚焦于"做什么"，而非回答"是什么"。他写道："话语研究方法把身份认同过程视作一种建构，一个从未完成——总在'进行中'——的过程。它始终是在'赢得'或'失去'、拥有或抛弃，在这个意义上，身份认同是不确定的。"正是这种不确定性使霍尔看到了主体身份认同的可塑性，他相信这是话语理论给身份认同研究的一份"厚礼"。[1] 通过探究主体在话语的表意实践中如何建构新话语或反话语，进而塑造出新的身份认同，这就改变了福柯话语理论中主体的被动性和驯顺性。霍尔据此提出，身份认同的研究焦点不再是"我们是谁"这类传统问题，而是转向"我们想成为谁"，这一问题式的转变凸显了主体建构话语的能动性，通过创造出新话语来实现对自我身份认同的超越，并把争取自己的社会和文化表征权益看作当务之急。霍尔说得好："实际上，身份认同与转变（而非所是）过程中运用历史、语言和文化资源有关，问题不是'我们是谁'或'我们从哪儿来'，更多的是我们会成为谁，我们如何表征，怎样影响到我们去如何表征我们自己。所以，身份认同是在表征之中而非表征之外所构成的。"[2] 显然，霍尔所说的"在表征之中而非表征之外所构成"，与福柯式的"一切均在话语中"有不同的意味。这一转变标志着承认更大范围的相关权力场域的关联和交叉影响的可能性。

1　Hall, S&Guy, P. *Questions of Cultural Identity*. London: Sage Publications, 1996. p. 4.

2　Hall, S&Guy, P. *Questions of Cultural Identity*. London: Sage Publications, 1996. p. 4.

四、酷儿：一个嫌恶文本的政治化

巴特勒认为阿尔都塞将询唤设想为单边行为，没有考虑到这一询唤性律法可能引致的一系列叛逆行为。法律有可能被拒绝、被质疑，甚至被破坏，以至于被重新表述，即述行的构成性失败。特别是那些被嫌恶、被贬损的称呼或招呼，很可能因为被询唤人的不予理睬、拒绝或反对，进而通过对侵犯用语进行再意指来获取新的话语生命。这些同时具有坚固性和自主性的主体，就是一个个文化性和政治性话语力量相交的十字路口，在一种文化中同时被产生和被征服的两难空间产生了戏仿、重构和再意指那些摧毁性规范的话语实践，开启了话语重构的可能性。在对导致排斥性、嫌恶性称呼的再意指所形成的亲缘关系的阐释中，这种再意指开创了社群的话语和社会空间，从中我们看出对具有主导性的称呼的僭用，这种僭用给了这些称呼一个更具促成性的未来。

酷儿就是这样一个文本，是将嫌恶重构为具有政治性的主体施为，也可以视为征引政治的一个例子。对酷儿的挑衅的确辩证性地重置了它所试图推翻的观点，但这并不必然是一种"逆反话语"。确切地说，这是嫌恶的政治化，它没有被其他死板的、僵硬的排他性概念固化，而试图重写这个词的历史，使它成为一种有诉求的再意指。一个表示堕落的用语如何被转化为意指一系列新的、正面的意义，一个被从（通过异性恋强制力获得的）适当的"性别"中排除或驱逐者如何同时被制造为一种棘手的回归，这种回归不仅是一种导致了不可抗律法的失败的想象抗争，而且是一种促成性破坏，这种回归使对赋予身体物质性的象征界域进行彻底的再表述成为可能。

为了重赋象征域以再意指能力，必须将象征域重构为规制性话语随时间的动态变化，而非一种几近永恒的结构。巴特勒借鉴了英美的性属理论，在不摒弃精神分析理论可取之处的同时，向其框架内的异性恋规范的静态结构提出了挑战，将性别视为一种语言学上的规范，并将这种规范重塑为福柯式的"规制性理想"，一种对身体的强制的、有差异的物质化，它制造了剩余和外在，并通过对身体之维系的规制来设置身体的边界。这里，巴特勒关注的是酷儿的时序性，这使得酷儿有了述行的前提和再意指的可能。述行是一个权力作为话语的领域，述行行为通过对一系列原有的、权威性的行为的重复或征引累积了权威性，这种述行观暗示了话语具有历史性，或者说，历史具有话语成分。当然这并不是说话语位于历史中，而是说话语的构成有着特有的历史特征。一种"行为"不可能脱离制造它并使它为人所接受的惯习的积淀而存在。话语与权力并非时时更新，它们的聚敛力既限制又促成了其重构用法的累积效应，话语造成的伤害以及产生的效应却成为生成再意指的痛苦根源。话语不仅仅对身体造成了伤害，而且在有限的本体、有限的可理知体系内建立起某种身体。而遭嫌恶者必须通过基于排斥他们的话语发出自己的声音。尽管如此，巴特勒仍然表示，性属理想型或性属规范的可转移性仍会对其维系的嫌恶力产生怀疑。因为，对一个表示嫌恶的词语的占有或重新规划可以变成抵抗的场域，变成促成性社会与政治再意指的可能。

巴特勒认识到，如果说对主体的谱系学批判是对当代话语资源所依赖的权力构成与排除关系的审问，那么，对酷儿主体的批判就对酷儿政治的持续民主化至为重要。这些概念必须面对一种对自身所作出的排除的批评，身份类别所表现的暂时性统合是一种无法避免的错误。酷儿是一个必不可少的表示身份归属的用语，但它又无法完整描述被表征之物。在这个意义上，对酷儿主体的谱系学批评是酷儿政治的核心，因为它构成了抗争运动的自我批判维度，它不断提醒我们，不能忘却对抗争运动至关重要的当代前提的排除效力。

酷儿作为对历史反思与未来想象的出发点，只能保持原貌，停留在现代，并服务于紧迫的扩张的政治目的，但这还意味着，它必须让位于更能服务于政治目的的用语，为了服务于——但不臣属于——难以预知的民主抗争运动的重塑，这种让位是必要的。但对"酷儿"政治上的解构并不等于废弃这个称谓，而应该（在理想上）将其含义增衍，这会使我们更充分认清使用这些称谓的代价和目的，以及形成这些类别的权力关系。

可见，巴特勒在身体政治的探讨中，针对身体性别的物质化、性别和性属关系、霸权话语如何形塑了身体的观点，进一步加剧了她的性别述行理论的争议。另外，巴特勒在书中还提出了诸多尚未解决的议题，比如：将身体物质化、性别化的界限是什么？我们如何将性别在更广泛意义上的身体问题理解为文化可理知性的、不断生成的、暴力性的界限？哪种身体更重要？原因何在？这意味着身体政治将进入一个更具开放性的话语空间。

第四章
性政治：文化政治批判的社会转化

进入第三阶段的女性主义运动，理论思考模式已经由女性主义理论进入性别理论、身体理论、后现代主义理论等诸多理论交互繁杂的阶段。如今的性别虽还指性别身份问题，但是性别歧视的对象早已经由"妇女"转向形形色色的"第三者"或"他者"话语了，亦如乔纳森·卡勒所言，妇女已经成为任何一种背叛父权制话语的概念、假设和结构的激进力量的代名词。在《性别麻烦：女性主义与身份的颠覆》中，巴特勒在性欲与语言两个层面制造了性别本体的危机，而如今浮现的跨性别主义与变性性欲、女同志与男同志的抚育权、T（Butch）与P（Femme）[1] 等新性别身份，使得性别有着更多的现实麻烦，性别的本体论危机变得更加尖锐复杂。巴特勒敏锐地看到了这一点，"当代性别政治地图已经被各种相互竞争和对抗的观点超越，这使得性别政治时代像一张脆弱而紧绷的网络。从发展的角度来看，这张网有足够的理由说明它已经进入了危机时期"。[2] 性别政治需要一个更大范围的理论审视域。巴特勒说如果重写《性别麻烦：女性主义与身份的颠覆》，她会加入对跨性别和双性人、种族化的性/欲，特别是异族通婚的禁忌以及对跨种族性交换的浪漫化的讨论，这些

1　T/P相当于西方的Butch/Femme。Butch即布齐，指充当男性角色的女同性恋者；Femme即法玛，指充当女性角色的女同性恋者。

2　Butler, J. *Frames of War: When Is Life Grievable?*. London: Verso, 2009. p. 104.

都是她在思考权力对身体的影响时特别关切的领域。[1]

巴特勒对性别述行理论进行了重新审视，以对异性恋霸权的性别规范的批判为基点，将关注点从形而上的哲学层面转向现实生活与政治的实践层面，通过考察乱伦禁忌的意义和目的、新型亲属关系、性别跨越、双性、性别诊断和变性手术，包括身体技术、生命技术等各种现实问题，将对性别主体的探讨拓展到当代现实实践领域的各种性主体存在，并将批判矛头直接对准现实领域与性别具有相似运作逻辑和排除机制的各种社会规范，它们在现实政治生活中相互纠缠勾连在一起。因此，巴特勒提出必须把性别问题与性别自由以及种族、阶级、地区发展等各种区分"人"的资格的概念隔栅联系在一起加以思考，将其共同涵盖在一个问题之下：关于"人"的规定性，将包括性别规范在内的各类社会规范的批判置于人类生存与延续的框架内，研究其在社会现实政治领域共同建构主体的述行规范中的相互交叉影响。

巴特勒反对那种线性的历史进步观，认为关于一个人从女性主义走到酷儿理论再到变性研究的转向没什么好说的，因为这些转变还没有成为过去，而恰恰以同时、叠加的方式发生在我们的叙述中。性别是一个复杂而具有广延性的问题，巴特勒的各种研究和转向是共时性地相互勾连在一起的，或者说，这只是一种思考，一种把性别跨越运动、双性性征兼具实践、变性运动、同性恋运动、酷儿运动、反恐同斗争、后人类主义性别运动、性别与种族、阶级叠加等运动联系起来的思考。巴特勒也批评了女性主义框架将妇女从结构上的被统治作为所有其他社会结构分析的出发点，拒绝将性别问题

1　[美]朱迪思·巴特勒：《性别麻烦：女性主义与身份的颠覆》，宋素凤译，上海三联书店，2009年版，"序（1999）"第19页。

作为政治问题呈现的各种方式最终会危害自身。所以将性别发生作用的方式放到全球语境以及跨国构成中考虑非常重要。我们不仅要看到"性别"这个术语面对的那些问题，也要与那些服务于被默许的或直接的文化帝国主义的普遍主义的虚假形式作斗争。女性主义运动应该和其他运动结盟，来反对各种社会暴力。

以上构成了巴特勒的性政治，或者说，巴特勒的论述涉及了"新性别政治"（New Gender Politics）的各个方面，这也是当今"性别研究"的整体走向。所谓"新性别政治"，巴特勒在《消解性别》前言中这样介绍，它是几个运动的综合，这些运动关注跨性、变性、双性等问题，以及它们与女性主义和酷儿理论之间的复杂关系。可见，新性别之"新"，不仅因为涉及性别的新形式，而且因为性别领域的不断铺展拓新与现实转向。从巴特勒的理论语境看，"新"还有一个重要原因，那就是这些统治现实的规范还没有承认这些性别新形式的"真实性"，所以我们还必须暂时称其为"新"形式。巴特勒认为，所谓"新性别运动"没有一个是所谓"后女性主义"的，因为它们都能在女性主义的定义中找到重要概念以及政治源泉，而女性主义继续向这些运动提出挑战，并且是它们的一个重要同盟。所以虽称之为"新性别"研究，但其实本章的探讨还是在女性主义的理论框架内的。正如我们不能再把"性别歧视"看作是对妇女的歧视一样，我们同样不能在考虑性别歧视时将妇女在贫困、雇佣歧视、全球框架下劳动力的性别分工，以及性暴力及其他暴力等众多方面遭受的痛苦排除在外。

第一节　社会规范的重新审视

一、规范及其双重性

（一）何为"规范"

巴特勒首先考察了"规范"概念，并着重分析了拉康式的象征性规范和福柯式的社会性规范的理论忽略。

在列维－斯特劳斯的理论中，象征是原始的、普遍的甚至是不可改变的文化法则，这成为拉康学派象征概念的理论基础，他们尝试将象征从生物和社会领域中区分出来。拉康的象征是根据语言结构的概念来定义的，而语言结构不能简化为语言采用的社会形式。象征从文化滑向了语言学，它建立了让社会性成为可能的普遍条件。因此，在拉康的学说中，一种规范并不等同于"象征性位置"，因为"象征性位置"似乎具有一种永恒的特征，并把象征直接和约束联系起来，将性别禁忌关系直接编码到家庭中每个成员所占据的位置上，这种观点对性与性别研究产生了重要影响。但是，巴特勒对象征领域这种永恒的不变的先在属性进行了质疑和解构，认为象征性领域并非一成不变。福柯则将性别受象征控制转换到受社会规范控制，这一转变开启了对法则更为激进的挑战。福柯在《性经验史》中提出，19 世纪规范已经作为一种社会制约手段出现了，但它并不等同于法律的行使。福柯认为，规范会将任何想要超出它的东西内化，这似乎否认了对规范反抗的可能性。埃瓦德发展了福柯的观点，认为规范是一种比较原则，一种共同尺度的原则。可见，福柯式的社会规范将对规范的反抗控制在规范的制约之内，这对其功能的实现至关重要。

巴特勒认为，无论是拉康式的象征位置还是福柯式的社会规范，都没有提供更多的机会来有效替代现有规范，或者说，两者都没有赋予规范重新塑造的意义。这些想要在一个不可变的、永恒的法的领域内建立"约束欲望"的规则的主张，否认了性别在某种条件下是有可能进行社会转化的。相比之下，巴特勒比较认同皮埃尔·马切瑞的观点。这位学者把规范理解为一种行动的形式，他认为，规范只存在于它自己的行动中，通过这些行动存在，并将行动作为社会干预的场所，认为规范是在其效应中展开行动的。所以，规范作为一种规范持续存在，取决于它在社会实践中实施的程度，取决于它通过肉体生活的日常社会仪式得以重新概念化及重新确立的程度。这种规范没有固定的本体地位，它是通过自己的体现、通过试图利用它的行为、通过在这些行为里对概念的复制而被制造或复制的。所以在巴特勒看来，象征律法和社会法律之间的区别是站不住脚的。象征本身是社会实践的沉淀，规范并不是外在于自己的实施领域的，它不能被简化为它的任何一个实例，也不能从实例中完全剥离开来。规范不仅对其实施领域负责，而且在制造这个领域的过程中也制造了自己。规范主动与现实交接，实际上，正是通过它与现实不断交接的力量，规范才能成为规范。[1]

（二）规范的双重性

为了思考人与人之间的联系，找到这种联系的构成所采用的语

1　[美]朱迪斯·巴特勒：《消解性别》，郭劼译，上海三联书店，2009年版，第43—53页。

言和思考形式，我们不可避免地要诉诸社会性的构成关系，在这个意义上，巴特勒讨论了规范的双重性特征。她认为，一方面，规范是把我们联系在一起的东西，是我们相互间行动和说话所依据的强制性规则，它作为一种前提得到我们的普遍遵循，它引导着我们行动的目标和热望。为了好好生活，为了能够知晓朝哪个方向前进，我们需要规范。另一方面，规范同时也是一种规范化的过程，它以某种特定规范、观念及理想支配着人们的具体生活，是一种通过设定所谓正常人的强制性标准，强行把不符合标准的生命排除在规范系统之外创造出一致性，给予我们一种共同感的运作机制。福柯曾在他的一系列著作中探讨了规范的建构总是以排除性为前提，作为一种惩戒和监控模式，它确立了什么是可理解和不可理解的人的特质，对真实构成了一种先发制人的、暴力的限制，并和规范化的过程联系在一起，根据抽象的规范暗中完成了对做人标准的制定，建立了使身体得以合法表达的本体领域。在这个意义上，规范是决定了"可理解的"生活、"真正的"男人和"真正的"女人的东西。如果我们违背了这些规范，很难说我们是否还能生活下去、是否还应该生活下去，我们的生活／生命是否还有价值、是否能变得有价值，我们的性别是否真实、是否能被看作真实。我们会受困于规范所施加的各种暴力。所以为了社会公正，我们必须反对规范。

当然，这并不是说存在着两种不同的规范习俗：允许人呼吸、渴望、爱以及生活的规范习俗和限制或破坏生活条件的规范习俗，巴特勒认为这种区分并不重要。重要的是，要停止把那些只对某些人可行的东西强加给所有人，同样，也要避免把那些对某些人而言不可行的东西强加给所有人。地位和欲望的不同决定了我们不能把普遍性作为道德指标。我们必须把对性别规范的批判放到具体的生活实践中，这些规范必须转化为这样的问题：关于什么能使可行生活的可能性最大化，什么能使难以忍受的生活以及社会意义上的或实际的死亡的可能性最小化等问题。这就涉及政治问题。我们不能缺少规范，而同时我们也不必认为它们的形式是与生俱来的或是不可改变的。有时，帮助性别主体形成的制约性话语恰好是那些让主体受到质疑的话语，遵循规范的条件和反抗它的条件是完全一样的。当规范既保障又威胁社会生存的时候，遵循和抵抗就变成了与规范的一种复合的悖论关系，这是一种苦难形式，也是政治化的一个潜在场合。因此，如何使规范具体化、怎样才能生存，以及生活是否可能等问题常常是联系在一起的。

我们不应该低估对可能性的思考对于那些面临棘手的生存问题的人（不真实的他者）所具有的重要意义。巴特勒将问题转化为自我和他者的形成以及他们之间的关系问题。变装这个例子让我们探寻现实是如何被制造出来的，思考被称为真实或不真实如何不仅是社会控制的一种手段，也是使人失去做人资格的一种暴力形式。巴特勒对此这样描绘：被称为不真实，并把这样的称呼作为一种区别对待的形式确立下来，就是一种变成他者的过程，而一般意义上的"人"是参照这个他者以相反的方式制造出来的。这种"不真实的人""非人""超人"构成了一种界限，以让所谓"真正的人"安居于所谓的真实世界。因此，被称为复制品、被称为不真实是一个人被压迫的一种形式。但是，问题可能还有更深的一面。被压迫意味着你已经作为某种主体而存在着了，你对高高在上的主体而言，是一种看得见、被压迫的他者，是一种可能的、潜在的主体。但作为不真实存在则又是另外一回事，它与受压迫有所不同，因为要受到压迫，一个人必须首先是能够被理解的。当语言规则和文化把一个人划定为不可能，不仅说明这个人根本不能被理解，还意味着他还没取得做"人"的资格，或者说，还没有取得做"他者"的资格，只是一个"他者"的"他者"。

二、性别作为一种规范

巴特勒通过对规范概念的探讨重新阐释了性别规范，认为性别是一种规范。将性别看成是一种规范，意味着性别是社会权力的一种形式，作为一种性别规制力、一种约束性的压抑形式，性别规范和权力结合形成排除、惩罚甚至暴力的"异性恋矩阵"。这样的制约为人们理解文化提供了前提条件。它定义了什么样的规定会出现在社会领域内的尺度，规定了哪些相关社会事务能够被理解，哪些做法和行为能够被承认，以此决定主体的可理解性，使性别二元关系得以确立，并对性、性关系、婚姻家庭和生育方式进行严密管控，成为社会治理不可或缺的一部分。于是，偏离性别规范就是制造异端，各种制约权力会迅速利用这些异端例子来加强它们对约束事物的持久狂热。性别的真实陷入了危机，真实与不真实的界限变得不再清晰。但这也是一个契机，让我们得以了解那些我们以为是"真实"者、我们援引为"自然化"的性别真实者，实际上是一种可变的、可修饰的真实。促使我们重新思考一些基本的范畴：性别是什么，它如何被生产、被复制，它的可能性是什么，那些积淀、物化的性别真实领域是否可以改头换面，又是以什么样的方式被改变，何种偏离才能不给规范权威的持续实施提供借口和理由，以打断制约过程本身等。这说明，性别从来就是社会的、政治的。性别的分类及其规范的性/性别管控方式与社会政治秩序的管控方式相应，其运作逻辑也相同。异性恋规范的排斥、否定差异，与之相应的就是社会政治的强制性统一，即专制政治或帝国主义政治。而反对强制异性恋，对应的是社会政治领域的差异政治和多元政治，这也是当代民主政治推进的一个非常重要的方面。所以，巴特勒由对性别政治转向对新性别和社会政治的批评是有着合理性和必然性的。

可见，在巴特勒的批评视域中，性别规范有两层含义：一，用来描述某些形式的性别理想在日常生活所行使的暴力。"规范性的"即"与管理性别的规范有关的"，也与伦理的合理化有关。二，我们在反对"规范性的"性别形式的同时，不可能不涉及某种关于性别化的世界应该如何的规范性观点。然而，巴特勒指出，即使她提出了任何积极的、规范性的见解，它也不是且也不可能是一种规范性的规定，就好像在说"按照我说的方法颠倒性别，生活就会变得美好"，她提出规范性性别形式只是为了打开性别领域的某些可能性，以拓展性别规范，对性别规范进行话语创造运动，因为规范本身是一个开放性的体系，一个暂时的本体基础和流动的理论体系。它不但向现在开放，更向未来开放，任何特定历史语境下的规范都无法涵盖未来那些不可预知的性别形式。而且语境本身就是一种假定的整体，历经时间的流变会显露出其本质上的不统一，就像隐喻随着时间的流逝会凝结为观念而丧失其隐喻性一样。同样，颠覆性的表演也会由于一再重复，特别是在商品文化里的重复，面临变成僵死的陈词滥调的危险。巴特勒反思了在《性别麻烦：女性主义与身份的颠覆》中提出的扮装并非颠覆的一个范例，认为把它当作颠覆行动的范式，甚至是政治能动性的一个典范，是一个错误。但是，将扮装和政治联系起来，不仅让我们探求了什么是真实的、什么必须是真实的等问题，还说明了当代关于现实的概念是如何受到质疑，新的现实模式是怎样建立起来，然后投入自身的实现和具体化中的。就空间性而言，身体也处在不断改变的模式中，或体型改变或意义改变，总有着变成其他形式的可能。而且，作为历史性的一部分，一个视觉的、话语的、触觉的联系网构成了它们的过去、现在和未来。因此，身体能以无数方式来对付规范、超越规范、重塑规范，并向我们展现那些我们认为约束着我们的现实实际上都有着变化的可能性。

所以，宣称性别是一种规范，并不等同于宣称存在着关于女性特质和男性特质的规范化观点，虽然实际上这种规范化的观点是存在的。性别并不完全是一个人"是"什么，也不只是"有"什么的问题。性别只不过是男性及女性特质的制造和规范化的机制，这些过程与性别的激素、染色体、心理以及述行的可能性形式同时发生。巴特勒认为，将性别定义为总是而且只是"男性"及"女性"特质构成的系统只是一种假设、一种制造，它忽略了一个批判性的观点：对这样一种和谐的二元结构的制造只是偶然的，是要付出代价的，从某种意义上说，那些不符合这种二元结构、处在规范之外的性别置换仍然是受到与其关系的限定的，和这一结构的任何规范的例子一样，都属于性别的一部分。把对性别的定义与规范化表述结合起来，无意中重新巩固了规范限制性别定义的力量，但是，性别同时也能成为这些概念被解构和去自然化的机制。试图建立这种规范的机制本身，也在破坏这种建立，因为这种建立在定义上是不完全的。如果坚持将男女二元关系作为理解性别的唯一方式，这种限制性话语就上演了权力的约束性运作，这种权力将霸权自然化了，而且预先排除了破坏这种权力的可能性。表面看来，性别作为一种概念与其控制的实践活动相互独立，但是，性别概念本身正是这些实践活动产生的效应。性别规范制造的现实领域构成了性别概念表面形式的背景。表面上看，性别规范是社会意义汇聚的场所，好像与性别并没有直接联系。但是，只要性别规范是被复制的，它们就会被身体实践运用，这些实践也具有在引用的过程中改变规范的能力。

巴特勒也批评了性别研究领域的另一个倾向：如果不接受性别二元系统就是认为性别可以存在多样化。这样的观念无疑会导向这样一些问题：究竟可以存在多少性别？我们应该怎样称呼它们？从而将我们由对二元系统的破坏的关注带到另一种同样有问题的对性别的量化问题上去。比如，伊里格瑞就提出了这样一个问题：男性特质的性别不是"一种"性别，这种表达不仅质询了男性是否"唯一"，而且也引入了对性别的计量方法。

第二节　社会权力结构中的性别形式

一、后人类主义视野中的性别

后人类主义性别研究主张将对科学技术的批判与父权制文化、性别关系和身份政治的批判结合起来，引导人们在技术科学实践与文化中去探究自然与社会、身体与心灵等辩证互动与异质缠绕的内在动态关系。它直接对人的自然性进行干预，使人类从自然的专制下解放出来，探索技术科学尤其是生物科学给性别带来的多元化发展的可能性。同时也对社会性别进行了更大程度的解构，试图通过对人类生物性别的改造，打破人类生命的局限，实现生命的永恒和绝对自由。特别是生命科技的发展，激发了女性主义很多关于生殖技术的政治和伦理观点。巴特勒认为这些观点不仅刺激了女性主义研究，还明晰了将性别和身体二态性、生物技术的使用和滥用、全球政治以及人类和生命本身的不确定状态等问题放在一起考虑会产生的意涵。[1]这里，技术俨然成为一个权力场域，和人有关的一切在这里被制造和再制造，性别成了制造和维系明确的人性的前提。

唐娜·哈拉维（Donna Haraway）在《类人猿、赛博格和女性——自然的重塑》一书中，将人类居住的社会现实和对机器人的想象和虚构都概括在"赛博格"（cyborgs）这个混合体中。她认为赛博格是对高科技世界具体化形式的探索，是一个没有"起源"、没有"神话"、没有前俄狄浦斯情结的创造物，它拥抱后现代的他者、差异和特殊性，"是后性别世界中的一种生物"，或者说，赛博格代表了后性别社会的一种幻想。作为一种有机与无机相结合的特殊混合物，赛博格是一个能够颠覆和超越西方资本主义文化、性别与政治秩序的全新物种，其潜能就是融合和重构社会性别的界限，使性别、种族和阶级在后性别社会得到整合。而且，赛博格神话不仅构建一个多元、界限模糊、元素冲突的社会，也是一个关于女性的贴切隐喻。[2]哈拉维想通过赛博格的创造来克服妇女对技术的恐惧，终结女性的焦虑与孤独，建立一个信奉女性主义、社会主义和唯物主义的愉快的政治神话。这种愉快来自界限的超越和各种因素的融合以及进步人士探索所需要的政治冒险，有助于克服"二分法"的思维方式以及由此导向的压迫性二元主义。因为在赛博格社会中，男女两性之间的性别界限将变得模糊，其区分也变得毫无意义，母体被父权的设备取代，女性不必作为男性的附庸，生存的意义也不再简单地归之于生

1　[美]朱迪斯·巴特勒:《消解性别》，郭劼译，上海三联书店，2009年版，"前言:协同表演"第11页。

2　[美]唐娜·哈拉维:《类人猿、赛博格和女人——自然的重塑》，陈静、吴义诚译，河南大学出版社，2012年版，第207—209页。

育孩子，这大大提高了妇女的自主权。

　　但是界限的跨越是否必定给心理带来积极的影响？虽然有充分的理由要模糊和跨越那些剥削二元主义界限，但是从"进步的"观点来看，有些特定的区分/二元主义还是非常重要的。换句话说，界限模糊并非一定有益处，二分法也不一定必然蕴含压迫。然而，哈拉维最终无法超越客观视角，给予科学太多的信任，使科学技术变成一种新的宗教，赛博格的后性别社会实际上强调用第三性别，即不男不女的电子人来取代现有的性别分类。后人类主义性别研究本以消除性别差异为出发点来探索性别的多元化问题，却无意间将第三性别的赛博格作为规范标准，从而使人的性别成为"他者"，结果反而取消了性别的多样性。所以我们一定要警惕第三性别或无性别带来的性别单一化倾向，人类的性别主义偏见会直接影响到科学技术的发展并渗透到科技产品之中。福柯的话语理论在方法论上抛弃了说话主体，强调所说出的话和为什么这样说而不是说话者本人，但性别研究则有必要在"所说出的话语中承认主体的在场"，因为"谁在说话"至关重要。男性中心的世界观将外在世界作为征服的对象、异己的存在进行改造，其生产必然更多具有女性化特征，并作为一种镜像规范来印证创造者自身的伟大。就像有位学者所说的："人们的性别/性意识及其行为涉及人的幻想与欲望，与社会意识形态密切相连，其理性部分本身便是一种社会意识形态，是一种性别政治。除现实的统治外，男人也需要在想象领域征服妇女，从外部想象她们。"[1] 后性别必须致力于拆解现实性别行为背后存在的被相对忽略的支配模式，批判文化传统男性精英的优势地位和特权。特别是性别科技和消费文化的联姻，加上媒体文化这个幕后推手，使当

---

[1]　林树明：《论特里·伊格尔顿的"性别视角"》，《文学评论》2010 年第 2 期，第 14 页。

代审美文化构建了一系列女性化的消费规范和准则。消费文化俨然一种自恋文化，将我们包围在生活的镜像中，寻找我们迷惑别人或给别人深刻印象的保证。人们就在社会镜像的参照下、在他者的肯定中确认自我的存在，在这个社会镜像的背后，我们不难看到到处晃动着的男权制身影。

巴特勒还反思了"人类生命"概念，认为该术语是一个尴尬的组合，人类限定了生命一词，而生命不但指人类的生命，也包括非人类的生灵，甚至也包括各种科学创造物。当我们论及人类生活时，我们不仅指人，也指向人之外其他活着的生灵，人是处于这个联系中的。人之所以成为人，就必须和非人发生联系，要和自身以外但又因生命的相互牵连而与自身相连贯的一切发生关系，这种联系在活力方面成全了人，有意义的生命和人类生活状态这两个问题是分不开的。巴特勒批评了那种认为生命可以不依赖技术是完全可能的想法，因为这种愚蠢的想法暗示了具有动物性的人是依赖技术活着的。从这个意义上说，当我们质疑人的状态和有意义的生命的状态时，我们的思考局限在半机械人的框架中了。巴特勒这里的论述颇具生态意味。

后人类主义性别研究面临着道德伦理和现实层面的多重困境。如果说文化不能改变生理性别的遗传基因，那么同样，生物技术的发展虽然可以改变生理的性别，但是却无法消除社会性别的影响。文化具有根深蒂固的思想根源，并不是生理界限一经打破，社会性别就不复存在，或者单纯一个变性手术就能从根本上消除性别不平等。我们在建构世界的同时，世界也以同样的方式建构着我们。那么，我们到底可以允许科学在多大程度上重构我们的身体？或者说，我们的身体在多大程度上是自己的？对"身体是什么"的质疑又和

"人是什么""我是谁"等身份认同问题直接相关，身体成为一种极不确定的存在。科学技术特别是生物技术的失当发展不但会造成道德伦理的混乱，改变社会关系的构成，也极有可能导致身体的消解，甚至使整个人类面临自我毁灭的危险。

二、"屈辱的政治化"：对身体理想形态学的批判

（一）琼/约翰案例[1]：身体理想形态学的一个文本

性别也指性别身份，其突出问题表现在性别跨越和身体变性的政治学和理论中。性别跨越者或变性人常常被看作病人，遭受到暴力袭击，这在有色人种的跨性及变性人中尤为常见。而这些强暴袭击和那些施于兼具双性性征的婴儿、儿童的强制性"矫正"手术息息相关，巴特勒将之称为"谋杀"。

巴特勒分析了著名的"琼/约翰案例"，医学为了创造一种"看起来正常"的身体即以"正常化的名义"对大卫进行变性手术，而大卫也以"自然的名义"重新接受自己的基因定数，但悖论在于这里的"自然性"是人为引发的，"可塑性"是用暴力的手段强加于人的。大卫在可理解性的边界上出现，为规范定义人这个概念的可变方式提供了一种视角，可是，可理解性话语的局限决定了他的命运。大卫并不拥有一个新世界，即使是在产生"我"的句法环境中，他也依然处在规范与失范之间的位置。他两者都不是，他是没有名字的人，

1　这是一个法律及精神病学的案例，巴特勒称其为"一个性别再分配及变性的寓言"。琼或约翰是变性后的称呼，所以当时人们称这个事件为"琼/约翰案例"。大卫是这个案例主角的本名，这里巴特勒称呼的是其本名。大卫生来是男性，因受伤被医疗机构误切除了阴茎，又被精神病学界诊断为女性，最后通过变性手术变回了男性。具体参见[美]朱迪斯·巴特勒：《消解性别》，郭劼译，上海三联书店，2009年版，第59—76页。

我们还不知道怎样为这种人命名，或者说，在这种情况下任何命名都是有局限性的。从这个意义上讲，他是"人"的无名的、批判的状态，因为"人"这个概念只在我们的知识边缘表达自己。这个案例的背后隐含着这样一种观点：性别必须以单一的／规范性的方式在解剖学的层面上被证实。性别是一种不同种类的身份，它和解剖学的联系是复杂的。约束理想化人体形态结构的规范制造了有关什么是人、什么不是人、我们应该过什么样的生活、不应过什么样的生活等区分。这种区分定义了一个较广范围的残疾。

巴特勒重述这个医学案例的目的是告诉我们它是如何被性别理论利用的。这个故事并不能为社会性别建构理论和性别本质论两者中的任何一种提供证据，我们要以别的方式来解读这个故事。这种方式既不肯定也不否定社会性别建构理论，同时也既不肯定也不否定性别本质论。巴特勒认为这是一个关于权力的问题，这里的权力指的是制约的权力，即某种社会制约制度的运作。我们是对由规范、实践构成的可理解性的条件进行探讨，但事实上，这些条件已经理所当然地成了一种理论前提，一如福柯理论的"真理政治"。在这种政治中，权力预先决定了哪些可以、哪些不可以算作真理，哪些东西以正常的和能够变得正常的方式维持世界的秩序，以及什么会被我们接受为与生俱来的知识。没有它们，我们无法想象和人有关的一切。巴特勒批判了男女性别二态性理论，即身体理想形态学理论。社会坚持性别二态性的理想形式，而忽略了儿童染色体的多样性，而且介于男性和女性之间的连续状态，说明了把性别二态性作为人的发展的先决条件的随意性和错误性。换句话说，在这个男女性别二元关系的缝隙之间，还有人在呼吸、生活着，这说明这个二元关系并不涵括一切，也是不必要的。当然，巴特勒认为分类也有其作用，不能被简单地认为是解剖本质论的一种形式，认为双性性征兼具的儿童不需要在没有认可一个运动的主人翁角色的情况下就在这个运动中担任这个角色。类似地，我们也不应该把变性人那种想要变成男人或女人的欲望看作是遵从已有身份范畴的一种简单欲望。

巴特勒建议我们不妨转换讨论方向：可理解性的变性形式与人的出现及其可知性之间是一种什么样的关系？虽然双性运动与变性运动略有不同，但是两种运动都质疑那种不顾一切代价建立或维持一种自然的二态性的原则，即只有男性与女性这两种性别形态。然而，个人能动性与社会批判和社会变化密不可分，一个人对"自己的"性别判断至多只能达到支持自己的性别确认并使之成为可能的现存社会规范所达到的程度。一个人依赖这种"外在"来确认自己的一切。因此，自我只有脱离了社会性才能真正拥有自己。事实上，巴特勒在这里强调了一种学科框架。在这个学科框架中，大卫发展了一种自我报告和自我理解的话语，它构成了标示可理解性的坐标，根据这个坐标，他自己作为人的资格或被质询或被肯定。巴特勒认为我们应该把介于性别二态性之间的所有连续状态，比如兼具双性性征看作人类形态谱系理所当然的一部分。

（二）具身化的政治

如果我们考虑到人的身体在体验过程中一定会涉及某种理想化、会涉及这种体验所依赖的框架，如果我们承认这样的理想化以及框架都是以社会形式表达出来的，我们就会看到，如果没有和某种规范或某一套规范建立联系，具身化是不可想象的。具身化是一个由一套规范决定谁有资格在政治领域内成为主体的过程，这是形成现实新模式的实践。在这个过程中，身体不再被看作一个稳定的、已经完成了的事实，而是一个成熟的过程、一种变化的模式，并在变化的过程中超越规范、重塑规范，同时也让我们看到，我们本以为束缚着我们的现实并不像石头一样一成不变，和规范之间形成的具身化关系具有让事物改变的潜力。

如果我们将幻想理解为是以身体为出发点来想象如何超越身体的束缚，那么，假设超越规范的可能性，或者说给规范找一个不同的未来，就是幻想的一部分。如果我们认为改变那些决定人类形态学的规范能给不同的人带来不同的现实的话，我们就被迫承认变了性的生命在其最基本的层次上（就是说，关于谁是人，以及何种规范决定着"真正"的人类性的表现形式）具有政治潜力，并对政治生活有着实际的冲击。

幻想是对可能性的一种表达。它能让我们越过真实，进入一个由可能性组成的、尚未实现或不能实现的世界。追求生存的努力与幻想的文化生活密不可分，而通过审查制度、贬低或其他方法对幻想的剥夺是造成人的社会死亡的一种策略。幻想不是现实的反面，它被现实排除在外，而且也正因为如此，它把现实的界限定义在自身之外。不论何时何地，幻想在批判上的承诺就是挑战那些决定什么会或什么不会成为现实的界限，幻想允许我们以别的方式想象自己和他人，它确立了超越现实的可能性。所以巴特勒说："我们或许会认为一个人如何对待自己的性别是个文化问题，或者那些坚持行使资产阶级自由的人士的一种任性行为。然而，坚持认为性别具有操演性并不是简单地坚持制造愉悦的、颠覆性的画面的权利，而是将复制和挑战现实所依赖的、引人注目的、有影响的种种方式寓言化。"[1] 性别的某些呈现形式可能会被认为是罪行和疾病，跨性别主体

1　[美]朱迪斯·巴特勒:《消解性别》，郭劼译，上海三联书店，2009 年版，第 30 页。

会有被拘禁、被关押的危险，针对变性主体的暴力不会被视为暴力，甚至这种暴力有时正是本应给这些主体提供保护的政府制造的。探讨新的性别形式的实现和价值问题，并不仅仅是为各种尚未存在的性别形式制造新未来的问题。巴特勒宣扬的性别形式已经存在很久了，但它们尚未被纳入统治现实的语汇。问题在于，要在法律、精神病学、社会和文学理论内部为我们已经长期经历的性别复杂性建立一套合法语汇，并不是那么容易的事情。

三、人类文化框架下的性别、种族与其他

对于性别研究，如今人们更倾向于这样的方式：将性别与阶级、种族等社会结构的其他因素联结起来从而超越纯粹的性别路线。因为要真正探究性别压迫的根本原因，局限于性别立场和性别范畴是远远不够的。当人们把性别压迫的形成仅仅归结于"异性恋体制"时，阶级、种族等重要的社会分析维度都消失不见了，只成为性别的一种陪衬。巴特勒指出，性别只是"主体"的一个面向，既不独立，也不先在于其他任何制造差异的规范与权力面向。事实上，各类差异复杂交织、相互作用，因而全面的批判理论需要结合种族、族群、阶级、宗教及其他各个方面，方能得出较为全面的分析。[1] 女性之间的一个最重要的差别就是她们属于不同的阶级、族群或种族，与女性之间的其他差异一样，她们在不同阶级、族群或种族中的成员身份，"也只能在支配性结构内加以理解，并与其他社会关系扣连。这些社会关系不仅能影响到同一团体内和不同团体之间一些妇女的地位和她们对其他妇女的权力，而且，她们作为某一团体的成

1　Butler, J. *Bodies That Matter: On the Discursive Limits of "Sex"*. London: Routledge, 1993. p. 135.

员本身构成了一种'强加的身份'"。[1] 在不同的历史时期，阶级之间、种族之间和民族国家之间的关系对性别意识形态的建构可能起着某种举足轻重的作用。性别压迫应该被视为所有不平等和压迫的一个分支，而这种不平等和压迫实际上是加诸人类社会中所有弱势成员和弱势社群的。在这个意义上，左翼理论家特雷·伊格尔顿更倾向于把"女性的"视为一种存在方式，一种反抗压迫的力量："女性的（the feminine）——这是一种并不一定与女人（women）同一的存在方式和话语方式——表达着那个反对它的社会之内的一种力量。"[2] 这样，性别解放的路线就有可能与阶级和民族的解放话语重新建立起一种原本应该具有的内在关联。所以一位女性主义者至少还应当在性别立场之外理解和拥有一种人类的普遍立场，尽可能在更广大范围关心人类的历史和处境，并且在这个意义上重新阐释性别范畴的历史和当下意义，从而建立性别解放与人类解放之间更为广泛、更为内在的关联。巴特勒认为酷儿理论及运动之所以取得政治成功，是因为它坚持认为，反恐同运动可以和任何人有关，不论此人的性取向如何，而且身份标志不是政治参与的必要条件。酷儿理论更多关注的是对人所不欲的身份法规的反对，而不仅仅是身份的可变性或是其倒退地位。

其中，对于述行理论能否运用到种族议题，已有学者进行了这方面的研究，巴特勒在《事关重要的身体》一书中，已经尝试对这个问题进行初步的探讨。巴特勒强调，对于一些种族的假定总是以某些方式支持性别话语的问题我们应该探寻清楚，另外，巴特勒也强

1　[美]伊瓦-戴维斯：《性别和民族的理论》，陈顺馨、戴锦华选编：《妇女、民族与女性主义》，中央编译出版社，2004年版，第17页。

2　[英]特雷·伊格尔顿：《二十世纪西方文学理论》，伍晓明译，北京大学出版社，2007年版，第192页。

调种族和性别不应该被简单地拿来类比。因为问题不是述行理论是否可以移用到种族上，而是当它尝试处理种族问题时，这个理论会发生什么变化。这些辩论大都集中在"建构"的特质上，探讨种族建构的方式是否与性别一样。巴特勒的观点是，任何单一的建构论述都是不够的，这些范畴总是互为彼此的背景而运作，而且它们往往是从彼此身上找到更强有力的表达。因此，种族的性别规范的性化（sexualization）需要同时用多副眼镜来解读，这样就有效地避免了将性别作为单一分析范畴的局限。

法农在《黑皮肤，白面具》中表达过这样一种观点：黑人不是（男）人。[1] 他批判人本主义，批判人在当代表述中完全被人种化了，使得黑人不可能具有人的资格。这也是对男性特质的批评，因为它暗示了黑人男性被女性化了。这个公式暗示了谁不是"（男）人"，谁就不是人，其中男性特质和人种特权共同支撑着"人"这一概念。这个理论被当代其他学者延伸用来思考有色人种妇女的地位，反思了表述"人"这一范畴的种族主义框架。这些方法指出了"人"这一范畴的构造中所蕴含的权力差异，同时也坚持了这个词的历史性以及"人"是随时间推移而被制造和巩固的这一事实。

"人"这个主体范畴的历史还没有结束，我们对于主体人还远远没有断论。这个范畴是在时间中被塑造的，而且在这个过程中，在很大范围内少数群体被排除在外了，这就意味着，它的再表述在那些被排除在外的群体围绕这个范畴发生对话时才能开始。在法农书写"黑人不是（男）人"时，谁也在书写？对这个"谁"的追问和思考，意味着"人"已经超越了它的范畴定义，通过对这个问题的思考，也为"人"这个范畴开创了一个新的未来。如果存在着关于"人"

---

1 [法]弗朗兹·法农：《黑皮肤，白面具》，万冰译，译林出版社，2022年版。

的建构的承认规范，而且这些规范决定了权力是如何运作的，那么，关于"人"的未来的论争就是关于权力是如何在这些规范里并通过这些规范来运作的论争。

四、新型亲属关系：对强制异性恋的批判

巴特勒对安提戈涅的解构主义解读极具新意，她认为安提戈涅本身代表了"根据亲属关系的社会性重复对道德规范的越轨的暂时性，对亲属关系的结构上的限制性概念的一个阅读的机会"。[1]从而质疑了安提戈涅具有表征传统亲属结构的资格，质疑了在亲属关系的边界上正统社会规范的合理性和文化理解力的普遍性，让我们看到了异性恋结构存在的危机，这引发了安提戈涅式的亲属关系危机。作为一种新型亲属关系的政治可能性，安提戈涅由此成为瓦解异性恋家庭的一个文化符号，向我们展示了亲属关系具有的可变性。

在《亲缘关系总是以异性恋关系为基础的吗？》一文中，巴特勒认为，把人与人联系在一起的社群纽带可能比亲属纽带还要强，它可以涵括恋人、非恋人、朋友，甚至社群成员，可以是也可以不是建立在持续的或排他的性关系基础上。当这些亲密关系的模式制造出长久的关系网时，它们会造成传统亲缘关系的崩溃，打破亲缘关系是以生物关系和性关系为中心建立起来的这一假设。制约亲缘纽带的乱伦禁忌只是使异族通婚成为必需，却并不一定以同样的方式约束朋友，或者以同样的方式在社群关系网中起作用。在这些框架内，性获得了一系列新的表达方式，而不再只局限于约束性关系和

---

1 Butler, J. *Antigone's Claim: Kinship Between Life and Death.* New York: Columbia University Press, 2000. p. 29.

婚姻纽带。

　　然而，合法性使问题变得复杂。因为对合法性的界定只能通过某种排除来完成，合法的亲密结合的领域是通过对非法性的制造和加强而建立起来的。巴特勒认识到，这里还有一个更根本的阻碍，合法和不合法并没有穷尽性领域的普遍存在的可能性。在合法和非法的斗争（通常这种斗争的目的是将非法转为合法）之外还存在着一个未知的不可理解的领域，这个领域并不能以它最终向合法性的转化可能性来衡量。这个领域处在合法与非法的断裂面之外，它既不是合法的，也不是非法的；它还尚未被考虑成一个领域、一个空间、一个场所，尚未被以合法性的直接话语形式来考虑。这样一个性领域没有将合法性作为它的参照。比如对同性恋婚姻的争论就有一个这样的内在逻辑：性是通过婚姻来被思考的，而婚姻则被看成是合法性的保障。这个逻辑将对同性恋婚姻的争论几乎立即变成了是否应该将婚姻的合法性延伸到同性恋者身上。这意味着，性领域被这样的思维困住了。[1]

　　于是，促进同性恋婚姻的努力，实质上也促进了一种将那些不遵循婚姻规范的性关系看成是非法或是低下的规范，不管这种婚姻规范采用的是现有形式还是修正形式。同时，对同性婚姻的反对也通过文化而得以扩散。二元对立的异性恋模式具有强大的渗透力，甚至连同性恋也在对异性恋模式进行复制，承认成为拒绝承认的工具。如果我们在坚持得不到承认就不真实且非法的同时，把承认的权力交给国家，这样单纯追求国家承认的合法性也会带来一种进退两难的困境：一方面，不遵从承认规范的生活会带来巨大的艰辛和各种形式的权利丧失，而后者会混淆心理、文化与物质影响的区别；

1　[美]朱迪斯·巴特勒：《消解性别》，郭劼译，上海三联书店，2009年版，第109页。

另一方面，对承认的要求是一种很有力量的要求，如果这种要求不对国家合法化所提供和要求的承认规范提出批判性挑战的话，就会导致新的不公平社会等级形式的产生，会导致对性领域的粗暴控制，会产生支持和延伸国家权力的新途径。的确，在得到国家认可的协商中，我们实际上有效地限制了能被承认为合法的性结合的范围，因而加强了国家决定承认规范的源泉地位，并抹去了公民社会和文化生活中的其他可能性。巴特勒警诫我们，当我们用"国家合法化"来形容婚姻时，我们并不总是知晓我们所用的"国家"的含义是什么。国家不是一个简单的统一体，它的组成部分和运作并不总是能相互协调。巴特勒认为，国家也会受到利用和剥削。国家不能被简化为法律，权力也不能被简化为国家权力。国家有关承认的规范不仅常常无法描述或约束现有社会实践，而且变成了对规范性幻想的场所。对于国家承认规范这枚硬币，巴特勒并不想通过向着哪一面来解决，而是尝试发展一种批判性实践，把两者都考虑进去。巴特勒认为合法性具有两面性：在政治上，我们主张可理解性和可承认性是很重要的；同样，坚持与这些决定什么能够算作可理解的和可承认的结合与亲缘关系的规范保持批判性、变化性的关系，也是很重要的。后者包括要与对这些合法性的欲求保持批判性关系。同样重要的还有，我们应该质问，国家对这些规范的假设是什么，我们应该批判地思考国家在这些过程中有哪些变化，或者说，国家如何变成了表达某种幻想的场所。

于是，某种规范性危机发生了。一方面，要标明可理解的、可谈论的性领域是如何被界定的，这样我们才能看出婚姻之外的选择是如何被处理成不可想象的东西的，以及可想象性的条件是如何被关于谁以及什么能被包括在规范中的狭隘争论强化的。另一方面，总是存在着把不可想象性的地位——如果它是一种地位的话——想象成最具批判性、最激进、最有价值的若干可能性。然而，一个人如何在这样一个不可摹绘的场所来思考政治？或者，一个人如何能在不考虑这些不可摹绘的场所的情况下思考政治呢？

为了解决这个困境，巴特勒质疑了那种认为可以进入一个既不合法也不非法的空间的观点，因为这样一来，这个在可理解性的边缘操作的批判性的立场，就有被视为非政治的危险。因为政治是由可理解性的话语构成的，它要求我们采取某个立场，不管是赞同还是反对。[1]巴特勒认为，作为任何严肃的规范性政治哲学及实践的一部分的批判性思考，要求我们进一步探询政治问题之所以成为一个问题的理论预设，它到底为什么以及如何成为一个问题，又是什么决定它会成为一个有意义的政治话语的问题。而在现有条件下，"成为政治"的前景恰恰依赖于我们在话语性构成的二元结构中操作（不是探询）的能力，这有意忽略了性领域被迫屈从于这些限制性规范的约束的接受。这种动态力量尤为强势，因为它通过把性领域强制性地从政治中排除出去来为当代政治领域提供基础。然而，这种排除性力量的运作是被设定在竞赛领域之外的，就好像它不是权力的一部分、不是政治考虑的一个对象一样。因而，要变得具有政治性，行为言谈要能被认为具有政治性，就要依赖于圈定一个不受政治监察而又极为政治的领域。[2]就像安提戈涅，作为一种构成性外在，虽然被排除在现有律法之外，但却具有反抗政治的力量。

所以，巴特勒认为，批判性本身并不是一种立场，不是一种能够在一个可界定的领域内确定的场所或位置。批判的一种功能就是

1　[美]朱迪斯·巴特勒：《消解性别》，郭劼译，上海三联书店，2009年版，第110页。

2　[美]朱迪斯·巴特勒：《消解性别》，郭劼译，上海三联书店，2009年版，第110—111页。

监察界定行为本身。所以,我们在思考性领域构成的时候,要变得具有批判性,要冒批判性的风险。但这个意思并不是说,我们可以或应该在别处获得无限制的、激进的自由。有时,对想当然的条件表示质疑是可能的,但是,我们不能通过一种思想试验、一种定格、一种意志行为来达到这个目的,我们只有通过经历基础本身的断裂、崩溃来抵达这个目的地,也就是说,我们必须采取一种内部批判的视角。

退一步,即使在可理解的性领域之内,那些决定了这个领域运作的二元关系也允许中间层和混杂构成的存在,这说明,二元关系并没有穷尽我们这里考察的领域。巴特勒将这些领域称作"非地域"(nonplaces)。这些中间层以及合法性和非法性的混杂层,没有清楚的名字,因为命名本身已经陷入了合法化实践那可变的、有时甚至是暴力的界限所制造的危机中。我们不能选择去这些地方停留,它们不是我们可以选择占据的主体位置,而且,这个空间并非能够自由选择。这是一个并非能够选择的空间说明,令区分合法性和非法性变得棘手的是社会实践,尤其是性实践。在这些空间里,本体是不确定的,命名也是困难的。但这并不说明巴特勒在追求这样一个本体论不确定而且命名困难的场所,实际上,巴特勒表达的是一个稍有不同的观点,她要我们注意可能性的排除(foreclosure),这种排除往往会发生在一个人为了申明自己的政治主张而把性领域中最显著的选择自然化的时候。排除是我们一再无意识地施行的一种政治行为,关注这种排除则提供了形成一种不同政治概念的可能性,这种概念把自己的预先排除作为自己有意识的行动的结果。比如,在同性恋婚姻这一问题上,我们应该在维系批评性视角与发出清晰的政治宣言之间保持一种张力。[1] 因为只有加入了批评性理解的政治才能够被称为自我反省的、不教条的政治。而且，我们还要认识到，具有政治性并不意味着要采取一种单一的、持久的"立场"，而是要保持对自己政治立场的批评意识，并在必要的时候转换立场。

巴特勒意识到，对同性恋婚姻和同性恋亲缘关系这两个常常混合在一起的问题的争论使问题变得复杂，它已经转化为对很多相关问题的恐惧和忧虑，比如，对其他政治问题的恐惧、对技术的恐惧、对新的人口形势的恐惧、对国家的统一和传承的担忧，以及对女性主义在育儿问题上已经有效地打开了家庭外亲缘关系使之对陌生人开放的担忧。[2] 亲缘关系中的剧烈改变要求对心理分析的结构主义假设进行重新阐述，这就把我们推向了心理的酷儿式后结构主义。富兰克林和麦金农在《亲缘关系研究的新方向：对一个核心概念的重新回顾》中提出，现在对亲缘关系的人种学研究包含了离散文化、全球政治经济动态、发生在生物技术及生物医学领域内的变化等论题。[3] 然而，人类学"后亲缘关系"尚未得到心理分析中类似的革新性研究的呼应。

这些问题为未来部分地定下了一个议程，共同创制范围广阔的框架。这里，发挥作用的是关于人的概念的文化特征，这些特征形成了关于人的文化框架，而这个框架决定了我们确定丧失的标准。这个问题无疑是关于性与性别的各个运动在深层次上相联合的基础。亲缘关系中的变化、同性恋婚姻论争、领养条件以及生殖技术的应用范围都是有联系的。对人的形成的再思考，部分涉及对婴儿诞生的社会图景和心理图景的再思考。巴特勒对人/生命的再思考，

1　[美]朱迪斯·巴特勒：《消解性别》，郭劼译，上海三联书店，2009 年版，第 111—112 页。

2　[美]朱迪斯·巴特勒：《消解性别》，郭劼译，上海三联书店，2009 年版，第 113 页。

3　[美]朱迪斯·巴特勒：《消解性别》，郭劼译，上海三联书店，2009 年版，第 129 页。

直接决定了巴特勒的理论中心将发生偏移，将性别问题延伸至政治领域。

第三节　"消解"的话语创造策略

近年来，关于质疑性别概念稳定性的争论，已经使得女性主义和酷儿理论陷入困境，它们被迫或者必须做出一种理论抽象：性别概念是否还有存在的理论必要？"我们彼此消解"虽有点悲观，但不等于不向政治提问：怎样使生命/生活的多重可能成为可能，得到承认并获得制度支持和保障？

巴特勒注意到，人们在说"质疑"的时候，其含义通常被认为是"批判"，而不是使之获得新的活力，这个问题并没有得到足够的学术关注。对某个概念的质疑，失去和基础的固定联系，往往会让人变得恐惧，以为不能生活、不能生存、不能使用语言、不能为自己说话，巴特勒认为这种对基础原则和方法的着迷严重干扰了对当代政治文化的分析。术语的可变性并不妨碍它的使用和它所具有的意义，正好相反，这不仅说明这些概念不再只是一块我们依赖的积木，不再是政治论争中不被质疑的前提假设，而且这些术语本身已经变成了理论关注的对象，一种我们被迫要加以说明的东西。

一、从"戏仿"到"消解"的策略转变

（一）对"戏仿"的再思考

在《性别麻烦：女性主义与身份的颠覆》中，巴特勒提出戏仿的

颠覆策略，认为性别本体论会随着性别戏仿的表演走向危机。但是后来巴特勒认识到，变装表演并不必然构成对性别规范的颠覆，它可以揭示性别规范有被重新表述的可能性，也可能反而呈现或巩固现有性别规范系统的存在论假设。因为我们多多少少是和各种关于现实的已有观念以及对本体论的间接描述生活在一起的，而这些观念和描述决定了哪些种类的身体和性会被看作真实的，而哪些则不是。

这里，关于谁以及什么会被视为真实的问题是关于知识的问题，但正如福柯所说，这也是一个权力的问题。福柯后期的话语理论认识到权力不只是一种压迫性的负面力量和否定性机制，而且是一种构成主义的、具有生产性和建构性的弥散性力量，对于权力问题的认识应该更多关注权力的技术、战术和战略方面，即权力运作的范围、构成和方法以及一系列的运作机制和效应等方面。性别规范显然承载着这样的权力，和社会律法一道形塑着身体，规训着性别，但它的存在并不说明它就是合理的。巴特勒认为"规范"的主要特性是通过建构一种社会常态来排斥与之不符的社会状况即社会非常态的一种权力机制，这是一种极为有力的特权，知识和权力的共谋最终建立起了一套用来思考世界的微妙而直接的标准，形成一套相对稳定的社会规范和象征系统，并以此为标准对主体的发展设定各种相应的承认、否定、奖励和惩罚的社会制度。但权力旋即隐藏了自身，使得这些规范系统以一种客观自然的前话语／前社会结构的方式存在，成为一种自然化、客观化的东西，权力也以这种方式装扮成本体论的模样。

福柯认为，任何激进的批评家都要承担双重任务：既要研究构成对象领域的条件，揭示知识－权力如何依据"系统的可接受性的条件"构成一个多少具有系统性的世界秩序，弄清"强制性机制和知识的各种成分之间"的关系；又要研究那些构成对象领域条件的界限，"追踪那些预示着这个秩序的产生的突破点"，这些界限和突破点存在于构成对象领域条件的可复制性不稳定的地方，是不确定的、可改变的。[1] 所以，我们要寻找构成这个"可理解事物场"的条件，以及这些条件的局限性和这些条件显现其偶然性和可变性的时刻。以改变的名义来干涉意味着打破已经确立的知识和可知现实，同时使用非现实来提出本来不可能或非法的要求。

所以，我们对待性别的方法不能仅仅是知识论的，也不能简单地质询妇女知晓知识或被知晓的方式，因为这些方式在权力设定"可被接受的"分类标准的那个时刻就决定了，而是要理解有关性别的标准是怎样形成、自然化并被作为假设而建立起来的，质问性别概念是怎样作为一种关于世界结构的假设而发挥作用的，同时还要追寻二元性别体系受到争议及挑战的那些时刻，追寻这些范畴的协调性遭到质疑的那些时刻，追寻性别的社会生活表现出柔韧性、可变性的那些时刻，比如变装。

巴特勒根据自己的生活实践（巴特勒自我定位为一个爱逛酒吧的女同性恋者）提出了一些理论设想，认为文化想象层面和物质生活的组织形式是分不开的。电影《巴黎在燃烧》谈论的就是一种关于幻想的文化生活，它不仅能组织生命的物质条件，还能制造持续性的群体纽带，并在这些群体中获得了承认。而且，它们还能成功地制止暴力、种族歧视、恐同等。更重要的是，为生存而进行的抗争是和幻想的文化生活分不开的，或者说，它就是这种文化幻想生活

---

1 Foucault, M. "What Is Critique?". *The Politics of Truth*. ed. by Lotringer, S & Hochroth, L. New York: Semiotext(e), 1997. p. 58.

的一部分。巴特勒认为，文化不是独立的实体或整体，各种文化之间以及它们的各种限定模式之间的交换构成了它们的临时存在，这从根本上就浸透了权力关系。巴特勒使用文化这个词时，不再以从前的方式来表意，而是在守住和阐明过去立场及其局限的同时又悬置了它。巴特勒认为，当非现实对现实提出要求时，或进入它的领域时，除了朝主流规范方向进行的同化外，别的某种事情能够发生并确实发生了。这些规范本身会动摇，显示出不稳定性，含义会发生改变。一种规范要持久的话不一定非要稳定；实际上，如果要持久的话，它绝不能稳定。

巴特勒认为，对戏仿的再思考不仅提供了一种思索性别如何被述行的方式，而且也让我们认识到，性别是怎样通过集体运作的方式而被重新赋予了意义。

（二）"消解"话语创造策略的提出

巴特勒重新审视了性别述行理论，在详细考察身体的医学解剖学、美学以及社会与政治等领域对性别话语的各种所谓规范的基础上，认为性别规范本身并不是性别事实，而只是一种为性别的戏仿实践设定各种参数的图纸，针对此，巴特勒提出了"消解"的话语创造策略。

消解对性与性别生活的那种极具约束力的社会规范意味着什么？根据巴特勒的主体理论，要想消解性与性别及有关的社会规范，发挥主体的能动性，不能简单地否认构成"我"的现有社会规范，因为我必须首先由这个非我选择的社会规范所构造，这个屈从是保证我能动作用的前提条件。也就是说，构成我们存在的社会规范所承载的欲望，是性别的欲望，并不来源于我们个人的人格，而我们个人的生存力在根本上是依赖于这些社会规范的。同时，这个"我"也力图与这些规范保持一种批判性的转化关系，并以这种方式生活。这看似悖论式的荒谬，正是巴特勒主体理论形成的哲学基础，也是巴特勒对社会生活和政治领域各种主体探讨的内在逻辑。但是这并不容易，因为当这个"我"不再以遵循规范来使自己得到承认时，就会在一定意义上变得不可知，并会受到无法生活下去其至被完全消解的威胁。有时候，一种规范性的性别概念可能会消解一个人的人格，损害他/她以可行的方式继续生活下去的勇气；也有时候，那些规范性约束的消解经历可能会消解一种已经建立起来了的、关于一个人究竟是谁的概念。如此，巴特勒认为没有规范的承认，人就活不下去，同时也可能会让人觉得，为了获得承认就必须遵循的规范使得活下去变成了一件不值得的事。而这正是引发批评的要点——我们可以把批评理解为对束缚生活的规范的质问，以期揭示不同生活方式的可能性，也就是，我们要确立更加宽容的、保护与维系生活的条件，来抵制各种同化模式。[1]自我决定只有在支持能动性地行使并使之成为可能的社会环境中，才能成为合理的概念。改变建立和维系人为选择所依赖的机构是行使自决权的先决条件。在这个意义上说，个人能动性与社会批判和社会变化密不可分。

所以，消解是一种独特的解构策略，准确地说，"消解性别"的实质是一种对社会规范的话语创造运动。一方面，消解某些概念的基础性地位，使之成为考察的对象，打破原有主体规范的局限和界限，使人们认识到制造性别规范过程中潜藏的那种不为人们所知、不由人们做主、处于限制性场景中的即兴实践；另一方面，通过对性

1　[美]朱迪斯·巴特勒:《消解性别》，郭劼译，上海三联书店，2009年版，"前言：协同表演"第3—4页。

别理论述行性、破坏性地反复征引，通过对性别规范的颠覆、置换与重新赋义，拓展原有社会性别规范的内涵与实践，构建一种与以往话语相勾连同时又能够预防原有知识系统无意识从中作梗的新的性别话语规范，以此开启一场话语创造运动。同时，还要避免这种重建的话语逐渐固化为另一种禁制规范，所以我们必须使新建性别规范保持一种开放性，确保这个话语成为一种永久性开放的动态存在和富有争议性的暂时场域。这将给予被排除在规范之外的生命和群体，包括现实不可再现的和未来不可预见的各种性别可能一个自由存在的生活空间，还原生命的多元化存在状态和面貌。这种话语创造运动比戏仿实践有着更加强大的实践功能。通过对性别规范的重新赋义，从反再现走向承认的政治，同时在理论和实践双重层面打开并实现各种性别及关系的文化和现实的可能性，并使之取得社会制度的承认，最终得到制度上的保障。这种叙述策略暗合了话语研究的方法和话语转向的理论发展趋势，将性别理论的研究引向了话语理论的研究范式。

可见，巴特勒的消解性别并不是单纯解构性别、消灭性别，而是强调自我形成的社会性以及自我与他者、与社会之间相互缠绕的社会关系。因为我们不是作为独立、封闭的个人生活在世界上，而是作为一个社会性的存在，生活在与他者之间的种种互动和关系之中。同时也正是这种不可分割的密切关系可能会导致某些人或群体不受社会规范的"承认"，从而招致暴力，导致肉体死亡，甚至导致"社会死亡"，这是社会规范的潜在压迫性甚至致命性的一面。巴特勒消解性别的实质就是消解传统性别文化规范的"连贯一致性"和是非优劣的等级秩序，"将性别规范中存在的二元对立逻辑和强制逻辑剔除出去"，使那些"被严格绑定在一起的性别气质、性别化身体、性向、快感和欲望等方面"的自由组合"不再被强制冠以女性的、男性的或任何性别,从而真正达成'消解性别'的要求"。[1] 最终目标是通过重新赋义重建更具开放性和包容性的性别规范,构建新的性别话语理论,为性别多元化开启多重可能性。所以,后现代语境中的性别话语研究应该重视其实践层面,更多关注性别话语背后的运作机制及其社会效应,探究历史、社会、政治、文化和科技等各种权力 – 知识对性别话语的生成和建构。同时使新的性别规范成为一种生产多元化性别的话语机制,并通过身体这个场域不断生成各种性别话语的效应和结果。

无独有偶,美国学者艾瑞思·杨(Iris M.Young)也认为我们需要一个重置的性别概念,以更好地分析权力的复杂运作。因为性别概念对于社会结构理论和这些结构对人们自由与幸福的意义都很重要。杨同时认为,女性主义和酷儿理论不仅仅在于描述男男女女生活的意义,也不只是分析诸多话语是如何建构出主体和这些话语中的某些老套和诽谤的部分,女性主义和酷儿理论也是一种社会批判方案。这些理论努力包括:认识某种错误的伤害或不公正;在体制和社会关系中定位和解释其根源;指出方向,以从制度上提出这些现象的行为指向。这些任务要求理论家不仅要有对个体经验、主体性和身份的描述,而且要有对社会结构的阐释。[2]

---

1 范誩:《跳出性别之网——读朱迪斯·巴特勒〈消解性别〉兼论"性别规范"概念》,《社会学研究》2010 年第 5 期,第 239 页。

2 [美]艾瑞思·玛丽恩·杨:《活身体与性别:对社会结构和主体性的反思》,贺翠香译,《国外社会科学》2012 年第 3 期,第 96 页。

二、再赋义的政治学

（一）从规范到政治

在"性别制约"一章，巴特勒探讨了规范概念。一方面，规范象征着权力的约束或规范化功能，但另一方面，正是规范把个人联系起来，形成了他们道德诉求及政治诉求的基础。这种意义上的规范和哈贝马斯的理论关联起来，哈贝马斯把规范看作是群体形成的可能性基础，或者说，是人类产生共同观点的基础。他认为，规范能让社会中的行动者和发言者获取一致的想法，我们面对社会中的各种不同诉求时，才有一个参照的标准和努力的方向，才知道应该怎么办。的确，巴特勒认为，对一套共同理想化形式的假设使我们的行为有了秩序，而且这种秩序事先就设置好了，是我们相互发生联系、寻求共同未来的依据。哈贝马斯还说道，"交流性行为这个概念把相互理解引介过来，成为协同行动的机制"，可是很明显，这里把行动指引向共同利益、属于"理想"领域的规范并不具有埃瓦德理论意义上的那种社会性。它们并不属于可变的社会秩序，而且从福柯理论的角度看，它们并不是一套"起制约作用的理想事物"，因而也不是社会权力的理想生活的一部分。相反，它们只是作为决定每一种社会秩序并赋予其一致性的理性过程的一部分而起作用的。值得注意的是，哈贝马斯并不认为社会秩序这种"有序"的特征就一定是好的，反而认为有些秩序很明显应该被终止。[1]巴特勒认为性别就是这样一种应该被终止的社会秩序。

但是，我们应该怎样将规范的社会性整合功能与压迫性社会条

1　[美]朱迪斯·巴特勒：《消解性别》，郭劼译，上海三联书店，2009年版，第225—226页。

件下"整合"的价值区别开来呢？既然规范是用来维护秩序的，那么它一定有自己固有的保守功能，如果这种秩序是排他的或暴力的，那么作为具有社会整合作用的规范，那种只有通过暴力手段才能获取并维护的社会秩序应该被打破，可是怎样打破呢？也许这只能说明，该现存规范的社会性只是一种假设，它只是社会世界中还未被例示过的"秩序"的一部分。我们重新思考哈贝马斯所说的不设定规范就不能取得意见一致或共同方向的话，那么，这个"共同"是不是可以不通过对非共同事物、对共同性以外东西的制造，而是通过从内部来颠覆或是对其完整性提出挑战而建立起来呢？所以巴特勒认为，关键不是将社会规范用到社会生活的实例上去，或是制定、定义它，也不是为社会外的社会规范基础找到证明其合理性的机制。这两种情况并不是我们使用规范的仅有的方式。巴特勒建议我们可以通过转向规范，把人类可理解性的领域界定出来，而这样的界定对任何伦理观以及任何与社会转化相关的概念都会有影响。[1] 所以，我们必须重新思考关于人的各种范畴、知识，以及其中的排除性机制。如果我们对关于人的领域想当然，那么，我们就无法批判地、道德地思考由此造成的后果，即人的一切正在被制造、被复制、被分解。

巴特勒强调，保持"人"的概念未来表达的开放性是很必要的，这对批判国际人权话语及政治至关重要。而现实情况是，"人"这个概念一再被预先设定、被事先定义，这种定义是西方式的，经常是美国式的，因而是地方性的，但是这样的定义却被当作国际性权利和义务的基础。巴特勒认为，一种反帝国主义或非帝国主义的国际人权概念必须考虑人的意思究竟是什么，并通过种种渠道和方式弄

1 [美]朱迪斯·巴特勒：《消解性别》，郭劼译，上海三联书店，2009年版，第227页。

清楚它在不同文化中是怎样被定义的。这就意味着我们必须重新阐释"人"的地方性概念，或者说，必须重新阐释关于人的生活的基本条件和需求的地方性概念。[1]

（二）作为政治实践的再赋义

能动性产生于再赋义的过程，但导致再赋义的因素是什么，一开始巴特勒并没有指明。在话语创造策略中，巴特勒提出了再赋义的政治。她认为酷儿政治就是再赋义政治的一个成功案例，在不断再赋义的过程中，酷儿概念的意义得到翻转、增衍，从而创造了一个成功的话语创造策略的典范。

巴特勒认为基本范畴可以而且必须得到延伸，以变得更有涵括性、对整个文化群体都能做出响应。范畴本身受到来自各个方向的作用，它必须作为它所经历的文化翻译的结果而以新的面目出现。这来自巴特勒为那些被排除在社会规范和秩序之外的个人或集体想要得到有价值的生活的权利或资格的热望，而在此之前，从来没有出现过这种授权，从来没有存在过任何清楚的授权惯例。激进民主理论和实践的任务就是努力延伸维系可行生活的规范，使曾经被剥夺资格的人群可以进入这种生活。所以，我们应该对维系可行生活 / 生命的规范进行延伸。[2]

这里，必须考虑规范和生活 / 生命之间的关系。生活 / 生命的权利是一个政治问题，当然，它不仅仅是一个政治问题。根据阿甘本的理论，我们所说的"life"有两种含义：一种是"自然生命"，指生存的最低生物形式，即"活着"的简单事实；另一种意义是"政治

1　[美]朱迪斯·巴特勒:《消解性别》，郭劼译，上海三联书店，2009 年版，第 227—228 页。

2　[美]朱迪斯·巴特勒:《消解性别》，郭劼译，上海三联书店，2009 年版，第 228—230 页。

生命"，即从一开始就进行干预，以为人生的可行性建立起适当的高质量的生存形式或方式。[1]我们必须问：人需要什么才能去维持、创造他们的生活所必需的条件？而且，为了构想出可行生活的可能性，并对它给予制度上的支持，从而获得生活的可能性，我们需要怎样的政治？那些朝单一政治方向前进的观点显然是错误的，因为我们要以政治性的方式去生活，要和权力及他人都产生关系，而且处于为一个集体的未来负责的过程之中。但是，为未来承担并不是说要预先掌握它的方向，因为未来，尤其是和他人相关的未来，要求具有一种开放性和未知性。这也意味着某种竞争必然出现。它们必须出现，这样政治才能变得民主。也就是说，民主必须以竞争、冲突、不和谐的方式存在。这不是一个可预测的过程，必须发生了才知道，就像经历热烈的情绪一样。如果正确的道路一开始就被预先决定了，或是我们把什么当作正确的标准强加于人而不进入社群中并在文化翻译之中去发现什么是"正确"的话，那么，这样的生活就被圈死了。要想决定正确的、好的标准，我们就要对困扰着我们所需的最基本的范畴的矛盾性保持开放，明白未知性是我们了解和需要的事物的核心，而且，我们还需要承认生活的标志和前景。[2]

于是，反抗作为权力的结果，作为它的自我颠覆出现了。"在反抗的理论化中，一个涉及精神分析并且因此涉及主体化的限制的问题产生了。对福柯来说，经由服从所生产的主体，其总体（totality）并不能被瞬间生产出来。相反，它是在被生产的过程中，被反复生产出来的（这和那种重新地、一次又一次地被生产不同）。正是一种重复的可能性，它没有巩固那个解离的一致性，即主体，而是增生

1　[意]吉奥乔·阿甘本：《神圣人：至高权力与赤裸生命》，吴冠军译，中央编译出版社，2016年版，第1—2页。

2　[美]朱迪斯·巴特勒：《消解性别》，郭劼译，上海三联书店，2009年版，第230—232页。

扩散了那种破坏规范化的力量的效果。"[1]这里，巴特勒认为同性恋就是动员了一个相反的话语，来反对它由之产生的规范化制度。但是这并不意味着只要有这个术语，就能自然地成为异性恋的工具，超越其规范化。因为这种"重新规范化"总是冒着"风险"的，它"将把前面的意义的风险带到后面来"，而且这种风险一直存在。尼采在《论道德的谱系》中提出"符号链"的概念，认为一个既定的符号最初被赋予的用途，与它后来变得可用的用途之间，是有"天壤之别"的。这用途之间的裂缝，甚至会产生一种反向意义的可能性，为一种新的指称可能性开启一条道路，以至于会超越该术语之前被限制和排除的范围。巴特勒在政治上利用了尼采"符号链"的可能性，改写了重新规范化/重新指称的可能性。

（三）承认的政治

"承认"是社群主义代表之一的查尔斯·泰勒（Charles Taylor）针对自由主义的弊端、针对少数族裔问题而明确提出的一个概念。泰勒认为，承认已经成为当今政治的一个热门话题，它不但是一种需要，也是一种要求。巴特勒在《欲望主体：二十世纪法国哲学的黑格尔反思》中就对欲望与承认的关系进行了独特的思考。这里，巴特勒再次回到黑格尔，重新考察黑格尔哲学传统中欲望与承认的关系以及"承认"在性别话语运动中的重要作用，并给予更加深刻的探讨，即在怎样的情况下一种欲望能为自己寻找到承认。

受斯宾诺莎的影响，黑格尔认为欲望永远是对承认的欲望，这不但是成为社会成员的保证，而且对自我反省至关重要。一个人并不是单独"制造"他/她的性别的。一个人总是与别人一起或者为了

---

1 [美]朱迪斯·巴特勒：《权力的精神生活：服从的理论》，张生译，江苏人民出版社，2009年版，第87页。

别人而"制造"性别，即使这样的一个"别人"是想象出来的。但是这些构成一个人性别的术语从一开始就来自超越他/她自身的社会性。承认我们做人资格所依据的标准是一种社会性的表达，而且是可变的。有时候赋予某些人"人的资格"的标准正好剥夺了其他人取得这个资格的可能性，这就制造了一种所谓的真正的人和不那么像人的人之间的差异。而那些完全不被承认为人的人，则被引向另一种不可行的生活。我们被承认的欲望与作为人的感受是息息相关的。于是，承认本身就变成了一种权力运作机制，它通过赋予或者收回承认来"消解"这个人，并由此成为制造人的差异的场所。欲望被牵扯到社会规范中，和权力问题以及究竟谁有资格被承认为人、同时谁没有资格被承认为人等类似的问题纠缠在一起，性别和欲望问题变得更加复杂了。

与身份政治的求同不同，承认政治存异，认同他人的异质性。这正是巴特勒思考和宣扬的政治意识，尤其是面对少数团体、少数族裔等问题时，承认政治更具有阐释的有效性。巴特勒的激进政治——如果巴特勒有一种激进政治理论的话——无疑是建立在一种对承认的追求之上的。承认不仅应该是我们为之努力的、被用来指导话语实践的规范，还应当成为一种转化过程所采用的理想形式。所以，消解性别的话语创造运动必须坚持得到话语、社会经济和法律制度的承认和保障。然而，巴特勒强调，承认也是不断面临毁灭危险的过程，甚至，如果说没有决定性或构成性的毁灭危险的话，这一过程就不是承认。自我永远不会摆脱他者回到自身，这种"关系性"成为构成自我的要素。而且，"为了政治化的目的而调用身份范畴，总是面临身份将来可能成为我们所对抗的那个权力的一个工具的危险"，但"这不构成不去使用身份、以及被身份利用的理由。没有一个政治立场是纯粹而没有权力渗入的，也许就是因为这样的不纯粹性，才能产生具有打破、颠覆管控机制潜能的能动性"。[1]

第四节　理论的社会转化问题

一、女性主义政治与实践

女性主义总是在思考着生死问题，说明女性主义在一定程度上是某种理论研究。它探讨我们如何组织生活，如何赋予生活／生命价值，如何保卫生活／生命，抵御暴力，如何强制世界及其机构容纳新的价值观。这就意味着女性主义的理论追求在某种意义上是以社会转化为目的的。构成女性主义的焦点问题很多，但没有哪一个是最重要的、具有决定性意义的中心问题。然而，生活／生命问题是不少女性主义研究的中心，但还有一个问题是优先于这个中心的，即生存本身的问题。沿袭了对性别述行的关注以及对承载这种述行的身体的关注，巴特勒对有性别的身体及个人与各种社会规范之间的复杂关系进行了更为成熟的思考，致力于将性别和性的问题与持续和生存的任务联系起来，认为得到承认是求生存的一个必要之举。这里，有性别的身体和个人是实际生活中有生命的身体和个人。此时巴特勒关注的一个中心概念是"life"，既指"生活"，也有"生命"之意。巴特勒为现实生活中一切活生生的身体和个人疾呼争取的东西就是"a livable life"，即可活的、值得活的、可行的生活／生命，

1　[美]朱迪斯·巴特勒:《性别麻烦：女性主义与身份的颠覆》，宋素凤译，上海三联书店，2009 年版，"序（1999）"第 19—20 页。

目的正是要探讨如何让不符合规范的个人，让偏离所谓正常轨道的身体获得最起码的尊严及最基本的生命权利。

这里，巴特勒对暴力问题的关注也不同于以前，这体现在她出版于 2000 年后的作品中。尽管谴责暴力，但是巴特勒在构想、探讨可行生活的过程中，并不是简单地彻底摧毁社会规范，当然这在复杂的现实社会中也并不可行。巴特勒敏锐地观察到，在实际生活中一些深受规范约束乃至压迫的个人不得不依靠某些社会规范或制度来维系"可行的生活"。巴特勒试图摆脱之前过度理论化和理想主义的倾向，勇敢地从抽象的哲学话语转向现实与政治中那些剪不断、理还乱，甚至永远不会有明晰答案或解决办法的棘手问题，进而关注哲学（理论）与现实之间的关系。

这种转向也和巴特勒个人的成长及学术经历有关。巴特勒接触哲学最初的动机是在哲学中寻求出路，以解决青春期成长的烦恼，以及犹太背景带来的困惑。反讽的是，巴特勒在走上学术道路之后，认识到哲学的无力和幻灭，这让巴特勒反思哲学这门学科本身。在她看来，正统的、制度化了的哲学并不是哲学本身，它制造了另一种悖论，给自己建立了自我保护、自我封闭的藩篱和界限，似乎无心地复制了一个鬼魅的自己，错误地排斥了在传统领域之外进行哲学研究及思考的可能，从而让哲学失去了活力。巴特勒认为，哲学必须打破藩篱，走出传统领域的界限，与其他科学，比如文学、人类学、历史学积极互动，有意识地采取跨学科视角，才能让哲学重获生命力。巴特勒的哲学研究开始转向现实生活，开始反思哲学和现实生活之间的关系，更多关注实际生活中的困境、难题，关注一些最基本同时又是无比重要的问题。其中，妇女研究、性别研究及性研究就是这种跨学科研究方法和视角的重要场所，它们充分体现了对这种方法的实际运用。

即使理论上的承认再符合逻辑，现实生活中的承认也依然困难重重。巴特勒认为，理论虽然具有社会转化的力量，但理论并不构成社会转化及政治转化的充分条件。也就是说，还需要其他转化条件参与进来，比如行动、持续工作、制度化了的实践等社会层面和政治层面的干预，这些都和理论的展开不一样。转化由各种力量的运作产生，而其中一些力量是无意识的，它们通过身体方式起作用。因而，创造力和某种新事物的出现是一种先于有意识的主体的结果，因此不完全外在于这个主体。先于我存在的某种东西构成了我，而这个悖论表达的观点是，主体不能简化为意识。主体能采取行动，也以各种方式受到行动的影响。

从某种角度说，我们最后面对的困境总和限制承认的社会条件有关。即使是在现行的法律、政治和语言话语里，寻求对性少数身份的承认也是一项艰难的工作。我们也许会受惑于民间自由主义立场，将其理解为一种个人权利，然而事实却是，个人权利只能通过社会及政治方式得到保护及行使。坚持一种权利并不等于有能力行使它。一个人需要社会世界以一定的方式存在，以获得对自己所拥有的东西的权利，但自己拥有的东西总是从一开始就取决于不属于自己的东西，即那些很奇怪地剥夺和消解了自主权的社会条件。从这个意义上说，为了成全自己，我们就必须先消解自己：我们必须成为更大的社会结构"存在"的一部分，以创造出我们自己。这就是自主权的悖论。当性别规范在不同层次麻痹性别的能动性时，这个悖论就会加剧。个人选择从一开始就依赖于并非我们中的任何人任意定下的条件，而且没有人能在一个剧烈改变了的社会世界之外做出选择。这种改变不属于任何单独主体，但这些改变的结果之一就是，能像一个主体一样去行动了。[1]

二、超越辩证法的可能性

决定性别的规范是如何限制生活而同时又让生活成为可能的，巴特勒在失败的辩证法中寻找超越自身的可能性。巴特勒直接以《性别麻烦：女性主义与身份的颠覆》中提出的性别理论来思考暴力（包括性暴力）的社会转化的可能性问题。

巴特勒回顾了《性别麻烦：女性主义与身份的颠覆》的写作目的：第一，要揭露她自认为的在女性主义中广泛存在着的以异性恋为标准的性别歧视；第二，试着想象一个世界，这个世界可以不完全遵循性别规范，而那些生活在对性别规范的困惑中的人不仅可以生活下去，而且这种生活也可以获得某种承认。说得更坦率些，巴特勒是想根据某种人道主义理想，让某种被视为性别麻烦的东西获得理解和尊严，甚至想让它从根本上动摇女性主义及社会理论对性别问题的思考方式，而现在，这两个观点已经发生了变化。这也促使巴特勒思考关于变化的问题。

当时，巴特勒把性别差异理解为是关于异性恋的理论。除了维蒂格的理论之外，巴特勒认为其他的法国女性主义在考虑文化的可理解性时，不仅假定了男女之间的根本性差异，而且还复制了这种差异。这种理论源于列维-斯特劳斯，源于拉康，源于索绪尔，而在其发展的过程中，她又与这些大师的理论产生了种种决裂。现在，巴特勒是这样理解结构主义的女性主义理论与后结构主义的性别麻烦理论之间的矛盾的："性别，如果被理解为社会学概

---

1 [美]朱迪斯·巴特勒：《消解性别》，郭劼译，上海三联书店，2009年版，第102—104页。

念上的男性和女性的话，是不能被简化为性别差异的"[1]，性别差异也并非像有些人理解的那样是和象征秩序一样进行运作的。但是，生活中人们总是将性别差异的社会意义抽象化，把它提升为一种象征性的以及前社会性的结构，将这种秩序视为象征秩序而不是社会秩序。

人们对巴特勒早期的性别理论有一种持久的看法，性别是通过认同和述行的复杂实践而形成的，巴特勒认为这种持久性的看法将性别固化、刻板化了，其实性别这个概念没有我们有时想象的那么清楚单一。巴特勒当时宣扬性别述行的目的是与本质论的各种形式抗争，这些本质论宣称性别是一种真理，一种已经存在了的东西，是身体的内在，是一种核心或一种内在本质，一种我们不能否认的东西，是与生俱来的。但是，巴特勒认为性别差异理论没有做出自然本质论所作的任何断言。比如有一种性别差异理论认为，正是每种身份中的"差异"避免了统一的身份范畴的可能性。所以，巴特勒认为《性别麻烦：女性主义与身份的颠覆》至少应该面对本质论和性别差异理论的不同挑战，这两个问题应该分开来谈，但是它却没有很好地区别这两个不同的理论。

《性别麻烦：女性主义与身份的颠覆》中被引用最多的观点是：布齐、法玛之类的范畴不是一种对所谓的更初始的异性恋的复制，相反，它们说明了这些所谓的初始范畴只不过是以相似的、述行的方式建构起来的。如果性别是述行性的，那么性别的存在就应该是一种制造出来的表演效应。尽管各种规范有着明确的真实／不真实、可以／不可以的区别形式或规定，但是当述行性开始它的引用实践时，这些规范的意义就受到质疑，并得到重新表达。也就是说，实

1　[美]朱迪斯·巴特勒:《消解性别》，郭劼译，上海三联书店，2009 年版，第 217 页。

践会通过一种具体化形式挑衅规范的期待，使现实实践在引用各种社会规范的过程中产生偏离，从而使得原有规范具有得到新的表达的可能性。所以，通过性别述行的实践，我们不仅可以看到统治现实的规范是如何被引用的，也能了解现实被复制以及在复制过程中被改变所依据的机制之一。变装表演的关键不仅仅在于它制造了一种令人愉悦的颠覆场景，而且在于使现实被复制和被质疑的这些令人吃惊的重要方式具有寓意。

巴特勒认为，这里的问题不仅仅是为尚未存在的性别形式创造一个新的未来。巴特勒不是没有考虑到现实规范系统顽固强大的吸收、转化、招安的各种策略和社会干涉的反噬性，但总要思考有关可能性的政治。巴特勒幻想创造这样一个世界，那些认为自己的性别和欲望不合乎规范的人能够生活在其中，既没有受到外来暴力的威胁，也不觉得自己的一切不真实。

这种对可能性的思考在政治理论中占有什么样的地位呢？巴特勒认为这是一种对规范的向往，这种向往与生活、呼吸、移动的能力有关，无疑属于所谓自由哲学的领域。巴特勒颇有点无奈地说，这对于那些在寻找可能性的人而言，是一种必需的东西。如果把可被理解性理解为以主流社会规范为根据的承认方式带来的结果，那么在一定程度上的不被理解，也许并不是一件坏事。巴特勒提倡一种与规范的批判性关系，与它们保持距离的张力，这样就有能力减弱对它们的需要，尽管也会欲求那些能让我们生活下去的规范。"我"之所以成为"我"，不仅依赖于规范、被规范制造，同时也取决于我能对施于我的行动做些什么。这种悖论式的荒谬并不是说我可以作为塑造者去重造世界，也不是说我的作用不存在，而是意味着它的可能性的前提条件。这里，巴特勒把"批评"理解为对束缚生活的规范的质问，以期揭示不同生活方式的可能性。所以我们不是要宣扬不一样，而是要确立更加宽容的、保护与维系生活的条件，以抵制各种同化模式。

巴特勒通过分析安扎杜阿的《边陲》，让我们思考这样一种观点：我们的社会转化能力的源泉就在于我们在不同世界间斡旋、投入文化翻译，以及通过语言和社群来经历那些塑造我们的复杂文化关系的能力。巴特勒认为，安扎杜阿不但认为主体是多重的，而且要求我们站在我们知道的东西的边缘上，以怀疑的眼光看待我们认识上所确信的东西，通过这样的冒险，以及通过保持对世界的另一种认知方式和生活方式的开放性，来提高我们对人这个概念的想象力。她要求我们能够跨越差异而结成联盟，以形成一种更具涵括性的运动。因此，只有通过存在于翻译、不停地翻译的模式中，我们才能制造出对妇女、对社会的多文化理解。[1]

三、自主权的悖论

巴特勒对"权利"概念进行了反思，认为自主权是一个真切的悖论。如果不诉诸自主权，尤其是身体上的自主权，就很难（虽然不是没有可能）提出诉求。一定意义上，虽然身体是"自己的"，而且我们对自主权的诉求是以此为基础的，但身体作为身体总是被转与他人。当然，这个悖论不是说我们不应该提出这些要求，我们应该且必须提出这些诉求；也不是说我们只能不情愿地或策略性地提出这些要求，这些诉求是寻求尽可能保护性向/性别少数群体、广义定义上的妇女、少数族群并争取自由最大化的运动的规范化追求的一

1　[美]朱迪斯·巴特勒：《消解性别》，郭劼译，上海三联书店，2009年版，第232—237页。

部分。巴特勒思考，是否有一种别的规范化追求是我们应该表达和维护的？实际上，巴特勒在开拓另一种规范化追求，使身体在这些抗争中开创一种不同的政治地位。

身体同时意味着必死性、脆弱性和能动性，皮囊与血肉不仅使我们暴露于别人的观察，也使我们暴露于接触和暴力。身体也因此成为这一切的代理和工具，或是成为见证"施于"与"被施于"的区别是如何被模糊的场所。身体的这种物质性使得我们尽管为行使我们身体的权利而抗争，但是这些我们为之抗争的身体并不完全是我们自己的，身体有其稳定的公共性的一面。作为公共领域的一种社会构成，身体从一开始就被交予他人，打上了他们的印记，在社会生活的熔炉里得到历练。身体既属于我，又不属于我。巴特勒不赞同那些以"自主权"的名义否认肉体存在的社会条件和政治条件。所以，对权利的坚持就在这个背景下获得了一种特殊的意义。当我们为权利而战时，我们不仅仅是为赋予个人的权利而抗争，而且是为了成为一个人而抗争。进一步讲，如果我们不仅仅为了成为人而战，还为了引起个人意义的社会性变革而抗争，那么，对权利的坚持就成了一种干预社会及政治进程的方式，而关于什么是人的表达恰恰发生在这样的进程中。所以，为自主权奋斗，并不只是为自己身体的自主权而奋斗，还意味着要为一种"我"的概念而奋斗，即什么构成了我，对"我"的构成进行思考，而这个"我"作为社群的一分子，并不总能以说清的方式，而是以不能完全被预计的形式为他人所影响，同时也影响着他人。

我们必须以一个更广阔、更少暴力的世界的名义学会生活，学会接纳对"人"的含义的摧毁和重新表达，因为保持问题的开放性比预先知道是什么决定了我们的共性更有价值。毕竟我们已有的资源并不足以使我们知道该如何定义人，以及人的未来将会怎样。但是，这种不可预测性和不可控制性并不意味着我们必须看重一切有关人的变化，也不意味着我们不能为某些价值——比如民主和非暴力的价值、国际价值、反种族主义价值等——而奋斗。

所以，有必要保持人的定义向未来开放，巴特勒认为，谈论人、国际性等问题是我们被迫要做的事，必须弄清楚人权如何利于或不利于女性以及和女性相关的、不相关的一切。女性作为一种范畴，已经以不同方式、出于不同目的被使用，但并不是所有的女性都能被涵括到它的范围中来。这就意味着我们必须遵循一条双重政治路线：我们必须使用这种语言来确保性与性别在政治生活中的构成性角色，同时，我们也必须批判地检视我们使用的范畴。具体来说，我们必须明晓它们的涵括性和可译性有多大，包括哪些假设，以及必须用什么方法扩大它们、摧毁它们，或者对其重新构筑以扩充关于人和性别的定义。

同时，对身体自主性的思考也直接启发了巴特勒对全球局势的思考，将对身体自主性思考的方式作为思考全球局势中国家与国家之间自主性的一种方式，想象全球共同体的另一种方式，并坚持把悲伤作为一种政治资源，作为我们对国际纽带的思考框架的一部分。

我们发现，巴特勒的研究路线总是会不断溢出并偏离其研究主题，将性别和身体、身份认同、欲望、亲属关系、性交易、身体技术，甚至社会暴力、人类的生存和延续等领域关联起来，从而将性别研究推向更宽广的研究领域。用巴特勒自己的话说，她的研究总会偏离原有的研究领域，成为某种超越边界的运动。但是紧接着，巴特勒肯定了这种理论偏离的必要性，因为关于边界本身的运动，才是研究主题的核心所在。究其原因，一来在于巴特勒自身不安分的性格，二来是巴特勒有意为之，这是接受过哲学训练的人的职业病，如同福柯一样，她抵触主题的固化和身份的同一性。

第五章
生命政治：主体哲学的政治伦理批判

特里·伊格尔顿在《理论之后》中对当下理论只关注性别的趋势表示忧虑，意识到宗教、伦理学、美学都是对生命意义的探寻，具有终极关怀的政治伦理意义，认为理论的重生必须重视人类存在的一些基本问题，诸如真理、幸福、道德、革命、价值、死亡和永恒等，强调阶级、权力等社会因素的重要性。这是任何理论都不能忽略的。[1] 他将性别视角与阶级分析结合起来的理论和批评实践也让我们认识到，认知策略与学术范式必须与时俱进，理论即使再高深、再形而上，最终也一定要落实到社会现实中，对社会的发展产生实际的推动作用。理论不应该过分局限于话语、意义、文化层面所谓"表征的政治学"，而忽略传统马克思主义的政治经济学，失去其应有的深度和力度。尼古拉斯·加恩海姆（Nicholas Garnham）指出："如果没有对构成性别与种族斗争的文化实践的政治经济基础及语境的分析，就不能够理解围绕着性别、种族所进行的斗争的起源、形式和利害关系。"[2] 所以，生命政治应该认真吸取建基于经济基础和生产方式分析的马克思主义政治经济学的有益成分，不仅要关注人们在话语系统、意义系统中的位置，也要关注其在经济系统、

1　[英]特里·伊格尔顿：《理论之后》，商正译，商务印书馆，2009年版。

2　尼古拉斯·加恩海姆：《政治经济学与文化研究》，陶东风主编：《文化研究精粹读本》，中国人民大学出版社，2006年版，第216页。

国家政治系统中的位置。只有将两者有机结合，才能更加有效地解除主导意识形态强加给我们的身份"盔甲"。理论也不应该像巴黎的时尚那样趾高气扬，而应该是谦卑的，它时刻提醒我们人的自我中心意识是多么愚蠢，理论真正关心的是主体怎样在传统中消解，是我们生命的短暂。我们生活的这个星球不断发生的灾难、战争、暴力和死亡时刻提醒我们，生命是脆弱的，而且脆弱得神秘莫测。这样看来，福柯晚年对生命权力的钟情，伊格尔顿在理论之后对生命的关怀，德里达晚年对犹太神秘主义的痴迷，应该都是期望最终能给理论找到一个生命的支撑。如今，巴特勒也加入了这个探索的行列。

上一章提到 2000 年以来巴特勒的学术关注点已逐渐从抽象的哲学话语转向现实生活与政治，作为一个突发的社会政治事件，"9·11"无疑构成了一个外在的机缘与遥远的"召唤"，使巴特勒意识到生活在民主制度国家的每个公民都可能被裹挟到以国家形式出现的各种暴力事件之中。于是进一步将文化政治批判拓展到了社会政治与伦理领域，对主体思考的对象展现了一种全球化的视野。但被论述的主体仍然是那些居于边缘地位的少数群体，他们被述行地塑造为主流社会的对立面，一个需要被同化的对象。然而，他们的各种欲望确实具有存在的合理性。由此，巴特勒将社会与政治批判作为其伦理实践的核心问题，为他们争取表达的权利。而这种从女性主义批评向社会政治批判的演进始终没有离开黑格尔关于他者的思想，主体与他者的和谐共存一直是巴特勒努力的方向。

巴特勒以性别研究为起点的性别理论最终越来越凸显对于生命政治的关注，直接指向对人类整体生命和存在的关切。有人说这是巴特勒理论的政治和伦理转向，但在我看来，与其说这是政治和伦理转向，不如说是巴特勒内心深处对于人类生命政治关切情怀的凸显，是文化政治批判内在逻辑发展的必然结果。转向并非断裂，而是抽象理论在特定社会契机的召唤下的具体化，是对规范问题、资格问题的延伸，是对既往问题（主体、性别、欲望、身份）在宏观社会政治伦理领域的深入阐发。

巴特勒的主体理论从哲学主体出发，逐渐介入具体文化及实践领域，分别具体化为性别主体、身体主体、性主体、伦理主体、宗教主体等各种具体社会主体形式，而各种社会主体形式也为性别主体的审视打开了更丰富的理论视域。这种打开，并非一种文字游戏或戏剧性的花招，它有着实质的政治欲望：一种强烈的生存下去、让生命可能以及重新思考的欲望。[1] 在《身体之重：论"性别"的话语界限》的导言中，巴特勒明确表示，对身体解构和建构的追问，最终是要重构"值得保护的生命、值得挽救的生命、值得悼念的生命"。[2]《消解性别》的后半部分则重点探讨了死亡、暴力、哀悼和悲伤等与生命有关的重要概念，直接指向对人的生命和生存的关注。有学者这样评论道："巴特勒的性别规范概念，将性别问题提升至一个涉及人生命／生活本身元问题的高度，使我们认清了性别问题不只是社会学诸多分支学科之一，更是社会学的一个元问题，与社会科学的众多预设都存在着密切的联系。"[3] 特别是在《消解性别》中对于"我们彼此消解"的独特理解和阐述以及消解策略的提出，使巴特勒文化政治批判的理论视域大大拓宽。由于社会规范的双重含义，消解一方面是消除现有性别规范的局限性所强加的暴力，同时始终和社

1　[美]朱迪斯·巴特勒：《性别麻烦：女性主义与身份的颠覆》，宋素凤译，上海三联书店，2009年版，"序（1999）"第14页。

2　[美]朱迪斯·巴特勒：《身体之重》，李钧鹏译，上海三联书店，2011年版，"导言"第19页。

3　范譓：《跳出性别之网——读朱迪斯·巴特勒〈消解性别〉兼论"性别规范"概念》，《社会学研究》2010年第5期，第241页。

会规范保持一种富有张力的批判性关系，警惕新建立的规范走向封闭停滞，反而成为我们所对抗的那个权力的工具。另外，消解还意指了主体与他者关系的思考，对人类肉体生命的脆弱以及由此带来的人与人之间彼此潜在伤害关系的思考。巴特勒通过对具身化身体的社会属性的探讨，将文化政治批判的触角扩展到社会政治文化批判。

以《脆弱不安的生命：哀悼与暴力的力量》《说明自我》《战争的框架》《褫夺：政治述行》等著作为主，巴特勒将生命政治扩展到更大范围的社会政治领域，关注更为广泛、更为迫切的政治与伦理议题。"9·11"悲剧之后，政治主体面临各类暴力、挑战和召唤的现实处境促使巴特勒反思社会政治领域的现实暴力，认为"9·11"事件之后的全球政治局势与自己一直追问的"什么是人？什么样的生命算是生命？什么样的生命值得哀悼？"这些哲学问题息息相关。巴特勒虽以性别理论起家，但现实的政治局势促使她将"成为人之政治"（或者说生命政治）的思考置于国际政治的框架之下，将学术思考对象从性少数群体延展到难民、战俘等其他边缘性群体，集中思考国家暴力给脆弱不安的生命带来的巨大伤害，因为任何群体要实现和谐秩序，仅仅依靠伦理道德都是不够的，更需要自由公平正义的政治要素作为基石。于是巴特勒结合宏观的生命政治，以此重估现实政治的伦理"基础"，提出主体自身的暴力批判及主体与他者关系的共存伦理，由抨击异性恋霸权规范导向介入政治和更为宏观的责任伦理，思考如何从根本上重新构想主体与他者的关系，从而避免暴力的发生。

第一节　也以生命的名义：生命权力的重构

"9·11"事件之后，巴特勒追问这样一些问题：谁算作人？谁的生命算作生命？什么样的生命才是值得哀悼的生命？以此出发，对"生命"这一看似自然而然的概念进行质疑。换言之，在当今全球暴力的视角下，"生命"这一概念需要得到重新解读与建构。巴特勒认为重新思考生命，首先要重新思考排除他者生命的哀悼权力框架，建构一种新型的哀悼理论；其次，将身体－生命放在生命权力的框架内，思考其现实地位与处境，建构一套对生命重新体认的生命秩序。

一、生命哀悼的权力框架

巴特勒不但认识到人在物质层面、话语层面以及精神世界脆弱无知的本性与原始褫夺状态，也深刻认识到身体脆弱特质的地缘政治分布及分布方式的极为不公。哀悼呈现出明显的等级差异，有些人的生命受到严密的保护，如若他们的神圣权利受到侵犯，就足以引发战争；而其他人的生命却缺乏如此果断而坚决的支持，甚至不值得哀悼。更重要的是，这种区别对待的哀悼原则产生并维持了一种排他性的人类概念。

巴特勒在《无限期羁押》中探讨了人类文化规范所包含的政治含义，这些规范概念以排斥的方式制造出了一系列"无效生命"，并褫夺了他们的法律及政治地位。[1]当代人文研究以"西方"模式归纳的

1　[美]朱迪斯·巴特勒：《脆弱不安的生命：哀悼与暴力的力量》，何磊、赵英男译，河南大学出版社，2013年版，"前言"第4页。

"人类"范畴并不能接纳这个模式以外的人，这种文化框架限定了何种失去有资格成为失去，不符合这一文化规范的人如果逝去，将根本不值得哀悼。比如男女同性恋者、双性恋族群，比如巴基斯坦人，比如阿富汗平民。那些不符合主流的人类被人类概念排除否定为无效的生命，首先在话语层面被褫夺了人性，根本不能被称为"生命"，像一些阴魂不散的幽灵，既非生亦非死，已然失去"人"的资格，不断地遭受抹杀，继而引发现实中的暴力。可以说，暴力表现出的"非人"特征早已存在于文化领域中了。与此同时，话语也通过忽略特定人群来施加暴力。当然，这并不是说某种褫夺人性的话语导致了这些后果。实际上，话语的界限限定了人类的"可理解性"。问题不在于"某人的死亡未能受到充分关注"，而在于"此人的死亡是不可能受到关注的"。这里，巴特勒的目的并不是探讨那些遭受到排除的具体的"人类"，而是探讨一种限制性的"人类"定义；这不是受排斥群体进入主流认识论的问题，而是本体论层面的颠覆。[1]

在《战争的框架》中，巴特勒进一步思考这些问题。巴特勒形象地将国家权力运作的区分排斥机制称为"框架"，所谓战争与权力的框架是一个隐喻，是国家权力的思维及其物质化身。权力精神分裂般地述行出形象、时间、合法性等诸多层面的区分，"框架"限定了理解、反思、批判的界限，在其"合法"范围之外，是不可说不可思的禁忌空间，其中没有生命及人类的存在与死亡、没有任何事情发生。"框架"框定出国家权力认可的"人类"与"真实"，将"非人"与"不真实"的生命排斥在外，也因此限定了生命接受"哀悼"的资格。"框架"区分出"我群"与"异己"，区分出不同的脆弱特质，据此利

---

1 [美]朱迪斯·巴特勒：《脆弱不安的生命：哀悼与暴力的力量》，何磊、赵英男译，河南大学出版社，2013年版，第26—29页。

用战争机器"保护"权力认可的我群、"抹杀"权力无法容纳的异己；"框架"勾勒出人类文明的线性发展历程，将一切异己斥为"前现代"的落后群体；"框架"依据上述逻辑分配"合法性"的拥有权以及"合法"暴力的使用权，继而交由战争机器付诸实施……毫不夸张地说，在权力"框架"的主宰之下，我们时刻生活在屠杀机器的阴云中，忧郁权力成为国家的主导。

权力与战争框架的威力和危害还在于：它可以作用于人类感官，借由新媒介、新技术等各类物质"框架"，有选择地让人们接触并理解世界；它麻痹人们的情感，使人们在对部分范准面孔产生狂热情感的同时，对其他非人面孔保持冷漠。[1] 以至于人们对战争暴行无动于衷，甚至可能难以产生"义愤"感，因而也就难以做出伦理的回应。但是巴特勒对此持保留意见，"难"并不意味着不能。权力重复"述行"，但它无法决定一切。在权力"框架"的作用之下，总有未被框定的逃逸部分，而在框架内部也存在着异质能量。[2] 更重要的是，框架如规范一样，需要不断地重复述行才能确立自身的效用，而重复的过程难免产生裂隙与漏洞，并由此埋下崩溃与颠覆的种子，这为批判与改造预留了潜在的空间。

二、生命权力的当代政治视野

"生命权力"（bio-power）是福柯在《性经验史》中提出的概念，意在探讨身体与主权的关系。在福柯看来，自 17 世纪起，否定性的"君主权力"或"主权权力"开始让位于管理、调控生命的肯定性的

1　Butler, J. *Frames of War: When Is Life Grievable?*. London: Verso, 2009. p. 55.

2　Butler, J. *Frames of War: When Is Life Grievable?*. London: Verso, 2009. pp. 9-12.

"生命权力"。权力不再以君王的名义进行统治，而是以保卫、促进全体人民生命的名义进行运作，即便是制造杀戮的战争或屠杀，也以促进人民的生命福祉为名。现代权力改头换面以守护与管理人类生命的身份自居，以民生与生命等为名实施统治。历经以神之名、以君之名、以主权之名，发展至以生命之名，生命权力成为当代国家权力的基本形式，也构成了当代政治探讨的基调。福柯指出，当代权力已经变成令人活而不是让人死的生命政治学。攸关生死的"不再是王权的合法地位，而是国民的生物性存在"。与宏观权力论不同，也与法兰克福学派和存在主义哲学家的观点不同，福柯并不把"权力"理解成一种"压迫性"、"压抑性"和"毁灭性"的力量，而是把它理解成一种"生产性"的力量，旨在把个体不断地构成和塑造为符合一定社会规范的主体。福柯将这种对身体进行积极性管理和生产的权力机制称为生命权力，断言它是一种规训力量，同时也是一种权力机制。[1]

值得注意的是，生命权力尽管以"生命"为名，但权力"以邻为壑"的逻辑并未发生本质的改变，在权力的运作之中仍然残留着"非我族类，其心必异"的深层逻辑。为了维护"我群"的生命权益，针对异己的各类杀戮行径（种族灭绝、大屠杀、大清洗……）也就顺理成章。所以，以治理生命为特征的生命权力成为基本的权力形式，并不意味着生命权力及其治理术取代了过往的权力形式，事实上，腐朽过时的主权权力随时可能假借生命与治理之名死灰复燃。"9·11"事件后美国国家权力的种种运作就体现出国家主权权力的复辟迹象。权力随时可以玩弄生命于股掌之间，生命沦为权力的手段和证明。显然，"生命权力"中包含着"死亡权力"，或者说，"生命

---

1 汪民安主编：《文化研究关键词》，江苏人民出版社，2007年版，第297—300页。

权力"终将导向"死亡权力"。从这个意义上说，生命权力的本质并没有什么改变，而只是名义与策略上的转变。

福柯的生命权力关注权力（power）对身体的支配，但是忽略了身体，尤其是纯粹的出生－身体对权利（right）的主动影响。阿甘本的身体理论在一定程度上补充了福柯的这个理论缺失。在阿甘本看来，身体并非被动的，并非任由权力揉捏。作为政治的出发点，阿甘本的身体不仅是权力的被动干预之所，还是权利的主动起源之处。但是身体成为主体是有前提的：身体只有获得公民身份，它才能与主权发生关系，具有所谓神圣而不可侵犯的人权。就是说，身体和权利的联系必须由公民身份作为中介。这就是阿甘本所说的生命政治的核心思想。

但是这种生命政治的思想在随后不断地发生变化。出生－身体和权利经常性地发生脱节，这表现在两个方面：一是20世纪以来难民的出现，无法在其置身于其中的新的领土上获得权利；二是国家制定的各种剥夺其居民身份和国籍的法律。这两点斩断了身体和权利的自然通道。这导致了一个事实，在一个民族国家的领地内，存在着两种性质的生命：一种是有公民权利的生命，另一种是没有公民权利的生命；一种是本真的生命，另一种是没有政治价值的生命；一种是要保护的生命，另一种是不值得保护的生命。这两类生命中存在着一个分水岭、一个分明的界限，正是在这个界限的两端，生命要么被国家法律秩序政治化，要么被国家法律制度排除，也就是说：要么是一个有权利的生命，要么是一个赤裸生命；要么是一个具有公民身份的人，要么就是一个可以随意处死的"牺牲人"（homo sacer）[1]。

1　牺牲人（homo sacer）是古罗马法中的一个概念，指的是那些受到责罚的人，这些人被剥夺了一切政治权利，可以被任何人不需承担任何责任地杀死，但不能在宗教仪式中被用来献祭。阿甘本复活了这个概念，指称那些在社会政治生活中被驱逐和排斥的丧失了生命权利的人。

这些难民和没有公民权利的人并不受到政治机构的保护，而只是受到人道主义组织的眷顾，但是这些人道主义组织并不具有政治能力和使命，它们无论怎样宣称人性的神圣性，还是没有实际能力使这种权利现实化。

如果说福柯式的生命政治是对生命的积极性的管治和照看，那么阿甘本认为，国家社会主义的生命政治，就是将积极地照看生命与消极地消灭生命结合起来，即将政治和管治结合起来。具体说，就是将大屠杀和保护人民的生命结合起来，将消除种族威胁和保护种族的身体健康结合起来。生物性的生命–身体就这样被政治化了。这就是现代生命政治的新颖之处："生物性事实本身直接就是政治性的，而政治性事实本身直接就是生物性事实。"[1] 这是生命和政治的现实关系。杀戮实际上是为了更好地生存，"战争不再以保卫君王的名义，而是以保卫全体人民生存的名义而进行。不同国家的人民被动员起来为生存而互相残杀……将一个国家的人民置于死地的权力同时也就是保证另一个国家的人民的生命安全的权力。战场上为了生存而杀人的原则变成了国与国之间的战略原则；但是，受到威胁的，不再是王权的合法地位，而是一个国家的人民作为生物的存在"。[2]

但是，阿甘本质问，为了自己的生存，就能任意而不负责地屠杀一个生物性身体吗？屠杀一个有权利的公民的技术依据何在？阿甘本借助阿伦特，历史性地回顾了这个自然身体的权利起源，以及这种身体权利连接绳索的历史性断裂。纳粹主义屠杀的技术性前提，就是将18世纪奠定的权利、公民身份和身体的连接绳索扯断，从而让身体生命变成一个脱离了权利和历史语境的赤裸生命，变成了一

---

1 汪民安主编：《生产》第二辑，广西师范大学出版社，2005年版，第241页。

2 杜小真编选：《福柯集》，上海远东出版社，2003年版，第373页。

个纯生物性生命。这样被屠杀者失去主权，失去公民身份，变成了牺牲人。这个赤裸生命就是不值得活的生命，人们可以随意杀死他而不需接受任何惩罚，这样一来，屠杀就变得轻松自如，肆无忌惮。阿富汗战争和伊拉克战争中被炸死的平民，就属于这个意义上的牺牲人或曰赤裸生命。他们没有权利和公民身份，没有得到任何历史语境的庇护，而被视为单纯的生物性事实。这些典型的如同难民一样的抽象之人，被任何一个国家或任何一种政治法律秩序驱逐和排斥。这些赤裸生命的死亡，除了得到人道主义的感叹外，其造成者既不会受到法律的制裁，也不会受到政治的追究。阿富汗那些牺牲人的赤裸生命，十分典型地既被人道主义眷顾，也被从天而降的炸弹肆意袭击，就是没有法律和政治上的生命保障。具有讽刺意义的是，这种人道式的眷顾和非人道的屠杀，居然来自同一个意象——阿富汗上空的美国战机。齐泽克就此讽刺道，"你永远也不知道它投下的究竟将是炸弹还是食物包裹"[1]，这就是失去权利的牺牲人的命运：被抽象而无力的人道主义目光注视，但同时，也被不负责任的呼啸的匿名炸弹轻易地杀死。同以前的难民不同的是，此处的人道主义不是来自一个交战双方之外的中立组织，而是来自屠杀者本人，屠杀者和人道主义者前所未有地融为一体。

阿甘本对赤裸生命的强调，尤其是对出生－身体和权利之间关系的强调，是福柯所没有注意到的。福柯强调的是微观权力对身体的支配关系，而不是政府－司法权力对身体的统治关系，这使得福柯很少从法律和权利的角度去对待身体，而只是单纯从匿名的但又无所不在的权力角度来对待身体。所以，在福柯的生命政治概念中，

---

1 [斯洛文尼亚]斯拉沃尔·齐泽克:《我们卷入战争了吗？我们有敌人吗？》，邱瑾译，汪民安主编:《生产》第一辑，广西师范大学出版社，2004年版，第76页。

身体与主体和权利并不相关。而阿甘本将 18 世纪的身体和主权之间必然相联的关系视作现代政制的一个历史性时刻，它预示了议会民主制的来临。不过，作为赤裸生命的身体，一旦卷入政治领域，就会呈现出两种截然相反的模式：在集权主义的背景下，赤裸生命纯粹是没有价值的不值得活的动物，可以被任意地屠杀；在民主制度的背景下，赤裸生命借助于血统和土地，获得公民身份，并自然地通向了各种政治性的公民权利。将生命还原为动物 – 身体，还原为赤裸生命，这既是各种屠杀和侮辱身体的基本技术性前提，同样也是各种私人权利获得肯定的技术性前提。

三、他者权力的生命秩序

巴特勒不仅要破除传统哲学赋予主体的基础主义地位和意义，阐发一种基于历史维度和实践层面考察的主体观，而且要剥夺人们通常赋予国家的至高无上的权力并摘除其神圣的光环，阐发一种基于国家适度辖治理论的微观生命政治学。但与福柯后期将生命的关注从权力技术到自我技术的伦理学转向不同，巴特勒不只关心自我，更认识到他者的意义。在重新考察哀悼权力框架以及对当代生命权力意涵探讨的基础上，巴特勒试图在传统的权力框架之外建构一种新的哀悼生命的方式，特别是对于他者生命的哀悼，这体现出一种新的生命政治秩序。这里的生命不再是传统思维中等级有别的生命，而是与性别、身体、政治相连的人类活生生的肉体生命。

巴特勒由弗洛伊德的哀悼观出发，结合福柯式主体塑形观，认识到社会权力借助忧郁症的否定、合并、认同机制塑造了"主体"（它可以是宏观层面的国家，也可以是个体层面的个人）的"自我"

及其"内心世界"。在忧郁症的作用下，主体的"心灵"成为抹杀"异己"、否定"逝者"的所在，忧郁症式的排斥、抹杀已经构成了当代政治暴力运作的潜在模式与深层框架。巴特勒进而另辟蹊径，力图打破权力那忧郁症式的自恋循环。巴特勒并不认为哀悼的完成意味着忘记哀悼对象或者用别的对象来替代他的位置，而是认为哀悼意味着愿意接受改变、服从改变。也就是说，对于巴特勒而言，哀悼意味着直面暴力、直面现实的勇气，意味着摆脱忧郁权力的自恋循环，承认"失去"并正视"失去"带给"自我"的冲击与启示，意味着正视他者的召唤，意识到"自我"与"他者"之间的先在关联与共存需求。所以当我失去你，我会哀悼这失去，同时也会变得无法理解自身。没有你，我是谁？关系褫夺了我们，同时也构建了我们。

由此，巴特勒指出，每一个逝去的生命都值得哀悼，而不仅仅是那些被当权者认可的生命才值得哀悼。因此，我们必须解构传统的哀悼观，重建一种新的哀悼观。在新的哀悼观之下，他者与自我不再是敌对的，而是在此时此地，他者与自我是相互的关系，哀悼一个逝去的他者的生命，也是对自我生命的尊重。当然，哀悼本身并非政治的目的，但如果失去了哀悼的能力，我们也就失去了深切体会生命的能力，而对于生命体会的能力正是我们借以反对暴力的能力。那些否认并排斥人类的脆弱特质，那种"否定他者真实存在"的行径，以牺牲他人的福祉来保全自身安全的做法摧毁了我们借以定义自身、了解自身的重要途径。可见，哀悼是巴特勒主体理论在新形势下的深入阐发，是从更大范围对主体形成即自我与他者的关系的思考。

巴特勒主张的哀悼不仅是面向个体的哀悼，更是一个仪式化、制度化的过程。巴特勒一直深受福柯话语理论的影响，试图为话语问题提供一种权力关系的基础、一种制度化的背景。加上巴特勒个人最初的哲学训练，所以，这里巴特勒对生命权力的探讨，不但有着深沉的现实关切，也有着对生命权力再哲学化的努力，进而尝试建构一种重视他者权力的新的生命政治秩序。

第二节　暴力、他者与伦理责任

"9·11"事件之后的国际形势中，哀悼和暴力问题都与他者问题密不可分，这是一个关于他者或施与他者暴力以及如何回应暴力，并如何对待在报复与反报复的暴力较量中死去的那些无辜生命的问题。巴特勒对于生命哀悼所围的权力框架的思考，也开启了她关于引起哀伤与牺牲的对象的思考，即他者问题。这个他者可以指一个具体的对象，也可以指一种文化、一种制度、一个国家等。巴特勒持续思考他者问题的动力来源于政治现实的刺激和与一系列哲学理论家的对话，这些哲学家包括黑格尔、列维纳斯等。这种思考一方面是由刚开始对性别（包括身体）的关注转向对政治道德规范问题的关注，另一方面其实也涵盖了之前对性别的思考，是从更大范围来思考主体形成即自我与他者的关系问题。打破他者与自我二元对立结构，重新建立自我与他者的新型关系。

一、他者面孔的伦理焦虑

对于他者脆弱生命的体认和直面，既是对于自我的体认，也是对于生命本身的哀悼。因为作为自我不可同一性的他异性，他者是自我不可分离的组成部分。如何以另一种方式对待他者，从而避免暴力循环，巴特勒从列维纳斯那里得到了启示。

基于对脆弱不安的生命的体认，准确地说，是基于对脆弱不安的他者生命的领悟，列维纳斯提出了一种他者伦理观。列维纳斯对于他者的思考是在神学视域下通过虚构一个二人场景来展开的，其中每个人的面孔都传达了似乎来自神祇的道德律令。根据列维纳斯的研究者阿瑟·施密特的说法，作为现象学家的列维纳斯更多关注的不是精神现象学，而是个体现象学，是对这个此时此地作为个体性存在的他者的思考，对此时此地这个他者与自我之间的关系的思考。在列维纳斯那里，黑格尔意义上的主奴辩证关系，变成了自我与他者的相遇，而且，在此时此地，自我可以透过这个不甚了解、具体的他者的面孔获得关于他者的普遍范畴，并看到所有人，也包括那个自我，最终指向伦理层面。

"面孔"是列维纳斯用来阐述他者问题的形象隐喻，在《和平与切近》的结尾，列维纳斯说："面孔：他者的极度脆弱性。和平：领悟他者的脆弱性。"但这个省略动词的句式并没有说明，面孔就是脆弱性，和平就是对他者脆弱性的体认。事实上，列维纳斯用一种特殊的表达告诉我们"人性是存在的断裂"。回应面孔并理解其含义，意味着领悟他人生命的脆弱之处，准确地说，意味着领悟生命本身的脆弱不安。这并不是首先领悟自己的生命，继而推己及人，由领悟自身的脆弱不安导向理解他人的脆弱生命；这种领悟应当是深切体会他者的脆弱不安。因此，面孔就具有了伦理意义。列维纳斯指出："于我而言，极度脆弱与毫无防备的他者面孔，既激发了杀人的欲望，又传达了和平的要求：'不得杀人。'"面孔这种既激发杀人欲望又阻止真正的杀人的含义引发了自我的思想斗争，并使这一思想挣扎成为伦理学的核心问题。[1]

列维纳斯并没有解释，为何人们面对他者的脆弱无助，最初或最主要的反应之一竟然是杀意，为何显示他人苦难境遇的事物会激发人们的暴力欲望。也许是因为面对构成威胁的他者面孔，我必须防御以求自保。但列维纳斯指出，假借自保之名进行的杀戮不具备正当性，自保不可能证明暴力的伦理正当性。巴特勒认为这是列维纳斯一种极端而绝对的和平主义论述，对于这个论述，我们可以选择接受，也可以选择不接受，但这个困境产生了一种伦理焦虑，这是我们必须面对和思考的：害怕自己生命受到威胁，但又担心自己不得不杀人。这两种冲动角力厮杀，如手足相残。然而问题似乎恰恰在于：两种冲动之所以挣扎较量，正是为了避免战争。可见，列维纳斯主张的非暴力观点并非得自平和的状态，而是来自持久的张力状态：惧怕遭受暴力同担忧挑起暴力之间相互纠结的状态。为了结束自己的死亡恐惧，我可能会选择抹杀他者，并为这种暴力找出各种合理化的理由。[2]

尽管列维纳斯指出自保并非杀人的充足理由，但他同样认为，杀意是人类的本能反应。如果面对脆弱他者的第一反应就是杀欲，那么伦理律令就要遏止这一本能冲动。列维纳斯认为，伦理道德使人摆脱愧疚的循环，"不可杀人"的禁令借此深入内心瓦解敌意，于是杀人的敌意开始以超我的形式严厉反对自身。如果说伦理道德能让人摆脱愧疚，那是因为愧疚终究只是一种负面形式的自恋。他者的面孔从外部来到我的面前，打破了自恋的循环。他者的面孔令我

1　[美]朱迪斯·巴特勒：《脆弱不安的生命：哀悼与暴力的力量》，何磊、赵英男译，河南大学出版社，2013年版，第117—118页。

2　[美]朱迪斯·巴特勒：《脆弱不安的生命：哀悼与暴力的力量》，何磊、赵英男译，河南大学出版社，2013年版，第119—120页。

不再耽于自恋，并且促使我关注更为重要的事情。

　　他者面孔造成的伦理焦虑同时也是面孔的话语困境，面孔与话语息息相关。他者首先召唤我们并对我们言说，然后我们才具备了自己的语言能力。进一步说，只有在他者对我们言说之后，我们才能学会运用语言。因此，他者乃是话语的前提条件。列维纳斯的面孔是一个使人们深感错愕与困惑的概念，在他看来，他者的面孔向我们提出了伦理要求，但我们无从知晓这一要求究竟是什么。我们不能将他者面孔解读为神秘化，但它所带来的道德律令同样无法转换为可用语言描述并遵循的指示或准则。它存在于一系列的移情置换之中，尽管这一置换序列中存在着多种名词，但序列的结尾却是一个莫可名状的声音，严格说来，这一声音无法用语言表达。因此，面孔、面孔的名称、帮助我们理解面孔意义的金句"不可杀人"都未能传达面孔的意义，因为名词序列终点那难以言喻的痛苦之声标示了语言转移的极限。如果我们一定要用语言来说明面孔的意义，那么面孔是让所有语言束手无策的事物。

　　列维纳斯又说，面孔乃是苦难的声音，它尚未成为语言或者已经不是语言；面孔使我们领悟到他者生命的脆弱不安，它既激发了我们的杀欲，又禁止我们真正杀人。在列维纳斯看来，我们从未要求语言对我们言说，但是它却俘获了我们。用列维纳斯的表达方式就是说，语言的言说劫持了我们。因此，当别人对我们说话时，当别人为我们命名时，当我们受制于一系列强制的规范时，当我们不得不回应棘手的他者时，我们已经面临暴力。没有任何人能够掌控别人对自己言说时所使用的语言，至少无法从根本上掌控语言。从一开始，接受言说就意味着自己的意愿将遭到褫夺，而这一状况正是人们在话语情境中最根本的处境。[1]

二、主体自我与他异性他者

波伏娃通过将女性这个本不属于黑格尔主奴链条中的特殊他者重新拉入主奴链条，让主体与他者、主体的主体性与他者的他者性之间实现相互交换和转化，从而实现了女性作为社会人的价值。科耶夫曾将黑格尔的主奴辩证法看作"人类历史的一个寓言"，它"蕴含着人类历史之开始、展开、终结的全部动力学"。在科耶夫眼里，人类历史开始于"独属于人的那种为争得承认而进行的殊死较量"，即要求得到他者承认的欲望，"这种欲望起初只是单向的，就是说，人只是想被一切人'承认'，却不愿反过来'承认'任何他人"，于是，双方必然会陷入一场生死战斗，这也是人类人际关系的原型模式。[2]

列维纳斯使用著名的"面孔"概念表达了主体无法同一化的他异性。所谓面孔不是他人呈现于我们面前的、我们所看到的或感知到的外在对象，而是他者与自我的关系中不可见的东西，是他者作为整体进入我的存在的标记和符号；它不是被看见的图像，而是一种外在的无限，是存在者存在的自我需要，是存在者显露自我存在的途径。他人之所以对我有意义，是由于他呈现为帮我认识自己的"面孔"。对列维纳斯而言，伦理是"'自我'与'他者'之间一种先验性及绝对性的不对称性关系……伦理的核心即在于'他者'的激进他异性对'自我'整体霸权永恒及绝对的干扰关系"。[3]巴特勒在批判列维

1 [美]朱迪斯·巴特勒：《脆弱不安的生命：哀悼与暴力的力量》，何磊、赵英男译，河南大学出版社，2013年版，第121—122页。

2 汪民安主编：《文化研究关键词》，江苏人民出版社，2007年版，第495页。

3 Butler, J. *Giving an Account of Oneself*. New York: Fordham University Press, 2005. p. 31.

纳斯他者理论的基础上，将"我是什么"这一疑问转换为"你是谁"，从而将自我与他者的关系看作"我"与"你"的关系。从我与他到我与你的名称变换，实际上是距离的改变，我与你之间的距离要比我与他之间的距离更近，而且我与你是直面的关系，而我与他是多面的关系——可以是直面的，但更多是相对的，甚至是互不照面的关系。巴特勒认为，"你"是一个与"我"不可分割的存在，"我"要认识我自身，首先要认识与"我"相对的那个"你"，"你"与"我"形成了不可分离的对子，正是在这个意义上，巴特勒在黑格尔的意义上实现了对他者的认定，即他者与自我处于相互性认知之中，如果要认识"我"，首先要知道那个我们并不事先知晓也不能完全理解的他者。不过这里似乎出现了一个悖论，即当问及我是什么的时候，我们实际上在问：你是谁。不管这个第一发问者是自身还是那个"你"或者他者，在列维纳斯或者阿伦特的意义上都将首先并且必然指向那个"我"之外的一个对象。而这个由"我"及"你"的自我认识过程，恰恰又暗合了黑格尔意义上的主人与奴隶在自我与他者这一关系链条上的斗争与转化。巴特勒认为最初的我总是在他者那里，他者拥有我的存在。我总是迟到的、虚幻的，因为他者总是先于我而在，拥有对我的解释权。

　　根据列维纳斯的伦理框架，巴特勒对于自我与他者关系的探讨始于一种二人情境，但在所谓的"政治领域"中，同时进行互动的主体通常都不止两人，巴特勒质疑了列维纳斯他者理论中存有"普遍他者"的同一化倾向，我们可以不将自保作为运用暴力的理由，但如果我们所爱的人遭受暴力，我们该如何应对？如果某个他者对另一个他者暴力相向，我们又该如何应对？依据伦理道德，我们应该对哪一个他者负责？我们应该选择面对哪一个他者并施以援手？德里达指出，试图回应并对所有他者负责只会导致极端的不负责任。而且，我们是否能够真的规避自保的需求呢？斯宾诺莎在《伦理学》中指出，想要过美好生活，我们必须有求生和自保的愿望。伦理学是超我的要求，因而它可能只为死亡驱力服务。斯宾诺莎认为，即便如此，伦理学必须同时引导人们的求生动力。在此意义上，巴特勒将列维纳斯视为一个"高级的自虐者"。[1]

他者之所以是他者，就是因为他无法通约的特征，他者不仅指没有相同身份的个人，也可以指一个主权国家和民族。德里达在谈到"未来的民主"中一个主权国家如何对待另一个在文化传统和政治体制上完全异质的国家时，深刻认识到："在民主的深处存在着无法拒绝、也无法同化的他者和异质性……我强调：无法拒绝的——对他者的他者性，对另类的、独特的、非同一的、相异的人的他者性以及对非对称性和异质性的经验。"[2] 所以德里达"友爱的政治学"强调在本体论上对他者无限的责任和无限敞开的"好客"，这将列维纳斯伦理学的"神圣的他者"与某种犹太教的思想民主政治化了。这就是巴特勒意义上的那种激进且富有建设性的批判关系。然而，这里似乎缺少了那种巴特勒所谓的述行性的维度。

三、直面他者的伦理责任

如果说文化上的"自我"与"他者"的分割来自文化承袭中的无意识，那么，政治上的"他者"与"自我"则是有意识取舍的结果。在现实政治中，"自我"总是有意识地将"他者"想象和打扮成危及

1　[美]朱迪斯·巴特勒：《脆弱不安的生命：哀悼与暴力的力量》，何磊、赵英男译，河南大学出版社，2013 年版，第 122—123 页。

2　转引自方向红：《流氓与民主：一种必需解构的国家伦理——德里达〈流氓〉解读》，《南京社会科学》2009 年第 4 期，第 20 页。

"自我"利益的"敌人"。大卫·格里芬指出，现代社会中存在着严重的"把他人、尤其是妇女和'未开化者'当客体对待的倾向，尽管关于所有人都具有灵魂的观点本应导致激进的平等主义伦理观（而且在某些学者中也确有这种倾向），但是，把世界的某些部分仅仅看作是全然缺乏内在价值和神圣性的客体，这种做法却又使得人们很容易习惯于把他人，尤其被许多欧洲男性视为'更自然的'、因而不具有充分人性的妇女和有色人种当作客体来对待"。[1] 长期困扰人类的性别歧视、种族歧视等，归根结底是由于在观念上把一部分他人当作客体而不是主体。在相互的对抗和冲突中，这样任何一方都不可能是真正的主体，也不可能有真正的主体性。这就是对主体性构成现实的否定，是主体的困境。

在他者问题上，列维纳斯比任何一位西方哲学家都走得要远。列维纳斯颠倒了传统哲学对他者的看法，将他者推到一个主体的位置上，而且认为他者才是主体，自我只不过是他者的陪衬。列维纳斯对他者问题的思考是一种伦理式的思考，他认识到，在非暴力伦理中，敌意是无法消除的，它是道德挣扎的永恒问题。列维纳斯探讨了敌意试图遏止的恐惧与焦虑，认为伦理的挣扎正是为了避免恐惧与愤怒转化为真正的杀人动机。面孔对于我是一种无法同一化的他异性。在主体通过面孔与他者交流时，主体看到他者岌岌可危的生命状态，这对主体而言，暴力是一种诱惑。但谋杀他者，自我也无法存活。因为面孔不但通过他者的痛苦挣扎与脆弱无助传达了杀戮的诱惑，也暗含着禁止杀戮的神圣旨意。不管面孔是什么，我对他者的面孔都有着无可推卸的责任，因为没有他，就没有我的存在。用于维系我与他人关系的纽带就是责任，"责任"一词有回应他人的

1　[美]大卫·雷·格里芬编：《后现代精神》，王成兵译，中央编译出版社，2011年版，第209—210页。

紧迫感，强调其行为如何对他者产生影响。列维纳斯的主体则永远形成于回应他者的需求中：当他人看我时，我就处在他的目光的逼迫之下，我一下子就对他负有了责任。我由于他人的出现而获得存在，因而我对他人就有了责任，这是一种纯粹的伦理关系。被他人注视，对他人的脆弱负有责任，这将决定主体如何思考和行动，列维纳斯的理论说明，"我"无法只对自己负责。

这一珍贵而丰富的遗产促使巴特勒在关注他者问题的基础上也探讨了他者伦理责任的问题。认为关注他者是每一个人的责任，对他者的责任是每一个人都必须履行的，是巴特勒在他者问题上的立场。没有他者，我就无法存在。所以，我们对他者负有不可推卸的责任。巴特勒说："我不是独自在这里，你也不是独自在那里，而且，与你有关的，也是我的一部分。如果我失去了你，那么，我不仅仅要哀悼损失，而且我对我自己来说也变得神秘莫测，因为没有了你，我会是谁？当我们失去了我们身上的一部分，我们也将迷失自己，迷失方向。"[1] 从我与你的密切关系来看，自我无法独自生存，自我无法孑然一身地于在世存在中获得意义，直面面孔的脆弱性意味着质疑我本体层面的生存权。所以，我对你负有不容摆脱的责任，而你对我也负有同样的责任，因为我与你在建构中互相分享了一些共同的东西。

四、女性主义与脆弱性关联的潜在风险

有一种女性主义理论认为，女性不平等地遭受着社会脆弱性，并且与阶级、种族、年龄以及许多其他的权力向量因素、潜在的歧视和伤害事件相互交织。巴特勒也多次谈到脆弱性问题，但同时也

---

[1] Butler, J. *Precarious Life: The Powers of Mourning and Violence*. London: Verso, 2004. p. 22.

提醒人们，认同这一观点有一定的潜在风险，因为这有时会被理解为女性存在着某种固有的脆弱性，需要寻求国家或其他家长式统治权力的保护。这肯定了女性处于弱势地位的权力不平等，使得女性主义运动向父系权威寻求特许和保护，并且暗示男性是更强大的一方。另外，这也将女性主义目标的实现托付于国家统治权力机构。许多女性主义者之所以关注脆弱性，是为了在人权组织和国际法庭中提高妇女的受保护地位。这种对女性主义工程的司法化旨在强调那种能够强化对法庭的诉求的语言。尽管这一点很重要，但是这种语言不利于理解那些大众的且处在法律管辖之外的女性主义反抗形式、群众运动的动态性、市民社会的动力以及脆弱性所暗示的更广泛的政治问题。与此相对，另一种论断则认为女性是可以反抗的弱势群体，她们的脆弱性和反抗可以（甚至必须）同时产生，比如那些女性主义自卫组织（如受虐妇女庇护所），在提供保护的同时，也避免扩大家长式权力。避免家长式作风是必要的。但是，倘若对家长式作风的抵制反对所有提供社会福利的国家和经济机构，就会很难辨识支持基础设施的吁求，甚至自食其果。在无家可归、失业和医疗保障不足的状况日益严峻的情况下，这一任务变得更加困难。巴特勒认为，难点在于如何有效地使女性主义者既认识到这些机构对于维持生存的重要性，同时又抵制重新恢复关系不平等的父权制模式并将这种模式自然化。

尽管脆弱性对女性主义理论和政治具有重要的价值，但这并不意味着它是女性群体的决定性特征。巴特勒反对基于一种"脆弱性"的基本概念为女性分类制定一个新标准。事实上，关于谁属于"女性"群体的辩论划分了一个明显的脆弱性范围，包括了那些无性别者，以及因此而受到更多歧视、骚扰和暴力对待的人。所以，一些所谓的"女性"群体并不比所谓的"男性"群体更脆弱，同时女性也并不比男性更注重脆弱性。相反，某些界定性别的属性——比如脆弱性与非脆弱性——是在特定的权力制度下不平等地分布的，其目的正是支持剥夺女性权利的这些特定的权力制度。因此，使用这一术语具有一定的风险，但规避这一术语也存在风险，不稳定性是否赋予了脆弱性具体的政治意义，无法确定更换另一个术语会不会更好一些，因为改变或不改变都具有一定的风险。当然，运用不稳定性和脆弱性还存在一种更为危险的方式。在军事和经济政策的条款下，某些群体被视为可被他人（不受惩罚地）伤害的或可随意处置的群体，他们生活在一种可以被任意处置的境况下，或者无法生存，甚至被处理，在社会死亡的时空中建构了一个区间。这种显性或隐性的标记可以将对此类群体的伤害正当化。这就在新自由主义及其"责任化"的概念中产生了一个悖论，即认为这些群体要为其自身的不稳定处境或其日益严重的不稳定经历负责。为了反击将这种邪恶的形式道德化，人权的倡导者们捍卫了脆弱性的概念，因为他们坚持认为这些群体需要法律和体制保护。就此，脆弱性的概念以两种方式发挥作用，即定位群体和保护群体，这意味着该术语已被用于建立一种限制性的政治逻辑，根据这一逻辑，仅存在被定位与被保护两种属于同一权力逻辑的实践选择。我们可以看到，这一术语如此有效地抹去了民众运动以及积极的抗争和社会政治变革。要解决这一困境，就既不能以一种道德模式将不稳定的群体定位为负有重任的，也不能将其定位为需要"关怀"的、虔诚基督徒意义上的苦难群体。[1]

1　朱迪斯·巴特勒：《身体的脆弱性、联盟和街头政治》，杨乐、张也译，《国外理论动态》2018 年第 2 期，第 53—54 页。

　　这一路径将脆弱性和非脆弱性视为政治效应，也就是作用于并贯穿于身体的权力场域中的不平等分配效应；这种突然的转向，说明脆弱性和非脆弱性并非男性或女性的本质特征，而是性别形成的过程、权力模式的效应，这些权力模式将依据不平等来制造性别差异作为目标之一。这种对脆弱性的策略性运用与源于精神分析的某种女性主义分析相悖，即男性立场是通过否定自身的脆弱性而建构起来的。这种否定的实现需要否定的政治制度，需要规划和置换。具有抗渗透性的人会抹除——也即清除和外部化——所有关于脆弱性记忆的痕迹，从而有效地控制当代难以掌控的脆弱感。也许那些根据定义认为自己并不脆弱的人会说："我从来都不脆弱，如果曾经有过，也是不真实的，我没有这方面的记忆，而且现在当然也并非如此。"[1] 而这一话语正好证实了其所试图否定的，从而凸显了否定的政治术语，这样的历史有赖于对一种异常脆弱的连贯性的否定。

　　虽然上述精神分析视角对于理解这种围绕性别界限分布脆弱性的特殊方式至关重要，但是对于本文所需的分析而言，它们还不够充分。因为，如果某人或某团体否认脆弱性，那么我们就不仅在假定脆弱性已然存在，同时也在假定它在某种意义上是不可否认的。"否认"始终是一种试图偏离固有事实的努力，所以脆弱性的定义即包括对否认的潜在拒绝。在此意义上，否认脆弱性虽然是不可能的，但却一直在发生。虽然不应草率地将个体与群体的构成进行类比，但可以看到否认的模式同时涉及两者。例如，我们可以对某些支持摧毁被选中群体或人群的军事理论捍卫者说："你所导致的伤害难道不会波及你自己吗？"或者对某些新自由主义经济形式的捍卫者说：

1　朱迪斯·巴特勒：《身体的脆弱性、联盟和街头政治》，杨乐、张也译，《国外理论动态》2018 年第 2 期，第 55 页。

"你本人难道永远不会沦为工作和生命岌岌可危的人吗？不会沦为突然被剥夺了基本权利、住房或医疗条件的人吗？不会沦为是否能够获得工作而烦恼的人吗？"以这种方式，我们可以假定，那些试图将他者暴露于或放置在弱势地位的人，以及那些试图将自身定位于并维持在非弱势地位的人，都是在试图否认一种脆弱性，因为这种脆弱性使他们无可避免地与其试图征服的人绑定在一起。如果一个人违背自己的意愿而与另一个人绑定在一起，那么即使征服手段是一种契约，这种绑定也必然是令人疯狂的，是一种不可接受的强制性依赖形式，就像奴隶劳动和其他形式的强制契约一样。因此，问题不在于依赖本身，而在于其策略性的剥削。[1]

　　将依赖与剥削分离开来意味着什么，才能使得二者的意义得到区分？阿尔伯特·迈尼（Albert Memmi）在著作《依赖》（*Dependency*）中分析，"依赖"被用来将殖民统治的各种形式合理化，认为某些群体更具依赖性，进而需要殖民统治，这将是带领他们或部分人通向现代化与文明的必由之路。这里，"依赖"这个术语就以这种方式被玷污了。是否存在着另一种理解和运用这一术语的方式呢？我们还可以怎样理解身体的生存与发展势必依赖持续的社会关系和体系这一普遍性论断呢？这要求我们探讨身体最终是什么，抑或提供一种身体本体论，认为身体的脆弱性具有一种普遍的优先性。事实上，正是因为身体的形成和维持与基础设施的支持（或缺失）有关，与社会和技术网络或关系网络有关，所以我们无法将身体从其建构关系中抽离出来，并且这些关系在经济的和历史的意义上是特定的。因此，当我们说"身体是脆弱的"时，是指身体相对经济和历史而言

1　朱迪斯·巴特勒：《身体的脆弱性、联盟和街头政治》，杨乐、张也译，《国外理论动态》2018 年第 2 期，第 55—56 页。

是脆弱的。这意味着"脆弱性"总是需要一个对象，总是在外在于身体——但又构成身体的一部分——的条件下形成和发展的。我们可以说，身体的存在与它所拥有或必要的支持条件之间存在一种紧密的关系，这意味着身体从来就不存在于一个脱离历史情境的本体论模式之中。或者这样理解：身体暴露在历史、不稳定性和暴力之中，但同样暴露在始料未及又恰如其分的事物之中，比如激情与爱情、突如其来的友谊或无法预料的损失等。事实上，一切意外都将触及那些无法提前预测或控制的脆弱性。在此意义上，脆弱性表明了不能预见或提前控制的情况，例如身边的流言蜚语、友谊的突然丧失、被轰炸残酷地剥夺生命。对于任何可能发生的突发事件，我们都是脆弱的。脆弱性总是使我们卷入无法企及但同时又是我们自身一部分的事物之中，构成了我们可以暂时称之为我们的化身的核心维度。[1]

第三节　他者政治的两个文本

"脆危"（precarity）这一术语，是巴特勒在吸收了阿伦特的"纯粹生命"（mere life）以及阿甘本的"赤裸生命"（bare life）的基础上提出的。阿伦特将奥斯维辛集中营中被剥夺了公民权、连最基本的人权都不能拥有的犹太人称为"纯粹生命"。阿甘本用"赤裸生命"指称一种没有任何国家身份、处于任何历史语境与意义之外、处于赤裸裸的任由他人宰割的例外状态中的生命，它一旦被卷入政治领域，既可以被权力肆无忌惮地处理，也可以被权力积极地干预、教

---

[1] 朱迪斯·巴特勒：《身体的脆弱性、联盟和街头政治》，杨乐、张也译，《国外理论动态》2018年第2期，第56页。

化和投资，战俘、集中营的囚犯、难民、非法移民等等都属于这样的赤裸生命。如果"脆弱"指人类面临他者时的脆弱状态，那么巴特勒使用"脆危"一词专指由政治和国家暴力而引发的脆弱状态。如果说"脆弱"这一概念强调所有人存在于世的共同状态，更具有存在主义的意味，那么"脆危"一词则更具政治意味。脆危的生命印证了生命与主权的依附关系，它既是主权生产的产物，又是主权展现权力的对象。一方面它被主权排除，因而不受法律保护；另一方面主权也可以将惩罚与暴力加诸其上，展现权力统治的合法性。由此，巴特勒将思考对象转向那些由于战争冲突和国家暴力而处于脆危状态的生命。

一、现实文本：来自关塔那摩监狱的诗

关塔那摩监狱是美国设在古巴的一所关押极端政治犯的秘密军事监狱，是神秘而冷血之地。该地最初只是用于临时关押拘留者，但美国军方逐渐将这个临时关押拘留者的场所改建成一个长期使用的监狱。"9·11"事件之后，被投入关塔那摩监狱的政治犯暴增，狱方在管理这些政治犯时无所不用其极。这里有真正的犯罪者，但也有无辜的冤屈者。一些自愿作为在押人员代理律师的人士用尽各种方法搜集了大量有关监狱的材料，经美国国防部审查后，出版了《来自关塔那摩的诗：在押者的告白》，在美国各个阶层引起了广泛关注。这些诗作是通过特殊方式书写并传递到外界的，据诗集编辑福尔科夫（Marc Falkoff）说，这些在押者绝大多数从来没有写过诗，入狱后，他们用诗歌记录自己的境遇，抒发感情。因为缺少纸和笔，他们用小石子把诗作刻在塑料泡沫杯上，或用牙膏写下来。这些诗作

在在押人员之间秘密传递，狱方发现后，没收了大部分诗作，因为怀疑在押者借此暗通消息，狱方毁掉了这些刻有诗作的塑料杯子等。有些在押人员出狱后通过回忆，重新写出了这些诗。而有些诗作经过五角大楼审查后，从在押者传到福尔科夫和其他律师手中。谈及出版诗集的目的，福尔科夫说："出版这些诗歌是一种方式，好让公众听到这些在押人员的声音。"这种生产和传播途径本身就具有反抗的价值，体现出个体在与政权的对抗中虽弱小却坚定的生命力。而美国国防部发言人说，这些在押人员把诗歌当作"他们对抗西方民主理念和作战对象的战斗工具……尽管关塔那摩监狱一些在押者为创作他们所谓的诗作付出了努力，这不能改变这些作品的性质，他们的创作不是为了艺术"。

巴特勒在《战争的框架》一书中深入分析了这些来自关塔那摩的诗，促成巴特勒写作这本书的直接原因是关塔那摩的虐囚照片，但她并没有就事论事，而是用历史的眼光考虑主体之间的战争状态。巴特勒曾引用这样一首题为《他们为和平而战》的诗：

> 和平，他们说。
>
> 意志的和平？
>
> 地球上和平？
>
> 什么样的和平？我看到他们谈论、争论、战斗——
>
> 他们寻找什么样的和平？
>
> 他们为什么杀戮？他们到底要干什么？仅仅是谈论吗？他们为什么争论？
>
> 杀戮如此简单吗？这就是他们想要的？是，当然是！
>
> 他们谈论，他们争论，他们杀戮——

他们为和平而战。[1]

还有一首名为《镣铐的羞辱》的诗：

当我听见林间鸽子的咕咕声

热泪淌满我的双颊

当云雀啁啾而鸣，我想起了

要给儿子捎去的信……

压迫者们正在戏弄我

他们要我监视自己的同胞

还说这是一件好事

他们许诺我金钱和土地

还给我无处不能去的自由

他们的诱惑

像闪电一样抓住我的心

可他们的礼物却是一条饥饿的毒蛇

披着伪善外衣，就像它口中的毒液

他们拥有象征自由的纪念碑

还有信念的自由，看起来不错

可我告诉他们

形式不代表正义……[2]

---

1 Falkoff, M. ed. *Poems from Guantánamo: The Detainees Speak*. Iowa City: University of Iowa Press, 2007.

2 Falkoff, M. ed. *Poems from Guantánamo: The Detainees Speak*. Iowa City: University of Iowa Press, 2007.

很明显，分析这些诗，巴特勒意欲从根本上重新思考自启蒙运动以来西方极其珍视的自由、平等、博爱、和平等与个体生命密切相关的理念，如今在某种意义上成了某个政治权力组织以维护个体生命为借口而对另外的生命进行屠杀的修辞。巴特勒说："作为对边缘者来说不可动摇的条件，或许我们应当重新思考自由，即使是强制性的自由，同时也要认识到，在对战争进行颠覆性批判的框架下，重新构建性别政治的必要性。"[1] 这在某种意义上体现了巴特勒对他者哀悼伦理思考的一个现实维度，那些边缘的、被压制的生命是需要哀悼的生命的一部分，应该成为哀悼伦理关注对象的一部分，这表明了巴特勒在他者问题上的立场：关注每一个他者是我们每一个人的责任。从这个意义上说，巴特勒对生命的哀悼体现了对渺小个体生命的关怀，也是介入国家暴力的一个现实路径。

从暴力的角度看，巴特勒认为，"无限期羁押"政策制造了一个羁押与惩罚的"法外之地"。具体而言，"无限期羁押"作为霸权及主权的非法运作，并非非常时期的"例外"，而是"例外"以反复自我"述行"的方式将自身固化、物化为某种"常态"。同样，以"无限期羁押"为契机，国家肆无忌惮地行使法外权力，在当前的战俘营中，失落或曰式微的主权借助一系列规章死灰复燃，治理官员行使着至高无上、无须对任何法律负责的"主权权力"，这是"一种无法无天的特权，一种十足的'流氓'权力"，却又威力十足。[2] 但是，当暴力的实施对象再指向他们，这根本无法伤害或者否定那些生命，它们反而莫名其妙地维持着生机，这会激怒暴力，因此它们更应该不断地遭受否定。否定他者的真实存在意味着，他者既非生亦非死，他

1　Butler, J. *Frames of War: When Is Life Grievable?*. London: Verso, 2009. p. 135.
2　[美] 朱迪斯·巴特勒：《脆弱不安的生命：哀悼与暴力的力量》，何磊、赵英男译，河南大学出版社，2013 年版，第 49 页。

者是阴魂不散的幽灵。

这种"否定他者真实存在"的行径，一方面，在话语层面意味着某些生命根本不能成为"生命"，他们不符合主流的人类框架，无法成为"人类"。关塔那摩监狱的在押人员就是这样一群受否定的无效的不真实的生命。他们不受国际法保护，被排斥在政治共同体之外，没有权利，不是任何法律或规范意义上的主体，在无限期羁押的反复述行下，逐渐被植入生命与死亡、内在与外在之间的边界地带，被人类规范排除，成为无须杀人的授权就可以被杀死的脆危生命，暴行对他们造成的恶果也不会引起公众的悲伤。巴特勒探讨了人类文化规范所包含的政治含义，这些规范概念以排斥的方式制造出了一系列"无效的生命"，并褫夺了他们的法律及政治地位。人们无法哀悼他们，他们已然失去了人的资格，实际上，他们从来没有存在过。他们必须遭受抹杀，因为他们似乎阴魂不散。面对这难以抹杀的存在，暴力也只能永无休止。

同时，种族与族群规范也在起作用，导致当局将这些囚犯视为低于人类的生命，并且认定他们已经不再属于人类群体。在引证《日内瓦公约》（以下简称《公约》）作为反对政府"无限期羁押"政策的有效武器时，巴特勒锐利而公允地指出，作为一种文明的法律话语，《公约》话语结构内部已然确立了一套界定与筛选的标准，据此决定什么人、哪些国家的人可以受到条约的保护，从而在国际战争与争端中拥有免受凌辱、虐待与暴力的特权，而未能被《公约》承认的政治实体，则成为"未可识别国家"而无法享有公约规定的"普遍性权力"。由此为起点，巴特勒再度质疑"人权"这样一个看似不言自明，却总会在国际社会领域引起争议甚至争端的范畴。一些国家尤其是美国利用了《公约》本身的问题，将"恐怖主义"变成非法暴力的代名词，并且与特定的国家或地区直接挂钩，其背后掩藏的是内化于西方知识体系中源远流长且根深蒂固的东方主义传统。《公约》及人权观念其实并未拓展到第三世界国家，尤其是广大的伊斯兰国家与地区，因为对于美国及西方社会而言，恐怖主义的暴力是一种非理性的暴力，西方社会无法从理性及政治的角度理解这种来自东方的狂热与冲动。因为在西方/白人的眼中，东方与"土著"从来不具备"理性"与自主思考的能力，因此根本不能算作人类的成员。这样一种内化的东方主义思维也是美国对关塔那摩的囚犯实施"无限期羁押"这种有损人道主义及国际法律的霸权政策的重要原因。

现代恐怖主义是十足的现代政治的产物。而西方国家做出将其前现代化、野蛮化、不可理解化的行为既是源自东方主义思维的流毒与后遗症，更是居心叵测地意图通过简化、极端化伊斯兰世界而将其排除出"人类"阵营，从而为自己推行以国家为名的恐怖主义、霸权政策大开方便之门。我们不得不反思人类，反思人类也正是人权法学民主化发展过程的一部分。不难发现，隐藏在"人类"这一普遍性概念内部的各类种族及族群的界定框架，使"人类"这一概念自诞生之日起就被形形色色的种族与宗教的偏狭意识与限定缠绕，其实远未能完全包容人类价值观的异质、多元与多维，而国际人权法建立在这样不完全的、明显带有文化局限的"人类"概念之上，其普遍性设定远远未能惠及所有人类，亨廷顿之流的"文明冲突论"更是将东方主义思想内化在"文明"这一概念当中，阻碍了"人类"这一概念内涵的扩展与衍生。所以，所有民主社会都应该采取切实行动，挑战此类框架界限，容许各类相互冲突或重叠的文化框架为人所知，勇于接受文化翻译的挑战。尤其是当我们发现那些具有完全不同信仰及价值观的人生与生活时，就更应该勇于接受这种挑战。更重要的是，要考虑到人类价值观的异质性。反思人类定义并非以相对主义否定普遍人权，相反，反思人类定义恰恰是某种前提条件；只有凭借这种反思，我们才能提出具体而包容的人类定义，才能摆脱局限于种族与宗教的偏狭人观，从而得到更具远见的自我理解，将我们定义为全球共同体中的成员。对此，我们的认识仍远远不够。[1]

巴特勒还认识到，"文明"也成了一个阻碍拓展人类含义的术语，凭借某种带有文化局限的人类定义，这种"文明"的运用有区别地制造出了"人类"。问题不仅仅在于，有些人被当作人类而其他人则不然，问题还在于，由于西方"文明"树立了某种似人非人的非法形象，并借此定义自身，因此这种褫夺他人人性的做法成了"人类"形成的条件。这种名副其实的"文明"为人类的定义提供了标准，同时制造出一个"非人"的领域，其中羁押了众多似是而非的"人类"、幽灵般的"人类"。他们被褫夺了做人的资格，被迫在一个非人的法外与化外之地自生自灭。

通过对人类、人权及文明这样在国际公约中起到规约作用的重要概念进行再解读，发现与倾听那些被这些术语排除在外的国家、政治实体及个体的故事与"声音"；通过对类似主体、述行这样一些复杂理论范畴的重新界定与改写，巴特勒试图在更为政治化的语境中赋予它们一种新的解释；通过批判既定理论术语的限定性与规约性，尝试再度征用其内部包藏的尚未被完全发掘的政治潜能与批判力量。这是巴特勒一以贯之的理论思维及思考方式。

巴特勒解读这些来自高压之下的声音的角度颇为特别，她谈到了个体责任的问题。这种个体责任是指个体对于那些被剥夺发声权

1　[美]朱迪斯·巴特勒：《脆弱不安的生命：哀悼与暴力的力量》，何磊、赵英男译，河南大学出版社，2013年版，第78—79页。

的人的责任，这是一种在集体政治之外寻求个体对个体负责任的表述。在此基础上，巴特勒还提到了在政治暴力的框架之下如何对个体生命进行应有哀悼的问题，也即对逝去的生命哪怕是极其反动的生命也应当有恰当方式的哀悼，因为哀悼的同时包含把那些活着的人当作一个活生生的个体生命去尊重的意思。巴特勒反思现有的针对个体生命的政治框架，认为要达至一种真正意义上的哀悼，"需要生产一种新的体系，结果也就是一种新的表达内容的方式"，这种新的表达内容"是一种关于生命权力的批判"[1]。由此可见巴特勒对《来自关塔那摩的诗：在押者的告白》的关注不仅仅是出于对弱者的同情，更是希望通过对关塔那摩监狱中被压制的声音的关注初步建构一种关注生命的新的思维方式。这种思维方式建立在个体责任（道德）的基础上，通过个体对个体的负责建构起一种可以与传统的政治权力相抗衡的体系，这种体系承认生命的脆弱性，从而"重新思考危险、脆弱与伤害"，最终重新思考与生命相关的身体、道德、政治、语言、经济等各个领域的既定范畴。[2]

二、文学文本：安提戈涅的政治欲求

作为西方文明最重要的文学文本之一，人们对《安提戈涅》的阐释远远超出了文学批评的范围，在哲学、政治学、伦理学、心理学、法学，甚至舞台艺术等艺术领域都有创造性的意义重构。安提戈涅因为违抗禁令被下令处死，但不是真正地被处死，而是把活着的安提戈涅囚禁在石墓中直到她死亡，并且被宣布"已经不在了"。此时

1　Butler, J. *Frames of War: When Is Life Grievable?*. London: Verso, 2009.
2　成红舞：《他者观与哀悼伦理——西蒙娜·德·波伏瓦与朱迪斯·巴特勒的他者观比较》，《西南交通大学学报（社会科学版）》2014 年第 3 期，第 81 页。

的安提戈涅被法律和正常社会宣布为"死人"，尽管她的生物性肉体生命依旧存在。但安提戈涅被排除在象征性的政治共同体之外，不受法律保护，她既不属于活着的人，也不属于死亡的人，而成为一个"活死人"。关于安提戈涅"活死人"的政治地位以及政治意义，一直是人们关注的话题。巴特勒借用阿甘本赤裸生命的概念来分析安提戈涅的政治价值，认为被剥夺了"人世间居住的权利"的安提戈涅，沦为阿甘本理论中的"赤裸生命"。

古希腊认为人的生命有两种，一种是自然生命，即简单的生存事实，这是"与法律毫无关系的生命"，是生命的初始状态；另一种是政治生命，它意味着人类是生活在一个政治共同体当中的，政治共同体是人类发展的必然产物，随着人类群居生活而产生。阿甘本批判地发展了人的政治生命的理论，认为身体与权力结合才构成人权，只有在身体获得公民权利的时候，人的生命权利才会得到保障。换言之，在身体与权利之间有一个中介即公民身份，一旦被剥夺了公民身份，身体也就被排除在正常社会关系或者历史处境之外，也就是没有任何权利保障的赤裸生命。

巴特勒认为，安提戈涅被排除在城邦法律之外，活着被关在石墓之中分明就是一个失去公民权利的赤裸生命。在这个意义上，安提戈涅实际上暴露了她与统治者这种深层次的相互依存关系，其中法律起着不可低估的桥梁作用。作为一种"构成性外在"，安提戈涅被"排除性地纳入"法律当中，既在法律体系之内，却又被法律排除在外。但这并不意味着安提戈涅失去了政治性，阿甘本认为，从主权者的角度讲，只有赤裸生命才是真正政治性的。他们的这种二律背反体现了赤裸生命与主权者之间的不可分割的联系。正是在这个基础上，阿甘本宣称，制造赤裸生命的身体是主权者的原初活动。[1]因此，主权的宰制正在于撤回其对赤裸生命的政治与法律保护，将赤裸生命弃置于"无法"的暴力之下。其中也体现了法的暴力以及统治者、赤裸生命与法律三者之间相互依存又相互排斥的矛盾关系。巴特勒警示我们必须警惕当下西方社会中这种在"民主法治"外衣下的"主权暴力"现象。[2]

　　巴特勒认为囚禁安提戈涅的"石墓"是一个被法律悬置的公共空间，它类似于一个公共空间里不确定的真空地带。通过悬置法律，统治者以法外治理之名对法律实施了暴力。这种暴力最终的作用对象就是早已沦为他者的赤裸生命。不但如此，巴特勒还揭示了隐含在主权者－赤裸生命这一相互依存关系背后的、更深层的理念：主权意味着所有的人都是潜在的受谴者，而对于受谴者而言，每个人都是主权者。在特殊时期，权力可以化为某种符号赋予民众。这时，行使权力的民众也是"法的化身，具有法律人格的生命典范"。而且，不只是处在独裁统治下的人民才可能沦为赤裸生命，即便是在今日的民主国家内，公民也随时可能成为一个例外状态下的"他者"、一个被处决的对象、一个不受法律保护的赤裸生命。

　　安提戈涅的命运促使人们对生命政治进一步思考，该如何处理、阻止或限制统治者"法外治理"的暴力呢？在法律与法外事实之间是否有一个限度，如果有，又该如何设限？巴特勒认为，虽然安提戈涅被排除在正常社会秩序之外，但她正好依此占据了一个边缘的位置，这个边缘位置代表了一种边界，"这个边界无法被代表、无法用

1　Agamben, G. *Homo Sacer: Sovereign Power and Bare Life*. California: Stanford University Press, 1995. p. 106.

2　马岳玲：《走进"活人墓"的安提戈涅——试从阿甘本的"牲人"理论重新解读〈安提戈涅〉》，《洛阳师范学院学报》2014年第6期，第41—45页。

语言再现"，而安提戈涅这个边界的位置也为重新厘定中心与边缘的界限提供了可能性。虽然"在边界存在"的安提戈涅"注定丧命"，但是，她"所代表的另类法律令权力拥有者惶惶不可终日，公共领域成为未来他们陷入丑闻的场所"。[1]

对于安提戈涅最终自我了结的"行动"，伊里格瑞认为安提戈涅因此走出以克瑞翁为代表的城邦政治体系，超越受害者的身份成为悲剧英雄。巴特勒认为伊里格瑞将妇女置于边界，没能逃出黑格尔"同一性中的他者"的生命秩序。的确，以死亡为代价的抗争总不免透出苍凉与无奈。拉康将安提戈涅的悲剧生存论化，认为她的死亡是拒绝进入象征界的个体欲望与象征界无法克服的冲突，其死亡的悲剧结局是一开始就注定了的。因此有人认为安提戈涅不仅仅冒着死亡危险悬置了象征秩序，还积极地争取死亡，显示了一种超越任何社会政治变革行动的欲望的纯粹性。巴特勒认为，安提戈涅的行动并非在政治之外，它本身就是一个政治行动。当安提戈涅不再保持沉默，向象征界的不合理发出声音，她就成了唯一一个可以为自己的欲望做主的人，较那些被象征界承认的主体而言，她更真实地掌握了自己的欲望。因此，她最能清楚地认识到现有象征秩序的残酷与不合理，最有资格去为自己争取新的政治可能性的身份。

巴特勒对安提戈涅的认识是深刻而矛盾的，她看到了解构的可能，但同时对其悲剧命运的体验又尤为深刻。褪去早年的乐观，巴特勒逐渐看到一种悖论性结局：反抗者反抗现行社会秩序的最终目的是寻求社会制度上的认同和承认，这是目前他者群体争取权利必经的一条悖论式途径。其实这何尝不是巴特勒自己理论困境的表征，

---

1 [美]朱迪斯·巴特勒：《安提戈涅的诉求：生与死之间的亲缘关系》，王楠译，河南大学出版社，2017年版，第89页。

或者说这何尝不是每个人文知识分子的困境表征？安提戈涅必定死亡的结局总不免让人灰心。但后来巴特勒在一次访谈中说道：安提戈涅表征了被排除于公众话语之外的边缘群体依然以某种方式坚持言说的热情。[1] 通过安提戈涅，巴特勒以积极乐观的心态更加深刻地追问他者的生存困境，进而追问生命的意义和价值。当然，巴特勒的主要目的还在于，通过对经典文学人物的解构"介入"当下政治，履行她视为己任的批判使命，从而倡导一种对主体根本性的颠覆生产。就像福柯所说：

> 或许，现在的任务不是去发现我们是什么，而是拒绝我们是什么。我们必须想象并建构我们所是的可能性，借此摆脱政治的"双重束缚"：现代权力结构同时塑造出的个体化和总体化。……这个结论将意味着，我们今天政治的、伦理的、社会的、哲学的问题不在于将我们从国家与国家体制中解放出来那么简单，而是怎样将我们从与国家息息相关的个体化状态和个体化形式中摆脱出来，拒绝若干个世纪以来一直深深地强加在我们身上的"个体化"，继而开拓新型的主体性。[2]

巴特勒对政治生活的介入有着鲜明的个性特征，借助文学作品，从他者观念出发，由对他者理论的具体表述，极力钩沉被边缘化的现实他者，并在此基础上进一步反思他者理论，由理论到现实再到理论，实现理论与现实的结合。巴特勒最终思考的是个体对个

1　Antonello, P. &Farneti, R. "Antigone's Claim: A Conversation With Judith Butler". *Theory&Event*, Vol. 12, No. 1, 2009.

2　Dreyfus, L. H. &Rabinow, P. ed. *Michel Foucault: Beyond Structuralism and Hermeneutics*. Chicago: University of Chicago Press, 1982. p. 212.

体的责任，以及如何在现有的政治伦理规范之外，寻找一种看待生命、尊重生命的新的方式。这是一种理论与实践之间甚为模糊的相互实现的途径，巴特勒试图通过对现实他者的关注实现其哲学理论的表述。

第四节　他者视野的文化批判

巴特勒认为列维纳斯的他者理论有助于当代各类文化批判，有助于人们学会描述人类及其悲伤与苦难。当然，伦理责任并非新型的金科玉律，巴特勒从现实暴力出发直面现实，继续反思权力与主体之间的张力关系，反思主体之间的言说模式与合作潜能，反思激进政治中各类想当然的前提假设。在此过程中，她甚至将批判的触角延伸至当代媒体与宗教领域。

一、当代媒体的表征面孔：赋予与褫夺

列维纳斯的"面孔"（face）促使我们思考表征与"赋予人性"之间的关系，这种关系远非我们想象的那样简单，这种思考有助于人们学会接纳那些遭到贬斥的"面孔"。巴特勒建议，如果批评理论想要对当前局势提出什么建议或见解，不妨从当代媒体入手，因为在新闻报道、政府宣传等公共视听领域中不断上演着"赋予人性"与"褫夺人性"的事情。通过发现存在于"表征"与"赋予人性"之间的隐秘关联，巴特勒批判了当前美国主流媒体以对"形象"的控制而掌握了"赋予"还是"褫夺"人性的特权，而这样的特权在公共领域的遮蔽将引发更多的暴力。经主流媒体处理过的"面孔"及形象，往往

遮蔽而非呈现人类的苦难与创痛，掩饰了人类生命的脆弱与苦难，因此它们反而成为剥夺人性的表征。

巴特勒首先指出人们理解"赋予人性"或"褫夺人性"的惯常方式，人们总是想当然地认为，有机会获得形象表征意味着更有机会受到合乎人性的对待，而那些没有机会自我描述的人则更容易遭受非人对待。但这里有个悖论："面孔"并非只是人类的面孔，但却是赋予人性的前提。也就是说，有些面孔不属于人类，却可以赋予人性；而有些褫夺人性的行径却可以借助人类的面孔而达成目的。这表明我们要思考暴力实施的各种途径，其中当代媒体褫夺人权的暴力所凭借的正是面孔。

媒体处理这些面孔使之具有明显的思想倾向性，比如通过媒体刻画的形象为战争辩护，或利用面孔记录自己的胜利，粉饰自己践踏主权、滥杀无辜的暴行。不仅如此，有些面孔还试图为战争增添美学面向，《纽约时报》的头版还时常出现一些富有浪漫情调的战争图像：沐浴在夕阳余晖中的军事装备，在巴格达市区空中爆炸的炸弹。镜头中的这些"面孔"遮蔽取代了列维纳斯的"面孔"，从这些面孔中，我们看不到、听不到任何悲伤与苦难，我们无法体会生命的脆弱不安。面孔受到了战争的侵蚀，这也正是战争在表征层面以及哲学层面造成的恶果。[1]

这里明显存在着媒体利用面孔褫夺人性的过程，我们必须追问媒体试图利用这些形象达成的叙事目的，更重要的是，追问这些画面究竟如何粉饰了人类的苦难真相。抹杀人类的苦难这种行为在更广泛的意义上限定了"视听领域"的界限，换言之，它规定了我们可

---

1 [美]朱迪斯·巴特勒：《脆弱不安的生命：哀悼与暴力的力量》，何磊、赵英男译，河南大学出版社，2013年版，第123—125页。

见、可知事物的范围。但是这并不是说只要找到真实确凿的影像画面，我们就能获悉真实情况。影像所描绘的场景并不能传达真实的情况，相反，影像描绘真实情况时所遇到的困境才传达了真实的情况。[1]

巴特勒认为我们需要区分不同形式的"无法描述"。根据列维纳斯的看法，有一种"面孔"，我们无法运用现实中的面孔对其进行详尽描述。列维纳斯认为这种面孔是人类的苦难，是人类面对苦难的哭泣与要求，因此我们无法对其进行绝对描述。这种"面孔"所代表的事物并非字面意义上的面孔。因此，在列维纳斯看来，面孔无法象征人类，描述的难以为继体现了这一断裂，而这一断裂恰恰间接地确认了人性。这一断裂影响深远。有些事情是无法描述的，但我们却总是试图描述它们，这是描述必然会出现的一个悖论。因此，人性不等于得到描述的事物，也不等于无法描述的事物。实际上，人性限制并决定了形象描述的成败。在描述的失败中，面孔并未遭到"抹杀"；相反，描述的失败反而确立了面孔的性质。

然而当面孔服务于某种拟人象征，当它号称能够控制那些成问题的人类时，情况就大不相同了。列维纳斯认为，形象描述无法捕捉人性，当人们用影像来捕捉人性时，人性就会蒙受损失。媒体描绘"敌人"面孔的方式抹杀了列维纳斯所谓"面孔"之中最具人性的部分。事实上，这些面孔（某种拟人象征）遮蔽了人类的苦难，使我们无法切近体认生命的脆弱不安，让我们无法接近真正的面孔。这些面孔的画面意图呈现已死的"非人"存在，人们把此类面孔描绘成"为邪恶所侵蚀的面孔"，这种面孔绝不属于人类，也绝不是列维

1　[美]朱迪斯·巴特勒:《脆弱不安的生命：哀悼与暴力的力量》，何磊、赵英男译，河南大学出版社，2013年版，第126页。

纳斯所说的面孔。这样的面孔毫无脆弱不安的迹象，因而也不可能遭到杀害。审视面孔的我们不会认同这张面孔，然而，这正是我们被迫要去杀害的面孔，因为它代表了人们无从认同的事物：它是褫夺人性的杰作，也是暴力的前提条件。仿佛从世间抹杀这种面孔会令我们回归人性，而不会激发我们自身的残忍暴虐。只有依据一个更为宏观的问题，我们才能理解媒体利用画面排斥人性的行为。这一问题就是："可理解性"的规范框架决定了谁有权成为人类、何种生活值得追求、何种死亡值得哀悼。这些规范框架制定出理想的人类标准，并借此评判人们是否符合这一标准。不唯如此，有时它们还制造出徒具人形的"类人"形象。

巴特勒认为规范权力有两种运作模式：一种制造出面孔同非人的象征关联，继而禁止我们在影像中认出人类；另一种则全然抹杀一切影像，所以根本不可能存在什么人类、生命，更遑论什么谋杀了。在前一种运作模式下，权力要将公共领域内曝光的一些事物斥为非人之物；在后一种运作模式作用下，公共视听领域本身就建立在排斥非人影像的基础之上。这两种做法殊途同归。我们可以将其视为战争在哲学层面以及表征层面造成的恶果，因为政治与权力的运作途径之一就是规定可以进入公共视线的事物、规定公共可以获悉的事情。[1]

禁止哀悼是暴力的延续。但是如果我们愿意去思索、去理解，当前的局面难道不正是一个好机会吗？借此机会，我们可以理解人们如何将忧郁症铭记为思考事物的界限。面孔并不以语言进行诉说，我们需要倾听这种面孔的诉说并从中领悟：脆弱不安的生命已然岌岌可危。基于媒体的现状，我们怎么可能在新闻报道的有限范围内认

---

1 [美]朱迪斯·巴特勒：《脆弱不安的生命：哀悼与暴力的力量》，何磊、赵英男译，河南大学出版社，2013年版，第129—130页。

识并体认生命的不安？如果说人文学科和文化批评在当前负有使命，那就是理解人类的脆弱，理解人类意义表达能力的局限。在我们可知、可见、可闻、可感领域的限制范围内，我们必须追问人类的出现与消失。这将激发我们重拾学术的激情，批判、质疑并理解文化翻译与异议的困境及需求，从而催生一种公共领域的观念。在这一领域中，人类将不再害怕、贬低或忽略各类对立的意见声音，这些意见有时会展现真正的民主，人们将重视这些不同的声音，以此促进名副其实的民主。[1]

通过对列维纳斯哲学进行文化引用，我们认识到，要想理解生命的脆弱不安，就必须打破形象描述的霸权。霸权的描述方式反映了公共生活中可曝光事物的范围，反映了公共视听领域的界限，那些没有面孔的人、那些象征着邪恶的面孔令我们在自己戕害的生命面前无动于衷，因此他们将永远得不到哀悼。要想更深刻地理解生命，理解所有生命的价值，有些面孔必须为人所知，人们必须看见并了解他们的"面孔"。尽管对某些人来说，只有诉诸暴力才能消解悲伤，但是显然暴力只会带来更多的损失，无视生命的脆弱不安只会导致无休止的政治暴行与苍白无力的悲伤。

二、宗教伦理与民族战争的框架

巴特勒秉承了列维纳斯的犹太哲学传统，探讨了宗教伦理与民族战争的框架问题，重新思考了某种富于犹太文化色彩的非暴力伦理，这对于那些在犹太文化内部催生后复国主义文化的人来说尤为重要。

1　[美]朱迪斯·巴特勒：《脆弱不安的生命：哀悼与暴力的力量》，何磊、赵英男译，河南大学出版社，2013年版，第133页。

巴特勒认为，宗教并非只是信念、独断和教条，它同样是一种主体塑形的方式，是表达、争论价值的话语途径，其最终形式并未完全确定。在批判国家权力时，巴特勒指出，世俗原则同民主原则一样，也有可能沦为权力的工具，成为区分、无视、抹杀不同人群的手段。[1] 因此，我们不应该不加鉴别地诉诸"世俗"，更何况，在西方国家，"政教分离原则"非但未能成为容纳协商文化差异的原则，反而沦为排斥、歧视少数族裔的教条。[2] 鉴于此，巴特勒开始认真严肃地对待宗教，反思宗教对于当代政治生活的意义，批判世俗政治思维背后暗含的粗暴框架，探讨各类看似"不可能实现"的政治联盟对激进民主的启示。在现实的激进政治中，如果各类政治派别顽固地"坚守"自身的"基要"立场，忽视不同利益主张在宏观政治领域中相互交织的复杂关系、共存共荣的根本需求，那么政治联盟只会走向各自为政的穷途末路。

同时，她也开始正视自身的犹太文化传统，发现了列维纳斯的论述中暗含的某些谬误：拘泥于"犹太"身份而无视普遍生命，将以色列国等同于犹太文化，将犹太文化等同于受害者文化。这种谬误和某些女性主义思维一样，完全可能导致种族主义。垄断"受害者"身份的"框架"正是否认、排斥的忧郁机制，即便承认"人类"的脆弱特质，它也会导致针对"非人"的暴力。[3] 在《"反犹"罪名：犹太人，以色列，直言不讳的风险》中，巴特勒就指出，任何伦理都不应基于如下假设：只有某一人群才可能成为受害者。凡有朽之躯皆可能沦为受害者，我们必须以生命与正义为名质疑一切暴力，尊重所有人的

1　Butler, J. *Frames of War: When Is Life Grievable?*. London: Verso, 2009. pp. 101-136.

2　Butler, J. *Frames of War: When Is Life Grievable?*. London: Verso, 2009. pp. 122-123.

3　Butler, J. *Frames of War: When Is Life Grievable?*. London: Verso, 2009. p. 78.

生命尊严。[1]

在 2007 年出版的《谁在为民族－国家歌唱》中，巴特勒指出，单一民族－国家意味着无国家主权。在此使人不免联想起黑格尔的思想，即缺乏他者的主体也难以为继。在 2009 年出版的《战争的框架》中，巴特勒意识到主体与他者战争状态的持续仍然是当今社会面临的一大难题。框架是巴特勒对总体观念的一个比喻，虽然她没有明确定义这种框架的象征意义，但是对总体框架的态度却显得尤为重要。框架也是一种述行性概念，它是一种可更替的结构，只有依靠其可复制性才能循环往复，而其本身的复制也给框架本身带来一种结构上的危险，随时有可能带来一种政治上随之发生的断裂。意思是说，还存在框架这样一个整体性的概念，但是，被选取进框架的内容及框架本身的含义是不确定的。这里，巴特勒真正的意图是对民族－国家问题作为战争缘起进行质疑与反驳。她认为，我们需要思考的是，如果说战争难免的话，对于选取哪些内容作为争议的对象是要有深刻考量的。

如果"我"存活下来，但是没有了其他人，"我"的生命一无所是，巴特勒将这个原理推广到人类的各种群体中。我们可以将这种自我保存理解为人类的自我保存。因为我的存在，他者受到了具有毁灭力量的威胁，与之而来的负疚感与其说与人性有关，毋宁说与生命有关，或者说与幸存有关。在这一点上，巴特勒的观点与列维纳斯尤为接近。同为犹太裔思想家，他们能够感觉到的幸存者内疚感更加强于他人。这种为他者负责、对他者之死负责的态度，回过头来又和黑格尔哲学中关于爱的思想相暗合。巴特勒曾经在讲授"为什么现在要学黑格尔"的课程时说"不要杀人"。纵观巴特勒为主体、

---

1 Butler, J. *Precarious Life: The Powers of Mourning and Violence.* London: Verso, 2004. pp. 103-104.

女性、关塔那摩囚犯发起的辩论，逐渐就会明白巴特勒为什么这样说。这种从主体出发复归主体之路亦如黑格尔哲学，并不是一个简单的重复游历，而是具有认知功能的自我实现之路，一个自我和他者的相处之道。

在《殊途：犹太人与犹太复国主义的批判》（2012）中，巴特勒延续了自己未竟的事业：反思人类思维中暗含的"主体"谵妄，借此将对伦理基础与伦理责任的探讨落实到宗教层面，思索在当今世界局势下，政治"主体"之间应当如何共存，以实现民族间的共存共荣，并由此激发全球激进民主。[1]

三、全球民主政治的新构想

在当代国际政治关系中，必须洞悉"责任"产生的政治背景：西方推行的全球政治范式其实是以国家安全的名义宣扬毁灭，"责任"已成为导致全球不负责任行为的工具。但是，负责任的全球政治应该是什么样子，巴特勒并没有明确。在《战争的框架》中，她用了完整的一章论述必须用非暴力伦理来应对复杂的国际政治局势。同时，巴特勒指出，非暴力伦理不是一个放之四海皆准的原则，我们必须追问，谁是实行非暴力的主体？这个主体是在什么样的框架下对谁实行非暴力？归根结底，我们对暴力行为的反应依赖于世界观得以形成的框架，依赖于表象领域得以界定的框架。为了避免暴力的循环发生，关键在于承认生命脆弱不安的生存状态，尤其是要承认被规范排除在外的脆危生命。在"9·11"事件之后，巴特勒更为关注被政治规范排除在外的边缘群体，尤其是那些在政治和法律上被剥夺

---

1 Butler, J. *Precarious Life: The Powers of Mourning and Violence*. London: Verso, 2004. pp. 101-127.

了权利的、各种法律皆可随意处置的赤裸生命。作为一名坚定的批判知识分子，巴特勒一如既往地体现了她对边缘群体的深切关怀。

巴特勒敏锐地意识到了女性主义理论和全球民主政治之间的微妙关系。国家虽不同于个体精神，但两者都可以称为主体，只是层次不同。近年来出现了一个国族层次的主体，这是一个拥有无上权力的主体，一个凌驾于法律之上的主体，一个暴力而自私的主体。其所作所为都是为了建立一个这样的主权主体：通过系统地破坏多边关系及国际关系，恢复并巩固自身的主宰地位。这一主权主体目中无人，它妄图恢复自己幻想的完璧状态，却又矢口否认自身具有脆弱、依赖他国、易受袭击的弱点。它无时无刻不在利用他国的这些弱点，据此认为这些弱点与自己无关。[1] 巴特勒发现"女性主义"中间也出现了此类排他倾向。"9·11"事件后，有些女性主义者竟公然以"女性主义"的名义突然转向支持美国统治当局，并本末倒置地以"解放妇女"为借口粉饰袭击阿富汗的军事行动。巴特勒分析，这意味着人们已经利用"女性主义"这一说辞来修补"第一世界霸主坚不可摧"之类的傲慢幻想，再度出现了"白种男性力争从棕种男性手中拯救棕种女性"的奇谈怪论，斯皮瓦克就曾经探讨过这种文化帝国主义利用女性主义的类似行径，女性主义沦为殖民计划的工具。[2] 巴特勒呼吁，女性主义必须摆脱第一世界臆想，继而运用女性主义的理论宝库与运动实践去反思"纽带""同盟""关联"的意义，因为只有在反帝国主义的平等视角下，我们才能设想并促成这一切。

殖民权力的扩张凸显了这一事实：我们一直面临暴力。巴特勒

1　[美]朱迪斯·巴特勒：《脆弱不安的生命：哀悼与暴力的力量》，何磊、赵英男译，河南大学出版社，2013年版，第35页。

2　[印度]佳亚特里·斯皮瓦克：《后殖民理性批判：正在消失的当下的历史》，严蓓雯译，译林出版社，2014年版。

意识到，虽然社会把我们建构为女性，但这并不意味着我们自己不可能成为暴徒。巴特勒在"以死抵抗"的消极徒劳和"以暴制暴"这两种生存方式之间寻找着生机，以发现一种完全摆脱暴力的恶性循环的其他生存方式。巴特勒认为，要想找到其他出路，首先，社会应当保护身体的脆弱特质，而不应否认或消灭这种特质，即直面；其次，我们需要在悲伤与暴力之间做出严格区分。如果我依据"人类"的规范模型理解自身，如果我所看到的公开哀悼活动向我们揭示建构"人类"的规范，那么，建构"我群"的人就不只是那些我们哀悼的逝者，还包括我们拒绝哀悼的死者。这些既无姓名又无面孔的死者构成了我们社会的忧郁背景，甚至可以说，他们构成了第一世界优越感的忧郁背景。

　　女性主义必须批判这种文化壁垒。它们之所以产生，正是依托了权力的运作，并且利用了人类与生俱来的脆弱特质。女性主义可以利用一切文化资源；这一批判不需要也不可能用单一的政治语言表达，也不需要任何确定的认识论解释。钱卓·莫汉蒂（Chandra Mohanty）的《在西方审视下》（Under Western Eyes）表达了一个重要观点：女性主义内部的"进步"并不等于西方的"能动性"与"政治动员"概念。[1] 她指出，第一世界女性主义者在普遍权利的基础上批判第三世界妇女所受的压迫，此类批判所依据的比较框架不仅误读了第三世界女性主义者的"能动性"，还对许多有关第三世界女性的问题提出了错误的同质性观点。在她看来，这一框架制造了铁板一块的第三世界以便第一世界理解自身，继而宣称第一世界才能代表真正的女性主义。巴特勒认为，我们应该在此类批判的基础上反思国

---

[1] Mohanty, C. , Russo, A. &Torres, L. *Third World Women and the Politics of Feminism.* Indianapolis: Indiana University Press, 1991. pp. 61-88.

际合作的可能，将"成为人之政治"（即生命政治）的思考置于国际政治的框架之下。当我们试图思考女性主义面临的全球问题时，必须以新型的"文化翻译"为基础，"文化翻译"的需求是某种伦理责任的一部分，这一责任摆脱并超越了"非我族类，其心必异"的僵化思维。第三世界女性正面临着帝国主义的经济剥削与文化侵略，我们不可能把从第一世界背景中得出的政治话语强加到她们身上。而且随着世界结构的变化，国境的藩篱终将被打破，身份的界限也将日渐模糊。它不应该只是支持某种立场，也不应该认为人们完全受限于各自的地区及"主体立场"，继而以此错误前提来争取"承认"。[1]

当经过各种"后理论"操练的人们拒绝了一切宏大叙事，将一切宏观、连续及整合性的话语都视为"非法"之时，要如何面对资本全球化这一强势且极具整合性的霸权言说？巴特勒认为人们无从避免的相互依存状态应该成为全球政治共同体的公认基础，但她自己也承认不知道该用何种理论来说明这种相互依存的状态。虽然如此，巴特勒仍然认为，人类政治责任和伦理责任的基础都在于我们承认：就自足与主权的本质而言，全球范围的发展进程将打破极端的自足与放任的主权。不存在任何确定的掌控，而确定的掌控也绝不是人类政治的终极价值。如阿甘本所言，"如果说人类必须有什么本质或命运的话，那么伦理也就毫无必要了"。[2]

巴特勒从性别领域出发揭示主体述行形成中的各种权力关系，最终走向生命政治，这和福柯最初在各种边缘领域辗转最终由性的指引走向生命政治学何其相像，和伊格尔顿最终关注生命的意义以

1　[美]朱迪斯·巴特勒：《脆弱不安的生命：哀悼与暴力的力量》，何磊、赵英男译，河南大学出版社，2013年版，第40—41页。

2　Agamben, G. *The Coming Community*. trans. Hardt, M. Minneapolis: University of Minnesota Press, 1993. p. 41.

及德里达最终走向友爱政治学的学术道路也何其相似。理论，最终似乎总会回归到对人和生命本身的关注。这里，生命的内涵更加广泛，它不是哲学形而上层面的，而是和性别、身体政治相联系的"作为活生生肉体的人的生命"。在巴特勒的文化政治批判中，这些生命是被审查机制排斥、抹除的，甚至是遭受到社会暴力和惩罚的边缘性个人和群体，涉及处于社会政治暴力、民族战争、恐怖组织袭击等社会政治问题之下的社会贫民、未开化民族、殖民地人民等，呈现出鲜明、强烈的文化政治取向。这是一种边缘政治，一种微观政治，一种生命政治。福柯认为，微观政治更贴近历史的多元性、断裂性和零散性，因而更有利于揭示历史现象和历史过程的复杂性、具体性，同时这种微观文化政治有着社会宏观政治的视野，也可以看作是文化政治批判对社会政治进行干涉和修补的一种尝试。

纵观巴特勒的理论旅程，我们可以清晰地看出，巴特勒看似不断偏离的研究轨迹其实有着内在的逻辑关联性，即巴特勒内心深处一以贯之的关注和执著：对生命，特别是那些被各种社会规范和霸权话语排除的他者生命的执着关注和纵深拓垦，以期最终能走出忧郁逻辑，维护脆弱不安的生命，共建家园。这是巴特勒对主体理论的独特思考，构成了巴特勒的文化政治批判体系。如同黑格尔式主体永不停息的流浪征途，巴特勒的文化政治批判仍在继续，这将会为人们带来持续的思想冲击。更重要的是，在巴特勒艰深的文字背后总隐含着深沉的现实关切情怀，这也是女性主义者自始至终都应该持有的立场。

第六章
共居政治：主体哲学的重新筹划

　　巴特勒对共居政治的思考从巴以冲突的解决方案中直接生发开来，内在地承接着对生命政治的思考。巴特勒在不断改变的国际新形势下对主体哲学重新谋划，描述新型政治主体与他者的生产性辩证关系，以及全球人文共建的美好展望。本章从巴特勒的相关著作入手，关注巴特勒对当代动荡不安的经济生活与世界政治格局的思考与批判，探讨巴特勒在社会政治经济领域对主体哲学进行的重新筹划。本章主要讨论巴特勒的共居伦理、非暴力伦理、后疫情时代的性别政治，以及主体哲学研究的未来等议题。巴特勒对边缘性他者的关注没有改变，持续思考边缘性他者的生成、生产与再生产，只是关注焦点从被异性恋规范的性别和性排斥在外的少数特异群体转向西方资本主义体制系统暴力下的弱势群体，最终延续到全球性的地缘政治舞台。

第一节　共居："命运共同体"的新形式

一、对民族－国家的批判

巴特勒在和斯皮瓦克合著的《谁在为民族－国家歌唱？》中，借助汉娜·阿伦特的思想思考了这样两个问题：民族－国家如何在结构上与无国家之人相联系？那些无国家之人如何行使权利，即使那些权利不被法律保证和保护？阿伦特认为（一些非法移民在洛杉矶的街头唱美国国歌）这种权利的行使不是个人能完成的，它必须由个人与他人共同完成，它必须是公共性的。我们自由的效力和真正的实践并不源自个人的人性，而是来自地方与政治归属的社会条件。这并不是说我们首先需要一种地方或归属模式，而是说我们行使的权利基于归属的前法律权利，"拥有权利的权利，或者每个个人属于人性的权利，应该受到人性自身的保障"。[1] 巴特勒认为，阿伦特这种政治首先是述行的，"拥有权利的权利"本身是一种述行性的实践，没有这种实践就没有自由，自由不是一种等待时间的潜能，它出现于实践的过程中。同时它也是普遍化的。要成为政治的参与者，成为集体行动的一部分，一个人不仅需要平等的主张，还需要在平等的条件下行动和请愿，平等是改变世界的前提，只有当人们在平等的条件下创造和改变世界，平等才可能存在，那个"我"才能在没有被融进一种不可能统一的情况下成为"我们"。

---

[1]　转引自都岚岚：《为人之政治：朱迪斯·巴特勒思想研究》之附录一《述行、危脆与性政治》，南京大学出版社，2020 年版，第 240—241 页。

这其实涉及对"民族－国家"的批判问题。斯皮瓦克曾发表过一系列观点，表明民族－国家的边界是在服务于殖民主义的过程中得以建立的，民族－国家的公民绝不仅仅指生活在疆界内的人口。与阿伦特主张民族－国家总是生产无国家之人不同，斯皮瓦克认为民族－国家成立的背后是无国家之人，这是殖民主义在创立和维护民族－国家时留下的遗产。阿伦特在《论极权主义》中将研究限定在欧洲的民族－国家，这种分析已经无法在当今全球的条件下描述民族－国家的功能。但这并不意味着用一种乌托邦的方式声称地球是产生归属感的地方，我们不能假装已经超越了民族－国家。我们要重新思考民族－国家的新条件。我们不能满足于这样的观点：国家代表的是一个单一的、单语的、既定的民族。阿伦特曾谈到民族和国家在历史上是一个短暂性的连接，这是有预见性的。斯皮瓦克由此质疑我们所接受的民族－国家现在已经分裂，将会被一种全球性的新秩序取代，即我们集体的新的家园。

然而有趣的是，斯皮瓦克用"翻译"结束了她的讨论。她认为，文化翻译的行为是带来新理解的方式。由于无法回到单一语言的民族－国家，不管"只说英语"政策的人如何主张，文化翻译的任务关键是要在差异中产生联盟。她所宣扬的不仅仅是多元文化主义，而且将翻译看作主体形成的条件的实践，甚至是扩散主体概念的方式。巴特勒认为"文化翻译"这个观念与她的述行性概念有很强的共鸣，民族－国家的歌唱和阿伦特关于我们如何行使权利的观点都体现了述行性的特点。然而，我们如何将翻译看作一种述行性的实践呢？他们行使权利的行为是否产生了所行使的权利呢？阿伦特以一种理想的方式确定，即使没有行使权利的经济或政治条件，行使权利的行为也是起作用的。斯皮瓦克认为，在属下的状态下，主张权利的唯一方式是通过同化进入那些司法结构中，这些司法结构不仅建立在抹除和剥削本土文化的基础上，而且要求继续这种抹除和剥削。确实，在那些司法限定内请求权利的行为再次肯定了通过法律表现的权力。在这种语境下，翻译的实践是一种述行性地产生另一种"我们"的方式，一种通过永不生产语言统一的语言建立联系。这就是为什么斯皮瓦克告诉我们说翻译是一种不可能的体验。可以说，斯皮瓦克对翻译的结果是悲观的。

但巴特勒认为，说翻译不可体验与说没有翻译是两回事，关键是协商言说的权利，确保无声音的人有发言权。那么，主张没有的权利意味着什么？它意味着翻译到主导的语言中，这并不是认可其力量，而是要揭露和抵抗它日常的暴力，通过主张还没有的权利来发现语言。有时候翻译不是先有权利再去行动的问题，有时它就是行动本身，在行动中主张要求的权利。巴特勒认识到，争取公共空间，主张公民权的各种模式需要翻译和表达的述行模式。述行性不仅指明晰的言语行为，还指规范的再生产。述行性是一个作用于我们身上但我们并不总能理解的过程，它以带来政治后果的方式行动。述行性与"谁"会被生产成一个可承认的主体密切相关。当我们行动，并在政治上行动，有一套规范已经在以我们并不总是清楚地意识到的方式作用于我们。如果颠覆或抵抗成为可能，这不是因为我是一个主体式的主体，而是因为规范的某些历史性汇聚作用在我的具现的人性上，开启了行动的可能性。主体永远是述行性主体，具现的背后则是规范的历史性汇聚。[1]

1　该文基于巴特勒于 2009 年 6 月 8 日在西班牙马德里康普顿斯大学的演讲，之后发表在 AIBR 杂志上。参见 Judith Butler. *Performativity, Precarity and Sexual Politics*. AIBR, Vol4, No3, 2009. pp. i-xiii。转引自都岚岚：《为人之政治：朱迪斯·巴特勒思想研究》之附录一《述行、危脆与性政治》，南京大学出版社，2020 年版，第 237—246 页。

二、一种激进的民主联盟

巴特勒在 2018 年于北京召开的世界哲学大会上，做了题为《翻译中的性别／超越单语主义》的演讲。他者也意味着差异，全球化时代我们如何面对差异，面对不同族群不同文化，如何为共同的人类未来承担伦理责任。巴特勒主张将"人"的概念置于历史和文化的空间中，用文化翻译的策略重新定义文化身份。在尊重个人自由、包容多元文化的基础上，倡导一种更加激进的民主政治，运用激进民主策略为社会边缘群体寻求社会意义的承认，倡导用文化翻译拓展民主的边界。巴特勒指出，如果我们能够抛弃单语主义的信念并正视跨语言中的不可翻译性，那么我们就可以共同生活在一个更加宜居的世界，在这个世界里，我们能够发现并弘扬不同语言的价值，包容现存的多种性别关系以及多重化的性别生活方式，宽容善待其中的每一个个体生命。

巴特勒批判西方世界特别是以美国为代表的西方世界，存在着资本主义的极端形式，这种形式不但使社会失去了公正，而且在穷人与富人之间造成了极端不平等。现在社会出现了人数持续增长的阶层，他们不同于失业或低报酬的那批人，却是生活极不稳定的一群人：他们没有正常的工作、没有退休金、没有医疗保险；他们必须接二连三地更换工作，往往会在一段无法忍受的漫长时间内没有任何资金来源。这种不稳定的生活状况与无产阶级的传统观念并不完全相同。他们可能会或可能不会因他们所做的工作获得工资，但是越来越多的人没有签署劳动合同，也不属于某个工会，由此表现为一种极端的临时性生活状态。当然，巴特勒赞成充分就业和最低工资的举措，但这不同于财富再分配和医疗、住房保障。在巴特勒眼里，这些内容是一个公正社会很重要的部分。而且，巴特勒认为这种资本主义的极端方式还威胁着生态环境。2016 年，巴特勒曾在美国总统竞选如火如荼之际表达过她对特朗普及其支持者对女权主义、社会与经济生活的公平正义及反种族主义的强烈反弹的忧虑。两年后，她依旧不惮在公开场合批评特朗普政府的政策："之所以如此难说服我的政府全球变暖是一个对未来宜居世界的真切威胁，是因为他们认为扩大生产和市场、获得盈利是增加国家财富和权力的核心；也许他们没有想过他们的所作所为会影响全球，继而影响到这个我们所有人都赖以生存的宜居环境的存续。"[1] 巴特勒在寻找一种激进民主的联盟，把工作的注意力集中在抵抗的形式上。

巴特勒承认自己继承了来自马克思的对抽象权利的持续批判，认为必须对所有范畴保持一个动态的和批判的研究方式。当我们将权利的主体思考为一个个体时，就预设了这个个体是一个特殊的社会形式。我们可能会问自己，谁被公认为是权利的主体而谁又不是，以这样的方式进行发问表明了存在着一种先于主体的权力差异活动。有些个体从来没有成为一个主体的可能，并且很多人也从来都没有被认为是主体。他们认为他们可能是"人口"的一部分，但是他们不是权利的主体，也一定不是"人民"的一部分。在公共空间，人／主体是以身体的形式存在和展示的。巴特勒持续对"身体"进行思考，然而她对身体本体论并不感兴趣，认为"身体从未以一种本体论的方式存在"，因为这种本体论通过加括号的方式悬置了身体之间持存的必要联系。[2] 巴特勒认为身体没有确定的先验同一性，也不相信存在

1 林子人：《朱迪斯·巴特勒：我们需要具备一起言说恐惧的能力》，界面新闻，2018 年 8 月 17 日，https://www.jiemian.com/article/2391503.html。

2 Cazier, JP & Butler, J：《很高兴见证民意的涌现——朱蒂斯·巴特勒访谈》，张子岳译，《当代国外马克思主义评论》2018 年第 1 期，第 425 页。

着一种前社会的"脆弱性"，因为脆弱性是与我们的社会依赖联系在一起的，在不考虑社会需求的情况下理解人类生活的具体状态是不可能的。进而将身体定义为一个关系性的实体，努力重新思考身体，思考变为复数的身体概念，并展示了其赖以存在的社会条件。在这个意义上，作为身体，我们永远也不能完全地单独存在或被包括在内：我们从一开始就是一种与人群、实践、环境、生活网络息息相关的存在，而如果没有了这些，我们自己的存在便是不可能的。巴特勒对身体的分析从"脆弱性"和"不稳定性"展开，并将其与"行动的能力"相关联，这意味着身体在关系中永远是以主动或被动的方式存在的，这种理念在政治和伦理领域具有重要意义。[1]

有这样一种情况：当警察和军队出现在街道上或者在网络内部工作时，他们有时会以一种使我们平日的联盟进行变革的方式重新加入"人民"的行列。对巴特勒来说，传统联盟的这种由变革而产生动荡则是一种希望的迹象。为此，巴特勒思考了政治行为和其阻力的条件与最终目的，坚持认为：共同行动的理念无法避免观点的异质性；相反，应在这种异质性中进行思考和研究。用这种异质关系的思想来重新思考"联盟"，"行为一致并不意味着行为相符"。像这样一种理念和这种政治行动是有其迫切需求的，同时这种需求又包含了差异的共同需求。这些联盟并没有让多数人通过爱或者某种形式的身份来对其进行正当的支持，那么，我们该如何去思考这些松散动荡的联盟呢？巴特勒认为我们常常太过于觉得有必要辨识那些与我们结盟的人，如果我们坚持这种行为，我们就有复制共产主义政治的倾向，我们将只会与那些同我们一样的人结盟，而拒绝面向那些

1　Cazier, JP & Butler, J：《很高兴见证民意的涌现——朱蒂斯·巴特勒访谈》，张子岳译，《当代国外马克思主义评论》2018 年第 1 期，第 424—425 页。

观点或生活方式不同于我们的人。巴特勒的政治理念是，必须与那些我们认为是与我们不同的人建立可发展的联盟，比如把那些很长时间不受政治影响的人或其政治理念在很多问题上都和我们不同的人集结起来，建立一个"多民族的"和隔代的联盟。这些复合的联盟则决定了国家民主的未来。[1]

三、生态宜居：人、动物和环境的共居

巴特勒为人类中心主义提供了一种生态学意义上的补充，认为每一位属于某一社区的居民也属于这个地球，荷尔德林说"人类诗意地栖居在大地上"，这说明，我们不仅对地球的每一位其他居民有一种责任，我们还应对地球本身的可持续发展负有责任。[2] 在很多场合，巴特勒多次提及生态特别是动物和动物伦理的问题，我们也可以从巴特勒在法国出版的《朝向共同居住》（*Vers la cohabitation*）中发现这一点。当环境（土地、水、空气）变成毒物时，生活的可能性本身就被置于危险的境地。在美国，少数族裔经常被迫生活在剧毒的环境条件下，战争的轰炸已经破坏了土壤，导致疾病并摧毁了生活在那片土地上的人们和幸存的生物，从而摧毁了进行农业生产并生存下去的可能性本身。人是一种有人性的动物，我们应该同时接受这个表达中的悖论性和必然性。我们还必须考虑如何负责任地使用环境，这是我们作为人的义务，这种对环境的使用意味着一部分的

1　Cazier, JP & Butler, J：《很高兴见证民意的涌现——朱蒂斯·巴特勒访谈》，张子岳译，《当代国外马克思主义评论》2018年第1期，第426页。

2　[美]朱迪斯·巴特勒：《脆弱不安的生命，脆弱与共居的伦理》，该文最初发表在《思辨哲学期刊》（*The Journal of Speculative Philosophy*）2012年第26卷第2期，题目为 "Precarious Life, Vulnerability and the Ethics of Cohabitation"，后来收录在《集会的述行理论注解》（*Notes Towards a Performative Theory of Assembly*）第3章。题目改为 "Precarious Life and the Ethics of Cohabitation"。转引自都岚岚：《为人之政治：朱迪斯·巴特勒思想研究》，南京大学出版社，2020年版，第255页。

控制，但同时也是一个我们作为生物要与环境共存的承诺。[1]

我们时常谈论作为个体人的主体权利问题，人们习惯于"身体"概念被理解为一种单一的身体，甚至是理想化、典型化的身体，如果"身体"被视为个体化之物，那么"每个"身体都对食物和住所拥有一定的权利，这一观点具有普遍化的意味，同时也有具体化的意思，包括作为一种身体的脆弱性而将其理解为离散的、个体化的，认为个体化的身体本身就是一种关于何为身体以及身体应如何被概念化的规范。这似乎是正确的。然而巴特勒认为，"个体化身体的权利主体"（the individual bodily subject of rights）[2]这一概念本身可能会导致无法抓住权利所暗含的脆弱感、暴露感甚至依赖感，应该从其所支持的关系网络来理解身体。身体不仅是个体的身体，也是社会的身体，是人类的身体，对身体脆弱性的理解既无法脱离与他人的关系，也无法脱离生活过程、无机条件和生存手段。脆弱性的概念不只是离散的身体的一种特质或偶然状态，而且是一种关系性的模式，不断地质疑身体的离散性。身体并非作为自我掌控的个体而存在，身体进入社会的最主要条件是依赖性，即它是一种具有依赖性的存在，这意味着生命最初的发声与行动都在响应生存条件的变化。这些条件包括某处的某人，但这个人并不一定是一个具体化的人；与此同时，只有得到支持的人才能拥有提供食品和住所的手段和能力。这就是为什么看护者不仅仅是支持他者的条件，同时也需要支持自身的条件（即生活、工作、医疗卫生、住房和健康的宜居条件）。在生命最为脆弱的阶段，支撑生命的基础设施、人力和技术等外部条

1　Cazier, JP & Butler, J：《很高兴见证民意的涌现——朱蒂斯·巴特勒访谈》，张子岳译，《当代国外马克思主义评论》2018 年第 1 期，第 426—427 页。

2　[美] 朱迪斯·巴特勒：《身体的脆弱性、联盟和街头政治》，杨乐、张也译，《国外理论动态》2018 年第 2 期，第 49 页。

件本身也是脆弱的。当然这并不仅仅是指身体被关系网络约束，同时也意味着尽管身体有着清晰的界限，但或许恰恰是凭借这种清晰的界限，身体才能由使其生活和行动成为可能的关系来界定。

这里，我们并非只是在谈论身体，并简单地延续将精神分析与马克思主义联系起来这一思路。巴特勒认为我们可以从唐娜·哈拉维的解释中找到原因。如果我们无法脱离环境、机器及其所依赖的复杂的社会系统而谈论身体，那么所有这些非人类的维度将被证明是人类生存与发展的组成维度。是什么构成了人类宜居生活的条件？我们必须在回答这一问题时避免设置单一的理想。即使我们可以很容易地承认人与动物之间存在一些差异，人的身体也不能以任何绝对的方式与动物的身体区分开来。然而，这并不意味着人的身体维度应该被视为等同于"动物性"。毕竟，判定人类的动物性并不是为了迎接作为退化状态的兽性，而是为了在动物性中重新思考人类的相互关系。换言之，作为动物的人类让我们重新思考生存的条件。人类已经与动物处于某种关系之中，而且这种关系并不是指动物是人类的"他者"。哈拉维认为，人类与动物之间的依赖形式表明，它们在部分程度上是彼此构成的。如果我们把这种依赖性视为中心，那么动物与人之间的差异将退居次要位置。在此意义上，二者之间的本体性区别产生于二者之间的关系。因此，如果在机器、人类和动物之间做出分析性区分，就必须依赖它们之间某种相互融合或相互依赖的关系。所以，身体应该至少在两个方面与这类政治斗争相关联：作为政治运动的基础和目标。此外，人的身体与基础设施之间的关系也应该得到重新审视，这样就可以质疑关于身体的个体化想象，即个体是离散的和自给自足的。要将人类身体理解为对基础设施的某种依赖，后者可以被复杂地理解为环境、社会关系以及跨越人类、动物和技术鸿沟的支持网络。[1]

四、全球共居政治的伦理责任

共居本是巴特勒对巴以冲突出路的政治展望，谴责以色列对巴勒斯坦的暴力，实现一国两族的和平政治构想。然而随着世界政治局势的变化与思考的深入，共居理念扩展到全球化语境下描述新型主体与他者辩证关系的建构设想，以及全球生命共建的美好展望，成为一个具有全球性特点的伦理责任问题。它既可以出现在遥远之地，也出现在我们周围的关系中。对于共居政治的伦理责任，巴特勒主要探讨了这样两个问题：第一，我们是否有能力或意愿回应发生在远处的苦难，是什么让这种伦理遭遇成为可能以及什么时候产生？第二，当我们起身反抗另一个人或群体，发现我们总是参与到我们从未选择的事务中，我们必须回应我们不太理解甚至是不想理解的语言的诱惑，这时伦理责任的含义是什么？

当地球的一边因为另一边的行为和事件而进行道义上的声讨，这种道义上的愤怒并不依赖于一种共享的语言或扎根于同一地方而产生的共同生活，这里展现的是跨越时空的团结的纽带。有些时候，尽管我们本意并非如此，还是会受到远方苦难形象的震撼，这些形象促使我们关注并诉诸行动，表达我们的抗议之声，通过具体的政治途径来表达对这种暴力的抵抗。但事实并不总是这样。有这样一种情形，我们事先并没有期待或准备，但那些东西就强加于我们，这意味着我们受到超越我们意志的东西的冒犯。这种东西是一种强加，也是一种伦理要求，这些是未经我们同意的伦理责任。巴特勒

1　朱迪斯·巴特勒：《身体的脆弱性、联盟和街头政治》，杨乐、张也译，《国外理论动态》2018 年第 2 期，第 49—50 页。

特意以记录战争苦难的著述和图片为例申明她的出发点，它们形成一种潜在的伦理困境：所发生的一切是否因为远离我，我就可以不负责任？是否因为发生在周围，就不能忍受而必须承担责任？要是我本人没有遭遇此劫难，是否应该在其他意义上对此负责任？毕竟，我们并不总是选择去看关于战争、暴力和死亡的图片，我们可以强烈地拒绝它们。然而是谁把这些图片放在我面前？想让我感受到什么？想要对我做什么？这里是否有一股列维纳斯式的暗流，让我们不得不聆听我们从未选择聆听的声音，去看我们从未选择去看的图片？我们被感性的图片压倒，这意味着什么？是否意味着我们在伦理上被压倒？苏珊·桑塔格认为战争图片使我们惊愕，让我们无所适从，她积极思考我们是否仍应依靠图片来唤起一种政治思考，并抵抗国家暴力和战争的非正义。巴特勒提出，我们是否可以将对图片的震惊及由此产生的行动理解为一种伦理责任作用于我们的情感之上的结果呢？"情感"在列维纳斯那里是一个为先于自我回应之地保留的词。它虽然为自我提供了栖息地，但也隐含了一种驱赶自我的回应。当我们发现自己处于某种回应行动之中，我们通常对我们并没有选择看的东西进行回应。在图片的力量中未被选择的东西恰恰表现一种伦理义务，在我们并没有同意的情况下强加给我们。实际上，同意不是一个足够的基础，责任可能暗含在不被同意的巨大领域之中。

巴特勒认为，目前全球范围出现的伦理要求依赖于远近的逆转。巴特勒进一步解释：如果仅仅和亲近的人联系在一起，这种伦理总是狭隘的；如果仅仅和那些在远方蒙难的人联系在一起，而从不和周围的人联系在一起，那么就会逃避周围的情况。但是，发生在"那里"的事情在某种意义上也发生在"这里"。事件的伦理要求总是发生在某种程度上可以翻转的"这里"和"那里"。简言之，在未加准备的情况下被媒体图片震撼会导致我们受到感动，采取行动。

巴特勒借助列维纳斯和阿伦特，探讨伦理和距离关系，尝试系统说明在全球化时代表达一种伦理需求意味着什么——这种伦理需求既没有被简化为同意，也没有被简化为发生在稳定的群体纽带之外的既定的协议，这种探讨直接阐明了共居伦理的若干特征。[1]

（一）共居的先在性

列维纳斯的伦理哲学有两个不和谐的维度：一方面，邻近概念在他关于伦理关系的观点中很重要，他人在不考虑我们意愿的情况下作用于我们的方式构成引发伦理的场合。这说明在我们有任何清晰的选择以前，我们就已经受到伦理的诱惑。受到他人的侵犯假定了一种身体上的接近，如果面孔作用于我们，我们同时在某种程度上受到那张"面孔"的影响和要求。另一方面，我们的伦理责任扩展到那些在物理意义上并不邻近的人们，也扩展到并不属于一个可辨识的群体的成员身上。那些作用于我们的人明显就是他者。可见，列维纳斯在他者的他异性上是矛盾的：列维纳斯坚信，我们与那些不熟悉的人，甚至那些我们没有选择、可能永远不会选择的人相联系，而且这些义务是前契约的。可是他又肯定民族主义的形式，尤其是以色列民族，坚持认为只有在犹太－基督教的传统之内，伦理关系才是可能的。而且在一次访谈中，列维纳斯明确表示巴勒斯坦人没有面孔，这违背了他自己的原则。巴特勒对列维纳斯进行了对立式的阅读，拓展了列维纳斯面孔理论政治可能性的空间，虽然这并非

---

1 转引自都岚岚：《为人之政治：朱迪斯·巴特勒思想研究》，南京大学出版社，2020年版，第237—246页。

他的本意。巴特勒认为由列维纳斯的立场可以得出：联系一方人口与另一方人口的伦理价值绝不是因为两方人口拥有类似的民族、文化、宗教和种族的归属感。问题是如何与那些不出现在伦理范围内的人，那些因不在伦理范围内而不被看作人，或者不被视为我们可以或必须与之产生伦理关系的人产生伦理关系呢？巴特勒尝试阐述一种全球伦理，以超越列维纳斯设立的条件和界限。

列维纳斯认为伦理是不对称的，他者对于我有优先权。强调互惠不是伦理的基础，我对他人的伦理关系不能依他人对我的伦理关系而定，因为那样会让伦理关系不那么绝对和有约束力；那也会让我建立自我保存，并将这种自我保存视为比他者的关系更为重要的明显不同的东西。伦理不但不会产生于自我主义，自我主义反而是伦理本身溃败的结果。我们不仅疑惑，难道他者对于我没有同样的责任吗？这里，巴特勒尽管同意列维纳斯关于反驳自我保存的首要性来确保伦理的思考，但与列维纳斯保持了距离，为自我与他者的伦理关系增添了社会性的维度。巴特勒强调，所有他者的生命虽不是我们自己的，但是与我们的生活密切相关，这种紧密联系是无法用民族归属感或社区来概括的。因为"我们的"生活来源于社会性，依赖于他者的世界，在社会的世界中构成。这说明一个人的界限是一种分界和邻近的场地，一种空间和时间的接近，甚至是联系感的模式。而且，身体的联系和活生生的体验是暴露于他者，暴露于诱惑、情感、伤害的条件，这种暴露的方式既能支撑我们，也能毁灭我们。在这个意义上，身体的暴露指向脆弱不安的特点。列维纳斯认为，这种脆弱不安和身体的存在为他者的生命负责。

如果我太过坚实或者坚硬地拥有我自己，我就无法存在于一种伦理关系中。伦理关系意味着割让某种自我的角度，为了产生基本的言说模式：你号召我，我回答。但如果我回答，这只是因为我已经是可以回答的，就是说，这种敏感性和脆弱性在基本层面上组成了我，在那里先于任何回应号召的深思熟虑的决定。换句话说，在实际回答之前，这个人已经能够接受号召了。在这个意义上，伦理责任是以伦理回应为前提的。

（二）共居的非选择性

如果说列维纳斯是伦理哲学家，强调被动和接受伦理的重要性，那么阿伦特则是社会和政治哲学家，坚定不移地关注世俗，强调行动的政治价值。但两人都思考个人主义的古典的自由主义概念，即个人有所知地进入某种契约中，义务来自慎重地自愿地进入该协议之后。某种程度上，我们可以选择如何活着，在哪里活着，在地点上我们可以选择和谁生活。但如果我们要决定和谁共存于地球之上，那就是在决定哪一部分人可以活，哪一部分可能要死去。对阿伦特而言，共居无法选择的特征，是我们作为伦理的人和政治的人存在的条件，说明自由有一种无法选择的条件，如果自由试图超越作为条件的那一部分不自由，那么我们就会毁掉多元，就会危及我们作为人的地位，成为政治的动物。在《艾希曼在耶路撒冷》中，阿伦特认为，艾希曼和他的上司没有认识到，地球上人口的异质性是社会和政治生活本身不可逆转的条件。阿伦特对艾希曼的指控证明了一种坚定的信念，即我们中的任何人都不能行使特权，那些在地球上与我们共居的人，他们先于我们的存在，也先于我们经过慎重考虑而进入的任何社会或政治契约，否则会导致种族大屠杀。我们必须设想这样的机构和政策，它们能够积极保存和肯定开放的、多元的共居的非选择性特征。这里，阿伦特给我们提供的是：共居的伦理观是政治特定形式的指导方针，这种原则必须指导邻里、社区或国家的行动和政策。

巴特勒扩大了阿伦特的观点的范围，认为每一位属于某一社区的居民也属于这个地球，这说明，我们不仅对地球的每一位其他居民有一种责任，我们还应对地球本身的可持续发展负有责任。这种非选择性的共居概念不仅暗示了地球人口不可逆转的多元或异质性特征，还暗示了一种捍卫这种多元性的义务，所以在《艾希曼在耶路撒冷》中，阿伦特不仅为犹太人代言，也为每一个可能被另一族群驱赶的少数族裔说话。阿伦特拒绝将犹太人同其他被纳粹压迫的民族分离，这是因为她以多元性的名义争辩，这种多元性与人类生活同存共延。她反对当所犯的罪行是反全人类时，以色列法庭仅仅代表一个特定的民族，在以色列的法庭审判艾希曼意味着只有种族大屠杀中的犹太人受害者被代表了，在她看来，当许多其他族群也遭受艾希曼及其同伙的毁灭或因其而流离失所时，这是不公平的。共居概念的非选择性不但暗示全球的多元化或异质性，而且还暗示一种对平等居住在地球上的权利的承诺，这也就暗示了对平等的承诺。非意愿性的邻近和非选择性的共同存在是政治存在的前提，是阿伦特批判民族主义的基础，是生活在地球上的义务。这个前提可以让我们生活在建立平等、保存异质性的政体之中。对那些从拘留和剥夺的历史经验中推理出正义的原则的人而言，政治目的就是跨越语言和宗教，向那些我们从未选择的人拓展平等，不管他们来自什么样的文化背景。我们有发现如何和他们一起生活的义务，因为不管"我们"是谁，我们也是那些未被选择的人，我们的诞生也没有经过地球上任何其他人的同意，我们从一开始，就属于更广阔的人口的一部分，也是可持续发展的地球的一部分。这个条件悖论性地超越通过殖民主义和驱逐而形成的贪婪可怜的纽带，产生了社会和政治新形式的激进可能性。在这个意义上，我们都是未被选择的，而且我们一直处于未被选择的状态。

（三）共居的具象化

巴特勒认为列维纳斯理解了脆弱的重要性，也事先设想了一个可以侵犯的身体，但并没有在伦理哲学里给其一个明显的位置，没能真正将脆弱和身体政治联系起来。阿伦特虽然把身体降级到私人领域，并对身体进行了理论化，尤其是对某一地点的身体、作为政治行动的一部分进入"表象空间"的言说的身体进行了理论化，但她不太愿意肯定为克服实物分配不平等而进行政治，也不愿意肯定争取住房权利和打击生殖领域不平等现象的政治。巴特勒认为危脆只有在我们能够识别身体的依赖性、冷暖吃住的需求，遭受伤害和毁灭的脆弱，让我们生活和兴盛的社会信任形式以及热衷政治问题的热情等才具有意义。巴特勒认为，也许所有的伦理要求都要出现于身体生活，都要以身体的生活为前提。如果我们试图具体了解致力于保存他者的生命意味着什么，我们总会面临生命的身体条件。因此，我们不仅要承诺关心他者的身体，还要承诺关心适合生活的环境条件。

阿伦特在其《人的境况》所描绘的私人领域中，探讨了需求的问题、有生命物质条件的再生产、短暂生殖和死亡等问题，这一切都与脆弱不安的生命有关。这里巴特勒提出了一个扩展了的存在主义式的观点：每个人都是岌岌可危的，这是因为我们的社会存在需要与他人相互支持以获得住处和给养，因此我们有处于无国、无家的状况，以及因不公平的政治条件而受穷的风险。同时还认为，我们的危脆在很大程度上依赖于经济和社会关系的组织以及有无可持续的基础设施和社会、政治机构。一旦有了具体形式，就不再是存在主义的了，但这里必须使用具体形式来表达。在这个意义上，危脆与针对身体需求的组织和保护而产生的政治维度不可分离。危脆暴露我们的社会性，揭示我们的脆弱和相互依存的必要性。

每种管理人口的政治努力都会涉及危脆的策略性分布，通过这种不平等分布，便产生值得哀悼和不值得哀悼的生命、可保护和不可保护的生命。巴特勒在这里争取一种基于危脆的伦理义务。相互依存让我们不仅成为思考的人，还成为社会的、具现的、脆弱的、情感的人。没有相互依存的前提，我们的思考也不会走得很远。然而，相互依存并不总是一个令人高兴、充满希望的概念，它也经常是恐怖战争和国家暴力形式的条件。巴特勒也不确信能否在政治层面思考依赖的不可管理性，它能导向什么样的恐惧、惊慌、厌恶、暴力和统治。巴特勒也认识到要强调在平等的基础上培养可持续发展的相互依存，并为此寻求社会和政治形式是多么艰难。当我们受到他人苦难的影响，不仅仅是设身处地，也许这是某种交叉错位来临的时刻，远处的苦难通过媒体的再现促使我们放弃狭隘的社群纽带，在违背我们意愿的情况下，回应感觉到的不公正。这种相互依存的方式体现了相互联系的共居特点：他者并不完全是他者，我也并不完全作为我在这里。

然而，由于存在敌对的联系、可怜的纽带、联系的令人愤怒和可悲的形式，与他人生活在邻近的土地上或冲突的、受殖民的土地上，这种共居产生的是进攻和敌视。属于被殖民的共居的非选择模式肯定不同于建立在平等基础上的民主多元性的概念，但两者都有令人难受的情感和邻近。但是，即便是在敌对的和共居的非选择模式中，也会有某种伦理义务。第一，我们没有选择和谁共存于地球上，必须尊重保存我们并不爱戴且也许永远不会爱戴、我们不认识或没有选择的生命的义务。第二，这些义务源自政治生活的社会条件，而不是来自我们所做的任何审慎的选择。而这些可存活的生命的社会条件恰恰是必须争取到的东西。由于我们一定要实现这些条件，我们彼此相互联系，以热情或恐惧为联盟，经常身不由己，却最终为了我们自己。第三，如阿伦特告诫我们的那样，这些条件暗示平等，但也暴露于危脆，这是我们理解强加于我们的全球性义务，以便发现把危脆最小化、建立经济政治平等的形式。那些以平等和最小化危脆为特征的共居的形式成为任何反抗征服和剥削的斗争的目标，也成为了为了实现这些目标而超越距离集合在一起的联盟实践的目标。我们在危脆中反对危脆。因而我们不是出于对人性广博的爱或为了和平的纯粹愿望才努力生活在一起的。我们生活在一起是因为我们别无选择，尽管我们有时抱怨这种无法选择的条件，我们仍有义务争取肯定这种非选择的社会世界的终极价值。只有当我们理解发生在那里的事情也可以发生在这里，"这里"已经是别的什么地方，我们才能有机会把握有难度的、变化的全球联系，让我们知道伦理的传播和束缚。[1]

第二节　非暴力：主体与他者的生产性辩证

巴特勒的《非暴力的力量》展示了非暴力伦理是如何与争取社会平等的广泛政治斗争联系在一起的。此外，她认为非暴力往往被误

---

[1]　转引自都岚岚：《为人之政治：朱迪斯·巴特勒思想研究》，南京大学出版社，2020年版，第237—246页。

解为一种被动的做法，发源于一个平静的灵魂区域，或作为一个个人主义伦理关系现有的权力形式。一种攻击性的非暴力形式承认敌意是我们心理构造的一部分，但把矛盾看作是阻止攻击转化为暴力的一种方式。但事实上，非暴力是政治领域中的一种伦理立场。将非暴力视为政治哲学中的伦理问题，需要对个人主义进行批判，同时也需要理解暴力的社会心理层面。巴特勒借鉴了福柯、法农、弗洛伊德和本杰明，来思考为什么禁止暴力不包括那些被认为是不可悲的生命。通过考虑"种族幻觉"影响国家和行政暴力的理由，巴特勒追踪暴力如何经常归咎于那些最严重地暴露于其致命影响的人，发现争取非暴力的斗争可以在社会变革运动中找到，这些运动从社会平等的角度重新构建了生活的痛苦，其伦理诉求源于对生活相互依存关系的洞察，这种关系则是社会和政治平等的基础。

一、个体主义／个人身份的虚幻

在第 24 届世界哲学大会期间，巴特勒与不同领域的学者在上海当代艺术博物馆围绕"相生之道"，就"共生""相互依存""非暴力"等议题展开讨论。巴特勒首先对"我们"这个概念进行了质疑和反思，认为"我们"不是一个有内部统一性的概念，聚集在一起的"我们"也会面临一个问题：彼此能否相互理解，是否能够沟通和交流？也许每个人都是自愿来到讲座现场，但每个人是否确切知道"自己"是谁？巴特勒提出，每一个人所追求的目标可能都是相互冲突的，"我们"的内部也具有各种复杂性，每个人生活的环境、使用的语言、来自的地方可能都是千差万别的，与此同时，那些不在场的人、那些成为历史的人、那些将来会出现的人同样都会对"我们"的定义产生影响。

由此，巴特勒引出了"个体"的概念，认为个体并不仅是有限和独立的自我意识，而是一系列的关系。倘若少了各种关系的维系，没有人能够存活下去。这种观点或许会让狂热的个人主义者大为恼火，然而个人主义者认为个人完全可以自给自足这种观点是有害的。巴特勒提出，自由主义政治思想学说其实是建立在一种设想之上：我们是从某种自然状态过渡到现在的政治社会现实的。在那种自然状态下，我们每个人都已经是相互独立的个体，而且彼此之间会发生冲突。这个自然状态下的个体的标准形象，被假定为一生下来就是一个成年人，不需要经过嗷嗷待哺的阶段，而且不需要依赖父母亲友，也不需要依赖各种各样的社会制度来学习和成长，并且这样的个体天生就拥有了自己的社会性别——男性。在这样的一种基本假设背后，其实已经出现了异化——它通过某种排除机制，建立起了自己的等级制度。《鲁宾孙漂流记》的主角鲁宾孙·克鲁索可以说是这种预设中的标准形象，这个"原始男性"仿佛生来就是一个顶天立地、足智多谋的人，一个自给自足的、孑然一身的人，同时他又有各种各样的社会和经济需求，正是社会和经济生活的种种需求导致他自给自足的自然状态被打破，当这个个体在追逐私利的过程中与其他人遭遇，就产生了冲突与争斗，于是某种管制的社会性契约就此作为冲突的解决方案而诞生，它强制个人在法律的框架内约束欲望。透过这样的预设，我们看到其背后隐藏的性别等级和性别不平等以及这样的预设背后出现的异化。然而，在许多女性主义学者看来，这样的一种"社会性契约"本身就包含了性的成分，实际上是一种"性别契约"——其中没有女人，只有个体化的异性恋的成年男性，女人是作为男性的附庸而存在的。巴特勒指出这种社会契约论并没有说明每个人如何进行个体化，也没有假设人与人之间需要相互依赖，没有解释为什么人和人的关系首先是相互冲突，而不是其他的情感，比如说相互依赖、唇齿相依或是相互爱慕。就好像列维纳斯没有解释为什么面对他者的面孔，主体的第一反应就是杀戮一样。

巴特勒认为，这种所谓的"自然状态"其实是一种虚构和想象的产物，并且已经成为人类生活的基础，对人们的社会、经济和政治生活产生了干预与影响力。这种虚构和想象为了要证明某种力量，用这种力量来干预我们的社会生活、政治与经济，但它暗藏着权力的压制关系。巴特勒无意揭露虚构背后的真实，而是关注这种虚构和想象的产物是如何与权力结构、权力运作方式以及社会机理勾连在一起的，并提醒人们，在讨论非暴力的政治和伦理时，不能忽略人们习以为常的理念、状态背后蕴藏的结构关系，要对虚构背后的权力结构和运作关系进行分析和考察。[1]

每个个体都要经历个体化的过程，没有人天生是一个个体，其实无论我们如何个体化都无法脱离我们人与人相互依靠的本质和存在。人们可能会想当然地以为，只有残障人士才需要在生活中获得他人的支持，但巴特勒指出，哪怕是最基本的人类需求也要通过某种方式获得支持，"无论是移动、呼吸还是寻找食物"，"所有人都需要一个建成环境来进行移动，都需要有人准备和分配食物才能将食物送入口中，都需要一个可持续发展的环境提供健康的空气来呼

1　林子人：《朱迪斯·巴特勒：我们需要具备一起言说恐惧的能力》，界面新闻，2018 年 8 月 17 日，https://www.jiemian.com/article/2391503.html；章羽：《冲突、身份与共生：巴特勒的相生之道》，《中国妇女报》2018 年 8 月 21 日。

吸"。[1] 巴特勒表示，拉康关于"镜像阶段"的著名论断能够很好地形容自由个人主义的自负，即我们对相互依赖、彼此共生的无知无觉。一个小男孩看着镜中的自己，以为这个世界只有他一个人站在镜子面前，但是他不知道其实背后是他的妈妈抱着他，或者是有其他的支撑物在支撑着他站在镜子面前。我们就像这个站在镜子前的小男孩，兴高采烈地以为镜中只有自己，满足于一种全然的自足性，却忽视了妈妈的怀抱或其他支撑物的扶持。自由个人主义政治思想家所构想的自给自足的个人其实也是一个镜像阶段。这样的想象变成了超越时空的成年男人和一种男性气质，完全摒弃了其背后所需要的社会性支持和依赖。在一个国家里我们将相互依靠，在全球的范围里也是如此，每一个国家、民族和地区都是唇齿相依的。

二、非暴力的力量

在巴特勒看来，只有在抛弃了个体主义的枷锁之后，才能够理解一种更加激进的非暴力理念。非暴力并不是对暴力的绝对压制，而是要在暴力最有可能发生的地方去发现非暴力的因素。其实这样一种非暴力的出发点和基础就是假设我们人与人之间首先是相互依赖、唇齿相依的，其次才有各种冲突和矛盾。我们每个人都经历了个体化的过程，没有谁是天生的个体，所有人生来就处于一种"激进的依赖"关系之中。其实无论我们如何个体化，都无法脱离人与人之间相互依赖的本质和存在，意识到人与人之间的相互依赖将改变我们对脆弱、冲突、成年、社会性、暴力和政治的看法，特别是当我们反观当下的政治和经济政策时，就会意识到全球相互依赖的事实

1　林子人：《朱迪斯·巴特勒：我们需要具备一起言说恐惧的能力》，界面新闻，2018 年 8 月 17 日，https://www.jiemian.com/article/2391503.html。

并没有得到承认，甚至被滥用。巴特勒指出，资本主义大公司遍布全球，但这并非全球化的全貌；国家主权在全球化过程中确实有了一定程度的消退，然而新的民族主义情绪和形式也在不断涌动。

　　冲突和矛盾会涉及暴力的使用问题。什么时候使用暴力是正当的？这牵涉一个概念：自我防卫。自我防卫就允许运用暴力？巴特勒以美国外交政策为例，她指出，美国将每一次针对别国的攻击都称为自我防卫、正当防卫，现在还有一种"预防性攻击"概念，针对任何存在潜在危害的团体或个人，都可以进行预防性攻击。因此，自我防卫和非暴力，其实是一种孪生概念。暴力针对的是不属于"我们"的人，"他们"对"我们"造成了威胁，"我们"就可以光明正大地对"他们"实施暴力。然而在当下语境中令人疑惑的是，为什么有些行为会被称为暴力，明明并没有任何经验性、视觉性或实证性的东西可以证明。比如一个趴在地上的黑人男子、一个跑开的黑人男子，又或者一个被完全锁喉的黑人男子，如何还能对警察的生命构成威胁，这实在令人难以理解。趴着、跑着、被锁喉，这些就是黑人身体的主要状态，他们的社会和政治状态则是麻痹、被恐吓及恐惧。可以说，其中任何一种状态都不会构成威胁，却被人臆断为迫在眉睫的危险。[1]关于国家垄断的暴力形式，葛兰西和本雅明都有过论述，但反对暴力需要认识到：暴力不只是通过拳头的形式体现，也可以通过制度的形式，这样的制度把我们个体分为三六九等。谁的生命值钱？谁的生命不值钱？这都体现在当下的政治与政策中。非暴力貌似是一个道德的问题，到最后会变成一个政治的问题。

　　什么生命值得保护？什么生命不值得保护？在此，生命已经被进行了区分：值得哀悼的和不值得哀悼的。用来区分两者的是被不正

---

[1]　张文婧编译：《朱迪斯·巴特勒谈非暴力》，《文汇学人》2020 年 6 月 19 日。

当运用的社会规范。巴特勒认为，生命这种可哀悼性分布的不均匀和不平等，也应当引入我们对平等和暴力的讨论中，因为这涉及我们是否能被平等对待这样基本的问题。如果我们要保护生命，认为每个生命都是等价的，每个生命的丧失都是值得哀悼的，就需要一种更加完全和彻底的、更加激进的平等主义主张。因此巴特勒认为，非暴力的伦理立场需要和一种激进的平等论联系在一起，非暴力的道德基础是对激进平等的承认，我们应该改变认知和观念，在道德与政治生活中不再将侵犯与悲伤自动转化为暴力相向，"更具体而言，非暴力的实践需要我们反对种族主义、战争逻辑这种区分值得保护和不值得保护的生物政治形式（biopolitical forms）"。[1]

在《非暴力的力量》中，巴特勒提出一种新型非暴力伦理以取代有限自卫的新理想——非暴力的"全球性义务"，我们可借助它来疏导攻击性的冲动。这一理想源自对我们作为社会心理性存在所共享的相互依赖性以及"一切生命都具备同等的可悼念性这一理念"的承认。如果这一理念得到严肃对待，那它将鼓励我们以不同于以往的方式来构想"其他"族群或移民："归根结底，如果一条生命从一开始就被当作可悼念的，那就要有各种维系及捍卫此生命免于伤害和毁灭的预防措施。"犬儒主义者可能会担心这个腔调和老式的普遍道德原则没什么两样，他们还可能会质疑，在一个自我及其意志均被地方性环境建构的世界里，诉诸道德能动性究竟还有没有意义。巴特勒承认这并不是针对当今现实的一张有效处方，而是一种"政治想象力"或者"反幻想"，一幅有关事物在未来将如何被概念化的启发式图景。的确，在这个逆全球化浪潮迭起、身份对立超越身份认同的

1　林子人：《朱迪斯·巴特勒：我们需要具备一起言说恐惧的能力》，界面新闻，2018 年 8 月 17 日，https://www.jiemian.com/article/2391503.html。

时代，讨论全球责任和非暴力看似不合时宜，但巴特勒认为并非如此。"有些人跟我说：你怎么能相信全球责任呢，这太天真了。我反问他们：你愿意生活在一个没有人为全球责任辩护的世界吗？他们说：不。也有人说：非暴力是不现实、不可能的。当我反问他们：你是否愿意生活在一个没有人为非暴力、为这种不可能而进行坚持的世界当中？他们总是回答说：不。"[1]

三、文化翻译：非暴力与激进民主政治的述行机制

文化翻译是一个文化政治问题，涉及权力关系。文化翻译来自霍米·巴巴（Homi K. Bhabha）对文化政治中的排外问题的探讨。巴巴认为，当具有意义差异的不同文化系统相遇，历史的独特性和语境的特殊性使不同文化系统之间产生了一种相互对抗与排斥的混杂与撕裂，这将文化的不可翻译性戏剧化了。外来元素为翻译的反抗提供了一种互动的立场，一种价值与信仰的分享基础。与其同化不如在互动中独立存在。文化翻译的工作就是让"文化政治变得民主"，它可以带来新的理解方式，因而可以拓展民主的边界。斯皮瓦克提出在不同文化碰撞的翻译过程中，第三世界文本的文化差异性往往被抹杀、被消音，因此在后殖民语境不平等的权力关系下，译者要与原作者建立亲密的关系，尊重其语言和文化特色，致力于描述或阐释差异，揭示不同民族不同语言中不对称的权力关系，因为翻译是一种政治行为，斯皮瓦克称之为"翻译的政治"。巴特勒认为，如果能够协商言说的权利，确保无声音的人有权发声，翻译的实践就不仅仅是同化单一的语言，也是一种述行性地产生另一种"我们"的

1　林子人：《朱迪斯·巴特勒：我们需要具备一起言说恐惧的能力》，界面新闻，2018 年 8 月 17 日，https://www.jiemian.com/article/2391503.html。

方式。斯皮瓦克的文化翻译与巴特勒的述行性观点有共同之处。文化翻译可以准确地显示，究竟某一文化的普遍性将什么排除在外，从而让各种普遍性的解释处于一种论争的状态，以便在文化翻译实践中更好地理解对方从而改变自身。所以，对巴特勒而言，文化翻译是一种更具包容性的翻译实践，可以带来重塑的普遍性，是激进民主政治的实践方式。[1]

虽然巴特勒曾经拒绝从普遍性中寻求出路，认为普遍性是以一种总体化的暴力的方式来运作的完全负面且排除性的框架[2]，但是后来社会政治运动的实践促使巴特勒不断修正自己的理论。在《偶然性、霸权和普遍性——关于左派的当代对话》中，巴特勒和拉克劳、齐泽克一起讨论了普遍性的问题，也承认普遍性的政治必要性。认为普遍性总是具体文化语境中的普遍性，总是已经被习俗实践塑形了的普遍性，因此它是动力学的、时间性的概念，会改变的，是暂时的基础[3]，是"一个非实体、开放构架的范畴，它本身具有重要的策略使用价值"。因此巴特勒说："我开始了解对普遍性的主张可以是预期性的和操演性的，它召唤一个还不存在的现实，让尚未相遇的文化地平线之间有交会的可能性。因此，我对普遍性有了第二种观点，我把它定义为一种以未来为导向的文化翻译工作。"[4]。

文化翻译有一种述行性的运作机制，巴特勒称之为"翻译的实践"。首先，普遍性在语言中有着不同的文化版本，不仅仅是一种单

1　都岚岚：《为人之政治：朱迪斯·巴特勒思想研究》，南京大学出版社，2020年版，第211—212页。

2　Butler, J. "Changing the Subject: Judith Butler's Politics of Radical Resignification", *The Judith Butler Reader*, ed. by Sarah Salih(with Judith Butler), Oxford, Blackwell, 2004, p. 339.

3　[美]朱迪斯·巴特勒、[英]欧内斯特·拉克劳、[斯洛文尼亚]斯拉沃热·齐泽克：《偶然性、霸权和普遍性——关于左派的当代对话》，胡大平等译，江苏人民出版社，2004年版，第34—35页。

4　[美]朱迪斯·巴特勒：《性别麻烦：女性主义与身份的颠覆》，宋素凤译，上海三联书店，2009年版，"序（1999）"第12页。

一的跨文化形式。一种普遍性可能会将一系列权利看作适用于所有人，而在某些情况下，有些权利可能恰好会显示出普遍性的缺陷。比如男同性恋和女同性恋的权利，不同文化形式和不同主流人权组织都没有将他们看作能拥有人权的人，即把他们排除了。其次，为了发展一种更长久的更具包容性的普遍性的观念和实践，必须看到排除与狭隘之间的一致性。这种一致性是现存的历史描述的基础，但是，一种新的普遍性通过挑战其现存的构想产生了。文化翻译就是要通过准确暴露什么被排除在普遍性之外，以此来重构和颠覆现存的普遍性。比如：一种以男性主体为前提的普遍性只有在男性中心的框架被揭示时，才有可能被颠覆。所以，将女性等同于男性并不是好事，因为这让女性更像男性，根据男性的标准建构女性。

文化翻译的目的不是要揭示出一种关于人类的先验的普遍性，不是通过使某种文化适应于现存的框架，去提出一种要求反抗自己的文化的普遍性，也不是要在一种先在的普遍性的综合中提炼一种辩证的、进步的普遍性，而是让各种关于普遍性的解释处于一种论争的状态中，让这些解释在一个文化翻译的时刻，能够为了理解对方而同时产生改变。为了解决这种争论，我们要反思自己所谓普遍性诉求的预设，面对其局限性。文化翻译可以带来一个更具包容性的重塑的普遍性，但这并不是一件易事。他者也意味着差异。巴特勒认为，文化翻译的任务关键是要在差异中产生联盟。应该将翻译看作主体形成的条件的实践，甚至是扩散主体概念的方式。巴特勒实际上默认了读者阐释或适度"普遍化"，同时运用"文化翻译"的策略不断提炼、多方阐发，将性别述行论形塑成介入社会政治实践的具体策略。因此，"文化翻译"作为一种新颖的理论路径，虽存在如何完善的问题，但它反哺实践，极大地推动了社会变革与实践活动。[1]

如果没有文化翻译，一种与他者的非暴力的伦理关系会受到侵袭。它谋求的是这样一个时刻："一个主体———一个人或一个集体———坚持要得到有价值地生活的权利或资格，而在此之前，从来没有出现过这种授权，从来没有存在过任何清楚的授权惯例。"[2]文化翻译开拓的疆域可能会带来"一种丧失，一种方向迷乱"，但也会为原有的范畴带来新的机会和可能。在思考不同文化如何交融的问题时，巴特勒越来越多地开始进行伦理学的思考。文化翻译的实践在普遍性观念的文化和社会边界之处起作用，以暴露它们所排除的东西，并为一种非暴力伦理的生产提供必要的空间。

第三节　谁在惧怕性别：后疫情时代的性别政治

巴特勒对于后疫情时期性别问题的关注，似乎又回到了文化政治批判的起点。主体与他者的矛盾集中在性别领域爆发出来，性别作为反映当代社会政治经济的聚焦点，在特殊时期凸显出来，这也表明巴特勒首先将主体哲学介入性别主体是有其内在的必然性和逻辑性的。

一、对性别的恐慌与妖魔化想象

近年来西方许多国家都出现了一系列"反性别运动"。2021 年 5

1　戚宗海：《文化转化：试论朱迪斯·巴特勒的理论路径》，《集美大学学报（哲学社会科学版）》，2021 年第 2 期，第 99—100 页。

2　[美]朱迪斯·巴特勒：《消解性别》，郭劼译，上海三联书店，2009 年版，第 229 页。

月下旬，丹麦国会通过了一项决议，反对当前学术圈中过度的"激进主义"，其矛头直指学术研究中的性别研究、种族理论、后殖民研究、移民研究等。6月，匈牙利议会以压倒性票数决定取消公立学校中所有有关同性恋话题的教学内容。11月，美国图书馆协会表示，当前国内针对图书的抗议活动，借助社交媒体"放大到了数十年来最高的水平"。这些抗议包括将与性别、同性恋问题相关的图书界定为"色情"图书并要求其下架，抵制与有色人种相关的书籍等。弗吉尼亚州出现"烧毁这些色情书籍"的呼吁，包括托尼·莫里森（Toni Morrison）等在内，许多作家的作品遭遇广泛抵制。莫里森的作品《最蓝的眼睛》（The Bluest Eye）因其内容"露骨"，被犹他州学校的图书馆下架。美国图书馆协会主席黛博拉·考德威尔·斯通（Deborah Caldwell-Stone）曾表示："我们甚至看到一些有组织地鼓励当地学校董事会进行书籍抵制的运动，尤其针对涉及性少数和种族主义主题的书籍。"[1]

巴特勒"第一本非学术性质"的作品《谁在惧怕性别？》（Who's Afraid of Gender?，2024）由 FSG（Farrar, Straus and Giroux）出版公司出版，该书具有极强的当下性。全球性网络传播着这样一种观点：性别是一种危险的意识形态，它有可能摧毁家庭、当地文化、文明，甚至"男人"本身。这场运动受到宗教领袖、政治家和公众人物言论的影响，以同性恋和变性人的权利为目标，试图限制妇女的自由，推动反性别立法，有时还延续暴力。书中巴特勒以其特有的严谨和热情试图探讨一个至关重要的问题：性别是如何被想象为一种社会的破坏性力量、一个恶魔、一个幻影，以应对无数交错且相互矛盾的

---

1 刘亚光：《朱迪斯·巴特勒首部非学术作品将出版，关注被想象的性别》，《新京报书评周刊》2021 年 12 月 15 日。

社会焦虑的？从非洲和亚洲的前殖民地国家将性别归类为西方强加的观念，到梵蒂冈关于性别侵蚀传统价值观的警告，巴特勒有力地证明了围绕性别的恐惧不仅是被误导和无知的，而且还播下了独裁控制和侵蚀公共话语的种子。这是一个紧急的干预，一个大胆的呼吁，一个对更自由的世界的呼吁。

巴特勒于 2021 年 10 月发表于《卫报》的一篇专栏文章，可以看作是该书的"先声"。在这篇文章中，巴特勒指出当下兴起的"性别恐慌"运动源自一种对性别的妖魔化想象。在疫情的背景下，"性别"凝结了社会和经济的焦虑，而"这些焦虑是由于新自由主义危机下，经济不稳定、社会不平等加剧、大流行导致的停摆而产生的"。巴特勒认为，基础设施的失灵、移民潮带来的恐慌、对失去白人至上主义认同的焦虑，使得许多人迫切地需要寻找一种"问题的根源"，而性别常常被视为这样一种"入侵式的力量"。许多极端保守主义者认为他们为之奋斗的国家必然建立在白人至上、异性恋家庭等原则和规范之上。巴特勒还在文章中梳理了许多女性主义者的观点，即新自由主义下社会公共服务的不断萎缩，给传统家庭带来了照护工作的压力。但反过来，对另一些保守主义者来说，在面临疫情中社会服务短缺、债务激增、经济下行、收入缺失的情况下，"强化家庭、国家中的传统男女规范已成为当务之急"，这也进一步强化了对"性别"作为一种破坏性力量的想象。"事实上，性别开始与各种对国家的危险'渗透'相关联——移民、进口、全球化——因此它变成了一种幻影，有时候是威胁本身。"为此，巴特勒认为此时的我们比以往任何时候都更需要性别研究。[1]

---

1 刘亚光:《朱迪斯·巴特勒首部非学术作品将出版，关注被想象的性别》,《新京报书评周刊》2021 年 12 月 15 日。

借助这篇文章和新书，巴特勒试图向公众揭示这种恐惧的不同侧面。这种恐惧反映了某种对性别（gender）的社会建构面向的聚焦，是一种对生理性别（sex）的抹除，而它会带来一系列社会的不稳定。巴特勒澄清，这些反性别运动的支持者在攻击所谓"社会性别"时，其实也在反对妇女的生育自由、单亲父母的权利，并无视对妇女免受家庭暴力的保护。同时他们也不重视人们为反对性别歧视、强制精神病拘留等做出的努力。在新冠疫情期间，由于隔离，家庭暴力剧增，性少数群体聚会空间减少，使得这种保守主义的情绪在增长。"性别研究并不否认生理性别的重要性，而是去询问这种性别是通过哪些医学和法律的框架被建立的。"[1] 巴特勒认为，尽管常常被反性别研究者界定为"教条"，但性别研究的目的，恰恰是破除我们基于教条的认识。

在 2016 年 7 月 21 日与《开罗全球事务评论》主编的访谈中，巴特勒曾经预言特朗普的低俗或者说接地气，恰恰是他有机会获胜的原因："人们喜欢粗俗，也喜欢肆意地施虐。他们想回归到能够任意取笑与欺凌女性的时代，他们想放肆地表达自己对穆斯林的厌恶与敌视，这是人们残酷与不计后果那一面的释放。"[2] 特朗普肆无忌惮地发表各种形式的歧视与敌对言论，他认为人们为女权主义、同性恋群体在社会和经济方面的权利争取，都只是他们的"超我"意识在作祟。这种简单化的看法妨碍了人们切实地感知女性群体，去体会穆斯林群体和黑人的处境，去反思白人的优越性，也让人们忽略了对

1　刘亚光：《朱迪斯·巴特勒首部非学术作品将出版，关注被想象的性别》，《新京报书评周刊》2021 年 12 月 15 日。

2　2016 年 7 月 21 日，斯科特·迈克里奥德（Scott MacLeod）对巴特勒进行了一次访谈。内容参见"Global Trouble: American philosopher Judith Butler discusses American vulgarity, Middle East upheaval, and other forms of the global crisis". *The Cairo Review of Global Affairs*, Fall 2016. 也可参见《思想家朱迪斯·巴特勒：精英支持特朗普是反智的》，马元西等译，界面新闻，2016 年 11 月 15 日，http://www.jiemian.com/article/956261.html。

税改和禁用枪支的思考。在他看来，女权主义、社会生活与经济生活的公平正义，还有人们反对种族主义的诉求，所有这些都是我们的"超我"在起作用，是"超我"压抑了人们的真实想法与需求，让他们不敢表达内心的阴暗面。巴特勒同样也用精神分析的方法去理解这种现象，认为这是特朗普施虐倾向的一种释放与表达。对于这种欲望和诉求的来源，巴特勒认为有很多方面，在某种程度上来说，可以将此理解为一种新自由主义，当我们对自己所仰仗的经济社会缺乏信心时，当我们感受不到有机会获得良好的经济福利保障时，当我们看不到繁荣的经济前景和可行的经济政策时，我们会开始为种种糟糕的现状找借口和开脱，而此时，性别、穆斯林、黑人和移民就很容易被拿来当作"替罪羊"。这其实也是特朗普试图让人们将其承诺与所承担的责任悬置起来不去思考的狡猾之处。遗憾的是，很多精英阶层的人都对特朗普的批判持保留态度，巴特勒认为，这种选择是学者们自身放弃了独立思考的表现，是反智的。

有意思的是，特朗普不承认在总统竞选中输给拜登的事实。巴特勒由此分析：从疫情到大选，为什么特朗普从不承认失败？承认失败为什么这么难？我们中的很多人都因为新冠疫情而失去了亲人，或害怕自己及他人的死亡。特朗普对公开哀悼的抵制来自一种男权主义者拒绝哀悼的态度，且其抵制加强了这种态度，这种态度与民族自豪感乃至白人至上主义紧密相连。特朗普主义者往往不会公开哀悼新冠疫情造成的死亡。他们通常认为这些数字是夸大其词，或者通过不戴口罩的集会和在公共场所劫掠来蔑视死亡的威胁。特朗普无法承认自己的竞选失败，与他无法承认和哀悼这场流行病给公众造成的损失有关，但也与他的破坏性路线有关。如果他公开承认自己的选举失败，那么他就是一个失败者，意味着有人抢走了本属于他的东西。不仅选举被窃取了，他们的国家也被窃取了，他们正在被黑人和棕色人种、被犹太人"取代"，他们的种族主义正在与这样一种观念作斗争，即他们正在被要求放弃他们的白人权利和至上观念。

弗洛伊德告诉我们，承认失去就是哀悼。然而，为了哀悼，必须有一种方式来标识这一失去，有一种方式去表达和记录失去。这里有个准则：我不能生活在一个失去我所珍视的东西的世界里，或者我不能成为一个失去了我所珍视的东西的人。否则我将摧毁那个我已经失去的世界，或者我将求助于幻想离开那个世界。这种否认的形式宁愿摧毁现实，或幻想一个更好的现实，也不愿意对现实的损失做出判断。其结果是一种破坏性的愤怒，甚至懒得提供一个道德借口。白人至上主义现在已经在美国政治中恢复了公开的地位，特朗普主义将比特朗普的政治生涯更持久，并继续呈现新的形式。白人至上是一种政治幻想，也是一种历史现实。在某种程度上，特朗普拒绝失败可以被理解为拒绝哀悼白人至上主义的失败，而这正是黑人生命运动和种族正义理想所要求的。因此，现在是种族主义者哀悼这一失败的时候了。[1]

二、恐跨：J.K. 罗琳引发的跨性别文化争议

2019 年 6 月，J.K. 罗琳在推特上关注了数个反跨性别的账号并点赞反跨推文；12 月，罗琳表态支持一位因恐跨言论被公司拒绝续约、上诉法庭最终败诉的智库顾问，反对"只因陈述'性别是事实'就强迫女性失业"。2020 年 6 月，罗琳转发一篇名为《为后疫情时代

---

[1] 朱迪斯·巴特勒：《从疫情到大选，为什么特朗普从不承认失败？》，杜云飞译，澎湃新闻，2021 年 1 月 24 日，http://thepaper.cn/newsDetail_forward_10917728。

中来月经的人创造一个更平等的环境》的文章，语带揶揄地评论："'来月经的人'——我很确定本来有个词是用来形容这个群体的，谁来帮我想想，是女楞？女能？还是吕仁？（谐音女人/women）"；9月罗琳的侦探小说新作《麻烦的血液》（*Troubled Blood*）正式发售，罗琳在书中描绘了一个穿女装的顺性别男性杀手。结合罗琳此前的立场，许多网友认为，罗琳在试图传递一种观念：永远不要相信穿裙子的男人。这些行为与举动让罗琳遭到舆论的抵制。对于汹涌的批评声浪，罗琳在个人网站中发表回应，她拒绝"排跨激进女权主义者"的称呼，认为自己尊重跨性别者，但生理性别的界限有存在的必要。由于早年遭受家暴和性侵的经历，她担忧打破界限会使女性的生存环境进一步恶化。不少人跟罗琳持有相同的担忧：跨性别运动会让心怀不轨的男人有侵害女性的可乘之机吗？让男性"入侵"女性阵营，"女性"的定义会不会就此消解？跨性别运动最终会否伤害女权运动？由此引发了一场关于恐跨旷日持久的文化争论。[1]

排跨激进女权主义，意即排除跨性别的激进女权主义，认为跨性别并不能真正改变生理性别、跨性别女性也无法真正经历生理女性的身体体验（如月经、怀孕等），强调跨性别者不能也不应该参与女权运动。该词现泛指未必持有激进女权立场却排斥跨性别的人。排跨激进女权主义者持反跨立场的根本原因是担忧女性主体性的消解，ta们认为，曾身为男性的跨性别女性跟生理女性在社会中的处境大不相同，接受跨性别女性自称是"女性"，就是否定了社会、历史和文化中受父权压迫的女性共同体身份。实际上，关于跨性别者

---

1 《朱迪斯·巴特勒谈 J. K. 罗琳"恐跨"争议：女性不应加入到恐惧症行列中》，网易号，2020 年 9 月 26 日，https://www. 163. com/dy/article/FNFC24N305148HA0. html。

的政治权利的讨论，女权主义内部一直存在着相对边缘的反对声音。西方第二波女权运动代表人物杰曼·格里尔（Germaine Greer）在《女性抹除》（2016）一书中，激烈抨击当下跨性别运动是厌女症在进步政治面具下的再包装，是在消灭女性的声音。书的开篇写道：跨性别运动人士认为生物学上的性别（sex）差异无关紧要，同时却压制性别（gender）本身的批判性概念检查；无视女性阶级被压迫、男性统治、性暴力、个人困苦，以及社会和经济不平等的历史。通过改变基于性别的保护法律，达到抹除女性的目的。[1] 在 2018 年温哥华女权大游行中，一张照片广为流传，一名顺性别女性举着牌子，上面写着："跨性别女人是男人。真相不是仇恨，别相信谎言。跨性别意识形态是厌女与恐同。女人不是一种感觉、服装或刻板印象的表现。女人是生物事实！没有任何伦理与道德责任为了安抚男人的感受而说谎。"相较之下，罗琳的反跨理由更接近大众的一般误解，她担心跨性别运动为加害者提供保护，让女性面临潜在的暴力风险，"当对任何相信或觉得自己是女性的男性打开厕所和更衣室的大门……你是对任何和所有想进去的男人打开大门"。[2]

巴特勒认为这种观点是"恐跨症"的臆想："它更多地反映了怀有这种恐惧的女权主义者的问题，而不是实际存在于跨性别者生活中的任何情况。持这种观点的女权主义者预设：人会被阴茎所定义，任何有阴茎的人为了进入女性更衣室都会自我认同为女性，并对里面的女性产生威胁。它假设阴茎是威胁，或任何有阴茎的人如果自我认同为女性，就会进行一种卑鄙的、欺骗性的和有害的伪装——

---

1 《朱迪斯·巴特勒谈 J. K. 罗琳"恐跨"争议：女性不应加入到恐惧症行列中》，网易号，2020 年 9 月 26 日，https://www.163.com/dy/article/FNFC24N305148HA0.html。

2 《朱迪斯·巴特勒谈 J. K. 罗琳"恐跨"争议：女性不应加入到恐惧症行列中》，网易号，2020 年 9 月 26 日，https://www.163.com/dy/article/FNFC24N305148HA0.html。

这是一个丰富的幻想，它来自强大的恐惧，但它并不描述社会现实。"巴特勒认为，排跨激进女权主义实质上是生物本质主义的回归，这一立场正在攻击跨性别者的尊严。她以女性也曾遭遇各类污名为例，指出"女性（所有自我认同为女性的人）不应该加入对特定群体的恐惧症的行列中，因为这种恐惧曾经被用来贬低女性身份"。[1] 跨性别群体同样是社会性别制度的受压迫者，僭越二元性别的 ta 们遭受暴力、骚扰、胁迫，有时甚至面临生命危险，其苦难与抗争跟女性是相似的。我们要与各种形式的歧视行为作斗争，而类似罗琳的不负责任的想象进入公众讨论会进一步加深大众对跨性别女性的偏见。有被性侵的创伤史是不幸的，但这并不意味着所有的男人都是强奸犯，或者阴茎本身携带着这种邪恶的力量。罗琳利用自己公众人物的身份助长了仇恨、恐惧和误解，还利用性创伤的历史来折磨和迫害别人。一般来说，我们有这种责任，不去将自己的创伤继续传递给别人，不出于一种为自己所受创伤复仇的幻想而寻找方法去迫害其他人。这里发生了一些移置，使事情变得更糟。但是，罗琳也不应该因此被侮辱或者被仇恨，甚至被骂"去死"，受到死亡的威胁。巴特勒认为我们需要深入思考这个事件，然后真正发现其深层矛盾究竟是什么，我们如何对之反思。太常见的事实是，各种社交网络媒体都在重复着煽动性的言论，而不是提供更好的平台来表达一种更周全的理解，以此澄清发生了什么误解、什么冲突，存在哪些恐惧。如果是这样，我们就能够进一步建立一个更好的女权 – 酷儿联盟，该联盟也致力于反种族主义以及拯救地球等责任，然而现实情况令人悲哀。

---

1 《朱迪斯·巴特勒谈 J. K. 罗琳"恐跨"争议：女性不应加入到恐惧症行列中》，网易号，2020 年 9 月 26 日，https://www. 163. com/dy/article/FNFC24N305148HA0. html。

巴特勒曾表示，《性别麻烦：女性主义与身份的颠覆》最大的遗憾是该书没有在个人自由与社会自由两者之间做出明确清晰的区分，所以这本书只能从一个非常私人化的角度来阅读。表示如果以后有机会重新编写，她将会更多关注男同、女同和双性恋者们的具体性征以及性别表现的具体模式。事实上，巴特勒是一个对于身份认同政治非常抵触的人，认为人们没有必要一定就男人是什么样或者女人是什么样达成一致认同。你可以是一个女权主义者，这和你的性别、你的身份都没有关系，你可以为女权主义的使命和目标不断奋斗，并且积极参与其运动。巴特勒经常会与强硬的身份认同作斗争，但也承认，也许若干年后随着变性人逐年增多，她的想法可能不符合那个时代了，人们会觉得他们的身份在逐渐被抹杀、被否定，所以他们真切地感受到需要有强硬的政治行动支持他们，需要强烈的身份认同。巴特勒对此表示理解，而且这些也都是应该思考的问题。[1]

巴特勒认为性别只是一个历史范畴，"这意味着我们还不知道它在未来可能会出现的所有方式，我们应对其社会意义形成新的理解并保持开放的态度"。"女性"未必会因跨性别运动被消解，"女性"可以作为一种抵抗性身份，拥有全新的意涵。如激进女性主义法律学者凯瑟琳·麦金农所说："生理构造不能定义女性特质，女人是政治群体。"跨性别哲学家罗宾·登布罗夫也谈道："如果女性主义者想要消除父权制，那我们就无法挑选哪些受害者适合我们的羽翼。女权主义是为每一个被父权制压迫的人服务的，这些人包括女性、酷儿、跨性别、非常规性别、受种族歧视者、残障人士等等。对'女性身

1　参见《思想家朱迪斯·巴特勒：精英支持特朗普是反智的》，马元西等译，界面新闻，2016 年 11 月 15 日，http://www.jiemian.com/article/956261.html。

份'的管控，实质是为父权制服务，而不是为女权主义服务。"巴特勒建议我们不妨先放下那些艰涩的学术词语，去关注真实生活中的跨性别女性的各种生活场景，了解跨性别者真实的生命故事，倾听ta们自己的声音。也许ta们曾因外形打扮等性别表达遭受过原生家庭的人身控制及言语、肢体暴力；也许ta们的医疗需求得不到满足，不得不采用不规范的治疗方式以致损害了身体健康；也许ta们在就业路上困难重重，饱受歧视，被迫陷入困顿……跨性别者的真实生活永远比理念之争更重要。[1]

事实上，很多女权组织都是容跨的。跨女性主义从女权主义理论中浮现，与女权主义斗争，是女权主义的遗产之一。无法想象如果女权内部没有跨性别理论，女权会变成什么样。这不是说把跨性别加到女权中，为什么要认为女权和跨性别是截然不同甚至是对立的呢？它们长久以来都是相联系的。有很多的女性主义者作为跨性别和酷儿出场。实际上这是一个如何看待联盟和社会正义的问题。巴特勒认为，如果你相信女性和跨性别者应该如其所愿地行走在大街上，而不用恐惧被攻击、被侮辱或者被迫害，那么你就分享着一个关于自由的概念。你在寻找一个所有这些人都能生活在其中的世界。这就是为什么会有"黑命贵"，为什么存在着形形色色的女权者和跨性别者，每个人都有责任去收复街道，使它变成一个集会的、自由的和公共表达的空间。所以存在这样的时刻，你会看到这些群体之间的深度联盟，同时看到一个事实：他们不是分隔于不同部分的群体，他们是完全交织在一起的。

---

1 《朱迪斯·巴特勒谈J. K. 罗琳"恐跨"争议：女性不应加入到恐惧症行列中》，网易号，2020年9月26日，https://www.163.com/dy/article/FNFC24N305148HA0.html。

三、我们怎样克服恐惧？

（一）进行批判性阅读

反对性别的人拒绝性别研究领域的阅读，也不相信其他人应该阅读这些作品，认为相关书籍需要接受严格的审查，拒绝它们在学校出现。这种反性别意识形态运动坚信：性别是一种错误的认识方式，是一种单一的甚至邪恶的意识形态，性别或与之所代表的术语有一种巨大的力量，它可以捕捉心灵，拥有一种诱人的力量，改变在其权力下的人的思想。阅读性别研究的作品无异于与魔鬼交易，而阅读性别书籍的行为无异于意识形态诱惑。巴特勒建议我们撇开阅读内容，首先讨论下阅读的价值和批判性阅读任何文本的可能性问题。如果有人将圣经当作显而易见的真理来读，那么就会拒绝丰富的圣经解释学系统，广义的阅读应该是一种批判性练习。这里的批判不是消极的，而是一种询问未承认的假设和不知情的后果的方法，它考虑了如何制作文本以理解它可能产生的影响，考虑任何给定文本中的真假，以及对理解我们生活的世界或社会现实有用或无用的东西。因此，反对性别是和反对批判性阅读联系在一起的。大学理念意在培养批判性思维、知情判断，强调公开调查和公开辩论的作用，反对阅读其实暗示着反对大学理念。

也许有人疑惑：反性别立场的倡导者们是否将性别视为一种意识形态？是否在某种程度上承诺不进行批判性阅读？对他们而言，阅读是一种不加批判的接受工作，即阅读是对一个被认为是权威的文本的权威的服从；性别理论则依赖于错误的文本，这些文本由虚假的权威人士撰写，行使着一种敌对的、平行的权力，迫使人们服从他们的主张。另一方面，性别研究的反对者认为，性别研究者进行各种形式的批判性阅读，意味着要求质疑他们毫无疑问地接受文本和权威。其实，他们是以敌视批判性思想为特征的更广泛的反智潮流的一部分。那么我们在性别研究领域要做什么样的阅读？反对派的策略是为了代表和消除该领域不断增长的复杂性，将一个复杂而有争议的调查领域简化为一个单一的思想或口号。事实上，性别研究的存在取决于一系列文本对象和档案以及广泛的方法论和理论，它们彼此不同，所以它们必须被比较和进行批判性阅读。学者们必须提出自己的观点，并以论据和适当的逻辑为其论证和辩护。然而性别研究被讽刺为灌输到青年头脑中的一种意识形态，类似于极权主义的灌输式教育。在某些版本的性别批判中，它被认为是指导学生如何成为同性恋的手段，或被描述为一种诱惑方式，甚至是恋童癖，一种强制性规定和转变。巴特勒认为我们应该摒弃这种虚假的讽刺，并明确性别研究做什么和不做什么。但是，在上述所有情况和更多的情况下，仅靠论证是无法解决问题的，因为我们面对的是一个幻想的场景。巴特勒借用并改编了法国精神分析学家让·拉普朗什（Jean Laplanche）的理论表述，来思考性别的社会心理现象。对让·拉普朗什来说，幻想不只是想象力的产物，一个完全主观的现实，在其最基本的形式上，必须被理解为心理生活元素的综合安排。因此，幻想不仅仅是一种心灵内容、一种潜意识的遐想，也是遵循某些结构和组织规则的欲望和焦虑的组织。[1]关于有意识的和无意识的幻想，精神分析理论有很多论述。这里，巴特勒建议我们把精神生活的组织或语法看作既是社会性的又是幻想性的。尽管让·拉普朗什对婴儿期和他所谓的原始幻想的形式很感兴趣，但是我们可以利用他的观点的某些方面来理解反性别与反性别的立场，是依赖和再

1　Jean Laplanche. *Fantasme originaire, Fantasmes des origines, Origines du fantasme*. Hachette, 1985.

现一个幻想场景。通过这样的框架，我们将能更好地应对这场运动和它的论述。因为当场景设置好，并且以邪恶和破坏性的方式想象有一种叫作性别的东西在起作用时，那么，性别一词就成为一系列复杂的焦虑的替代物，同时也成为一个聚集毁灭的恐惧的场所。巴特勒认为，想象性别的传染性和强大的运作其实是对性别的一种反常的奉承，然而，其中归因于性别的力量并不是由性别研究或其无数的理论产生的，它们被捆绑成一种煽动性的句法，在这种句法中，一些外来元素发挥着巨大的作用来破坏社会结构，它们是家庭、民族、文明和人本身。

（二）具备一起言说恐惧的能力

关于性别的论述强化了它在当代政治中的虚幻力量，作为一个可怕的和有破坏性的幻象，性别是难以讨论的。在这种情况下如何与对手争论？巴特勒认为答案是研究该术语的幻想性质，以质询我们今天谈论性别时究竟在谈论什么，因为它已经被建构和传播。

虽然反对性别歧视运动在有些地区体现在宗教层面上，但它并不一定就是宗教问题。对于一些基督教徒来说，自然法则和神的旨意一样，上帝以二元方式创造了性别，人类没有权利以另一种方式重新塑造它们。当然，一些女性宗教学者对此提出异议，认为《圣经》在这个问题上是矛盾的。这是一门较早的科学，认为性别差异是在自然法则中确立的，因此可以推断，在任何地方都是有效的。而法律不因实在法而改变，但实在法即人类制定的法律，应以自然法为基础，不能违背其规则，因为那是上帝创造的。从这套信仰中得出的结论是，如果有一个人有意志或故意行事，不仅违背了上帝的意志，而且可能已经接管了他的意志。

这表明无论性别是什么，它在那些反对它的人心中所代表的创造形式都是虚假的和欺骗性的，与上帝的创造力对立，性别具有巨大的破坏力，代表一种深不可测的、恶魔般可怕的破坏性力量。巴特勒认为将焦虑和恐惧的对象想象成性别，这当然是一个可笑的替代。不管目的如何，这种类比调动了一个幻想的场景，并且这种破坏的力量总是从外部袭来，通过暗示为可怕的和骇人听闻的战争辩护。性别当然不是引发战争的原因，但它是战争的幻觉性理由的一部分。性别政治贯穿于新形式的束棒主义、民族主义和战争之中，因此我们必须更好地学习如何在幻想的幻象吞噬我们之前与之斗争。

为此，我们需要一种横向合作的思维模式，能够进入揭露和对抗，威胁到决定历史现实的形态和进程的幻想。我们需要分辨出权力希望我们感受到的恐惧是什么。如果我们对他者感到恐惧，就是对权力的臣服，但是这种对权力的恐惧来源于何处？对惩罚、驱逐、入狱的深层恐惧抑或其他？如果我们知道了更多的可能性，我们也许可以生活得不那么恐惧、不那么压抑。这是一个很大的话题，在不同的地方恐惧会以不同的形式出现。巴特勒认为我们首先需要具备一起言说恐惧的能力，然而恐惧的反面不是个人的勇敢，而是团结。因为团结展示了有人与你并肩作战的这种联结性，这能够帮助我们克服恐惧。所以我们必须抛掉对个人英雄和个人勇气的执念，意识到我们有支持彼此的力量，为创造一个恐惧感更低的世界作出努力。[1]

很多情况下我们的社会联结虽然不是自主选择的，却是非常必要的。比如在一个艺术团体里，成员之间并不一定需要彼此相爱，

---

[1] 林子人：《朱迪斯·巴特勒：我们需要具备一起言说恐惧的能力》，界面新闻，2018 年 8 月 17 日，https://www.jiemian.com/article/2391503.html。

但依然聚在一起做事。他们在做一个关于世界的实验，试图融合世界，即便是在一个微小的层面上。这些不仅仅是短暂的"我们"时刻，这种合作方式让我们超越个人主义的窠臼，又让我们意识到与不相识的人并肩行动的重要性，因此它更具政治性。比如关于酷儿群体被原生家庭排挤抛弃的问题，我们期待一种更有意义的社群形式或曰联盟给他们提供情感支持。这种社区形式或联盟，成员不必要称为家人，亲人的概念涵盖的范围更广，或是友谊，或是一种团结的共同体，这些各不相同的概念包括各不相同的关系形式。我们需要为我们不认识甚至无法忍受的人创造生存空间，这意味着我们也需要思考联盟的条件，一种异质的联盟。这也是一种新型的共生之道。

（三）建构一个宜居的理想社会

自 1990 年出版《性别麻烦：女性主义与身份的颠覆》一书以来，巴特勒便一直在引领西方女性主义哲学的发展，她对于性别化身体"祛自然化"的解释，对于异性恋模式的批评，对于性别述行理论的构建，以及近些年来对于政治哲学的探索都在哲学和性别研究领域产生了重要的影响。然而巴特勒曾在与好友的交谈中表示，人们都以为她仅仅研究性别，追求那种随心所欲的性别自由，实际上这只是她的一个小目标，巴特勒说她真正想做的是通过探索性别问题追求一个理想的人人宜居的社会。一个理想的人人宜居的社会当然不只是涉及性别问题，它涉及一个全球范围的更为复杂的社会政治经济等各方面的问题。

巴特勒建议，在全球化背景下女权主义要关注与解决三大问题：第一个问题是全球范围内女性的贫穷问题。美国对外的政策对此有重要影响，很多美国的海外工厂会利用女性工人的廉价劳动力以获得最大利润。第二个问题是女性的受教育问题——在很多不同的国家，女性都没有接受最基本的读写教育的机会。没有基本的读写能力，她们又如何行使自己的参政议政权呢？这完全是不可能的。所以文盲现象是对民主政治的破坏。第三个问题是暴力。对女性的施暴不局限于殴打和强奸等现象，还包括世界各地对女性（包括变性人）的杀害。在拉丁美洲，有大量抵制"屠杀女性"的大规模运动。巴特勒在接受《开罗全球事务评论》的采访时，批判希拉里作为一名自由女权主义者简单粗暴，没有真正理解全球女权主义的内涵与责任，她所支持的自由女权主义不过是一种为世界上其他地区没有烤箱的女性提供烤箱的方案，是无法为我们理解全球范围内的女权主义议题提供支持的，也无法为全球的女性负起强有力的责任。[1]

第四节　主体哲学研究的未来

一、巴特勒对马克思主义思想的承继

（一）女性主义与马克思主义

　　女性主义一开始就与马克思主义紧密相连。女性主义在马克思主义的革命理论和实践的引导下，逐渐成为推动西方社会发展的重要力量。可以说，在近现代女性解放运动的每一个关键事件背后，都能够看到马克思主义的身影。恩格斯在《家庭、私有制和国家的

1　参见《思想家朱迪斯·巴特勒：精英支持特朗普是反智的》，马元西等译，界面新闻，2016 年 11 月 15 日，http://www.jiemian.com/article/956261.html。

起源》中指出，个体婚姻制度和家庭私有制的产生是"一个伟大的历史的进步"，"开辟了一个一直继续到今天的时代"，但是，这种进步是相对的，因为"在这种进步中，一些人的幸福和发展是通过另一些人的痛苦和受压抑而实现的"。[1]男性由于自然体力而具有的劳动能力和暴力获得了支配物质资料的权力，女性从而成为这种"最初的阶级压迫"的客体，备受物质、性别和身体压迫。恩格斯将性别矛盾称为"历史上出现的最初的阶级对立"。恩格斯认识到，性别解放必须从物质生产关系中着手，女性如果无法改变经济上作为附庸、性关系中作为生产工具的状况，就无法成为一个作为主体的性别。因此他呼吁："妇女解放的第一个先决条件就是一切女性重新回到公共的事业中去；而要达到这一点，又要求消除个体家庭作为社会的经济单位的属性。"[2]马克思在《德意志意识形态》中指出，正是由于生产关系和分工的发展，女性的被支配关系成为所有制的最初内容，即"它（所有制）的萌芽和最初形式在家庭中已经出现，在那里妻子和儿女是丈夫的奴隶"。在马克思看来，"分工和私有制是相等的表达方式"，而家庭中"原始和隐蔽的"奴隶制成为私有制社会产生和发展不可或缺的内容。[3]在此意义上，性别解放就不仅意味着指出性行为和性别身份的自由是必要的、合理的，更意味着造成性别压迫的私有制和家庭制度的变革。性别压迫作为私有制社会（不仅是资本主义社会）的分工、分配和支配关系所必然导致的矛盾，只有在经济基础的维度才能够得到最根本的理解，也只有从经济基础着手，才能够找到扬弃性别压迫——不论是异性压迫还是同性压

---

1 [德]恩格斯：《家庭、私有制和国家的起源》，人民出版社，2018年版，第70页。

2 [德]恩格斯：《家庭、私有制和国家的起源》，人民出版社，2018年版，第80页。

3 中共中央马克思恩格斯列宁斯大林著作编译局：《马克思恩格斯选集（第一卷）》，人民出版社，1995年版，第83—84页。

迫——的有效途径。男性和女性要真正获得多元、自由的性别身份和性活动，就必须为这种自由找到相对应的生活方式、生产方式。在中国和苏联革命中，女性问题从来都是同阶级问题一起被提起的，女性解放向来被认为是阶级解放的一部分。马克思主义经典理论家奥古斯特·倍倍尔（August Bebel）的著作《妇女与社会主义》被认为比恩格斯的《家庭、私有制和国家的起源》影响更大、对女性运动的影响更为直接。与马克思主义一样，倍倍尔认为从母系继承转变为父系继承是女性的最大失败，女性受压迫状况是阶级社会的产物，只有无产阶级的胜利才能最终结束这一压迫。但他比恩格斯更进一步地提出非经济因素性质的压迫，其中包括性道德上的男女双重标准、传统女性服饰禁锢人的作用等。另外，倍倍尔认为女性体力上的弱小是她们丧失权力的主要原因，在这一因素之外又增加了生理因素——女性的生育功能。[1] 这些理论迄今为止仍然为性别解放的进步事业提供超越时代的洞见。

然而，在资本主义大工业迅速发展的历史场域中，马克思主义用的是政治经济学批判－历史批判这一总体性方法，更多关注的是对资本逻辑的经典现代性批判。有学者认为，马克思主义的生命政治批判只是作为一条"隐性逻辑"[2]。出于时代原因，马克思着力解决的是资本的政治经济学－历史批判，并没有将对资本权力和作为资本政治代表的国家权力对于无产阶级身体、生命的压榨、控制和摧毁这一丑恶事实的生命政治批判思想独立出来，构成一个完整的生命政治学体系。20世纪下半叶以来，西方理论界出现重大转变，后马克思主义研究范式在方法论上的转向，是对西方资本主义社会不

1　[德]奥古斯特·倍倍尔：《妇女与社会主义》，葛斯、朱霞译，中央编译出版社，1995年版。

2　马中英、韩璞庚：《生命政治批判：马克思政治经济学－历史批判的"隐性逻辑"》，《青海社会科学》2019年第4期，第55—61页。

断发展变化的治理方式和不断更新的生产关系的再生产方式的回应。对于当代资本主义的研究，其中尤为重要的在于把握资本主义生产关系再生产的向度，意识形态、空间生产、世界体系和生命政治则是在这一向度下展开的。后马克思主义思潮强调真正异质的逻辑、真正抑制的他者，使得批判和革命从强大的资本同一性逻辑中凸显出来，将马克思主义的两大基础——现代性的生产逻辑与无产阶级主体置换为文本、叙事、欲望和个人主体。[1] 这种强大的后学思潮文化语境或多或少影响着生活在这个时代的学者，包括巴特勒。

（二）巴特勒与马克思主义

将巴特勒和马克思主义联系起来看似有些突兀，事实上人们对巴特勒诸如"女性主义者"这种略显先入为主的身份定位，遮蔽了巴特勒和马克思主义之间或隐或显的联系。巴特勒作为当前最具影响力的性别研究学者之一，当然不可能不受具有社会主义传统的女性解放运动历史的影响。巴特勒曾在不同场合承认自己和马克思主义之间的关联。巴特勒在《欲望主体：二十世纪法国哲学的黑格尔反思》1999 年再版序言中说道，作为海德堡大学的访问学者，她最初接受的学术训练主要是欧陆哲学，研究的关键思想家包括马克思、黑格尔、海德格尔、克尔凯郭尔、梅洛－庞蒂以及法兰克福学派的批判理论家。在《纯粹的文化维度》一文中，巴特勒承诺要确认和复活马克思主义思想中那些真正有价值的方面，以反抗资本主义政治和知识权威。[2] 有学者认为，从西方马克思主义研究看，巴特勒发展了从马克思到后马克思主义思潮的主体理论，并发展出一套影响深

---

1 张一兵、胡大平：《西方马克思主义哲学的历史逻辑》，南京大学出版社，2003 年版，第 418 页。
2 ［美］朱迪斯·巴特勒：《纯粹的文化维度》，［美］凯文·奥尔森编：《伤害＋侮辱——争论中的再分配、承认和代表权》，高静宇译，上海人民出版社，2009 年版，第 42 页。

远的批判理论。关于主体形成与权力规范／主体与臣服之间是一种什么关系，从马克思开始，经阿尔都塞、福柯，直到巴特勒、齐泽克，一直被讨论并不断深化。阿尔都塞将马克思存在与意识的关系，转化为劳动力和生产关系与国家机器意识形态的生产和再生产，发展了马克思的国家学说和意识形态理论，具体论证了"一切社会关系的总和"是如何建构主体的。福柯超越政治经济学的范畴，提出微观权力的概念，认为国家权力是众多微观权力谱系共同作用的矛盾综合体，如毛细血管般微观却无处不在，而不是简单的统治阶级和被统治阶级／资产阶级和无产阶级二元对立的统一体。福柯发现体系本身会产生一种体系无法控制的多余部分，瓦解体系的统一性。但是福柯的主体是被规训与惩罚的主体，难以找到反抗的途径，因为反抗事先就被权力机制征用了。福柯看似对马克思的理论是批判的，但是福柯自己也承认运用了马克思的理论[1]。

　　巴特勒将福柯理论作为出发点，思考"如何才能进行真正有效的反抗"，强调权力的内在方面，在对权力的依赖关系中展示主观世界，将议题还原为社会历史关系的生产与再生产，同时思考如何将哲学理论和政治运动结合起来，这直接促使她从哲学的角度去思考性别问题。巴特勒认为，性别理论涉及对于"规范性的期待"，将性别理论定义为"自由哲学的领域"[2]，因为社会的结构性话语造就了主体对性别认知的规范，而这种规范又是以"禁忌""规训"的方式在日常生活和政治活动中发挥着作用。巴特勒的性别批判理论非常细致地叙述了性别在当下社会文化和意识形态中所遭遇的矛盾、困境和危机。性别矛盾不仅是由物质生产关系所决定的历史现象，也是

1　[英]托马斯·莱姆克：《不带引号的马克思——福柯、规治和新自由主义的批判》，莱姆克等：《马克思与福柯》，陈元等译，华东师范大学出版社，2007年版，第14页。

2　Judith Butler. *Undoing Gender*. New York: Routledge, 2004, p. 219.

一个结构性的社会现象。巴特勒把握到性别矛盾中的"权力－支配"的内核，即由某种力量（如话语、意识形态、文化）所造成的男性压迫女性的权力秩序。[1]

巴特勒认为，在资本主义社会中，性的生产和资本主义生产关系的再生产具有一致性，资本主义利用性的生产，通过维持异性恋强制体系来维持它所需要的家庭结构，性的生产包含在生产方式中。马克思和恩格斯在著作中承认生产方式有多种形式，不仅仅包含物质生产。巴特勒指出，马克思主义女性主义者将家庭看作生产方式的一部分，性别也必须被理解为是人类自身生产的一部分，她们曾经使用心理分析的方式，揭示血缘关系如何在资本主义生产关系再生产中发挥作用，以服务资本利益的社会形式并进行人类再生产。朱丽叶·米切尔的《妇女：最漫长的革命》就借鉴精神分析的研究成果第一个对马克思主义的经典著作进行了批评。马克思主义女性主义试图证明性的再生产是物质生活条件建构的一部分，也是政治经济体制固有的建构特征。巴特勒更进一步，将这种生产和社会规范联系起来，认为这种尝试实际上揭示了性别化的人的再生产，即符合规范的"男人"和"女人"的再生产是依赖于资本主义社会对家庭的管制的，也依赖于异性恋家庭的再生产。所以，"异性恋家庭作为再生产异性恋的场所，生产出适合作为一种社会形式进入家庭的人"，"规范性的性别再生产是异性恋和家庭再生产的核心"。巴特勒将劳动中的性别分工理解为性别化的人的再生产过程，心理分析则是一种工具，用于管制劳动者的性欲，使性行为的规则能系统地与适合于资本主义政治经济体制运行的生产方式联系在一起。并且，巴特勒把性的再生产与家庭的再生产联系起来，认为"规范性的性别服

---

1 杨乐：《朱迪斯·巴特勒之批判理论的历史唯物主义批判》，《浙江社会科学》2021 年第 10 期，第 96—103 页。

务于规范性家庭的再生产"，而家庭则是资本主义社会运作的基本单位。所以，性的再生产是服务于资本主义生产关系的再生产的。"性交换的强制方式不仅再生产了受限于再生产的性行为，而且还再生产了关于'性'的普遍概念，即性在再生产中发挥了重要作用。"[1]

因此，性的再生产不能仅仅被理解成一种文化形式，譬如同性恋政治斗争，就不能被看成仅仅是一种文化斗争，因为它挑战了性的再生产的规范方式，也就挑战了资本主义生产关系再生产的稳定进行。在这个意义上，改造性行为的社会斗争完全可以和工人的被剥削的劳动问题联系在一起。所以，非规范化性行为被边缘化和贬低时，就不仅仅是一个文化上承认的问题了，因为文化的规范和它所影响的物质性的效果不可分离。所以，如果从生产方式角度界定一个社会的政治经济结构的话，性别也必须被理解为生产方式的一部分。性的生产，往往表现为一种代表着资本力量的权力对身体的塑造和控制。巴特勒将身体的生产和权力联系在一起，身体在话语中获得其存在的可能。在资本主义社会中，只有符合资本主义生产关系再生产要求的身体才具有"正常"的外观，才具有"正常"的性别。性别化的身体的生产，承载了话语的建构性，而话语虽然不直接表现为某种物质，但是却内化了物质生活的过程。马克思在《德意志意识形态》中强调人还具有"意识"，但是这种意识并非一开始就是"纯粹的"意识。"精神"从一开始就很倒霉，受到物质的"纠缠"。巴特勒看到了劳动者的身体只有在符合商品生产的劳动力的要求时，才对资本主义社会具有价值，这种价值表现为榨取剩余价值的作用。这就是为什么说通过话语斗争对身体进行意义重塑是一种政治实

---

1 [美]朱迪斯·巴特勒：《纯粹的文化维度》，[美]凯文·奥尔森编：《伤害+侮辱——争论中的再分配、承认和代表权》，高静宇译，上海人民出版社，2009年版，第50页。

践。[1] 性的生产，是一种意识形态的询唤，只有被权力话语询唤为符合异性恋家庭要求的性，才是资本主义社会所需要的性。从这个意义上说，资本主义的生产方式不仅生产出商品，还生产它所需要的性，从而促进其本身的再生产。

巴特勒的这种观点明显受到阿尔都塞对资本主义社会的理解的影响。阿尔都塞的多元决定论和意识形态国家机器的讨论，将"文化"尺度带入资本主义生产关系再生产的讨论中。意识形态存在于国家机器及其实践中，所以，这种存在具有某种物质性，在人的再生产中具有突出作用。"即使对同性恋的憎恶仅被视为一种文化态度，这种态度仍然被定位于那种（国家）机器及其制度化的实践中"。所以，性的再生产贯穿于教育、道德、宗教等社会文化形式中，规定了什么才是符合规范的性别和人，这是一种服务于资本主义生产关系再生产的性的再生产，会对社会运转产生一种物质性的结果。马克思主义女性主义学者凯瑟琳·麦金农认为，马克思主义的"劳动"和女性主义的"性别"都是一种组织原则。"劳动"以阶级为结构，以资本为凝结形式，以产品为结果；"性别"以异性恋为结构，以性与家庭为凝结形式，以再生产为结果。两者的中心都是"控制"。[2]

巴特勒认为，对资本主义来说，异性恋主义正如剥削阶级一样是重要而实质性的。因此她对性别问题的思考和对资本主义社会的批判是具有一致性的。从后结构主义理论出发，巴特勒将性别问题和资本主义社会批判联系在一起。对于性别理论和资本主义批判联系在一起的问题，在马克思主义女性主义阵营展开过数十年的讨论，形成两大理论系统：二元制理论和一元制理论。巴特勒因其后结构主

1　[美]朱迪斯·巴特勒：《消解性别》，郭劼译，上海三联书店，2009 年版，第 228 页。

2　王玉珏：《主体的生成与反抗：朱迪斯·巴特勒身体政治学理论研究》，北京师范大学出版社，2018 年版，第 346 页。

义的立场，不属于任何阵营，但是理论更倾向于一元论。在《纯粹的文化维度》中巴特勒为后结构主义进行辩护，认为新社会运动不是纯粹的文化运动，之所以对此有很多争论是因为这些争议有一个前提预设，即后结构主义阻碍了马克思主义的实现，也侵蚀了文化政治领域。巴特勒反对将物质与文化生活割裂开来的考虑，认为将马克思主义与文化研究割裂是一种人为的分离，后结构主义理论并不会阻碍人们对社会生活的实际干预，也并不认为统一激进的马克思主义理论非得回到从阶级问题出发对物质生产生活直接进行客观分析的唯物主义。这样的诉求本身假定了物质与文化之间的界限是稳固不变的，而经济基础和上层建筑之间的二分结构早已在马克思主义学家，诸如阿尔都塞、雷蒙·威廉斯、斯图尔特·霍尔和斯皮瓦克那里受到冲击。[1] 而且，巴特勒认为性别斗争的社会意义在于能为社会生产服务，并不是一种"单纯文化的形式"，并质问道："为什么一个与批判和改变社会规范性行为的方式相关的运动，不被视为政治经济运行的核心呢？"[2] 在巴特勒看来，女性主义理论不仅仅是关于性别的理论，还与生存问题本身相关。女性主义的理论诉求是以社会转化为目标的。

在巴特勒看似新潮的理论中，时不时看到马克思主义理论的影子和作用。卡弗（Terrell Carver）说："权力是巴特勒的核心范畴，因为权力实际上生产了人类社会的诸种事务（比如说，霸权的社会话语和'不可生存的生命'）。因此，权力和权力运作的分析提供了重新安排那些被建构出来的排除和约束的唯一方法。福柯和马克思开创

1　[美]朱迪斯·巴特勒:《纯粹的文化维度》，[美]凯文·奥尔森编:《伤害+侮辱——争论中的再分配、承认和代表权》，高静宇译，上海人民出版社，2009年版，第43页。

2　[美]朱迪斯·巴特勒:《纯粹的文化维度》，[美]凯文·奥尔森编:《伤害+侮辱——争论中的再分配、承认和代表权》，高静宇译，上海人民出版社，2009年版，第48—49页。

了这种思考方式，巴特勒从他们不同寻常的关注中得到了启示。"[1] 巴特勒将马克思的社会批判理论伸向了马克思没有涉及的领域，使批判理论在性、性别、身体、欲望这些看上去时髦新潮的话题中迸发出新的生命力。巴特勒在论述身体物质化的过程中，揭示了权力对身体的形塑，这种权力操纵了性、生育等身体特征，实际上这反映的是资本如何努力塑造一个满足资本运转所需的身体。如卡弗所言："马克思在其思想中将市场化的世界进行了颠倒，他思考的也是工业的无产阶级中的一种'给定'的主体。巴特勒追随了马克思的去自然化的策略。"[2]

可见，巴特勒的批判理论对马克思主义有着一定的继承和发展，本质上继承了马克思主义的政治理想，尤其是 21 世纪以来不断加深的资本主义世界政治经济危机和日益尖锐化的意识形态对立，进一步拓展了主体哲学的批判语境，对资本主义社会中饱受暴力的他者群体的悲悯，以及对资本主义政治及其意识形态的批判，在意图和立场上呼应着马克思最初的理论出发点。然而由于学者个人的研究旨趣，巴特勒将批判视域拓展集中在性别、身体、族群、移民等微观意识形态领域，呼应了马克思主义宏观社会政治理论，形成独特的生命政治批判，融入时代的生命政治思潮。在巴特勒独特的批判理论体系中，马克思主义作为一种理论资源，与其他诸多异质理论进行文化翻译式的融合，或者说，她与这些理论及其政治目标关系密切，但并不以一种单一排他的方式认同其中某一个，而是在不同情况下，以最适当的方式，有时是令人意想不到的方式，组合使用

---

1 Chambers, S. A. and Carver, T. *Judith Butler and Political Theory: Troubling Politics*. New York: Routledge, 2008, p. 31.

2 Chambers, S. A. and Carver, T. *Judith Butler and Political Theory: Troubling Politics*. New York: Routledge, 2008, p. 33.

一系列理论范式。这种理论特质在学界引发很大争议。一些拥护马克思主义的学者，试图从巴特勒批判理论中发掘出马克思主义因素，冠之以"马克思主义者"的身份标签；而另一些捍卫自由主义和保守主义价值观的学者，则试图通过放大巴特勒批判理论的左翼特征，将巴特勒归类于马克思主义的责难对象。但是，巴特勒明确拒绝任何标签，这是她对于固定身份的一贯拒绝。

今天，巴特勒仍然用一种"困难"的写作方式向学术界提出一些"困难"的问题，不断地制造"麻烦"，挑战权力的规范力量，寻找生活的可能性。吉尔·贾格尔（Gill Jagger）认为，巴特勒在认同政治上带来了一种对反抗与改变的理解的转向，这种转向可以描述为从一种启蒙与现代意义上对自由和解放的关注，转向了对反抗与斗争的重视。[1]

二、主体在公共领域的行动

（一）作为一种政治实践的"相遇"

从马克思、阿尔都塞到当代的生命政治批判，"相遇"理论跳出传统的叙事方式和背后的本质主义、观念论的历史哲学，回归到社会存在具身化的"现象"来展示其激进政治的维度。马克思认为"偏斜"首先表现为一种偶然性，而原子偏斜及其"相遇"就是在执行一种反社会决定论，因为原子内部本身就蕴含着"对立"，这是一种"内爆"。因此，矛盾的实现并不是一个自发的过程，而是有一个事件性的内部因素，而原子偏斜及其"相遇"的过程，就是矛盾得以完

1　Jagger, G. *Judith Butler: Sexual Politics, Social Change and the Power of the Performative.* New York: Routledge, 2008, p. 137.

成的重要前提条件，同时也意味着对同一性的拒斥。在这个意义上，原子偏斜及其"相遇"就是一个典型的事件，它逾越了社会的惯有模式，创造了一种新的存在类型。因此，马克思的原子偏斜及"相遇"的主要内涵应该是事件化的叙事，具有激进政治的维度，而偏斜及其"相遇"则应该被理解为一个装置，一个不断地孵化事件的装置。[1]

在对马克思、马基雅维利和卢梭等人思想解读的基础上，阿尔都塞建构了具有激进特征的偶然"相遇"唯物论，此时的阿尔都塞思想开始与后结构主义思想相连，努力为哲学叙事提供一种新的话语体系。阿尔都塞从历史科学的视角解读了马克思的"相遇"理论，认为生产方式的变化能够直接成为对抗资本主义社会对私有财产的自然化，它意味着社会形态及其所有制结构的变化。也就是说，每一种社会形态的兴起，不再是一种意识形态的预设，而是生产方式内部矛盾的结果。"资本主义生产方式就来源于'货币持有者'与被剥夺的只剩下劳动力的无产阶级的'相遇'。"[2] 正是在这两个因素的持续"相遇"中，资本主义生产方式才得以形成，资本主义作为一种社会形态才能成立，并在此基础上形成资本主义的价值规律、交换规律等。所以，"相遇"成为资本主义生产方式的基础，同时也意味着这种生产方式自身的历史性。可见，阿尔都塞以"相遇"为视角描绘出的马克思的历史科学，与之前的历史哲学有着本质区别，这为我们进一步理解社会形态的变化及其变革提供了一种更加激进的叙事逻辑。这里，"相遇"是一个社会存在的问题，它同时也意味着社会存在改变的症候和契机，它既是社会存在问题的"病灶"，又是其"手术刀"。所以阿尔都塞认为，无产阶级的政治实践应该敏锐地从这种

---

1 林青：《激进政治理论的"相遇"问题——从马克思、阿尔都塞到当代生命政治理论》，《南京大学学报（哲学·人文科学·社会科学）》2016年第5期，第14—20页。

2 Louis Althusser. *Philosophy of the Encounter*. London&New York: Verso, 2006, p197.

"症候"中读出社会内部的对抗，并借助"事件"的出现，促使这种内在的矛盾在社会结构内部实现"内爆"，从而为无产阶级的革命运动制造机遇。

当代生命政治理论对"相遇"的分析也集中在通过事件化的叙事制造一种奇异性的"相遇"，旨在生产出新的主体性与共同性，从而对抗社会的同一性逻辑。"逾越"和"共同性"是两个核心概念。"逾越是一个创造性行为"[1]，它所带来的相遇将打破连续性的社会历史运动，撬动整个社会的同一性建制，同时它又是一种构成性的力量和能力，从而制造出共同性。"共同性"意味着一种新的理解社会存在的叙事方式，更是扬弃资本主义私有制及其狭隘关系，从而走向未来社会的核心环节。然而，共同性的获得及其新形式的生产，并不是一种自上而下的统摄，而是一种自下而上的建构。在这个建构的过程中，重要的环节就是共同性与奇异性和杂多性的"相遇"。在此，"相遇"成为一个生命政治的事件，因为它是共同性实现与同一性和统一性对抗的内在结构。在哈特、奈格里看来，"共同性与同一性有所不同，它与杂多性和奇异性的相遇是完全兼容的"。"相遇"在生命政治理论中就被理解为创生的源头，通过不断地"相遇"，新的主体性和共同性的新形式才不断地生成。就"相遇"、奇异性与共同性的具体内容与关系而言，哈特、奈格里将其具象化为对诸众、爱与大都市的分析，从而呈现出"相遇"所具有的政治实践意义。在这种"相遇"逻辑的背后仍然是激进政治的逻辑，即通过"相遇"而实现与社会同一性的断裂，并且在这种断裂中重新完成一个新的"相遇"。

激进政治理论对"相遇"问题的关注不是仅仅关注"相遇"本身，

1　[美]迈克尔·哈特、[意]安东尼奥·奈格里：《大同世界》，王行坤译，中国人民大学出版社，2016年版，第246页。

而是在与"断裂""形势""事件"等关系中论述社会存在的转变，从而开辟出一条重新理解和建构社会存在的路径。"相遇"既是一个存在论概念，意味着世界的生成；又是一个政治哲学概念，意味着政治实践；还是一个政治经济批判的概念，意味着对抗身份及其财产属性。因此，"相遇"是一个批判与建构的过程，表达了对发展连续性、时间性重复以及历史线性所进行的批判，而且这个过程本身不在意识形态的设计中进行，它表达了一种对社会存在本身的忠诚。同时，在组织和自我转变的过程中，"相遇"成为一种构成性的政治力量，指向一种新主体性的生产以及内在性的源泉，并且实现了对社会规范与结构关系的超越。因此，在激进政治看来，"相遇"是一种生产性的装置，是其自身的"绝对命令"，必须在"相遇"中抓住新的行动因素与契机，从而实现社会存在的更新与变革。哈特、奈格里最后引用波德莱尔的话："当我们完全委身于相遇，委身于'不可预知的事件，不认识的行人'的时候，就会产生'普遍交融'的沉醉感。"[1]

（二）集会的力量：身体在公共领域的"相遇"

在《家庭、私有制和国家的起源》中，恩格斯区分了公共领域与私人领域的范围，呼吁女性走出家庭私人领域走向社会公共生产，认为"妇女解放的第一个先决条件就是一切女性重新回到公共的事业中去；而要达到这一点，又要求消除个体家庭作为社会的经济单位的属性"，同时恩格斯也意识到，要想达到真正的社会平等，"只有当双方在法律上完全平等的时候，才会充分表现出来"。[2]恩格斯认为两性在法律上的不平等并不是女性受经济压迫的原因，而是结果，

1　[美]迈克尔·哈特、[意]安东尼奥·奈格里：《大同世界》，王行坤译，中国人民大学出版社，2016年版，第177页。

2　[德]恩格斯：《家庭、私有制和国家的起源》，人民出版社，2018年版，第80页。

这为人们探讨一种激进的社会公共空间理论与政治实践提供了基础。

汉娜·阿伦特在《人的条件》中认为，"行动"不仅恰当地发生在公共领域，也构成了这个领域。在公共领域中展开的行动意味着：排除了任何仅仅是维持生命或服务于谋生的目的，不再受到肉体性生命过程那种封闭性的束缚。在公共领域中，行动是由别人的在场而激发的，但却不受其所左右，它存在一种"固有的不可预见性"，因而人和人处于最大限度的开放之中，人们互相能够看见和听见，他人的在场保证了这个世界和人们自己的现实性，使得一个人最大限度地表现了自己的个性和实现自己的最高本质。可以说，公共领域是公共行动者"相遇"的地方，他们聚集在一起相互联系，共同决定如何最好地管理自己。这种决策实践恰恰在某种程度上成为一种行为，它带来一种新的社会或政治现实，这是一种"新的开始"。"行动"的一个重要方面是"言谈"，在言谈中人们敞开和阐释他自己。这里，言谈本身具有巨大的政治意义：如果不是想要直接动用暴力，那么，言谈所具有的措辞和劝说便是政治方式本身，作为一种行动发挥作用，或者说，只有当他们的言谈作为一种行动发挥作用时，才会有类似于公共领域的东西存在。[1]对阿伦特来说，这种与生俱来的一致发声的能力很重要，这也许是她被协商民主支持者接受的一个原因。然而，阿伦特提到的"出现的权利"并不仅仅指说话、写作或使用语言的权利，它们还含蓄地指有权在公共场所自由出现的身体。尽管她确实把身体明确地标记为公共领域的一部分，特别是在她关于革命的著作中，但许多身体的"需求"——包括住所、性行为以及所有与生育、婴儿期和老龄化有关的事情——都被重新关闭在

1　Seeliger, M & Villa Braslavsky, Pl. "Reflections on the Contemporary Public Sphere: An Interview with Judith Butler". *Theory, Culture & Society*, Volume 39, Issue 4, 2022. pp. 67-74.

"私人领域"的同义词中。

哈贝马斯在《公共领域的结构转型》中，向我们展示了公共领域是如何随着时间的推移而发展的，他所描述的历史确定了公共和私人之间的区别何时以及如何出现，从而对这种区别给出了一种不同于汉娜·阿伦特在《人的条件》中的解释，即通过给出一个家谱，说明现代区分是如何取代古典区分的。哈贝马斯认为随着民族国家和领土国家的出现，那些戏剧性的仪式（教会和法庭诉讼程序）才成为独立于国家之外的社会空间中的"私人"事件。这种分离不仅开创了公共和私人之间具体的现代区别，而且也确立了"公共领域"作为一个自由资产阶级的领域。公共空间是那些"任何人"都可以进入的空间，包括那些没有被邀请参加贵族晚宴和聚会的人。在18世纪末，"公共"变成了公共权力，被理解为脱离了贵族和教会，曾经被财产制度支配的公共性现在变成了寻求建立公共领域的国家产物。然而，这一领域主要变成了资产阶级的领域，因为即使它与贵族阶级分离，它也没有包括穷人和边缘化人群。事实上，由于公共领域被认定为是公共权力和行政权力的加强，它导致了新的管制和排斥。[1] 迈克尔·华纳（Michael Warner）等人指出，哈贝马斯对公众和私人的历史调查是有用的，这是为了提醒我们，改造公众是一个值得为之奋斗的政治理想。他希望表明，资产阶级社会一直是由一套理想构成的，这些理想与其自身的组织相矛盾，与其自身的意识形态相妥协。然而，在哈贝马斯看来，这些理想包含着解放的潜力，现代文化应该对它们负责。当我们认识到"私人"不仅指家庭，而且指私人企业和工业、市场价值以及一系列破坏公共产品和公共义务的资本主义力量时，这一点就变得尤为重要。同时，性、性别和婚

---

1 Seeliger, M & Villa Braslavsky, PI. "Reflections on the Contemporary Public Sphere: An Interview with Judith Butler". *Theory, Culture & Society*, Volume 39, Issue 4, 2022. pp. 67-74.

姻等问题都应该是公众关注的问题，尽管它们属于"家庭领域"。今天，我们正在应对新的挑战，但其中一些挑战已被哈贝马斯正确地预见到了。对他来说，公共领域被市场力量瓦解，以及一系列必然的社会矛盾，对民主本身构成了威胁。[1]

巴特勒进一步思考社会公共领域的问题。从生命政治批判出发，巴特勒侧重于具身化的身体在公共空间的相遇，身份和主体性话语层面，以及对作为政治主体性核心维度的公共领域在当前的转变等问题的见解与再阐述。这不仅影响了女权主义的辩论，而且塑造了当代政治理论中关于集体表达、非暴力的作用、"普遍性"的构成和建构、政治的主题以及人类生命的可认知性等问题的讨论，最后汇集于人类共居的美好愿景。这是巴特勒相隔遥远时空与恩格斯、阿伦特以及哈贝马斯的一种"相遇"，意味着一种政治实践行动。

作为一种关系性的模式，身体不仅被其所支持的关系网络约束，无法脱离与他人的关系，也由使其生活和行动成为可能的关系来界定。对于当代的公共领域，巴特勒认为，人的身体与基础设施之间的关系应该得到重新审视。巴特勒认为在某种程度上，互联网确实产生了一个共同的代表领域，能够帮助公众建立对公共事件的理解。我们非常清楚数字媒体在我们的政治文化中扮演的重要角色，好像集会、示威只有在它们被记录下来并在网上传播之后才会变得"公开"，好像在数字公共领域中任何人都可以毫无畏惧地发言。2011 年，巴特勒站在"占领华尔街"的人群中在地铁上用手机做了一个演讲，依赖于一个与晚期资本主义紧紧捆绑的设备，将身体、影响、对象和政治融入公共领域。但巴特勒并不认为这是一个标志性的时刻，

---

[1] 《对当代公共领域的反思：朱迪思·巴特勒访谈录》，梁乐妍编译，Political 理论志，2022 年 6 月 3 日，http://m.thepaper.cn/baijiahao_18400147。

因为反对晚期资本主义以及新自由主义的政治斗争，是由那些与其各种要素紧密联系在一起的人们发起的，他们受制于其权力，他们的批评来自其对技术的使用和被技术利用。其实当我们把住房、教育和医疗服务称为"公共产品"时，我们谈论的不是互联网建立的概念，而是我们可能需要互联网来宣传它们的重要性。当我们以这种方式提到"公共产品"，我们试图证明什么是公共领域。从这个意义上说，我们的言论中蕴含着一种对规范的渴望。[1]

巴特勒认为黑格尔的主体理论忽略了主体形成的社会维度，生命要变得可理解并获得承认，让更多的人包容进现存的规范中，承认的框架即社会规范至关重要，因此必须改变规范的结构和含义，思考现存的规范如何不平等地、区别性地分配承认。那么什么样的新规范是可能的？它如何形成？我们又能做些什么呢？巴特勒的答案是用述行性行为改变规范，争取公共空间。在与斯皮瓦克合著的《谁在为民族–国家歌唱？》中，巴特勒以一些非法移民走向洛杉矶街头高唱美国国歌为例，说明身体在公共空间聚集所产生的述行性的政治效果。这成就了身体层面的政治行动——街头政治或示威，这些对于身体的聚集来说都很重要，巴特勒认为这使得她可以借鉴之前的工作，甚至某些关于性别和性的理论也能派上用场，同时也和民主理论发生了联系。对巴特勒而言，对规范进行变革是民主斗争的场域，只有改变作用于我们身上的规范的含义，才有可能产生不一样的主体，才能迈进更加公平和正义的民主社会。

---

1 Seeliger, M & Villa Braslavsky, PI. "Reflections on the Contemporary Public Sphere: An Interview with Judith Butler". *Theory, Culture & Society*, Volume 39, Issue 4, 2022. pp. 67-74.

（三）一种新的政治身份认同

在《通往一种集会的操演理论的笔记》中，巴特勒讨论了埃及示威者，感慨我们都生活在某种巨大的认知局限当中，这些局限给我们的思考划定了界限，我们无法超出这些界限。然而，他们聚集的方式以及通过集会获取的某些政治意义，突破了我们的认知局限，将人们原本以为不可能的事情变成完全有可能，运动似乎也变成了大众民主起义。巴特勒进一步思考：大众起义是什么？它们真的代表人民吗？怎样代表人民？那些不在广场上的人，又有谁为他们说话呢？这些疑问集中体现了关于"身份政治"的一个重要争论：权利的主体是谁？对此必须保持充分的开放和包容，因为这可以成为对更激进变革的一种防御。权利的主体是被代表的主体，当我们将权利的主体思考为一个个体时，我们就预设了这个个体是一个特殊的社会形式。我们可能会问，谁被公认为是权利的主体，而谁又不是？以这样的方式进行发问就表明了存在着一种先于主体的权力差异活动。有些人可能是"人口"的一部分，但是他们不是权利的主体，也不是"人民"的一部分。我们必须对所有的范畴保持动态的和批判的研究方式。[1]

巴特勒认为，在当代政治格局中，最强大的身份认同运动仍然是白人至上主义。一些在传统的马克思主义框架内工作的左派人士声称阶级必须始终比性别和种族更重要，但是阶级、性别和种族并不能准确地描述我们是谁。我们往往被这样的问题困扰：谁被包括在"人民"中？谁从来不是人民的一部分，但总是其中的边缘部分？谁决定人民的身份？这个决定是怎么做出的？一旦涉及什么东西形塑

1　Cazier, JP & Butler, J：《很高兴见证民意的涌现——朱蒂斯·巴特勒访谈》，张子岳译，《当代国外马克思主义评论》2018 年第 1 期，第 423—424 页。

了公共流通、谁在策划公共流通这些问题，我们就可以看到为什么大众权力会有这么多模式，而这些模式决定了谁是人民、人民的力量有多大、什么是民主以及人民意愿。所以我们必须谨慎一点，相比于依靠人民起义的令人振奋的力量，权力运作的原理以及民主政体如何运转更值得我们关注。那些声称为了共同斗争的目标而形成的集会和同盟是怎么通过如此不同的议题联合起来的——性别权利、贫困问题、扫盲、非暴力问题……他们怎么聚集起来的？他们如何相互表达？不仅仅是身体上参与广场、街头游行，还有他们如何在联合中清楚表达自己的政治要求，这种联合要求他们辨识出希望达到的目标、希望打倒的对手，有一种谁是首要敌人的清醒意识。当他们并不完全认同彼此、或者意见相左的时候，这些群体又是如何携手合作的？左派之间的团结和谐的理念是不太现实的，米歇尔·哈特（Michael Hardt）的那种"爱让左派相连"的说辞也不可信，弗洛伊德的性爱纽带学说也似乎不具备这种黏合特性。巴特勒从赴以色列和巴勒斯坦所做的工作中认识到，我们应该相互了解、相互尊重、相互信任，要学会识别他人的痛苦，或者试着扩大你的认同范围。例如，死者家属组织把那些失去孩子的以色列、巴勒斯坦父母聚集起来，他们充分地交流沟通，试着去理解彼此正经历着的巨大悲伤。跨越宗教和种族的共情，建立起了一种新的希望。巴特勒说自己对这些组织一直抱有敬意，认为他们可能就是马丁·布伯（Martin Buber）所认为的那种有机共同体，它们像一个小社区，通过微小的共情开始行动。但巴特勒认为这里还有一个更广泛的问题：这些类型的模型并不能很好地解决诸如长期愤怒和仇恨的问题，无法惩治那些害得人妻离子散、家破人亡、背井离乡的元凶。这也许标示了我们的思维局限，但这些问题可能永远也无法完满解决，或者至少在我们的有生之年可能无法找到对巨大的愤怒和悲伤的完整解决方案。

通过关注公众示威的作用，巴特勒在民主理论领域做出了贡献。但巴特勒说她不会因此就能提出一套完整的民主理论。但无论人们怎么看待彼此，我们都应该想办法搭建一个政治论坛，它应该是共同生活在一片土地上的人们能够共享的，在平等的条件下，基于公平的条款来捍卫每个人生活在这片土地上的权利。在某种程度上讲，我们不必知道你如何恨别人或者别人如何恨你。事实上，我们更应该关注那些全球性的——同时也是地域性的——责任，它要求我们去跟那些自己未必喜欢的人共同生活，并尊重他们在那里生活的同等权利。因此，以爱之名，我们必须养成共同生活的观念。假如只是从自己的特殊认同出发，然后还死抱着它不放，那我们就很难去思考一些人际关系上的问题，我们有责任生活在这种关系当中，这种关系必然让我们与他人产生联系，而这些人所持有的认同又跟我们有很多不同之处。从这一点出发，细分各种五花八门的身份认同并没有意义，重要的是某种最低限度的、足以作为我们共同生活的基础的身份认同。所以，尊重他人或其他群体的基本权利并不会要求你跟对方保持一致，也不需要你对对方有多么深入的了解。[1]

三、权力与情感的缠绕：主体哲学伦理关系的具身化

巴特勒对主体理论的建构是从黑格尔的《精神现象学》开始的，围绕黑格尔式的欲望主体，诸如欲望与承认的关系、主体的生成与他者的关系等问题展开。通过对权力既屈从又反抗的精神生活，以及自我叙述可能性的反思，进而继承借鉴马克思对主体抽象权利的

1　参见《思想家朱迪斯·巴特勒：精英支持特朗普是反智的》，马元西等译，界面新闻，2016 年 11 月 15 日，http://www.jiemian.com/article/956261.html。

持续批判，探讨哀悼的政治，要求人们接受丧失和忧郁，承认人类生命的脆弱性特质，突出情感经验在主体哲学领域的不可或缺，走向伦理化主体的情感政治，并与社会权力关系一起共同在政治领域形成政治群体的基石，进一步将主体哲学伦理关系具身化。"具身性"强调能动性的情绪和情感的维度，主体不需要具备充分的、理性的意向性，对于主体理论而言各种社会规范与控制力量被内化为各种身体性的规范，从而激励人们在政治上采取行动———一种非暴力的行动，这也是主体反抗的可能性与意义所在。

（一）非暴力伦理的情感基础

将非暴力和道德伦理联系在一起，容易将非暴力想象成个体决定是否要参与暴力行为，比如打人、使用工具或枪支等伤人，然而暴力的形式并不仅限于这单纯的一击。有的暴力形式并不需要击打他人，比如福柯的生命政治，喀麦隆哲学家阿基勒·姆贝姆贝（Achille Mbembe）称之为墓地政治。在这种暴力下并没有人用棍子敲打他们，也没有人朝他们头部开枪，然而一种机构性暴力正在发挥作用。这种暴力将人命划分出贵贱，有些人值得保护，有些人则不值得；这种暴力致使一群人死亡，将他们抛弃，或拒绝向他们提供能挽救生命的帮助。巴特勒以美国为例，在美国，非裔和拉丁裔民众正面临着不同程度的暴力和死亡。比如，一个趴在地上的黑人男子，一个跑开的黑人男子，又或者一个被完全锁喉的黑人男子，趴着、跑着、被锁喉，这些身体状态、社会和政治状态则是麻痹、被恐吓及恐惧，可以说，其中任何一种状态都不会构成威胁，却被人臆断为迫在眉睫的危险和暴力。这是某种种族主义的恐慌想象，一种想象中的恐惧。可见，在暴力的认定中，情感因素起着不可忽视的作用。那么又是什么构成非暴力伦理的情感基础？很多西方古典哲学家强调平静的美德，对生活泰然处之当然是好事，然而巴特勒并不认为它是非暴力的情感基础，虽然她不反对平静。因为这个世界上演的不公，不论是整体的还是局部的，每一天都在激怒我们。问题在于：我们应该如何对待这种愤怒？我们可能很少考虑这个问题，因为我们一般会认为愤怒是一种冲动情绪，难以控制。然而，人们专门制造愤怒、培养愤怒，不仅是个人，团体与艺术家也始终在制造愤怒。巴特勒认为我们需要这种愤怒，不能为了达到心灵的平静，而不去与我们的愤怒、我们的破坏性甚至谋杀的冲动抗争，我们应当接受所有这些情绪，很多人都有充分的理由大发雷霆，充满破坏欲。因为非暴力并不是什么平和无忧的状态，而是有效表达义愤的社会政治斗争——非暴力乃是审慎表达的怒火。然而问题在于：在这些时刻，我们怎样才能在揭发和反抗暴力的同时，避免陷入暴力的循环、复制系统性或机构性暴力？应向哪些群体寻求帮助，才能避免暴力的重演和加剧？

　　人类之间的任何关系问题都是棘手而困难的，即便恋爱关系也充满矛盾情绪。每一种关系都有破裂的可能。与他人的关系既可以抬高我们，亦可以贬低我们。对于其他生物，以及更广义的生命进程，如果我自认为与它们息息相关，就必须明白，如果我摧毁了其他生命，或者摧毁了某一套生命进程，那么我也就摧毁了一部分自身，即等于某种程度的自毁。倘若少了各种关系的维系，没有人能够存活下去。当人们相互攻击，其实是在切断联系我们的社会纽带。这种观点或许会让狂热的个人主义者大为恼火，个人主义者认为个人完全可以自给自足，然而这种观点是有害的。巴特勒认为，非暴力的底线在于一种关系性。维护敌人的生命也是在维护你想要争取的世界，在那个世界里，暴力没有加剧，而是得到缓和。一切都是为了这样一个世界，为了一种复杂的社会联系，这种联系是充满热情的，喜悦而美好，当然也会具有破坏性，令人害怕。维护生命应该是集体行为。我们应培养一种社会精神，足以支撑更广阔的全球哲学观和政治观，我们应当致力于所有生物之间的相互依赖、承认、肯定并强化这种相依性，并且要明确所有生物对地球的依赖都是同等的，承认所有生命都具有平等的价值。平等的概念并不是"两个个体之间的平等"，尽管有时需要采取这种说法，在政策制定上也参照这种说法。[1]

（二）在他者中感知生命：黑格尔早期爱的主体哲学

经巴特勒考察，黑格尔在写作《精神现象学》前几年写过一篇名为《爱》的短文，其中一个片段保留了下来，并且她在一篇名为《体系残篇》的短文中找到了进一步的评述。[2]但是后来，"爱"似乎消失了，或者被排除了，或者不动声色地融入有关精神的写作中了。

巴特勒考察了黑格尔在《爱》中表达的两种爱的模式：宗教之爱与真正的爱。黑格尔认为宗教之爱以个体和对象世界的分离为基础，有限的个体需要否定对象的物质性，才能追求无限的生命，从而与宗教共同体相统一。因此，作为个体活着的条件，死去的物质维系着爱，这使个体陷入自我憎恶与活在死亡中的痛苦。接着，黑格尔追问了一个个体、一个没有完全放弃自己个体性的人与对象活生生地结合的可能性。"带有自己存在的根源不在自身内"，巴特勒认为这句话似乎有些奇怪，它强调所有规定的存在都源于非自身的某处

1　张文婧编译：《朱迪斯·巴特勒谈非暴力》，《文汇学人》2020 年 6 月 19 日。

2　Butler, J. "Hegel's Early Love". *Senses of the Subject.* New York: Fordham University Press, 2015. pp. 90-111.

或某物。但它实际上表明黑格尔认识到"他最初提出的宗教表述是片面的、不可能的——它无意中使死去的物质成为绝对，它使个体对自己死亡，或使个体陷入自我憎恶的实践，而这种自我憎恶只有通过一个活生生的存在对自己的扬弃才能摆脱"。[1]

巴特勒认为，黑格尔首先把爱看作一种感觉，"爱如果要成为实际的、真正的爱，就必须是活生生的爱。然而这种活生生的感觉，无论是单一的还是非单一的，都与一种更大意义上的生命相关，或者说与一系列生命过程相关，它超过了我们每个人可能拥有的单一的活力感"。[2]爱于是进入了生命政治学领域，紧接着"生命"成为论述的主体。黑格尔认为生命的运作必须作为一种过程或发展来遵循，生命本身永远无法被包含或穷尽。生命在爱中具有某种形式，即生命在他者的爱中被具身化。但是，他者并不是生命本身，因为他者与主体一样也是一个被束缚的存在，既然他者进入了生命的存在，必然也会在生命的存在中流逝。主体与他者无论在爱中实现了怎样的结合，都不能绝对克服差异，两个个体分开的有限性也意味着终有一死的有限性。对黑格尔来说，爱中要有而且必须有活生生的东西，尽管爱永远不可能是生命的全部。人类形式的规定性，即它的身体物质，把所爱之人确立为一个活生生的存在，这种存在能感知到他者中的生命。这种对他者生命的感知，只有在两者都是活生生的存在的情况下才有可能。然而某种顽固的物质主义贯穿了黑格尔，爱人无法完全否定他们之间的差异，他们的身体妨碍了他们的结合。黑格尔并没有说，当意识得知它不能完全否定他者——那些差异、

---

[1] [美]朱迪斯·巴特勒:《感知他者中的生命——早期黑格尔论爱》，王艳秋译，《广州大学学报（社会科学版）》2022 年第 1 期，第 44 页。

[2] [美]朱迪斯·巴特勒:《感知他者中的生命——早期黑格尔论爱》，王艳秋译，《广州大学学报（社会科学版）》2022 年第 1 期，第 44 页。

那些死去的物质时，它就会变得愤愤不平。然而，巴特勒发现，在黑格尔的语言中，爱本身被描述为愤慨。所以，这是一种理应属于爱的愤慨，一种"爱的暴怒"，没有这种愤慨或暴怒，爱本身就无法被思考。愤慨或暴怒似乎表明，爱所追求的结合是不完整的，而且必然如此。他者的个体性妨碍了这种结合，然而对这种个体性发怒，就是对自己所爱的他者进行攻击，于是这种暴怒的意识或对他者的攻击变成了羞耻。[1]

　　在关于爱的反思中，黑格尔谈到羞耻是"暴君或女孩最大的特征"，巴特勒认为这很古怪，为什么会在这里提出羞耻？羞耻显然是与他者视角相关联的一种形式，是一种主体"返回"自己的艰难不安的方式。对黑格尔来说，羞耻似乎就是与这种机制相关联的东西，其中，身体因他人的意志而工具化，或许也是如此，当爱以不平等和附庸的形式出现时，羞耻就会随之而来。羞耻感似乎是实践的一部分，但它似乎也来自爱本身的侵略性、附庸性、工具化的层面。巴特勒认为，黑格尔似乎意识到爱的内部有一种敌对因素，羞耻的出现似乎正是因为意识到了爱里面的敌意，这种敌意使爱永远无法成为绝对。其中身体本身成为主体与他者结合的固定阻碍。但是，有什么经验能克服这种顽固的分离？黑格尔认为只能是通过一种交换，通过交换这种接触和交往的形式，分离的意识被克服。但黑格尔又说，这种交换不是合二为一，而只能是分离的某种悬置。"这种关于'性'的简短补充产生了一个结果——孩子，因此，两个身体只能这样实现结合——在他们所分离出来的东西中，在属于他们却又

1　[美]朱迪斯·巴特勒：《感知他者中的生命——早期黑格尔论爱》，王艳秋译，《广州大学学报（社会科学版）》2022年第1期，第44-46页。

超出他们的后代中。"[1]

在某种程度上，黑格尔在《爱》和《体系残篇》中的任务就是要弄清楚是什么维持了爱中的生命。他努力理解无限的生命，或者说生命中无限的东西，这意味着要辨别一种既不是概念性的也不是观看性的关系。奇怪的是，黑格尔将这种活生生的关系称为"上帝"。我们不能克服死亡，或者说死去的东西，我们也不能使所有死去的东西复活，然而一种永恒的活力观念在他的文本中仍然存在。生命的一部分以牺牲另一部分为代价，以此获得它的活力，所以，从生命内部任何一个给定的视角来看，总有些部分是死去的——它被筛选掉了，被取消了。无限的生命不可能成为思想的"对象"，除非它变得有限，并因此失去它本身的特性。真正的无限在理性之外。如果爱是无限的生命，那么哲学就不得不从爱中撤退，以便继续参与反思，完成使生命具体化的任务。哲学提供的所有具体化，总是赋予无限以有限的、空间的形式——并在某种程度上停止它的时间，在这一过程中加入死亡的元素。真正的无限并不是反思的产物，而且，反思往往会使时间停止，确定一系列明确的、有限的时刻。因此，"如果一个哲学家想用'爱'来命名无限的生命，并对此予以肯定，他/她就不再是一个哲学家"，因为"在爱中死亡的元素有一个名字，那就是'哲学'"。或许，哲学"只是一个信使，它总是为我们带来关于爱的坏消息"，"所爱之人是非常具体的，是现存着的存在，他/她不能通过爱来克服自己的有限性。更糟糕的是，所爱之人也以一种执拗而坚定的方式，以一种自我依附的隐秘形式，秉持着这

1　[美]朱迪斯·巴特勒：《感知他者中的生命——早期黑格尔论爱》，王艳秋译，《广州大学学报（社会科学版）》2022年第1期，第47页。

种有限性，这被更普遍地理解为对屈从的拒绝"。[1]

在《体系残篇》的结尾，黑格尔的语气发生了变化，仿佛找到了另一种方法：舞蹈。他告诉我们，崇拜是"一种快乐的主观性，它关乎活生生的存在、关乎歌曲、关乎身体"。巴特勒阐述道，"黑格尔在这篇早期作品中未能充分认识到的是，财产可以被自己激活，并且在资本主义的财产关系中保持活力，这就是商品拜物教的意义与影响"。黑格尔摒弃了"死的真理"的想法，试图建立表象的领域，在那里可以理解"产生和消逝"并不是自身的产生和消逝，而是"构成真理生命的现实和运动"。在一个独立的残篇中，黑格尔告诉我们，他所追求的是一种条件，需要我们放弃自以为拥有的东西，这意味着放弃一种幻想。"有时，对财产的丧失表示哀悼，是爱本身的先决条件，是一种幻想的最初破灭，这种幻想让位于活生生之物。毫无疑问，这也是悲恸中存有某种活力的原因，这种活力恰恰与被财产泯灭的东西相反，因此已经和财产一样死气沉沉。尽管在忧郁中，人们依附于失去的对象，想让失去的或逝去的人重获生机，但这种激活的力量却间接证明，在丧失中有一种永恒的活力。如果存在无限性的话，它就这样在死亡无意间遗留的东西中窸窣作响，废旧物被回收利用，最终，也许会被其他的身体占用。"[2]

可见，与宗教之爱不同，黑格尔所谓真正的爱，是两个人可以平等地活生生地结合，生命本身成为主体。因此，爱就是在他者中感知生命。然而，活生生的结合也无法完全克服个体之间的差异，这会导致一个人攻击所爱的他者，将爱转变为无法绝对同化他者的

1　[美]朱迪斯·巴特勒：《感知他者中的生命——早期黑格尔论爱》，王艳秋译，《广州大学学报（社会科学版）》2022年第1期，第48页。

2　[美]朱迪斯·巴特勒：《感知他者中的生命——早期黑格尔论爱》，王艳秋译，《广州大学学报（社会科学版）》2022年第1期，第48-50页。

愤慨与暴怒。然而在舞蹈这种审美形式中，个体能在无法克服物质性的同时，对丧失的对象表示哀悼，以此维系爱中的生命，将爱转变为巴特勒所谓的忧郁。黑格尔的主体之爱不过是主体生命政治的一种具象化。

巴特勒之前借用弗洛伊德的精神分析理论论述过忧郁。这里，又将权力的精神生活向前推移，探讨了忧郁形成之前主体形成中的情感角色，诸如爱、愤慨、暴怒、羞耻乃至死亡等各种激情是如何注定与生命权力复杂地缠绕在一起，共同形塑着主体的。黑格尔认为我们的感知无法体验直接性，必须通过中介，即某种时间和空间中的移置才能认识并形成自己，这就是客体的折返，就是说，客体必须离开自己，成为不同的东西，超越并对抗自己，而且它还必须折返回来，不管多么异质，都要成为与"我"不可分割的东西。然而它折返的方式总是与它离开的方式不同，所以它绝不会回到相同的位置，这意味着"折返"是一种误称，即折返的客体已不是原来的主体。如同黑格尔"理念"的巡游，主体的流浪之旅将要继续开启并一直持续，永远处于生成过程中。巴特勒从黑格尔的欲望主体开始，回到黑格尔爱的主体，既回应又拓展了原初主体理论的哲学化思考，重新审视并修正了权力领域内主体的构成和解构的基本命题，进一步发展了关于主体哲学非暴力伦理关系具身化的思考，形成自己独特的主体哲学与生命政治学。

然而对于当今政治领域对激进平等与社会公正的追求来说，这种思考是远远不够的。巴特勒一方面思考主体的哲学化，一方面关注主体的政治伦理实践，在接受《开罗全球事务评论》的访谈时，巴特勒说道：在我看来，如果我们着眼于相互理解、和解、爱抑或是和平共处，我们就该扪心自问一下——你应该知道，在巴勒斯坦，有很多团体想要促进巴勒斯坦人和犹太裔以色列人之间的相互理解，"和平种子"就是这些团体当中的一员。不过，在他们所处的那种谈判环境中，你其实很难触及实质性的权力或政治问题，经济问题和领土问题也不能谈。你只能谈论自己的感受，分享你的经历，用第一人称的观点去表达，来获得他人的理解。只要你愿意去体认彼此的痛苦，当然可以达成某种相互理解，但现状仍然维持不变。在这当中，殖民者看似理解了被殖民者，或者反过来也有可能，但殖民权力结构本身并没有得到应有的重视。不触及殖民权力、不考虑各方在这种权力关系中所处的地位而空谈相互理解，究竟有多大意义呢？以维持现状为前提所达成的"相互理解"，又能有什么作用呢？而这实际上意味着这些团体所推进的相互理解在范围上其实非常有限，他们处在一个无法触及经济、政治或持续存在的殖民结构等实质性问题的境地当中。同理，虽然南非成立了真相与和解委员会，种族隔离给人们带来的痛苦得到了承认，你还在某个纪念馆当中目睹了这一切（如果你是个南非黑人，这种感受可能会尤其强烈），不过，在你走出纪念馆的那一刻，你就会发现种族之间的经济不平等依然严重。因此这里要重申一点，真相与和解那一套不应该是这个社会未来努力的方向：它实际上有脱离现实中的经济不平等而空谈相互理解的嫌疑。巴特勒指出，我们面临着对正义的共同生活的严峻挑战，但我们不用刻意去爱，因为爱有可能会在不经意间来临，这固然很好，但是我们不应该高估爱对于实现具有激进民主色彩的平等与正义理想的作用。巴特勒说："在我看来，那要困难得多。"[1]

回到题目，主体哲学的未来是什么？答案只能是一个巴特勒式的述行性回答：主体哲学的未来依然是面向未来。

---

[1] 参见《思想家朱迪斯·巴特勒：精英支持特朗普是反智的》，马元西等译，界面新闻，2016 年 11 月 15 日，http://www.jiemian.com/article/956261.html。

第七章
巴特勒在中国的接受与跨国女性主义

西方理论在中国的接受与跨国生产是中国学界一直都热切关注的一个重要问题。从20世纪80年代对西方理论狂热的引介到90年代面对西方文论的"失语症",再到今天对西方文论"强制阐释"病症的反思与批判,中国学者走出了一条属于自己的理论探索之路。中国社科院张江教授指出,"对西方文论的辨析和检省,无论是指出其局限和问题,还是申明它与中国文化之间的错位,最后都必须立足于中国文论自身的建设"。[1] 在如今全球化背景下,地缘政治、世界格局、政治结构、经济模式、社会形态、文化生态以及文学方向等诸多方面有着错综复杂的角力与制衡关系。如果说自鸦片战争以来,中国的本土文化、文学或"理论"在外来强势力量挤迫下长期处于身份危机和阐释焦虑的双重困境之中,那么,在一个新的历史时期,同样就文化、文学或"理论"而言,中国正试图获取与其经济体制相匹配的世界定位,借此缓解曾经的危机和焦虑。作为一种"进攻性"的讨论,"强制阐释论"不仅体现了中国学者在全球化语境中的焦虑、清醒与深刻,还体现了他们对艺术、对文学,对中国这个具有独特文明体系和悠久文化传统的"想象共同体"的虔敬。从这个意义

1　张江:《当代西方文论若干问题辨识——兼及中国文论重建》,《中国社会科学》2014年第5期,第27页。

上说，西方理论的中国化，不仅要考量"何种理论"，同时也要追问"谁的理论"，这样的考量与追问显示出鲜明而强烈的关于"自我"与"他者"关系的建构，表明中国学者在"自我"与"他者"的关系辩证中试图确立民族文化（文学）之主体性的动机与努力。[1]然而，中国文论的重建问题一直没有得到很好的解决。有学者指出，中国文学理论研究的危机并不仅仅在于"强制阐释"，而在于"阐释"本身。对"阐释"的较多关注，对新的理论建构的有意回避，是导致文学理论研究缺乏个性和创新性的重要原因。[2]中国的文学理论该何去何从？这也构成本书在探讨巴特勒的文化政治批判之后特地设立本章的理论动力与思考方向。

　　探讨巴特勒在中国的接受和跨国生产是一项非常艰巨的任务，不但因为巴特勒的理论牵涉的问题纵横交错，盘根错节，本身有着很多争议，而且对于中国理论界来说，巴特勒并不是一个十分熟悉的名字，可以说，中国学界对巴特勒的研究还处于起步阶段，对其主体哲学思想及其文化政治批判理论的整体性研究以及中国化视域的研究少之又少。在目前的研究成果中，运用巴特勒的性别述行理论对文学作品进行解读的比较多，然而，在理论本身还处于迷乱状态的时候，文学批评实践也会显得慌乱偏颇。所以，本章一方面探讨巴特勒在中国的接受情况与影响，另一方面探讨巴特勒在中国特殊语境下的跨国生产。"生产"意味着接受的主动选择性与中国具体情境的反向过程，所以，本章并非只是探讨巴特勒理论对中国女性主义与性别研究的单向影响，而是从更高的理论双向影响乃至循环

1　王侃：《理论霸权、阐释焦虑与文化民族主义——"强制阐释论"略议》，《文艺争鸣》2015年第5期，第77—78页。

2　陈莉：《除了"阐释"，文学理论还能干什么？》，《吉首大学学报（社会科学版）》2016年第2期，第116页。

往复的文化翻译的视点出发，在梳理中国女性主义与性别研究概况的基础上，思考并探讨其对巴特勒文化政治批判甚至西方文论的反向影响，发掘它们在文化翻译过程中碰撞出来的理论智慧，进而在跨国女性主义的理论背景下考察中国女性主义与性别话语实践的有关问题，并对其未来的发展与走向进行思考与展望。

第一节　巴特勒在中国的接受与影响

一、学术研究与学界交流

（一）学术研究

从整体上看，中国学界对于朱迪斯·巴特勒的研究起步较晚。据现有资料，巴特勒的名字最早出现于中国学者的视野是在 1997 年担继红发表于《马克思主义与现实》的论文《当代西方女权主义》中。对巴特勒最早的介绍是蒋孔阳、朱立元主编的《西方美学通史　第七卷　二十世纪美学（下）》中题为《朱迪思·巴特勒的后现代性别政治理论》的一节。何佩群于 1999 年发表的论文《朱迪斯·巴特勒后现代女性主义政治学理论初探》是国内最早专门研究巴特勒的论文。而由宋素凤翻译、由上海三联书店于 2009 年出版的《性别麻烦：女性主义与身份的颠覆》则是巴特勒在中国的第一部译著。遗憾的是，中国学界至今仍未出现系统研究巴特勒的学术专著。

目前国内学界对巴特勒的接受和传播主要集中于译述与介绍，但巴特勒的 20 余部专著与合集，翻译成中文的只有 7 部（包括 1 本合集），译介过来的论文、论著片段也才不过 10 余篇。巴特勒成书于 1990 年的成名作《性别麻烦：女性主义与身份的颠覆》，中文译本出版于 2009 年；2009 年，张生翻译的《权力的精神生活：服从的理论》由江苏人民出版社出版，上海三联书店出版了由郭劼翻译的《消解性别》；2011 年，李钧鹏翻译的《身体之重：论"性别"的话语界限》也由上海三联书店出版；2013 年，河南大学出版社出版了由何磊、赵英男翻译的《脆弱不安的生命：哀悼与暴力的力量》；随后，河南大学出版社于 2016 年和 2017 年分别出版了何磊翻译的《战争的框架》与王楠翻译的《安提戈涅的诉求：生与死之间的亲缘关系》。此外，巴特勒和齐泽克、拉克劳的对话集《偶然性、霸权和普遍性——关于左派的当代对话》由江苏人民出版社于 2004 年出版。

在一些编写作品中也相继出现了巴特勒的论文或著作的译文：《暂时的基础：女权主义与"后现代主义"问题》[1]《模仿与性别反抗》[2]《禁忌、精神分析和异性恋范式》[3]《身体事关重大》[4]《身体至关重要（导言）》[5]《后结构主义与后马克思主义》[6]《纯粹的文化维度》[7]《性的交易：盖尔·卢宾与朱迪斯·巴特勒的谈话》[8]《身体的书写，表演性颠覆》[9]

1　王逢振主编：《性别政治》，天津社会科学院出版社，2001 年版。

2　汪民安、陈永国、马海良主编：《后现代性的哲学话语——从福柯到赛义德》，浙江人民出版社，2001 年版；[美] 葛尔·罗宾等：《酷儿理论》，李银河译，文化艺术出版社，2003 年版。

3　罗岗、顾铮主编：《视觉文化读本》，广西师范大学出版社，2003 年版。

4　陶东风主编：《文化研究精粹读本》，中国人民大学出版社，2006 年版。

5　王逢振等编：《文化研究选读》，外语教学与研究出版社，2007 年版。

6　周凡、李惠斌主编：《后马克思主义》，中央编译出版社，2007 年版。

7　[美]凯文·奥尔森编：《伤害+侮辱——争论中的再分配、承认和代表权》，高静宇译，上海人民出版社，2009 年版。

8　[美]佩吉·麦克拉肯主编：《女权主义理论读本》，广西师范大学出版社，2007 年版。

9　刘岩、邱小轻、詹俊峰编著：《女性身份研究读本》，武汉大学出版社，2007 年版。

《性别在燃烧——关于挪用与颠覆的诸问题》[1]《身体至关重要》[2]《心灵的诞生：忧郁、矛盾、愤怒》[3]。另有六篇访谈，分别是：《"有一个人在这里"：朱迪斯·巴特勒访谈》[4]《思想家朱迪斯·巴特勒：精英支持特朗普是反智的》[5]《很高兴见证民意的涌现——朱蒂斯·巴特勒访谈》[6]《脆弱、能动和多元性的新场景：朱迪斯·巴特勒访谈》[7]《承认与批判：朱迪斯·巴特勒访谈》[8]《对当代公共领域的反思：朱迪思·巴特勒访谈录》[9]。

此外，还有一些相关研究论文。其中，期刊论文百余篇，博士论文 8 篇，硕士论文 30 余篇。自 1997 年巴特勒走进中国学术视野以来，不断有相关研究论文出现。特别是在《性别麻烦：女性主义与身份的颠覆》译成中文（2009）前后，对巴特勒进行研究的学术论文大量涌现。2010 年是成果丰硕的一年，仅《妇女研究论丛》就刊登了五篇以巴特勒为研究对象的论文：《身体与性别研究：从波伏娃与巴特勒对身体的论述谈起》（柯倩婷，2010 年第 1 期）、《〈性别麻烦：女性主义与身份的颠覆〉——后结构主义思潮下的激进性别政治思考》（宋素凤，2010 年第 1 期）、《论朱迪斯·巴特勒性别理论的动态

1　高岭主编：《批评家》（第二辑），四川美术出版社，2008 年版。

2　汪民安、陈永国编：《后身体：文化、权力和生命政治学》，吉林人民出版社，2011 年版。

3　汪民安、郭晓彦主编：《生产（第 8 辑）：忧郁与哀悼》，江苏人民出版社，2013 年版。

4　[美]朱迪斯·巴特勒、沃伦·J. 布鲁门菲尔德等：《"有一个人在这里"——朱迪斯·巴特勒访谈》，何磊译，《当代艺术与投资》2011 年第 1 期，第 84—91 页。

5　参见《思想家朱迪斯·巴特勒：精英支持特朗普是反智的》，马元西等译，界面新闻，2016 年 11 月 15 日，http://www.jiemian.com/article/956261.html。

6　Cazier, JP & Butler, J：《很高兴见证民意的涌现——朱蒂斯·巴特勒访谈》，张子岳译，《当代国外马克思主义评论》2018 年第 1 期，第 426—427 页。

7　都岚岚：《为人之政治：朱迪斯·巴特勒思想研究》附录三《脆弱、能动和多元性的新场景：朱迪斯·巴特勒访谈》，南京大学出版社，2020 年版，第 260—280 页。

8　都岚岚：《为人之政治：朱迪斯·巴特勒思想研究》附录四《承认与批判：朱迪斯·巴特勒访谈》，南京大学出版社，2020 年版，第 281—286 页。

9　《对当代公共领域的反思：朱迪思·巴特勒访谈录》，梁乐妍编译，Political 理论志，2022 年 6 月 3 日，http://m.thepaper.cn/baijiahao_18400147。

发展》（都岚岚，2010 年第 6 期）、《性别跨越的狂欢与困境——朱迪斯·巴特勒的述行理论研究》（孙婷婷，2010 年第 6 期）、《承认与消解：朱迪斯·巴特勒的〈消解性别〉》（郭劼，2010 年第 6 期）。这个阵容可谓豪华，作者要么是巴特勒作品的中译者，要么是对西方性别理论较为熟悉的中青年学者。同年还有一些质量较高的研究论文，比如，刘昕婷的《被"伪"的"娘"与被误读的巴特勒》（《中国图书评论》，2010 年第 12 期）、张青卫与谈永珍的《巴特勒性别操演论伦理价值探析》（《哲学动态》，2010 年第 11 期）、何成洲的《巴特勒与表演性理论》（《外国文学评论》，2010 年第 3 期）。

随着巴特勒在中国学界的逐渐接受，国内对巴特勒的研究也逐渐深入，呈现出较为系统的研究特点。比如，都岚岚《西方文论关键词：性别操演理论》（《外国文学》，2011 年第 5 期）系统阐释了巴特勒的性别操演理论；艾士薇《论朱迪斯·巴特勒的"性别述行理论"》（《南方文坛》，2011 年第 6 期）不仅回顾了巴特勒的著名观点，还对她的研究近况做了介绍。有些学者试图突破巴特勒操演理论性别的局限，将研究的重心放在巴特勒的其他议题上。比如，孙婷婷《身体的解构与重构——朱迪斯·巴特勒〈身体之重〉的身体述行解读》（《妇女研究论丛》，2012 年第 3 期）将研究重心放在性别的话语界限"身体"议题上；范譞《物质性与物质化〈身体之重〉一书中的身体理论》（《社会》，2012 年第 3 期）在辨析物质性与物质化概念的基础上系统论述了巴特勒的身体理论；钱疏影《异类反抗——论朱迪斯·巴特勒的安提戈涅》（《浙江学刊》，2014 年第 4 期）、孙婷婷《家庭、性别的双重背离：朱迪斯·巴特勒对悲剧英雄安提戈涅的解读》（《四川戏剧》，2014 年第 11 期）、王楠《性别与伦理间的安提戈涅》（《外国文学研究》，2014 年第 3 期）几篇文章则研究了巴特勒对安提戈涅的文本解析。另外，也有比较视野的研究，比如，雪征《罗西·布雷多蒂和朱迪思·巴特勒的女性理论的比较》（《湖北社会科学》，2014年第2期）、成红舞《他者观与哀悼伦理——西蒙娜·德·波伏瓦与朱迪斯·巴特勒的他者观比较》[《西南交通大学学报（社会科学版）》，2014年第3期]、谭永利《身体是什么：从波伏娃到巴特勒的身体观》（《中华文化论坛》，2014年第10期）。王建会《种族操演性——族裔文学批评范式研究》（《国外文学》，2014年第3期）则研究巴特勒操演理论作为一种理论范式对族裔文学批评范式的借鉴作用。

2015年以来，对巴特勒的研究出现一定的高涨态势，出现了大量学术质量较高的论文，有些学者敏锐地关注到了巴特勒的政治伦理转向以及文化身份问题，并及时进行跟进式研究。比如，王楠《从性别表演到文化批判：论朱迪斯·巴特勒的政治伦理批评》（《妇女研究论丛》，2015年第2期）、都岚岚《脆弱与承认：论巴特勒的非暴力伦理》（《外国文学》，2015年第4期）、王玉珏《重思可能性：朱迪斯·巴特勒激进民主理论研究》[《广西师范大学学报（哲学社会科学版）》，2015年第4期]、王冰冰《从身体政治到全球民主：论朱迪斯·巴特勒理论的政治转向》（《文艺争鸣》，2015年第11期）、孙婷婷《与他人相遇：朱迪斯·巴特勒文化身份研究的伦理维度》[《河南师范大学学报（哲学社会科学版）》，2015年第6期]、王玉珏《从性别政治到激进民主政治——论朱迪斯·巴特勒的思想轨迹》[《武汉理工大学学报（社会科学版）》，2018年第1期]等。还有些学者集中在主体哲学/理论研究上，比如，王慧《"我是谁？"——朱迪斯·巴特勒主体哲学的伦理反思》（《当代文坛》，2017年第4期）、赵娜《后现代主体理论转向中的朱迪斯·巴特勒性别操演理论再审视》[《安徽师范大学学报（人文社会科学版）》，2017 年第 4 期］、孙亮《主体就是主体自身的敌人——朱迪斯·巴特勒的激进政治阐释》[《西北师大学报（社会科学版）》，2019 年第 5 期］、刘临达《权力主体：在福柯和 J. 巴特勒之间》（《世界哲学》，2019 年第 5 期）等。其中，王玉珏《欲望的主体——论朱迪斯·巴特勒与黑格尔之思想勾连》（《集美大学学报（哲社版）》，2016 年第 1 期）视角独特，从巴特勒理论研究一直被忽略的领域出发，探索巴特勒与黑格尔思想的勾连之处，别具价值。王玉珏《文化批判理论的政治意涵——论朱迪斯·巴特勒哲学理论之现实维度》（《中共宁波市委党校学报》，2016 年第 6 期）与何磊《生命、框架与伦理——朱迪斯·巴特勒的左翼战争批判理论》（《马克思主义与现实》，2016 年第 6 期），探讨了巴特勒批判理论的政治意涵与伦理呼吁，呈现了巴特勒理论对现实干预的维度。蓝江《身体操演和不定生活——作为政治哲学家的朱迪斯·巴特勒》[《西北师大学报（社会科学版）》，2019 年第 5 期］认为巴特勒从一位女性主义思想家变成了真正的政治哲学家，开创了一种新的政治哲学，一种事件的政治哲学。

　　新冠疫情以来，对巴特勒的研究更关注其批判理论及其体系中生命与生存问题，比如，肖巍《论巴特勒政治伦理中的"可生存性"概念》（《伦理学研究》，2020 年第 4 期）、宋政超《平等的新世界——巴特勒新冠论探》（《文化研究》，2020 年第 2 期）、孙颖《朱迪斯·巴特勒的文学评论与主体解放话语批判》（《广东外语外贸大学学报》，2020 年第 1 期）、杨乐《朱迪斯·巴特勒之批判理论的历史唯物主义批判》（《浙江社会科学》，2021 年第 10 期）、戚宗海《文化转化：试论朱迪斯·巴特勒的理论路径》[《集美大学学报(哲学社会科学版)》，2021 年第 2 期］、王楠和林惠《从"非人"到"非暴力"：朱迪斯·巴特勒的女性主义人学思想》(《妇女研究论丛》，2023年第5期)。也有对巴特勒文化批评文本《安提戈涅》的有关探讨，比如雷婕《安提戈涅的"脆弱"——努斯鲍姆和巴特勒的分歧与对话》(《外国语文研究》，2023年第5期)，杨乐、方雨《安提戈涅之镜：朱迪斯·巴特勒政治伦理批判的现代性线索》(《浙江学刊》，2023年第1期)立足于政治伦理框架，思考巴特勒从性别批判转向政治伦理批判的核心线索，反思巴特勒将安提戈涅带入当今政治语境所具有的现实意义。

在巴特勒理论的研究综述与接受研究方面，有张强《朱迪斯·巴特勒在中美两国学界接受的对比研究》(《南京师范大学文学院学报》，2016年第4期)、蒋萧《朱迪斯·巴特勒国内外研究现状综述》[《三峡大学学报(人文社会科学版)》，2017年第S2期]、马晨《朱迪斯·巴特勒思想在中国的译介与接受研究》(《名家名作》，2022年第22期)等，也许是囿于资料的有限性，大都缺少全面系统的研究与评价。其中，何磊《朱迪斯·巴特勒的接受与研究》(《中国女性文化》，2020年第1期)回顾、梳理了巴特勒在英语世界与中国学界的接受与研究情况，认为尽管具有这样或那样的局限与不足，但巴特勒的理论影响早已超越性别研究，在人文社会科学的各个领域开拓、启发了多元的批判空间。当然，这个多元的批判空间也有待于进一步的认知和研究。

特别值得一提的是，巴特勒也成为博士研究生毕业论文的选题，如南京大学王玉珏的《朱迪斯·巴特勒的身体政治学理论研究》(2012)选取巴特勒的身体政治学为研究对象，以发掘对女性主义政治的启示，推进马克思主义理论研究。浙江大学幸洁的《性别表演：后现代语境下的跨界理论与实践》(2012)在后现代转向语境下，以跨学科的方式审视操演理论在性别批评表述自身的过程中重新发现批评的动力以及对理论研究和社会实践的意义。北京外国语大学何磊的《欲望·身份·生命：朱迪斯·巴特勒的主体之旅》（2013）以"主体"这一饱含矛盾的现代哲学概念为线索，勾勒巴特勒主体理论的发展轨迹。陕西师范大学施海淑的《巴特勒操演理论研究》（2013）将巴特勒的性别操演理论放在女性主义的谱系中来考察其理论意义和现实意义。扬州大学王慧的《朱迪斯·巴特勒的文化政治批评研究》（2016）将巴特勒看似不断转向的性别研究、身体研究、性研究，以及伦理与政治研究整合在文化政治批评的视域下进行系统研究，探究巴特勒文化政治批评体系形成的权力运行机制及衍变的内在逻辑理路。湖北大学费雪莱的《朱迪斯·巴特勒性别理论研究》（2016）通过女性主义性别理论发生发展脉络、西方后现代主义哲学思潮与巴特勒性别操演理论系统三条线索展开对于巴特勒性别理论的全面探讨。西南交通大学孙颖的《朱迪斯·巴特勒后主体文艺批评思想研究》（2020）通过细读朱迪斯·巴特勒的文艺批评，对其后主体文艺批评思想展开研究。辽宁大学李阳的《朱迪斯·巴特勒叙事话语研究》（2022）聚焦于巴特勒的叙事话语思想，向内充分地结合巴特勒的性别研究、哲学主体研究、伦理倡导以及政治实践精神，向外厘清叙事话语的本质和内涵，以"叙事话语的生产—叙事话语的实践—叙事话语的改写"重构性别操演理论的阐释逻辑。

目前，关于巴特勒研究的专著有孙婷婷《朱迪斯·巴特勒的述行理论与文化实践》（2015）、幸洁《性别表演：后现代语境下的跨界理论与实践》（2016）、王玉珏《主体的生成与反抗：朱迪斯·巴特勒身体政治学理论研究》（2018）、何磊《欲望·身份·生命——朱迪斯·巴特勒的主体之旅》（2019）、都岚岚《朱迪斯·巴特勒的后结构女性主义与伦理思想》（2016）、《为人之政治：朱迪斯·巴特勒思想研究》

（2020）、施海淑《巴特勒操演理论研究》（2021）等。每位作者都有着自己独特的研究视角，或对巴特勒某种思想进行集中研究，比如述行理论和身体政治学理论，或对其主体哲学思想进行研究，比如何磊以"主体"这一饱含矛盾的现代哲学概念为线索，勾勒朱迪斯·巴特勒的理论发展。王玉珏则探讨了巴特勒主体的生成与反抗，认为这也是一场思想史的旅行。而都岚岚尝试对巴特勒思想系统进行研究，并概括为"为人之政治"，主要探究朱迪斯·巴特勒的后结构女性主义思想和政治伦理转向的全貌。

总之，国内学者不仅越来越关注巴特勒的核心思想，而且还对其展开了持续系统的研究。然而，我们同时也看到，国内对巴特勒的研究还有种种不尽如人意的地方：第一，译著的匮乏。我们所看到的中文译本只是巴特勒著作的一小部分，且系统可靠的译介也付之阙如。第二，主题的局限。研究多集中于巴特勒最为人所知的性别操演理论、身体理论，近年来虽有关于巴特勒的政治关切乃至近期思想转向的论文，但阐释之力度和深度还有待进一步加大。对巴特勒的理论也存在着不少误解和误读，且缺少必要的学术规范。第三，研究视野有待拓宽。缺乏将巴特勒放在整个女性主义理论思潮甚至更大的哲学思潮、社会文化思潮和理论转向的社会历史背景下进行的深入研究，忽视了众多话语之间的理论对话，无法充分认识其理论的价值。第四，立足中国本土语境来研究巴特勒思想对文化政治批判，尤其是中国女性主义和性别研究的理论价值和现实意义，在理论和实践层面发掘出更多可资借鉴的资源，也是国内巴特勒研究的欠缺之处。不过，这种种不尽如人意也正好说明对于朱迪斯·巴特勒的研究方兴未艾，有着较为广阔的研究空间和前景。

（二）学界交流

近年来，巴特勒与中国学界有了一定的交流。2012年中国南京大学与美国布朗大学成立了南京大学 – 布朗大学性别与人文研究中心。该中心致力于通过凝聚国内外不同学科的学者，利用国内外的学术资源，针对性别研究的前沿课题，出版一批有影响的中英文著作，成为具有全球影响的性别研究中心。该中心明确将朱迪斯·巴特勒作为"性别研究的理论前沿问题"的研究对象，探讨性别述行性理论、性别的社会空间以及跨国性别研究等理论问题。

2018年8月13日上午，第24届世界哲学大会开幕式在人民大会堂举行。这是拥有一百多年传统的全球最大规模哲学会议第一次来到中国，第一次以中国传统哲学思想的学术框架为基础设定主题，体现了全球哲学界对中国哲学及其文化价值的重视，更凸显了中国在全球人文研究领域中日益提高的影响力。本届大会以"学以成人"（Learning to Be Human）为主题展开全方位的哲学研讨，第一次将中国精神秩序中核心关注的自我、社群、自然、精神及传统作为核心议题。作为首次在中国举办的世界哲学大会，此次大会也为中国提供了一个向世界集中展示传统中国哲学思想的深厚底蕴和当代中国哲学及人文学术研究成果的舞台，也是构建全球化人文学术共同体中的中国人文学术话语体系及理论方法的重要机遇。

谈到这次世界哲学大会，巴特勒坦言很高兴可以来北京参加世界哲学大会，能在北京分享她的想法，也希望听到一些可以改变她已有认识的声音。对62岁的巴特勒来说，这场邂逅也许来得恰逢其时。在大会第一天晚上，作为第一个演讲者，巴特勒发表了题为《翻译中的性别 / 超越单语主义》的演讲，梳理了性别一词的来龙去脉，然后论及该概念在各国的接受史，包括德里达等哲学家如何看待。

巴特勒指出，如果我们能够抛弃单语主义的信念并正视跨语言中的不可翻译性，那么我们应该努力实现这样一个世界，一个对现存的多种性别关系、多种关于性别的语言以及多种在性别化的现实中生活的方式来说都更加宜居的世界。总之，巴特勒提醒人们应当始终注意性别问题中的权力关系。在此前的采访[1]中，当被问起对于中国的哲学与本次世界哲学大会的看法，巴特勒说，她注意到这次大会并没有任何一种观点凌驾于其他观点之上，这让人们有机会克服自己思考框架的限制，并通过听到别的声音来转变自己。巴特勒认为，富有思想的全球交流形式有可能成为暴力和无知的替代品。对于寻求一种激进民主的联盟，巴特勒回应，她最近的确把工作的注意力集中在抵抗的形式上，特别是在以美国为代表的西方世界，存在着资本主义的极端形式——它威胁着生态环境，并在穷人与富人之间造成了极端不平等，认为这种形式使社会失去了公正，必须被打败。

　　大会期间，巴特勒参加了上海当代艺术博物馆举办的"相生之道"对谈会，演讲的关键词是"共生"。巴特勒的演讲围绕着三个问题展开：个人身份是如何形成的？为什么说人与人之间的真实关系是相互依赖？冲突能否以非暴力化解？她从批判个人主义开始，阐释了她对人权和人类未来命运的思考。在巴特勒看来，相互依赖才是人际关系的基础，只有在抛弃了个体主义的枷锁之后，才能够理解一种更加激进的非暴力理念。而且，我们需要具备一起言说恐惧的能力。恐惧的反面不是个人的勇敢，而是团结，团结能够克服恐惧，因为这展示了有人与你并肩作战的这种联结性，所以我们需要抛掉对个人英雄和个人勇气的执念，意识到我们有支持彼此的力量，为

1　在世界哲学大会前后，《文汇报》文汇讲堂工作室联手复旦大学哲学学院、华东师大哲学系共同向公众呈现丰富多彩的"聆听世界哲人、亲近当代哲学——庆贺第 24 届世界哲学大会在北京召开·24 位世界哲学家访谈录"。采访巴特勒的时间为 2018 年 6—7 月。

创造一个恐惧感更低的世界作出努力。[1]

2018 年 8 月 16 日，由上海交通大学人文艺术研究院主办的"朱迪斯·巴特勒与中国——走向全球人文建构"学术研讨会在上海交大举行。出席研讨会的有来自美国、希腊、韩国和中国 20 多所高校和科研出版机构的专家学者 50 余人，其中包括在上海及南京高校的外国语言文学和文学理论学科的多位知名学者。巴特勒亲自赴会并做了"相依性和非暴力：个人主义批判"的主题演讲。巴特勒围绕当今的全球化时代中"个体如何建构"以及"我们何以成为我们"等全人类都普遍关心的问题，提出了自己的独特见解。她认为，生活在当今世界的人们彼此间是一种互相依赖的关系，过分强调个人主义显然是行不通的，这也是一种公共伦理和复杂的政治关系，因此人类要彼此互相关爱，反对"暴力"，并对处于边缘群体的生命给予必要的关注。她还就性别理论和"酷儿"等问题以及她近期的学术转向与到会的中国学者展开了直接的对话。在演讲中，巴特勒还提到她正在参与一个国际性的批判理论项目，希望建立广泛知识联系机制，从批判理论的角度反映全球人文的面貌。[2]

对巴特勒的研究也应该紧紧跟进其学术动态，这将会给巴特勒研究带来新局面。

二、全球人文共建：巴特勒在中国

"全球人文"是一个范围广泛的概念，包括哲学、文学、艺术和

1　林子人：《朱迪斯·巴特勒：我们需要具备一起言说恐惧的能力》，界面新闻，2018 年 8 月 17 日，https://www.jiemian.com/article/2391503.html。

2　韩瑞霞：《"朱迪斯·巴特勒与中国——走向全球人文建构"学术研讨会在上海交大举行》，上海交通大学新闻学术网，2018 年 8 月 18 日，https://news.sjtu.edu.cn/zhxw/20180818/81671.html。

历史的研究，它赋予我们一个跨学科的和全球的视野，要求我们从一个全球的视角来探讨全人类所面临的一些根本问题。在全球化的今天，"世界主义"再度成为一个前沿理论话题，按照王宁教授的理解，世界主义也可以被看作是一种人文主义，或者说一种超越了一般意义的全球人文主义，这样它也就应当被视为全球化时代的人文主义的高级阶段。世界主义的特征不仅体现为热爱本国的同胞，同时也体现为热爱他国人，尤其是那些受苦受难的他者。此外，一个真正的世界主义者还应该关爱地球上的其他物种，包括动物和植物这些有生命的东西，从而使得我们所赖以生存的地球能够延缓自己的生命。进而王教授认为现在该是我们中国学者提出对全球人文的理论建构的时候了。首先，在今天经济全球化语境下，虽然人文学科受到很大冲击，但是人文学者和理论家仍然有着进行新的理论建构的愿望。比如文学研究领域中对"世界文学"问题的关注，语言学研究领域提出的"全球汉语"的概念，哲学界的"世界哲学"概念，还有历史学界对世界体系的分析和全球历史的书写。鉴于此，我们非常有必要对"全球人文"这个话题进行理论化，在文学、艺术学、哲学和历史学之间通过有效的对话走向一种新的理论建构。其次，"全球人文"的研究对象并不仅仅是将所有国别的文、史、哲诸学科领域加在一起，应该有一个选取标准，可以将它定位为致力于探讨诸如全球文化、全球现代性、超民族主义、世界主义、全球生态文明、世界图像、世界语言体系、世界哲学、世界宗教以及世界艺术这些具有普遍意义的论题，或者我们也可以从全球而非本地的视角来探讨所有人文学科面临的根本问题。最后，全球人文要重视表达媒介。如今英语仍是全世界最通用的语言，走向世界首先要走向英语世界。我们如果同时用中英两门语言著述，就可以自由地表达并发表我们的真知灼见，而不必等待别人来发现我们并将我们的著作译成英语了。作为中国的人文学者，我们不仅要对中国的研究掌握应有的话语权，而且要在国际学界就中国问题发出自己的声音，我们更要在那些具有全球人文关怀和普遍意义的基本理论问题的研究方面发出中国学者的声音，从根本上对国际人文学界产生影响。这应当是我们的理论抱负和历史使命。[1]

王宁教授在 2018 年 8 月 16 日"朱迪斯·巴特勒与中国——走向全球人文建构"研讨会上，分别作了"朱迪斯·巴特勒的中国语境化和批判"的大会演讲与"巴特勒与全球人文共建"的总结发言，探讨在全球人文共建的语境下巴特勒理论尤其是其性别理论在中国的接受和影响，以及巴特勒对全球人文共建所作的贡献与意义。王教授认为，在诸多后结构主义理论家的研究中，巴特勒的性别理论越来越受到关注，虽然理论颇具争议，但在西方学术界和批评界具有非同寻常的价值并影响很大。对于巴特勒在中国的接受和影响，也主要体现在性别理论上。随着巴特勒多部著作陆续被译介到中国，其独具新颖性与颠覆性的理论对中国的女性研究和性别研究产生了极大的影响，一些中国学者和批评家也自觉地将其理论用于中国当代的文化和文学批评。为什么朱迪斯·巴特勒那么具有学术吸引力？为什么性别理论或性别研究在当今中国如此流行？为什么在当前的中国语境下我们要讨论巴特勒的性别理论？中国长久以来始终是一个男性中心主义且被儒家道义规范的国家，当代中国需要巴特勒这样的人物来颠覆长久以来的男性中心主义，正如现代中国需要易卜生来解放妇女一样。尤其是 21 世纪以来，随着全球化进程的加快和中

1　王宁：《德里达的幽灵：走向全球人文的建构》，《探索与争鸣》2018 年第 6 期，第 13—20、141页。

国市场经济地位的提升，女性，尤其是年轻时尚的女性，已成为消费文化的主角。同时，消费文化也弱化了官方话语体系并消解了文学作品中的政治性话语，社会上出现了一些传统女权主义理论无法解释的现象。这样一来，那些传统的审美标准便遭到遗弃，这在一定程度上为巴特勒的理论在中国的兴起铺平了道路。在今天的中国，那些从事性别研究的大多是年轻的女性学者，她们深谙西方的性别研究和女性研究理论，不满于中国由来已久的男性中心主义思维模式，故而弘扬性别意识，从中国视角出发进行研究，希冀从旧有的女性研究中挖掘出新鲜的东西。

王宁在研究西方批判理论特别是朱迪斯·巴特勒的理论在中国的接受和应用时发现："理论在异地传播时，其功能和意义会发生或多或少的变化，有时会出现不同的现象，表现为理论在中国几十年来的不断普及和繁荣"，"但是，西方理论只有在语境化的条件下才能在中国有效地发挥作用。也就是说，它应该在中国的语境中重新被定位"。[1]这种"语境化"的对批判理论的接受和应用也应该是我们作为中国学者进行西方研究的基本立场。王教授提醒人们，在将西方的理论引进中国时绝不能盲从，而要将其语境化，并基于中国的文化现象对这些理论进行质疑和重新建构。正如其他被"引进"或"翻译"到中国的西方理论那样，性别研究通过翻译和重构也经历了变化。比如酷儿理论在西方语言尤其是英语中被认为具有贬义，但是一些中国女权主义学者，如李银河，便试图通过翻译来颠覆这一长久以来的伦理标准。当李银河将"queer"翻译成"酷儿"时，在她的字典里，这种翻译便意味着了不起的、非凡的。依据这样的标准，那些酷儿理论的推崇者便被认为是"正常的"，甚至是"非凡的"了。

1　王宁：《朱迪斯·巴特勒的中国语境化和批判》，"探索与争鸣杂志"公众号，2018年9月19日。

酷儿理论的推崇者不仅不被人看低，反而被人崇拜。这也是巴特勒非常重要的消解策略。

巴特勒的理论具有学术吸引力的另一个原因，与其独特的理论视角、跨文化的写作方式以及独有的人格魅力、宽广的人文关怀有关，如今的巴特勒已成为继德里达之后在中国及世界范围内最有影响力的理论家之一。也许有人认为，巴特勒主要是一个哲学家而不是一个文学理论家，但她却是依靠阅读哲学和文学著作建立了自己的理论体系。也因为她从事着跨学科的书写，她在文学批评领域的影响力甚至比在哲学领域更大。她在中国的影响力亦是如此。中国学者有关巴特勒研究的著作和博士论文都是遵循着跨学科研究的思路从事着文学研究。巴特勒在文学领域的影响力可见一斑。卡勒曾指出，巴特勒的理论具有鲜明的文学性，巴特勒的理论应用于文学批评和文学研究中更为有效。作为一名在文学领域取得巨大成就的哲学家，巴特勒从一个更高的视角来观察文学现象，故而比仅从文学本身的视角来研究文学作品能得出更深刻的结论。

从比较的和国际的视角来看，我们更不应忽略巴特勒基于前人研究所做出的推进和创新。因此，她的理论探索的价值应得到正确的认知。从这个意义来看，我们或许就明白为什么巴特勒和她的性别研究同行们希望用复杂的语言来解释简单的问题，也明白了为什么像巴特勒这样的后结构主义理论家如此热衷于语言游戏。因为她是一个擅长跨学科写作和修辞的哲学家，在语言游戏中产生全新的理论对她而言并非难事。或许当今的后结构主义性别理论家并不像老一代性别理论家那样富有挑战性。或许这也正是我将我们的时代看作是"后理论时代"的原因所在。因为在这个时代，理论将不像之前那样强有力并具有普遍意义，但仍可以用于解释文学和文化现象。

作为性别研究理论家，巴特勒在西方仍十分受欢迎并颇具影响力，在中国更是如此。然而巴特勒不仅在女权主义和酷儿理论领域中十分具有影响力，在其他领域如欧陆哲学、文化研究、国际政治、伦理哲学、批判理论等领域也十分具有影响力。这也是巴特勒被赋予多重身份的原因。她在多个领域都提出了理论洞见，她对那些被暴力和权力压迫的人怀着悲悯之心。

第二节　文化翻译中的巴特勒与中国的文化政治

姚文放教授在专著《从形式主义到历史主义》中认为，因为身份差异和权力的无所不在，所以文化政治问题也就无所不在。然而由于历史不同、传统不同、国情不同，中国的文化政治势必形成自身的特有问题。中西方文化政治具有共同的问题，例如男人／女人的身份差异问题。从古今中外关于女性的一些流行说法来看，中西方性别文化不谋而合，往往带有贬义色彩。然而，中西方文化政治也有着较大差别。改革开放、经济体制的转型，特别是商品经济、消费社会与全球化浪潮的冲击，共同构成了一个绚丽多彩而又复杂纷繁的大背景，为中国的文化政治注入了新的元素，也提出了新的问题。性别、种族、民族、族裔、国家、地区等文化政治问题在中国普遍存在，不过随着国门打开，对外交往、全球移民的日益频繁，这些问题的国际化程度大大提高；同时，文化政治问题进一步拓展到贫富、城乡、地域、年龄、职业、受教育程度等方面，不过对于这些问题更多是在经济关系、文化关系的层面上加以考量，而不像以前那样主要在阶级关系的层面上进行评价，而阶级关系根据中国国情历来不归属文化政治而归属社会政治；另外，由于文化传统的悬殊，那些涉性的文化政治问题如同性恋、性解放等理论研究在中国一直不像西方那样热门，至今仍处于边缘地带、敏感地带，尽管目前相关话题已明显较前为多。上述文化政治特有的中国问题，在实际生活中层出不穷、俯拾即是，同时也在中国的文学实践中成为当今文学作品活色生香的题材。[1]

　　朱迪斯·巴特勒的文化政治批判理论对于本质论、二分法、等级制的消解，对于文化政治问题具有较强的普适性，在很大程度上也适用于文化政治的中国问题。在中西方思想史上经常会有一些超越了"异"而趋向于"同"的现象，其深层原因大概在于人类思想史的共同规律。然而，就像姚文放教授对德里达的研究所认识到的，巴特勒的文化政治批判理论也潜藏着一个巨大的悖论，这是一个不小心就会掉下去的陷阱。当巴特勒致力于破解传统形而上学的主体与他者二元对立模式时，往往是突出其中被排斥、受挤压的他者，而贬抑其中被抬高、受崇奉的主体，但是这样一来，可能在破解旧的二元对立时造成新的二元对立，以新的逻各斯中心主义取代旧的逻各斯中心主义，岂不是又回到了以往的形而上学传统？因此巴特勒一直强调主体形成的述行性层面，指出述行并非像人们理解的那样仅仅是一种表演，是破坏性与消解性的，同时它也是建设性、生成性的，并永远处于生成状态中。总之，主体的形成是一种述行性的生产过程，不断形成保留了以往文本痕迹的另一种文本，在主体与他者的辩证关系中，二者无法划分明确的界限，而是在寻求超越传统形而上学那种相互对立、非此即彼的"第三条路"。从这点看，巴特勒的思想和中国的学人思想有颇多相似之处。

1　姚文放：《从形式主义到历史主义：晚近文学理论"向外转"的深层机理探究》，北京大学出版社，2017 年版，第 110—114 页。

一、文化翻译（cultural translations）：一种话语生产的新范式

在如今全球化的今天，文化之间的交流已不再是单向的输入与输出，而形成一种主体间性的双向互动。朱迪斯·巴特勒的"文化翻译"与中国学人的"文化涵濡"（cultural accumulation）都表达了这个含蕴。

根据学者莫娅·劳埃德（Moya Lloyd）的追溯，文化翻译问题来自霍米·巴巴对文化政治学中"排外"问题的讨论。霍米·巴巴认为文化翻译中总是存在一种语境的特殊性、一种历史的独特性，因为某种文化中总有一些因素是无法通过翻译转换的。霍米·巴巴通过对移居经验的考察发现：处于不同文化之间的人，将文化的不可翻译性戏剧化了，产生了一种与撕裂的、混杂的矛盾过程的相遇。即，文化翻译强调不同文化在互动中的独立存在，其中外来元素为翻译的反抗提供了一种互动的立场，一种价值与信仰的分享基础。[1]

在《性别麻烦：女性主义与身份的颠覆》中，巴特勒将自己的工作称为文化翻译式的理论批判，虽然她援引了后结构主义的观点，但她并不是把后结构主义直接"应用"到女性主义上，而是以后结构主义的视角反思美国的女性主义，以明确的女性主义立场重新运用、翻译并表述那些理论。这样，巴特勒在视域融合的基础上开启了一个新型的理论视野，理论于文化翻译中浮现，有了新的发展场域，或者说，理论就是文化翻译事件本身。就"翻译"概念而言，它既不是一对一的直译，也不是脱离原文的任意解释或阐释，而是基于原文意义的重新理解，其目的在于通过翻译者的个人增补和阐释，从而使原文获得某种普遍性，以达到共同理解的目的。

---

[1] 王玉珏：《主体的生成与反抗》，北京师范大学出版社，2018年版，第325页。

　　巴特勒的文化翻译还与对普遍性的认识有关。各种文化对普遍性的理解其实是不同的。社会政治运动的实践促使巴特勒不断修正自己的理论。对于普遍性，先前倾向于"以完全负面而且排除性的框架来理解"，后来，开始看到普遍性这个概念是"一个非实体、开放构架的范畴，它本身具有重要的策略使用价值"。"我开始了解对普遍性的主张可以是预期性和操演性的，它召唤一个还不存在的现实，让尚未相遇的文化地平线之间有交会的可能性。因此，我对普遍性有了第二种观点，我把它定义为一种以未来为导向的文化翻译工作。"[1] 巴特勒称之为"翻译的实践"。首先，普遍性在语言中有着不同的文化版本。其次，为了发展一种更长久的、更具包容性的普遍性的概念和实践，必须看到排除与狭隘之间的一致性。这种一致性是现存的历史描述的基础。这只是规范内的转变，没有看到规范的局限性，没有看到其边界（框架）。但是，一种新的普遍性的产生，是通过挑战其现存的构想来进行的。文化翻译，先要明确什么被排除在普遍性之外，才能颠覆和重构一种现存的普遍性。所以，文化翻译的目的并不是要揭示出一种关于人类的先验的普遍性，也不是通过使某种文化适应于现存的框架，去提出一种要求反抗自己的文化的普遍性，也不是要在一种先在的普遍性的综合中提炼一种辩证的、进步的普遍性；而是让各种关于普遍性的解释处于一种论争的状态中，让这些解释在一个文化翻译的时刻，能够为了理解对方而同时产生改变。为了解决这种争论，我们要反思所谓普遍性诉求的预设，面对其局限性，并向对方打开。文化翻译可以带来更具包容性的重塑的普遍性，但这并不是一件易事。

1　[美]朱迪斯·巴特勒：《性别麻烦：女性主义与身份的颠覆》，宋素凤译，上海三联书店，2009 年版，"序（1999）"第 12 页。

在全球化的时代，"你""我"必然相遇，文化翻译涉及多个方面，它不仅仅是语言移译的问题，更是主体之间的交往与言说，是主体相互遭遇、相互冲击的问题，其中必然涉及思维方式的冲击与变化。如果没有文化翻译，一种与他者的非暴力的伦理关系将受到侵袭。巴特勒认为文化翻译谋求的是这样一个时刻："一个主体——一个人或一个集体——坚持要得到有价值地生活的权利或资格，而在此之前，从来没有出现过这种授权，从来没有存在过任何清楚的授权惯例。"文化翻译开拓的疆域可能会带来"一种丧失，一种方向迷乱"，[1]但也会为原有的范畴带来新的机会和可能。在思考两种文化如何交融的问题时，巴特勒越来越多地进行了伦理学的思考。人类的脆弱性是一种新的、非暴力的伦理学和政治的资源。文化翻译的实践在文化和社会中存在的普遍性观念的边界之处起作用，以暴露它们所排除的东西，并为它们的重构提供空间。这种翻译实践为一种非暴力的伦理相遇开拓了其所需要的空间。巴特勒的忧郁权力表明：承认他者、理解他者是文化翻译与伦理责任的共同任务。所以，不管是东方文化还是西方文化都彼此互为主体，只有摒弃那种唯我独尊的霸权逻辑，才能形成文化共同体，共同进步。[2]巴特勒认为，在多元化的今天，对待差异的那种包容的、自我克制的态度不仅是文化翻译的任务，也是通往非暴力的最重要的途径。

巴特勒这里的"翻译"，大致对应我们汉语言中的一个词语：涵濡。近年来中国学术界已有学者尝试用涵濡概念来阐释世界不同文

1　[美]朱迪斯·巴特勒：《消解性别》，郭劼译，上海三联书店，2009年版，第229、38页。

2　Butler, J. *Precarious Life: The Powers of Mourning and Violence*. London: Verso, 2004, p. 49.

化系统之间相互碰撞、交流、对话和融新的状况。[1]涵濡本是人类学概念，指两个或以上不同的文化体系之间由于持续的接触影响而造成的一方或双方发生文化变迁的状况，后来逐渐扩展到文化研究领域，用以考察异质文化群体之间由持续直接接触的相互影响而引起的双方文化结构深层次的变化。以文化涵濡作为文化研究的一种新视角和方法，可以更清晰地看到不同社会历史话语权力之间在发生相互交流碰撞时所形成的种种持续不稳定的历史实践过程，以及这个历史实践过程中的动态复杂性，并在这种历史动态复杂性中考察文化理论展开的内在逻辑，也即全球多元异质文化之间交替层累的运行机制和运作过程。其结果是"世界文化的中国化"和"中国文化的世界化"的"中西互涵"，而那些原本是外来他者的陌生文化与文论元素最终会成为自我文化理论的构成成分，最终形成你我互涵、中西互补、采华摘英、总汇菁华、和而不同、美美与共的审美世界主义，这也是全球化时代文化涵濡的愿景。

这里，文化翻译和文化涵濡实质上为我们提供了一种话语生产的新范式。在学界的范围内，中国女性主义的发展为我们的文学理论和批评带来了一种新的视野，提供了一种新的话语生产范式。

作为在晚清以来的社会危机与民族危机中诞生的重要"现代"知识之一，"妇女/女性文学"被打上了后发现代性国家为了回应危机而在文化政治的意义上进行知识生产的特殊烙印，体现了晚清社会危机中对于知识生产体系更新的要求，一种希冀以新发现的知识视角、资源和路径去回应和介入变动的社会现实的企图。"妇女/女性

1　2013年第7期的《文艺争鸣》发表了一系列关于文化涵濡的论文，包括王一川教授的《层累涵濡的现代性——中国现代文艺理论的发生与演变》、胡继华教授的《文化涵濡与中国现代诗学创制》与何浩教授的《涵濡的内化与历史的重构——新时期文论的历史成因》。之后王一川教授又在2013年第4期的《中国文学研究》发表《涵濡中的中国文艺理论长时段》一文，继续对中国文艺理论的文化涵濡问题进行探讨。

文学"在文化政治的层面上获得了自己的合法性，其诞生也可以当作一个文化政治事件，然而由于在"名"/"实"、"公"/"私"、"人"/"文"等诸多层面存在着内在分裂，"妇女 / 女性文学"概念其实只是在文化政治的意义上获得了自己的正当性，却并未在知识的层面上取得实质性的正名，未能在"现代"知识生产的体系中获得应有的价值认可，从而指认出中国"现代"知识生产体系内在的危机。[1]

当代中国社会性别生产面临着更大的困境，作为一种话语生产的方式，女性主义与性别政治伴随着批判"男女都一样"的政策而出现的"男女有别"的强调演变发展为强大的"女人味"话语。在这个把女性界定为由其性功能决定的本质化的女人的性别话语中，大量的传统性别符号被调动起来。同时，大众传媒不仅把女性作为商品的附属物来推销，还广泛地推销带有"现代化"标签的中国传统和西方传统的社会性别观，强有力地建立起对女性内涵的重新界定和对女人行为的明确规范。对中国女性的要求明显表现了中国男性"洋化了"的欲望。在坚持有"女人味"的女人应该保持"东方女性传统美德"的同时，对女性身体的要求却以西方为标准。于是刚刚丢掉裹脚布的中国女性纷纷做起整容手术。王政批评道，这种"将女性自然化"的建构策略由于简单地着眼于回归女性的自然本质，而很少考察传统话语中蕴含着的男性中心主义，因而它实际上并没有对传统的社会性别制度构成挑战。[2] 这也是"女性意识"非但没有受到阻力，反而迅速传播开来的一个原因。此外，与女性身体相关的美丽产业、性产业蓬勃兴起，越来越多的"全职太太"和"二奶"出现了，在性

1　董丽敏：《从文化政治到知识生产——对 20 世纪早期几种 "女性文学史" 的考察》，《中国现代文学研究丛刊》2011 年第 5 期，第 75—89 页。

2　王政：《浅议社会性别学在中国的发展》，《社会学研究》2001 年第 5 期，第 40 页；杜芳琴、王向贤主编：《妇女与社会性别研究在中国（1987 ～ 2003）》，天津人民出版社，2003 年版，第 32—34 页。

别问题上，市场话语中的现代性与传统性别话语催生了一种坚不可摧的怪胎。[1] 当然，并非只有女性被商品化，市场的强大逻辑将男性也引入了色情的消费，从"男色时代"这个概念可以明显看出来。在这一点上，传统话语与市场之间结成了统一联盟，共同营造了一个性别主义的商业话语消费逻辑。在这个性别主义的消费逻辑下，男女同时沦陷。

在历史与现实错位性的绞合中，在话语生产的断裂中，特别是在全球化已经在中国着陆的大背景下，如何通过梳理历史脉络对"妇女／女性文学"做一种整合性的理解，如何认识女性主义的话语生产问题，如何建构性别研究的学科，在不可能中创造可能，就成为今天的女性主义研究者必须面对的重要命题。

二、"中国话语"的"述行性"认识论

在探讨中国对西方理论的引介时，我们常常使用中国化、本土化、再语境化等概念。对于巴特勒的理论，我们也要使之中国化、本土化、再语境化，以建构女性主义与性别研究的"中国话语"。然而，"化"是不断化生之意，中国、本土、语境也是一个个不断变化着的场域。所以，中国化、本土化、再语境化之后的"中国话语"必然不再是一个纯粹的中国本土资源意义上的中国理论，而应该是一个交汇杂糅的理论。按照巴特勒的述行理论逻辑，"中国话语"概念如同"性别"概念一样，本身就是一个具有述行性的概念，它构成了中西理论文化旅行过程中相互吸收、相互形成的一个开放性与争议性的场域，始终保持着一种开放性的姿态，处于永不停息的建构过

1　吴小英：《市场化背景下性别话语的转型》，《中国社会科学》2009 年第 2 期，第 173 页。

程中。实际上，即使是中国文化本身，也很难说是纯粹的单一的汉族文化的结晶，中国就是在不断与异质性文化的对抗、冲突中构建起来的，它是一个丰富、复杂的融合体，而不是透明单一的东西。所以，我们大可不必过分拘泥于中国话语的文化构成是中国的还是西方的，而更应该看重它的实践品格。当代批评理论家爱德华·赛义德（Edward W. Said）在《理论旅行》（"Travelling Theory"，1982）一文中提出著名的"理论旅行"说，认为"理论上的封闭就像社会成规或文化教条一样，是批评意识的大敌。当批评意识失去对一个开放世界的积极意识之后，也就失去了自己的本业"。[1]他时隔多年后又发表论文《理论旅行再思考》（"Travelling Theory Reconsidered"，1994）对其进行修正，形成"理论旅行与越界"说，强调批评意识的重要性和理论变异与时空变动之间的复杂关系。[2]

在中国学界，中国话语通常意指从中国已有的文化传统中提取出来的，或是由中国学者自己提出来的话语，意在解决中国文论乃至整个中国文化面对西方文论或西方文化时的"失语症"问题。于是人们去探讨中国古代文论的现代转换问题，探讨西方理论的引进、借鉴问题，对于我们一直无法建立"中国话语"的原因，也倾向于归诸西方话语文化霸权的侵袭。但这真的就是中国话语无法建立的原因吗？

陶东风教授对"中国话语"进行了别样的解读，他认为，中国话语就是具有当下中国特色的话语，而所谓人文社会科学的"中国话语"，就是切中当下中国人的生存经验，切中当下中国的真问题，对中国的历史和现实、政治和经济、文化艺术和日常生活有诊断力、

---

1 Said, E. W. *The Word, the Text, and the Critic.* Cambridge: Harvard University Press, 1983, p. 157.
2 Said, E. W. *Reflections on Exile and Other Essays.* Boston: Harvard University Press, 2002, pp. 436-452.

解释力的话语，至于这个话语是否包含了西方理论或古人理论，是中国本土学者说的还是美国学者说的等等，都是无关紧要的，要紧的是它能不能解释中国的现实。

因此，中国文化的转型不在于如何在"中西文化"之间做出一个选择，而在于如何构建一个尊重"底线自由"的制度来呵护多元文化的生长。如果没有有效的制度背景，抵抗就不会得到承认。真正的知识分子关注宏观制度层面的变革，关注社会公正等重大伦理问题，身体力行地参与种种物质实践和社会运动，这是知识分子特有的深沉的天真。从这个意义上说，知识分子所坚守的，正是不断开拓"知其不可为而为之"的可能性的勇气和胆识。

制度的承认问题，也是巴特勒的文化政治批判的着力点。而中国女性主义在其发展过程中与社会制度的张力正好可以为这个问题提供一个参照。理论的发展必须在学科体制化、保持自己独立自主性的同时，取得社会制度的承认。当然，这里的社会制度也并不是一个僵化的、一成不变的概念，它首先也应该是一个述行性概念，不断打破现有人为设定的疆域，容纳新的规范，并始终保持一种开放性，同时与自身形成一种富有张力的批判性关系。

中国女性主义与性别话语的发展也同样应当如此。

三、理论建构的底色：与生命、文学、哲学的关系

（一）理论与生命的融合

巴特勒的文化政治批判最终走向了生命政治，关于这点，我在第五章详细解析过了，而且也正是遵循她自身的生命体验，巴特勒开始了以性别政治为切入点的文化政治批判之旅，可以说，巴特勒

的理论是和生命融为一体的。无独有偶，在中国女性主义与性别研究领域，也有一位用生命来阐释理论的学者。

戴锦华是中国第一个亮牌子的女性主义者，或者说是中国第一本女性主义文学著作的作者，也是中国第一个文化研究学者。据戴锦华自己说，在2000年左右，她遭遇了学术上的困境，开始寻找另类的社会实践与思想资源。她开始系统地阅读，广泛涉猎世界上的同行、同代或者前辈们对于后冷战时期国际问题的思考，但她发现他们与自己处于一个同样的瓶颈位置，自己走不通的路他们也走不通。在理论上，戴锦华没有找到问题的真正答案或者解决方案。之后，她先后去印度及拉美、非洲国家访问，把全球结构、后冷战的文化政治、另类现代性实践等更具国际性视野的思考向度纳入了对当代文化现象的分析。通过第三世界之旅，戴锦华在个人的身体经验上认识到欧美世界是如何与亚非拉紧密连接和互动的，欧美的富裕，包括他们的民主是怎样建筑在第三世界的千里赤地之上的，同时也清楚地认识到第三世界所面临的普遍困境，认识到什么是资本主义全球化、没有什么地方是在资本主义全球化之外的，资本主义全球化的铁蹄已经践踏了整个地球。当戴锦华在切·格瓦拉的书架上看到阿尔都塞的文集，以及这本文集被读得边角都卷起来并带有很多眉批之后，她意识到一种尝试在第三世界走出一条终结全球资本主义之路的实践早已经在20世纪60年代发生过了。戴锦华的第三世界之旅是建立在生命意义上的，虽然她最终没有找到完美的答案或者解决方案。

由此，戴锦华认为，知识分子的工作可以在三个层面上展开：第一个层面是创造性的思想工作，我们今天的时代呼唤着全世界有现实责任感的人们参与到创造性的思想当中，因为现实世界没有既定的思想资源和解决方案。第二个层面是，我们必须有广泛的文化战场去对抗一极化的、单一的价值观念。至于第三个层面的工作，就是我们每一个人都可以作为不同形态的志愿者，参与到所有的现实的另类实践当中去。[1]

从这个意义上说，戴锦华与朱迪斯·巴特勒的生命体验是相通的，两个人都将自己的理论与生命体验融合起来，而文化政治批判的视域也将给中国女性主义的发展带来更多的可能性。

（二）理论与文学、哲学的关系

巴特勒主要是一位哲学家，而非文学理论家，但是她基于对哲学和文学作品的阅读建构了自己的理论体系，她在文学研究领域内得到的认可大大多于在哲学圈内得到的认可，她和德里达一样是一个跨越文学和哲学之边界写作的理论家。正如文学理论家乔纳森·卡勒所指出的，巴特勒的理论中也含有一定的文学性：在亲情和政治模式的合法性的论辩中，巴特勒以《安提戈涅》为例，意在表明用文学来思考是更好的选择，这一点体现在文学的语言为一种建构的批判提供了有力的资源，也即它被用来支撑因而有助于支持这一制度性的安排。[2] 按照卡勒的看法，巴特勒的理论若用于文学批评和文学研究将更为有效。作为一位有着深厚文学造诣的哲学家，巴特勒始终站在一个更高的境界来考察文学现象，从文学作品中获得理论的灵感，因而得出了仅从文学角度无法得到的结论。

哲学对性别理论的建构也是极为重要的，关于这点，巴特勒也给中国女性主义提供了一个很好的样本，支撑其整个文化政治批判

1　戴锦华、邹赞：《文化镜城与隐形书写——戴锦华访谈录》，《中国图书评论》2014 年第 4 期，第 57—62 页。

2　Culler, J. *The Literary in Theory*. Columbia: Stanford University Press, 2007. p. 37.

体系的主体理论就是建立在主体哲学的基础之上的。当然，西方女性主义享有的知识背景和思想资源同中国女性主义有着差异性错位：西方文明有着悠久的哲学传统，对于人的存在形成了特殊的自识与反思的思辨模式；而中国哲学传统与文化传统的发展轨迹、思维模式和知识体系均有别于西方，这不仅造成二者在哲学方法论上的差异，而且也导致文学批评方法的差异。

如何处理好理论与文学、哲学的关系，如何在文学中对女性主义问题进行哲学的思考，而不是仅仅将文学作为已然存在的哲学理论的注解，是值得进一步思考和深入探讨的问题。

第三节　巴特勒与中国性别话语实践的跨国生产

由以上两节的梳理与探讨可以看出，中国学界对巴特勒的研究还有很大的可探讨空间。巴特勒的主体哲学思想及其文化政治批判的核心视角是女性主义与性别理论，这也是中西方文化政治共有的问题。所以，本节虽名曰"巴特勒与中国性别话语实践的跨国生产"，但主要借鉴巴特勒的文化政治批判思维集中探讨中国特有的社会主义女性主义的性别话语实践。依照巴特勒的研究框架，尤其是在"西方之眼"与"西方之内"的中国女性主义与性别研究及话语实践存在诸多问题，比如理论视域的局限，多元化视角的缺失，方法论的局限，跨学科研究的缺失等，还有种种极端形而上色彩的认识论误区，这大大削弱了中国女性主义与性别研究固有的反抗精神和批判意识。中国女性的生存危机促使人们必须重新审视女性主义与性别理论，不断调整理论策略和方法。中国的社会主义女性主义话语实践有着自己的独特问题域和社会实践经验，尤其是在全球化、跨国女性主义的语境下，探讨中国社会主义具体语境下的女性主义与性别话语实践的反向跨国生产并发掘其独特智慧，具有重要理论价值与现实意义。

一、从全球女性主义到跨国女性主义的政治实践

全球女性主义（Global Feminism）与跨国女性主义（Transnational Feminism）是界定女性主义在全球化时代新变化的两个概念，概念变化的背后是女性主义话语的知识生产方式的不同与性别话语实践的发展变化。

1995 年在北京召开的第四次世界妇女大会标志着全球女性主义的诞生。它来自西方女性主义者"全球姐妹情谊"（global sisterhood）的思想理念[1]，认为"妇女问题"不是简单的"妇女的问题"，而是国家和全球发展的问题，旨在转变主流社会那种将妇女、性别问题边缘化的一贯做法，祈望建造一种全球式的妇女"姐妹情谊"共享价值与"想象的共同体"。这种理念有着重要的历史意义，然而同时也不断遭到全球各种女性主义的批判，因为它无视女性之间的差异，忽略了女性之间种族、性偏好、阶级和年龄等区别，对女性经历进行同质化的虚假处理，"第三世界妇女"其实不过是在西方女权主义学术之眼制造出的一个文化帝国主义认知。与此同时，与全球女性主义理念追寻同步进行的具体实践中，在诸多全球问题上根本无法达成妇女们的"全球共识"。于是，女性主义开始解构那种大一统的普遍主义知识系统，由启蒙主义的现代主义理论向后现代主义、后殖民

1　这是由第一世界白人中产阶级女性主义者首先提出来的，可以追溯到英国女作家弗吉尼亚·伍尔夫（Virginia Woolf）《三枚金币》中的名言："作为一名妇女，我没有国家。作为妇女，我也不想要国家。作为妇女，我的国家是全世界。"

主义的理论过渡。然而当女性主义批判了这种非历史的全球姐妹情谊的理念，知识生产进入以局部的、地方性的知识为认识论的基础时，问题又回到了原点——全球女性主义何以存在？于是跨国女性主义理论应运而生，关注跨国女性主义实践。[1]

跨国女性主义是在 20 世纪 90 年代的美国崛起的理论实践，针对并批判汹涌澎湃的跨国资本、技术和人口在全球的流动和发展。女性主义学者对持续扩张的全球化进程的一种批判性干涉，伴随着女性主义理论思维的发展和裂变以及对西方主流女性主义更深入的批评。它是在多种政治、社会、文化及经济的话语与活动的交汇中产生的，其理论资源来自女性主义、后殖民主义以及后现代主义，还借鉴了马克思主义理论。跨国女性主义实践对这些现存立场做了批判性的吸收和进一步的修正，质疑诸如主体、性别及文化/知识的西方单向传播，强调打破原先离散状况下的各地为政的女性主义实践，号召女性主义实践要具有世界视野和跨国流动性。于是，关注跨国女性主义知识生产的过程及特点便成为跨国女性主义理论的一个重要方面，这需要秉持一种具有批判性的、全球的、多层次的女性主义政治与实践视角，并致力于建立一种跨国女性主义的政治联盟。

在《性别麻烦：女性主义与身份的颠覆》中，巴特勒提到，不能低估联盟政治的价值，但是要注意一些问题，比如不能事先为联盟结构定下一种理想形式，一种为保证最后能成功的一统形式，因为这会无意间让预设的理想形式成为这个过程的主导者；还有其他一些形式的努力，如决定什么是而什么不是对话的正确形式，什么构成

1　闵冬潮：《从全球女性主义到跨国女性主义——兼论跨国女性主义的知识生产》，《妇女研究论丛》2005 年第 5 期，第 55—61 页。

一个主体位置，以及最重要的——什么时候"一统"算是达成，这些都会妨碍联盟自我成形、自我设限的动能。[1] 我们必须先诘问那些限制对话的可能性的权力关系，不然这个对话模式有再度堕入自由主义模式的危险。由于跨国文化流动与理论旅行，女性主义政治实践"分散的霸权"不断复制，新的文化形势更加复杂。由于跨国女性主义是产生于西方资本主义体系内部的批判话语，难免有自身的局限。首先，它对世界冷战格局的"无视"已经达到无意识状态，或者说它其实在无意中默认了西方冷战意识的世界性；其次，它对历史上社会主义阵营的漠视，这也正是它挣扎在资本主义批判话语体系中而无法建树别样理论实践的原因之一。跨国女性主义应竭力避免这个危险，对当今世界上不同种族、阶级、宗教、国家的女性所面对的种种问题，倡导历史化的、多样性的解决途径。后殖民女权主义者钱德拉·曼哈蒂（Chandra T. Mohanty）给我们提供了一种新的视角："或许它不再仅仅是简单的西方之眼的问题，而是在性别的意义上西方内部在全球范围内的持续更新，如果认识不到这一点，女权主义学术分析框架与组织项目之间便无法建立关联。"[2] 第三世界不仅是在西方之眼中，而且是置身其中。曼哈蒂强调，我们要从"西方之眼"过渡到"西方之眼与西方之内"。换句话说，全球化不能简单地概括为单向的一体化过程，而是一种双向或者多向的相互影响与生成的过程，在这个过程中，一方面将地域的成功的经验扩展到全球，另一方面又通过各个地域的不同经验把全球化的过程揭示出来。女性主义这种全球化的过程必然带来女性主义跨国知识生产活动的迅速增

1　[美]朱迪斯·巴特勒：《性别麻烦：女性主义与身份的颠覆》，宋素凤译，上海三联书店，2009年版，第20—21页。

2　Mohanty, C. T. *Feminism without Borders: Decolonizing Theory, Practicing Solidarity*. Durham and London: Duke University Press, 2004. p. 14.

长，女性主义的知识生产也变得日益"跨国化"，只不过在各民族国家或区域会呈现出不同的发展路径。

二、西方之眼与西方之内的中国社会主义女性主义

这里的"社会主义女性主义"概念，指的是 20 世纪 20 年代初以来中国社会主义革命中的女性主义实践，它不但指资本主义西方社会里左派知识分子在 20 世纪 70 年代结合自由女性主义论点而提倡的社会主义女性主义批评话语，也是中国社会主义女性主义理论和性别话语在具体的第三世界场景中的本土化实践和历史体验。

（一）西方之眼中的中国社会主义女性主义研究

20 世纪 80 年代美国出版了一批关于中国社会主义妇女研究的专著[1]，虽然作者的观点和立场并不完全一样，但结论却惊人的相似：中国社会主义革命是失败的，中国女性解放是不成功的。著作从一开始就发问：中国的妇女解放为什么失败了？其目的就是在寻找或证实那个负面答案。而且在冷战意识形态比较强的作家那里，一定还要加上一句，社会主义跟资本主义相比，资本主义体系更有利于女性解放。这四本专著其实是本质女性主义同冷战意识相结合的产物，与西方自由女性主义话语[2]一起，奠定了今天西方对中国社会主义与性别问题的研究框架，即冷战意识形态和西方自由／本质女性主义。

1　包括朱迪思·斯泰西（Judith Stacey）的《中国的父权与社会主义革命》、菲莉斯·安德思（Phyllis Andors）的《未完成的中国妇女解放，1949—1980》（1983）、凯·安·约翰逊（Kay Ann Johnson）的《中国的女性、家庭与农民革命》（1983）以及玛杰里·沃尔夫（Margery Wolf）的《延后的革命：中国当代女性》（1985）等。

2　此话语视点强调父权制具有超历史、跨地域的普及性，认定世界上所有的女性主义都应该首先是个人主义的，应该独立甚至对立于其他政治、社会、经济问题与运动，这将会导致原本带有左翼色彩的女性主义不再提倡经济、政治和社会制度的变革，而向"文化女性主义"发展，从而在社会和政治变化上开始转向保守和无为。

以此框架形成对中国社会主义与性别研究的主流论述，得出了两个具有西方中心特点和变相维护资本主义制度的经典结论：中国社会主义革命具有父权本质；性／别系统和女性主义实践都应该具有独立性。这体现了他们对中国社会主义女性主义实践所持的冷战意识形态与自由女性主义的研究框架和立场，这种有关社会主义政治和性别研究的主流范式至今仍在产生影响，这种顽固的"日常智慧"导致了学术界对社会主义中国女性文化的全然漠视。[1]

这些研究范式所得出的关于社会主义革命和性别的论述，不仅延续了冷战意识形态，也严重妨碍了对社会主义遗产具有批判借鉴性的评估，影响了具有创意性的跨国女性主义理论和实践在全球的发展。同时，这些片面的结论也严重阻碍了对中国妇女和女性主义实践在不同阶段所面临的真正历史局限、悖论和问题的考察和研究。所以，揭示社会主义和性别跨国研究中长期存在的冷战思维和自由女性主义意识形态，并突破这种研究范式尤为急迫，当然这不仅需要研究中国的学者们持续不断的努力，也需要全球知识分子为促进国际政治和全球政治文化的变革做出不懈的努力。[2]

何汉理（Harry Harding）将 20 世纪 80 年代美国对中国的贬斥同美国 80 年代新兴的新保守主义以及在美国知识分子中重新燃起的对资产阶级价值观的追寻（例如个人自由、隐私和正义）联系起来，认为美国对中国的极端印象，不管是理想化还是妖魔化，很大程度上都是美国内部政治的反映，而美国人在 20 世纪 80 年代对社会主义中国的诋毁究其实质是受新保守主义支持的冷战思维的影响。自

1　王玲珍：《中国社会主义女性主义实践再思考——兼论美国冷战思潮、自由／本质女性主义对社会主义妇女研究的持续影响》，王玲珍、肖画译，《妇女研究论丛》2015 年第 3 期，第 6—7 页。

2　王玲珍：《中国社会主义女性主义实践再思考——兼论美国冷战思潮、自由／本质女性主义对社会主义妇女研究的持续影响》，王玲珍、肖画译，《妇女研究论丛》2015 年第 3 期，第 6 页。

20 世纪 90 年代开始，研究中国的学者们对这些关于中国的"日常智慧"表示了关注，尽管这些晚近的作品给性别与中国社会主义革命带来了更多元的研究视角，但用尼尔·戴蒙德（Neil Diamond）的话说，20 世纪 80 年代的研究影响还是"保持着惊人的坚韧性"。[1] 更严重的是，这些影响甚广的著作中关于性别和社会主义所得出的普遍性结论和所使用的理论框架甚少受到挑战。

王玲珍在《关于中国革命与性别平等／解放的理论再思考》中揭示，20 世纪 40 年代末至 90 年代初，一直与社会主义妇女解放实践密切相连的世界化，其实质是西方世界的冷战意识形态，也就是说不管你情愿与否，中国社会主义实践和妇女解放在这半个世纪中是被纳入了世界冷战的整体格局之中的。冷战不仅给中国社会主义政治经济实践带来直接影响和干预，而且也对中国在世界格局中的定位起到至关重要的作用。因为冷战总体上以社会主义阵营内部的矛盾以及西方资本主义政治经济和话语霸权的优势而告一段落，所以西方冷战意识形态在 20 世纪 90 年代后反而在世界范围内产生了更大的影响，这种影响通过资本政治经济霸权直接渗透到原来的社会主义阵营内部并在那里形成强劲话语，对西方学者特别是西方女性主义学者的影响更深入到了无意识的层面。正是在这样的过程中，社会主义中国的妇女解放受到了歪曲和否认。[2]

（二）西方之内的中国妇女解放与性别话语的主体化问题

西方女性主义受后结构主义理论影响，对后现代主体批判的重

---

1 王玲珍：《中国社会主义女性主义实践再思考——兼论美国冷战思潮、自由/本质女性主义对社会主义妇女研究的持续影响》，王玲珍、肖画译，《妇女研究论丛》2015 年第 3 期，第 7—8 页。
2 王玲珍：《关于中国革命与性别平等/解放的理论再思考》，《妇女研究论丛》2017 年第 5 期，第 15 页。

新表述，为主体的重建提供了可能性。其中一个研究路径值得关注："通过取代辩证法重建主体"，即尝试以主体去中心化取代建构与被建构的二分法，表达一种既可以抵制主体话语所固有的内在压迫，又可以创造新话语的主体概念。巴特勒质疑了主体建构的基础主义预设，认为主体的建构是一个政治问题，而对权力的解构则是政治批判的真正前提。因为主体的建构从来没有真正完成，而是处于一次又一次对权力的屈从和生成过程中。这一主体既不是基础，也不是产品，而是一个永久性的再表意过程。但是，主体是被建构的并不意味着它是被决定了的，相反，主体被建构的性质正是它的"能动性"产生的先决条件。巴特勒虽以语言和欲望替代社会和历史概念，但是并没有取代物质和受压迫的权力关系，认为后结构视域下的"主体"是"充分嵌入各种物质实践和制度安排的组织原则中，并在这种力量和话语的矩阵中构建而成的"[1]。巴特勒关注性别化主体的形塑过程与具体社会情境和社会结构之间的复杂互动，呼吁复数的"女性主义"的实践，将话语分析与物质结构的社会现实考察结合在一起，认为性别主体是各种控制和反抗的话语所构成的力量场域中的产物，所以性别政治不能放弃对宏观视域的理论分析，但不愿回归到对"普遍规律"或者"形而上"的本质主义迷思。如果说马克思主义和当代女性主义思潮之间曾经有过"不幸福的婚姻"，那么后结构主义理论和女性主义思潮之间也有着"不稳定的结盟"。它们之间的复杂性、矛盾性与不稳定性，在中国学术界的理论旅行中也显现了出来。

　　20 世纪 80 年代以来对于中国社会主义妇女解放运动和社会主义性别话语的主流观点是，中国妇女的解放是"自上而下"的，她们

1　Butler, J. "Contingent Foundations: Feminism and the Question of 'Postmodernism'". *The Postmodern Turn: New Perspectives on Social Theory*. ed. by Seidman, S. Cambridge: Cambridge University Press, 1994, pp. 153-170.

并没有获得主动的"女性意识"或"性别意识"。在女性文学研究领域，孟悦和戴锦华认为社会主义文学中的女性形象更多是"党的女儿"，而非独立的个体，"她在一个解放、翻身的神话中，既完全丧失了自己，又完全丧失了寻找自己的理由和权力，她在一个男女平等的社会里，似乎已不应该也不必要再寻找那被剥夺的自己和自己的群体"。[1] 这也是对整个社会主义妇女解放运动的概括。孟悦关注新政治主体的形成与权力中心的关系，认为左翼知识分子和女性作家的作品都经历了一种被"国有化"的生产过程，即"个人自我"走向了"'革命者''大我'"，将这种关系理解为一种对权力中心的单向的绝对的"臣属"关系。[2] 这两个开拓性的研究都借鉴了后结构主义理论，在中西学界"告别革命"、反思极左社会主义实践的自由主义女性主义思想的影响下，质疑关于中国妇女解放的国家话语，探讨超越这种宏大叙事的妇女自主意识的可能性，反思社会主义妇女解放运动的得与失。它们与同时期流行于西方学界的探讨中国社会主义妇女解放运动失败原因的主导性研究相呼应，显示出一种"与西方同步的文化转向"，并且这种文化转向"同资本以及知识市场全球化的世界关联"[3]。以上研究虽然引用"主体""主体性"概念和相关理论，但并没有进行系统梳理。

刘剑梅试图借鉴巴特勒后结构主义理论，反对关于"十七年"文学的本质主义论断，认为女性身体不是超历史的，也不是先于文化的，但最终发掘和确认的还是基于女性身体欲望、性本质等的女性"主体性"："个人的欲望、生理的需要，以及真实的男人与真实

1　孟悦、戴锦华：《浮出历史地表——现代妇女文学研究》，北京大学出版社，2018年版，第280—281页。

2　孟悦：《性别表象与民族神话》，《二十一世纪》1991年第4期，第108页。

3　王玲珍：《重审新时期中国女性主义实践和性／别差异话语——以李小江为例》，《南开学报（哲学社会科学版）》2015年第6期，第103页。

的女人之间的性爱，都顽固地蔓延在小说叙述中，悄悄地对抗着那种已经升华到崇高的革命理想的感情"[1]，一种基于自由主义女性主义的、本质主义的理解，将"主体性"或人的"主体意识"理解为有一个先在的、不受外在社会机制影响的，始终与外在意识形态/话语相对立、对抗的完全自治的主体。在她看来，合法的"女性主体性"只存在于个体性之中，合法的女性主体立场只存在于对统治性国家意识形态的对抗之中。只有性别身份和性别意识被强调了，身份认同之中的其他范畴如阶级、劳动、集体等都被排除在合法的"女性主体性"之外。同样，这类研究对于社会主义时期的"国家意识形态""国家话语"同样有着本质主义的理解，将其视为铁板一块的、从不变化的、控制一切的党的意识形态。无论是"国家话语"还是对抗这种话语的"主体性"都是超出具体社会历史语境的。20世纪八九十年代的女性主义文学、文化批评，在挪用后结构主义理论时使用的"主体"和"主体性"概念仍然是基于自由主义人文主义的，其核心观点是妇女"主体性"被外在的政治文化和意识形态压抑，有本质主义化的问题。西方自由主义女性主义的后结构转向本身就有着复杂的路径和方向，中国的自由主义女性主义批评对于种种后结构主义理论的运用也在某种程度上呈现出这种特点。[2]

21世纪之后，中西学界开始重估被贬低的社会主义时期的性别文化文本，学者利用后结构女性主义理论的概念和话语，特别是反本质主义的"性别"、"主体性"和"能动性"等概念去考察社会主义时期不同女性实践者"主体性"的复杂性，去发掘其在社会主义文化

---

1 [美]刘剑梅：《革命与情爱——二十世纪中国小说史中的女性身体与主题重述》，上海三联书店，2009年版，第23页。

2 刘希：《后结构理论与中国女性主义批评——以社会主义文化研究中的妇女"主体性"为中心》，《文艺理论研究》2021年第1期，第177—188页。

实践中的"能动性"，以"去本质化"、历史化的批评实践挑战主导性的自由主义人文主义话语。在社会主义文化和文学研究领域，一些学者也开始借用后结构主义理论重新审视社会主义文化文本生产的妇女"主体性"问题。美国学者蒂娜梅·陈（Tina Mai Chen）研究 20世纪 50 年代在中国广泛传播的妇女劳动模范肖像画和劳模自身的经验，重新考量共产党领导的社会主义妇女解放运动的历史意义。作者在考察了她们对社会生活的积极参与后，更好地理解了这种并非外在于更大的社会政治和意识形态结构的妇女的能动性。国家话语的形塑有限制性的成分，但也创造了新的可能性让她们参与到个体、国族和国际的解放之中。[1]

近几年，又有持历史唯物主义和马克思主义立场的研究者对后结构和后现代理论本身进行历史化的考量，反思其造成碎片化和去政治化的可能。在 2010 年召开的"社会主义妇女解放与西方女权主义的区别：理论与实践"座谈会上，有学者开始重审 20 世纪 90 年代性别研究界流行的"主体性"概念以及相关对身份和身份政治的迷思。[2] 宋少鹏从马克思主义女性主义的视角出发，将对历史和文化的研究从个体的行动转向对物质性的社会文化关系的关注，批判以自由主义人文主义来反抗国家主义本质主义的"主体性"概念，认为其"契合了资本主义精神"，同时也提醒我们注意后现代女性主义中流动的多元主体身份的去政治化问题；并进一步讨论了"主体性"和性别研究理论的意义和不足，认为主体性范式挖掘妇女作为历史行动者的能动性具有重要历史意义，弥补"主体性"范式不足的方法就

---

1 Chen, T. M. "Female Icons, Feminist Iconography? Socialist Rhetoric and Women's Agency in 1950s China". *Gender & History*, 2003, Vol. 15, No. 2, pp. 268-295.

2 宋少鹏：《"社会主义妇女解放与西方女权主义的区别：理论与实践"座谈会综述》，《山西师大学报（社会科学版）》2011 年第 4 期，第 143—149 页。

是借鉴革命范式对于制度、对于客观性的剖析[1]。王玲珍近年的一系列研究发现中西方女性主义运动都在 20 世纪七八十年代从社会主义或者左翼女性主义转向激进、文化和后结构主义女性主义。她提醒我们将后结构主义本身进行历史化，看到后结构主义和自由主义在西方历史中的相通性，特别是在冷战中有意识或无意识的共谋立场。她将中国社会主义女性主义重置于反帝、反封建、反资本主义的具体历史场景中，重新勾勒其实践的历史，特别强调中国社会主义女性主义在革命过程中的体制化、整合化及其多维性主体的特征。[2] 她在对社会主义时期女导演王苹的研究中，主要采取历史唯物主义女性主义的方法，突显中国特定的半殖民地半封建的经济政治文化状况，提出对妇女在社会主义文化生产中的考察要注意到在这种具体社会语境中诞生的能动性的"多维主体性"，将其视为镶嵌于多重历史力量互动作用中的一个具有机动／偶合性的呈现，与后结构主义的"主体性"概念已经有很大不同。[3]

　　以上研究对于主体及主体建构的探讨逐渐脱离了后结构主义理论的话语框架，尝试从历史唯物主义的视角进行文学和文化研究，更加注重主体研究中的政治经济面向。可以说，后结构主义理论在当代中国女性主义批评中有着复杂的谱系和旅行史，这个过程反映了中国后社会主义时期西方批判理论对中国人文和社会学科的冲击，也反映了意识形态和社会话语的变迁对研究范式的影响。学者刘希通过这个梳理可以让社会主义文化和文学研究的研究范式转变更好

1　宋少鹏：《革命史观的合理遗产——围绕中国妇女史研究的讨论》，《文化纵横》2015 年第 4 期，第 50—57 页。

2　王玲珍：《中国社会主义女性主义实践再思考——兼论美国冷战思潮、自由／本质女性主义对社会主义妇女研究的持续影响》，王玲珍、肖画译，《妇女研究论丛》2015 年第 3 期，第 5—19 页。

3　王玲珍：《王苹与中国社会主义女性电影——主流女性主义文化、多维主体实践和互嵌性作者身份》，肖画译，《妇女研究论丛》2015 年第 4 期，第 74—88 页。

地呈现出来，提醒研究者们关注西方批判理论在中国落地过程中被不断"语境化"的过程，关注如何反思性地运用不同批判理论，以更深入地剖析不同压迫性的话语和物质的社会文化关系，使得女性主义文学批评和文化研究拓宽理论的视野，同时保持其批判性和政治性。[1]

三、开创宏观新框架，构建新的世界价值体系

在过去几十年，特别是 20 世纪 90 年代以来，性别研究受到后现代主义思潮和资本主义社会中产生的保守的文化相对/本质论的影响，挑战宏观现代叙事，更多注重对日常生活、个体主观经历和记忆以及文化文本和细节的研究。这些研究虽然揭示并批判了西方现代主流霸权话语的压抑性，但这种碎片化以及文本化的研究方式却抹除了西方主流话语在世界历史上的政治经济霸权的存在，并对当下性别研究和女性主义实践中亟须建立的新的政治社会伦理和宏观价值体系产生遏制作用，从而在性别研究领域中产生了非政治化的倾向，背离了女性主义应有的政治和社会立场。

西方资本主义体系内的女性主义实践往往强调针对主流体制的独立和分离。本质女性主义、自由女性主义、文化女性主义以及后来的后现代主义都强调一种同政治经济体系的分割，可是结果不仅没有产生能真正独立于资本主义体系的性别体系，反而使女性主义实践同社会政治运动、同对资本主义的批判、同其他社会经济问题分离开来，失去了改变社会结构的政治能动力，使得女性主义实践在 20 世纪 80 年代以后迅速演变成日常个人化的甚至商业化的中产

1　刘希：《后结构理论与中国女性主义批评——以社会主义文化研究中的妇女"主体性"为中心》，《文艺理论研究》2021 年第 1 期，第 177—188 页。

阶级女性时尚的一个标签。更关键的问题在于，这种同主流政治经济体系分离的方式遮蔽了在资本主义体系内部产生的女性主义实践得益于资本主义政治经济资源并同某些主流价值同谋的历史现实。当然，退一步看，这种分离/独立的女性主义实践本身也是资本主义进一步发展促使社会文化层面实践碎片化，以消解后者对资本扩张的有效抵制和批判的结果。

　　如今在资本主义市场全球化、西方冷战思潮的世界化以及女性主义理论和实践日趋隔离的情况下，中国社会主义妇女解放和社会主义革命的实践越发成为重要的世界和历史资源；中国社会主义革命与中国妇女解放为全世界社会政治文化实践提供了重要的资料、探索和想象，也就是说，中国社会主义革命中的妇女解放实践/资源已不仅仅是属于中国的，它也是世界的。历史唯物主义女性主义理论再次显现它的全球政治意义。当今世界女性主义理论和运动所面临的困境再次要求我们对历史上的不同地区和体系里的妇女运动和性别革命实践进行重新思考。"但现存的关于社会主义妇女解放的研究/论述并不能自然而然地就具有世界性质和价值，它需要在新的框架下重新整合，摒弃一些自我封闭的研究倾向，需要对自身历史局限进行反思并对世界未来走向进行新的构建；同时中国社会主义妇女解放的重新综述需要同其他具有新兴世界意义女性主义实践互动合作"。[1]

　　从历史上看，中国社会主义妇女解放本身就是一个世界性事件。晚清妇女平权和解放的概念从一开始也是伴随西方现代资本殖民的世界扩张进入中国的，其扩张具有非正义的霸权性质。当然，后来

---

[1]　王玲珍：《关于中国革命与性别平等/解放的理论再思考》，《妇女研究论丛》2017 年第 5 期，第17 页。

的中国社会主义妇女解放还受到国际社会主义革命和马克思主义理论的影响，因而带有另一种世界规范的图景，并对资本主义殖民现代性进行批判。这就要求我们进一步研究具有不同世界景观和规范的妇女解放观念是怎样在世界上传播，并经过怎样不同的历史和政治途径被整合进不同地区，又是怎样在各地的政治社会历史中起到不同的作用的。同样需要研究的是，地区政治经济和权力的变动怎样不断重新规范世界，产生新的世界常态或价值取向。我们需要建立一个新的视点或框架来重新审视中国社会主义妇女解放，以重新综述和整合中国社会主义妇女解放的实践和经验。

王玲珍认为，新框架首先是对非政治化研究的一个逆动，同时，这个新的框架必须具有社会历史的宏观性。这里的宏观性不是认同资本主义扩张进程中或资本现代性主流话语中提倡的国家、市场、自由和个人主义等实践和概念，而是批判性地审视这些资本现代实践在世界范围内的政治经济、社会以及文化效应，并在批评反思的同时形成具有世界意义的、同政治经济社会密切联系的新价值体系。妇女解放、性别革命、女性主义实践在历史上向来都是世界政治经济发展和社会文化变迁的一个重要组成部分，当今资本全球化则迫切要求女性主义实践者联手开创出具有世界宏观意义的理论和实践。

王玲珍认为，对中国社会主义妇女解放资源的梳理，应该呼应并引领这种世界性女性主义实践的新走向，一方面致力于批判主流资本现代性、冷战意识世界化、各种传统父权意识和女性主义实践在世界范围走向隔离、保守、精英化的潮流，另一方面同其他地区抵抗资本主义全球化的女性主义实践结合，取长补短，挖掘出历史实践中可以给当代女性主义提供理论思考、物质实践基础、历史政治策略以及社会价值想象的资源。中国社会主义妇女解放毕竟是世界上成功推翻私有制和资本经济殖民，并建立新型政治经济体系和社会价值的体制性实践。虽然它在世界历史上具有一定"独特性"，并有自身的各种历史局限，但它在实践中对政治经济结构性变革的坚持，对社会伦理新价值的执着，对未来世界愿景的追求，以及它在社会主义革命实践中的有效机制化，它的大众走向、无产阶级化和在新体制的建立中起到的前卫作用都将使它成为当今女性主义发展宏观视点和建立世界新价值体系过程中最重要的理论和历史资源。[1]

在跨国女性主义的视域下，如何才能发展出中国自己的女性主义学术话语，提高话语生产的能力和水平，如何在性别研究领域做出中国学界的独特贡献，女性主义批评在中国未来将如何发展，这些问题必须得到认真讨论和思考。女性主义理论本土化的边界是在本土与全球的互动中不断重新划定的。因此，中国学界对于西方女性主义理论的译介和研究、对于西方女性主义理论与中国本土经验之间关系所做的研究、对于有中国特色的女性主义理论的构想，以及开创中国女性主义和性别研究的新的宏观视点与建构新的世界价值体系的努力，都将通过新一轮的理论旅行与文化翻译参与女性主义的跨国生产，并介入全球女性主义知识体系的生产和建构。朱迪斯·巴特勒在中国的接受与生成研究正是这样一个契机。

1　王玲珍:《关于中国革命与性别平等/解放的理论再思考》,《妇女研究论丛》2017 年第 5 期，第 14—18 页。

余 论
对"批判"的再思考：兼论哲学与政治的关系

从苏格拉底、康德到福柯，当代西方的"criticism"概念有着从"批评"到"批判"的微妙转变。苏格拉底开创了古希腊独立批判的哲学精神和富有坦荡胸襟、无私热忱的批评者形象，但雅典城邦对苏格拉底的审判以及苏格拉底之死标志着批评者独立的批判精神与群体社会之间的必然冲突。康德的《何谓启蒙？》正式拉开了近现代西方思想史上批判传统的序幕，但他夸大了启蒙的理性主义原则，掩盖并扼杀了怀疑精神，使得启蒙和批判之间存在着一条不可逾越的"鸿沟"。在对康德启蒙观批判的基础上，福柯的《何为批判？》提出西方传统中"作为普遍意义上的德性的批判态度"，探讨了批评者应有的批判姿态和"唯一性"身份。[1] 他又在《何为启蒙？》中进一步阐释了启蒙、理性和批判以及它们与社会政治之间的关系，指出"我们自身的批判的本体论，绝不应被视为一种理论、一种学说，也不应被视为积累中的知识的永久载体。它应被看作是态度、'气质'、哲学生活"。[2] 福柯将批判行为阐释为"一种运动"。[3]

雷蒙·威廉斯在《关键词：文化与社会的词汇》中，对"criticism"一词的解释不仅点明了"批评"中的"批判"元素，而且深刻地认识

1　Foucault, M. "What Is Critique?" *The Political.* ed. by Ingram, D. London: Blackwell, 2002. pp. 191, 203.

2　[法]米歇尔·福柯：《福柯集》，杜小真编选，上海远东出版社，1998年版，第542页。

3　[法]米歇尔·福柯：《福柯集》，杜小真编选，上海远东出版社，1998年版，第193页。

到批评者很容易会在逐渐形成的批评机制中失去批判的动力和初衷，将自己异化为理所当然的文艺品位的权威代表，由批判者成为被批判的对象。那么，如何使持续的批判成为可能，并且在这个过程中不至于沦为权力话语的一部分？斯皮瓦克说，如果你（这里特指白人学者或学生）真正想了解第三世界，那么你不仅要通过语言和相关的专门研究，而且要对自我作为一个研究者的身份进行历史性批评。[1] 克里斯蒂娃认为反抗的本意就是对自身的追问，它冒着一种无限的"再创造"的风险开启了精神生命。

　　巴特勒写作的关注点一直具有或隐或现的政治性，但后来的作品更倾向于强调理论背后的政治动因。在批评性文集《理论所剩何物》（2000）中，巴特勒和其他编者提出理论和文学的政治用途这一问题。尽管巴特勒作品中文学和文学作品很少占据显要位置，但是，这个问题同样适用于"哲学"。哲学具有政治性吗？哲学的政治用途是什么？巴特勒强调，主体应该批判性地对待治理话语和规范，这里就隐含了政治与哲学/理论（文学亦如是）之间的关系。巴特勒认为这之间的关系是隐含的。[2]

　　早在古希腊，柏拉图就用洞穴隐喻来思考哲学与政治的关系，哲学就是真理之光，是一种对政治生活内一切知识的真正关怀，通过哲学能照亮洞穴中的生活世界。哲学与政治的关系就是真理与意见的关系。阿兰·巴迪欧（Alain Badiou）认为哲学与政治之间是"谜一般的关系"，巴迪欧认为哲学的生成依赖于非哲学的领域，并将这些领域称为哲学的条件，其中一个条件就是政治。巴迪欧相信政治需要一种真正的哲学式的介入，作为真理程序的政治哲学的介入。

1　Spivak, C. G. &Harasym, S. *The Post-Colonial Critic*. London: Routledge, 1990. p. 62.

2　[英]萨拉·萨里：《导读巴特勒》，马景超译，重庆大学出版社，2018 年版，第 159—160 页。

而且，巴迪欧不同意阿尔都塞"哲学没有历史"的观点，她认为，与哲学的过去一样，哲学的未来是一种创造性的重复，我们永远都要忍受整个夜晚的思绪。而这个思绪之中，最让人操心的莫过于哲学与政治境况相纠缠的思绪，因为政治本身很大程度上处在一种思想的黑夜中。可是哲学家无法忍受这夜间的位置，总是力图在最远的地方、接近地平线的地方，分辨出一些预兆性的朦胧的微光。这时候，哲学家更像埃斯库罗斯的《阿伽门农》开头出场的守望人，执着地在黑夜中守望黎明的预兆。[1]

作为批判型知识分子，巴特勒将自己的哲学论辩介入当下的政治生活，为构建一个真正可以包容差异、允许多元价值存在的民主空间持续做出不懈的实践与努力。巴特勒主张"一种批判的哲学"，要求批评者必须进行社会政治批判，她一直不断地动摇主体－范畴和形塑主体的话语结构，这个挑战不仅仅是为了自身，更是为了揭示现有规范的局限性、偶然性和不稳定性。

然而现实是，她的政治筹划拒绝为自己提出的这些困难和令人不安的问题提供答案。为此很多学者表示不满，玛莎·努斯鲍姆（Martha Nussbaum）谴责巴特勒是"无为主义"，认为巴特勒的理论主张或导致了对于现实被动地接受，因为巴特勒认为现有的话语只能被重写，而不能被绕开。所以，在努斯鲍姆看来，巴特勒的权力和能动主体理论，只能推动微小的、个人主义的抗议行为。南茜·弗雷泽（Nancy Fraser）也认为巴特勒政治理论的核心是空缺的，既缺乏一个能动的主体，也逃避了规范性判断和解放性的选择。麦克奈（Lois McNay）认为述行性是一种侧重个人主义的政治实践，欠缺历

---

1 [法]阿兰·巴迪欧：《哲学与政治之间谜一般的关系》，李佩纹译，中央编译出版社，2017 年版，第 1—24 页。

史性和语境。[1] 也有人认为巴特勒的政治策略是一种"私密的反抗"，放弃了社会变革的目标，放弃了激进解放的理想，只玩玩"私密的反抗"，搞搞小范围的游戏，这样会把左翼事业引向绝路。[2]

巴特勒确实很少对理想的性别、身体以及理想的民主政治形式进行具体的描述，也没有明确提出政治实践方案，读者无法准确地使用述行性和戏仿式的性别模式，或者正确了解反对主流规范的最佳方式。然而，这并不是巴特勒遗漏了，而是她有意为之的抵制策略，巴特勒策略性地拒绝行之有效的政治实践的规定或方案。因为在她看来，真正的民主总是面向未来、具有开放性的，任何一种界定都可能带来强制和封闭。因为普遍性永远都是有偶然性的、暂时的，总是以某种排除为基础，并以一种总体化的暴力的方式来运作。但是后来巴特勒也承认普遍性的政治必要性，因为对普遍性的要求会刺激民主政治斗争，而民主政治斗争又反过来拓展普遍性概念的包容性。[3] 在维奇·贝尔（Vikki Bell）的采访中，巴特勒解释了为什么在《性别麻烦：女性主义与身份的颠覆》里没有"接下来怎么办"的建议，她相信政治具有一定的偶然性和语境的性质，所以在理论层面上无法预测。而一旦理论开始成为程序性的，这样就排除了整个语境和偶然性，而政治决定是在生活体验中的时刻作出的，不能从理论层面预测。巴特勒承认自己是个"讽刺的乌托邦主义者"，这个自我询唤暗示着她致力于对现有政治结构提出另外的可能性，但同

1　[英]萨拉·萨里：《导读巴特勒》，马景超译，重庆大学出版社，2018 年版，第 160、169—170 页。

2　[法]阿兰·巴迪欧：《哲学与政治之间谜一般的关系》总序，李佩纹译，中央编译出版社，2017 年版，第 4 页。

3　Butler, J. "Changing the Subject: Judith Butler's Politics of Radical Resignification", *The Judith Butler Reader*, ed. by Sarah Salih(with Judith Butler), Oxford, Blackwell, 2004, p. 339.

时也承认这些另外的可能性是不稳定的和偶然性的。[1] 巴特勒认为自己的作品是嵌套在过去和未来之中的，永远都不是自我在场的，但这并不意味着她的作品是非政治的或者不干涉政治的，她也诚实地承认理论与政治之间的脱节以及所有理论的政治局限性。

巴特勒在《动态结论》一文中回应拉克劳与齐泽克，说自己并"不推崇吹毛求疵"，对于政治能指和话语的策略性使用一直保持"警惕性"，因为这些政治能指和话语也许可以"在某个分析的时刻……假定一个给定的状态"，但是"这并意味着不我把它视为'给定的'，而只是坚持它的重要性"，同时还要考虑到它"与语言分析的形式主义维度之间的批判性关系，询问是什么样的压抑和排斥使形式主义成为可能（马克思很想问的一个问题）"。[2] 这意味着在实践中巴特勒一直进行着"令人不安的政治"，这也是福柯作品的关键性特征，这并不是要激怒或者疏离读者，而是使那些现有规范和被视为理所当然的预设能够被质疑。

巴特勒"批判的哲学"要求批评者不仅进行社会政治批判与实践，还必须不断地进行自我批判以及对自我批判的批判，只有这样，才能避免在批判其他权威的同时，使自己成为一个新的权威。巴特勒强化了福柯式的"德性观"对批判的意义，这意味着，批评主体既要置身于社会话语结构中，又要与社会既定权威保持一种批判的距离，以自我塑造、自我转变和自我选择来实现对现实制度的对抗和超越。巴特勒说，"如果自我塑造的行为拒不遵从个体形成所遵循的原则，那么德性就成了一种实践，自我借此实践在去管治化过程中

1　Bell, V. "On Speech, Race and Melancholia: An Interview with Judith Butler". *Theory, Culture and Society*, 1999, pp. 166-167.

2　[美]朱迪斯·巴特勒、[斯洛文尼亚]欧内斯特·拉克劳、[英]斯拉沃热·齐泽克：《偶然性、霸权和普遍性——关于左派的当代对话》，胡大平等译，江苏人民出版社，2004年版，第288-289页。

形成自身，这意味着，自我作为主体冒着扭曲的风险，并占据着本体论意义上不稳固的位置"[1]。批评主体冒着失去自身主体性的危险，以其唯一性的姿态永远与权威相抗争，永远自我风格化。批判就是这样一个永不间断、螺旋性发展的过程，批判之批判的方法为自己安排了一条永远流动的，又是永远暂时的漫漫长路。只有通过对文化中的霸权因素、对自我以及对自身理论的不断批判、纠偏和寻正，通过"批判－建设－批判"的螺旋前进，人类才可能摆脱存在于文化之间、之内的霸权而最终走向自由。即，要保持对自己政治立场的持续社会批评意识，并在必要的时候不断转换立场，这暗合了巴特勒的述行理论，其文化政治批判也正是这样一路走来的。

那些对国家政策及其大众文化持有批判观点的人，往往会被排斥在政治体制之外，甚至被冠以污名，遭受侮辱，巴特勒看到并深深感受到这一点。在这种境况之下坚持已属不易，这不仅要求我们不为污名所困，还要求我们勇于挑战别人强加的污名。为了遏制异议，主流意识形态不仅运用羞辱手段制造出胁迫的心理效果，而且在公共领域范围内规定了谁才拥有有效话语权，何种意见才是真知灼见。正因为不愿失去话语权，被媒体拒之门外，人们才不愿意表达真实想法。在这种社会条件下，审查制度隐蔽而有力地发挥着作用，而它凭借的工具，正是那条划定可说事物与有效生命范围的界线。本应该是民主的核心，但批判本身变得岌岌可危，我们还能否公开而批判地思考，变成了一件前途未卜的事情。

福柯和德勒兹作为西方激进知识分子的代言人，在替底层人说话的同时又保持沉默。被剥夺权利者在福柯和德勒兹那里不过充当

---

[1] Butler, J. "What is Critique? An Essay on Foucault's Virtue", Salih, S. &Butler, J. *The Judith Butler Reader*. London: Blackwell, 2004. p. 321.

了作者表达自身欲望的替身，他们的修辞行为可能对被压迫者造成危害：底层人的反抗会因此被主导的政治再现过滤掉。有人认为解构主义依靠已经内化了的形而上学语言来拆解形而上学，类似于揪着自己的头发离开地球而飞翔，这种说法明确表示对在权力内部反抗的质疑。在权力话语之外是否存在着一个与权力话语同样具有主体性及创造性的对抗力量？福柯是消极的，他认为人无法摆脱话语的束缚，只能被动地存在于权力网络之中。但福柯同时也提出，在纵横交错的权力网络之中到处存在着抵制权力的阻力，这些阻力虽然处在权力关系的战略领域，但它们能够穿行于社会各阶层和个人，在权力网络中到处制造游移的分裂点，这些分裂点可以打破一个个整体（包括个人），重新塑造它们。并且他指出，只有"对这些阻力点作出战略性的统筹规划才能使革命成为可能"。[1] 他称自己的立场为"一种积极的悲观的行动主义"[2]，但是他没有指明这统筹规划的任务应该由谁来完成，是否就是那个认为处于"分裂状态"[3]的主体？是否因为权力网络中阻力点的存在，就使得处在这一网络之中、由网络中的位置决定的分裂主体具有了反抗权力的力量？这一点我们已无法从福柯那里得到明确解答了。

女性主义理论家玛莎·努斯鲍姆批评巴特勒是一位本着失败主义精神而逃避现实的嬉皮领袖，虽不无道理，但其实是一种误读。巴特勒深刻认识到批判性知识分子无可回避的固有悖论与现实困境，认为知识分子肩负着双重使命：要在熟悉的环境、用易于理解的语言对人说话；也要挑战熟悉的语言，为人们提供某种偏离的契机，打破

1　[法]米歇尔·福柯：《性史》，张廷琛等译，上海科学技术文献出版社，1989年版，第94页。

2　[法]傅柯：《主体和权力》，德雷福斯、拉比诺：《傅柯——超越结构主义与诠释学》，钱俊译，桂冠图书股份有限公司，1992年版，第297页。

3　[法]米歇·傅柯：《知识的考掘》，王德威译，麦田出版有限公司，1993年版，第139页。

看似坚不可摧的表面，对新的事物敞开，并以新的方式想象这个世界。[1] 当然，这要承担可能会丧失自身可理解性的风险，但正如巴特勒所说这是某种政治的姿态，是对规范的质疑和挑战，是拒绝遵守规则必须付出的代价，因为"常识是没有任何激进性的"。[2] 在巴特勒看来，批判性知识分子的著作总会具有某种政治意味，总是善于用艰涩的文字和扭曲了的文法激励读者去质疑现实世界，拒绝承认和接受一切习以为常的既定概念、前提和理念，进而去发掘这种拒绝背后可能具有的多样性与可能性，进行一种"激进民主政治实践"。

在对安提戈涅的解读中，巴特勒表示，虽然无法避免悖论和必然失败的结局，但仍然要坚持对言说的激情与对生命意义和价值的追问。将规范和普遍性转化为具有生产性的危机，会使巴特勒在学术界的某些领域不受欢迎，但是，她仍然致力于在"困难"的写作中提出困难的问题，以挑战狭隘的假设，并为激进的差异创造可能性：

> 对我来说，如果一个世界中我们可以质疑那些理所当然的东西，尤其是作为一个人意味着什么，这个世界才会更有希望……要作为一个人，人类主体，人的语词，人的欲望，条件是什么？我们如何限制人的语词或欲望？付出什么代价？谁付出这些代价？这些是我认为重要的问题，而这些问题就在日常语法、日常语言中起作用，被当作理所当然的概念。我们以为我们知道答案……[3]

1　[美]朱迪斯·巴特勒、沃伦·J. 布鲁门菲尔德等：《"有一个人在这里"——朱迪斯·巴特勒访谈》，何磊译，《当代艺术与投资》2011 年第 1 期，第 91 页。

2　[美]朱迪斯·巴特勒：《性别麻烦：女性主义与身份的颠覆》，宋素凤译，上海三联书店，2009 年版，"序（1999）"第 13 页。

3　[英]萨拉·萨里：《导读巴特勒》，马景超译，重庆大学出版社，2018 年版，第 174 页。

　　巴特勒不愿承认自己身份的同一性，也拒绝任何一个身份标签界定，甚至是一个"反对自身"的人：是一个女性主义者，但又不断挑战女性主义的根基；理论中经常出现黑格尔、马克思的影子，但又极少直接论及这两者……也许，对于巴特勒，我们只能用她自己的一句话来描述她："有某一个人在这里。"[1] 然而，"这里"也是"那里"，发生在"那里"的事情也可以发生在"这里"，总之，"这里"已经是别的什么地方，这也许会给读者带来某种安慰。

1　[美]朱迪斯·巴特勒：《性别麻烦：女性主义与身份的颠覆》，宋素凤译，上海三联书店，2009年版，"序（1999）"第11页。

参考文献

一、朱迪斯·巴特勒的专著

Butler, Judith. *Subjects of Desire: Hegelian Reflections in Twentieth-Century France*. New York: Columbia University Press, 1987.

Butler, Judith. *Gender Trouble: Feminism and the Subversion of Identity*. London: Routledge, 1990.

Butler, Judith. *Bodies That Matter: On the Discursive Limits of "Sex"*. London: Routledge, 1993.

Butler, Judith. *The Psychic Life of Power: Theories in Subjection*. Columbia: Stanford University Press, 1997.

Butler, Judith. *Excitable Speech: A Politics of the Performative*. London: Routledge, 1997.

Butler, Judith. *Antigone's Claim: Kinship Between Life and Death*. New York: Columbia University Press, 2000.

Butler, Judith. *Precarious Life: Powers of Violence and Mourning*. London: Verso, 2004.

Butler, Judith. *Undoing Gender*. London: Routledge, 2004.

Butler, Judith. *Giving an Account of Oneself*. New York: Fordham University Press, 2005.

Butler, Judith. *Frames of War: When Is Life Grievable?*. London: Verso, 2009.

Butler, Judith. *Parting Ways: Jewishness and the Critique of Zionism*. New York: Columbia University Press, 2012.

Butler Judith. *Senses of the Subject*. New York: Fordham University Press, 2015.

Butler, Judith. *Notes Toward a Performative Theory of Assembly*. Cambridge: Harvard University Press, 2015.

Butler, Judith. *The Force of Non-Violence*. London: Verso, 2020.

Butler, Judith. *Who's Afraid of Gender?*. Farrar, Straus and Giroux, 2024.

二、朱迪斯·巴特勒的合著

Butler, Judith & Scott, Joan. *Feminists Theorize the Political*. New York: Routledge, 1992.

Butler, Judith & Benhabib, Seyla. etc. *Feminist Contentions: A Philosophical Exchange*. London: Routledge, 1995.

Butler, Judith, Laclau, Ernesto & Žižek, Slavoj. *Contingency, Hegemony, Universality: Contemporary Dialogues on the Left*. London & New York: Verso, 2000.

Butler, Judith, Guillory, John & Thomas, Kendall. *What is Left of Theory? New Work on the Politics of Literary Theory*. London: Routledge, 2000.

Butler, Judith, Grey, Thomas C. & Post, Robert C. et al. *Prejudicial Appearance: The Logic of American Antidiscrimination Law*. Durham: Duke University Press, 2001.

Butler, Judith, Felman, Shoshana & Cavell, Stanley. *The Scandal of the Speaking Body: Don Juan with J. L. Austin, or Seduction in Two*

Languages. Chicago: Stanford University Press, 2002.

Butler, Judith & Salih, Sara. *The Judith Butler Reader*. London: Blackwell Publishing, 2004.

Butler, Judith & Davies, Bronwyn. *Judith Butler in Conversation: Analyzing the Texts and Talk of Everyday Life*. New York: Routledge, 2007.

Butler, Judith & Spivak, Gayatri. C. *Who Sings the Nation-State? Language, Politics, Belonging*. Cambridge: Polity Press, 2007.

Butler, Judith & Asad, Talal. etc. *Is Critique Secular?. Blasphemy, Injury, and Free Speech*. Berkeley: University of California Press, 2009.

Butler, Judith & Weed, Elizabeth. *The Question of Gender: Joan W. Scott's Critical Feminism*. Indianapolis: Indiana University Press, 2011.

Butler, Judith & Habermas, Jürgen. *The Power of Religion in the Public Sphere*. New York: Columbia University Press, 2011.

Butler, Judith & Aloni, Udi, et al. *What Does a Jew Want? On Binationalism and Other Specters*. New York: Columbia University Press, 2011.

Butler, Judith & Athanasiou, Athena. *Dispossession: The Performative in the Political*. New York: Wiley Press, 2013.

三、朱迪斯·巴特勒的研究著作

Jagger, Gill. *Judith Butler: Sexual Politics, Social Change and the Power of the Performative*. London & New York: Routledge, 2008.

Kirby, Vicki. *Judith Butler: Live Theory*. London & New York: Continuum, 2006.

Lloyd, Moya. *Judith Butler: From Norms to Politics*. Cambridge:

Polity Press, 2007.

Loizidou, Elena. *Judith Butler: Ethics, Law, Politics*. Oxon & New York: Routledge-Cavendish, 2007.

Salih, Sara. *Judith Butler*. London and New York: Routledge, 2002.

Thiem, Annika. *Unbecoming Subjects: Judith Butler, Moral Philosophy, and Critical Responsibility*. New York: Fordham University Press, 2008.

四、朱迪斯·巴特勒的论文、访谈

Butler, Judith. "Sex and Gender in Simone de Beauvoir's Second Sex". *Yale French Studies*, 72, 1986, pp. 35-49.

Butler, Judith. "Performative Acts and Gender Constitution: An Essay in Phenomenology and Feminist Theory". *Theatre Journal*, Vol. 40, No. 4, 1988, pp. 519-531.

Butler, Judith. "The Body Politics of Julia Kristeva". *Hypatia*, Vol. 3, No. 3, 1989, pp. 104-118.

Butler, Judith. "Contingent Foundations: Feminism and the Question of 'Postmodernis' ". *Praxis International*, Vol. 11, No. 2, 1991, pp. 150-165.

Butler, Judith. "Critically Queer". *GLQ: A Journal of Lesbian and Gay Studies*, Vol. 1, No. 1, 1993, pp. 17-32.

Butler, Judith & Rubin, Gale. "Interview: Sexual Traffic". *Differences-A Journal of Feminist Cultural Studies*, Vol. 6, No. 2/3, 1994, pp. 62-99.

Butler, Judith. "How Can I Deny That These Hands and This Body Are Mine?". *Qui Parle*, Jan. 11, 1997, pp. 1-20.

Butler, Judith. "How bodies come to Matter: An Interview with Judith

Butler". *Signs: Journal of Women for Gender and Society*, Vol. 23, No. 2, 1998, pp. 275-286.

Butler, Judith & Kirby, Vicki. etc. "'There Is a Person Here': An Interview with Judith Butler". *International Journal of Sexuality and Gender Studies*, Vol. 6, No. 1/2, 2001, pp. 7-23.

Butler, Judith. "Violence, Mourning, Politics". *Studies in Gender and Sexuality*, Vol. 4, No. 1, 2003, pp. 9-37.

Butler, Judith. "Who Owns Kafka?". *London Review of Books*, Vol. 33, No. 5, 2011, pp. 3-8.

Butler, Judith. "Response: Performative Reflections on Love and Commitment". *WSQ: Women's Studies Quarterly*, Vol. 39, No. 1 & 2, 2011, pp. 236-239.

Butler, Judith. "Precarious Life, Vulnerability, and the Ethics of Cohabitation". *The Journal of Speculative Philosophy*, Vol. 26, No. 2, 2012, pp. 134-151.

Butler, Judith & Salamon, Gayle. "Learning How to See: An Interview with Judith Butler". *Philosophy Today*, Vol. 61, No. 2, 2017.

五、朱迪斯·巴特勒的研究论文

Allen, Amy. "Dependency, subordination, and Recognition: on Judith Butler's Theory of Subjection", *Continental Philosophy Review*, Vol. 38, No. 3-4, 2005, pp. 199-222.

Bell, Vikki. "From Performativity to Ecology: on Judith Butler and Matters of Survival", *Subjectivity*, Vol. 25, No. 1, 2008, pp. 395-412.

Bell, Vikki. "On Speech, Race and Melancholia: An Interview with Judith Butler", *Theory, Culture and Society*, Vol. 16, No. 2, 1999, pp. 163-

174.

Bell, Vikki. "New Scenes of Vulnerability, Agency and Plurality: An Interview with Judith Butler", *Theory Culture & Society*, Vol. 27, No. 1, 2010, pp. 130-152.

Cheah, Pheng & Grosz, Elizabeth. "The Future of Sexual Difference: An Interview with Judith Butler and Drucilla Cornell", *Diacritics*, Vol. 28, No. 1, 1998, pp. 19-42.

Cheah, Pheng. "The Biopolitics of Recognition: Making Female Subjects of Globalization", *Boundary*, Vol. 40, No. 2, 2013, pp. 81-112.

Cover, Rob. "Sexual Ethics, Masculinity and Mutual Vulnerability", *Australian Feminist Studies*, Vol. 28, No. 82, 2014, pp. 435-451.

Culbertson, Carolyn. "The Ethics of Relationality: Judith Butler and Social Critique", *Continental Philosophy Review*, Vol. 46, No. 3, 2013, pp. 449-463.

Culler, Jonathan. "Philosophy and Literature: the Fortunes of the Performative", *Poetics Today*, Vol. 21, No. 3, 2000, pp. 503-519.

Feola, Michael. "Norms, Vision and Violence: Judith Butler on the Politics of Legibility", *Contemporary Political Theory*, Vol. 13, No. 2, 2014, pp. 130-148.

Knisely, Lisa C. "Oppression, Normative Violence, and Vulnerability: The Ambiguous Beauvoirian Legacy of Butler's Ethics", *Philosophia*, Vol. 2, No. 2, 2012, pp. 145-166.

Magnus, Kathy D. "The Unaccountable Subject: Judith Butler and the Social Conditions of Intersubjective Agency", *Hypatia*, Vol. 21, No. 2, 2006, pp. 81-103.

Mitchell, Kaye. "Unintelligible Subjects: Making Sence of Gender,

Sexuality and Subjectivity After Judith Butler", *Subjectivity*, 25, 2008, pp. 413-431.

Nussbaum, Martha. "The Professor of Parody: The Hip Defeatism of Judith Butler", *The New Republic*, Feb. 22, 1999, pp. 37-45.

Rasmus, Williga. "Recognition and critique: an interview with Judith Butler", *Distinktion: Scandinavian Journal of Social Theory*, Vol. 13, No. 1, 2012, pp. 139-144.

Shuman, George. "On Vulnerability as Judith Butler's Language of Politics: From Excitable Speech to Precarious Life", *WSQ: Women's Studies Quarterly*, Vol. 39, No. 1 & 2, 2011, pp. 227-235.

Stark, Hannah. "Judith Butler's Post-Hegelian Ethics and the Problem with Recognition", *Feminist Theory*, Vol. 15, No. 1, 2014, pp. 89-100.

Stauffer, Jill. "Peace is Resistance to the Terrible Satisfactions of War: An Interview with Judith Butler", *Qui Parle*, Vol. 14, No. 1, 2003, pp. 99-121.

Tohidi, Nayereh. "An Interview on Feminist Ethics and Theory with Judith Butler", *Journal of Middle East Women's Studies*, Vol. 13, No. 3, 2017, pp. 461-468.

六、中文译著

[法] 阿尔都塞:《哲学与政治: 阿尔都塞读本》, 陈越编, 吉林人民出版社, 2003 年版。

[美] 爱德华·W. 萨义德:《东方学》, 王宇根译, 生活·读书·新知三联书店, 2007 年版。

[法] 阿兰·巴迪欧:《哲学与政治之间谜一般的关系》, 李佩纹

译，中央编译出版社，2017年版。

[英]安吉拉·麦克罗比:《文化研究的用途》，李庆本译，北京大学出版社，2007年版。

[美]贝尔·胡克斯:《女权主义理论:从边缘到中心》，晓征、平林译，江苏人民出版社，2001年版。

[德]彼得·毕尔格:《主体的退隐:从蒙田到巴特间的主体性历史》，陈良梅、夏清译，南京大学出版社，2004年版。

[美]大卫·雷·格里芬编:《后现代精神》，王成兵译，中央编译出版社，2011年版。

[美]德雷福斯、拉比诺:《傅柯——超越结构主义与诠释学》，钱俊译，桂冠图书股份有限公司，1992年版。

[德]恩格斯:《家庭、私有制和国家的起源》，人民出版社，2018年版。

[美]弗莱德·R.多迈尔:《主体性的黄昏》，万俊人译，广西师范大学出版社，2013年版。

[奥]弗洛伊德:《弗洛伊德后期著作选》，林尘等译，上海译文出版社，1986年版。

[奥]弗洛伊德:《自我与本我》，车文博主编，九州出版社，2014年版。

[美]葛尔·罗宾等:《酷儿理论》，李银河译，文化艺术出版社，2003年版。

[美]汉娜·阿伦特:《共和的危机》，郑辟瑞译，上海人民出版社，2013年版。

[美]汉娜·阿伦特:《极权主义的起源》，林骧华译，生活·读书·新知三联书店，2014年版。

[德]黑格尔:《精神现象学》，贺麟、王玖兴译，商务出版社，

1979 年版。

[印度] 佳亚特里·斯皮瓦克:《后殖民理性批判:正在消失的当下的历史》,严蓓雯译,译林出版社,2014 年版。

[美] 凯文·奥尔森编:《伤害 + 侮辱——争论中的再分配、承认和代表权》,高静宇译,上海人民出版社,2009 年版。

[法] 露西·伊利格瑞:《他者女人的窥镜》,屈雅君等译,河南大学出版社,2017 年版。

[美] 迈克尔·哈特、[意] 安东尼奥·奈格里:《大同世界》,王行坤译,中国人民大学出版社,2016 年版。

[法] 米歇尔·福柯:《性经验史》,佘碧平译,上海人民出版社,2005 年版。

[法] 米歇尔·福柯:《权力的眼睛——福柯访谈录》,严锋译,上海人民出版社,2021 年版。

[法] 米歇尔·福柯:《主体解释学》,佘碧平译,上海人民出版社,2010 年版。

[法] 米歇尔·福柯:《福柯集》,杜小真编选,上海远东出版社,2003 年版。

[美] 南茜·弗雷泽:《正义的中断——对"后社会主义"状况的批判性反思》,于海青译,上海人民出版社,2009 年版。

[德] 尼采:《论道德的谱系》,赵千帆译,商务印书馆,2018 年版。

[美] 佩吉·麦克拉肯主编:《女权主义理论读本》,广西师范大学出版社,2007 年版。

[美] 乔纳森·卡勒:《论解构:结构主义之后的理论与批评》,陆扬译,中国社会科学出版社,1998 年版。

[斯洛文尼亚] 齐泽克:《敏感的主体——政治本体论的缺席中

心》，应奇等译，江苏人民出版社，2006 年版。

[英] 萨拉·萨里：《导读巴特勒》，马景超译，重庆大学出版社，2018 年版。

[英] 苏珊·弗兰克·帕森斯：《性别伦理学》，史军译，北京大学出版社，2009 年版。

[法] 西蒙娜·德·波伏娃：《第二性》，陶铁柱译，中国书籍出版社，2004 年版。

[法] 雅克·拉康：《拉康选集》，褚孝泉译，华东师范大学出版社，2019 年版。

[美] 朱迪斯·巴特勒：《性别麻烦：女性主义与身份的颠覆》，宋素凤译，上海三联书店，2009 年版。

[美] 朱迪斯·巴特勒：《消解性别》，郭劼译，上海三联书店，2009 年版。

[美] 朱迪斯·巴特勒：《权力的精神生活：服从的理论》，张生译，江苏人民出版社，2009 年版。

[美] 朱迪斯·巴特勒：《身体之重：论"性别"的话语界限》，李钧鹏译，上海三联书店，2011 年版。

[美] 朱迪斯·巴特勒：《脆弱不安的生命：哀悼与暴力的力量》，何磊、赵英男译，河南大学出版社，2013 年版。

[美] 朱迪斯·巴特勒：《战争的框架》，何磊译，河南大学出版社，2016 年版。

[美] 朱迪斯·巴特勒：《安提戈涅的诉求：生与死之间的亲缘关系》，王楠译，河南大学出版社，2017 年版。

[美] 朱迪斯·巴特勒、[英] 欧内斯特·拉克劳、[斯洛文尼亚] 斯拉沃热·齐泽克：《偶然性、霸权和普遍性——关于左派的当代对话》，胡大平等译，江苏人民出版社，2004 年版。

［法］朱丽娅·克里斯蒂娃:《中国妇女》,赵靓译,同济大学出版社,2010 年版。

［法］于丽娅·克里斯特娃:《反抗的未来》,黄晞耘译,广西师范大学出版社,2007 年版。

［法］朱丽娅·克里斯特瓦:《反抗的意义和非意义》,林晓等译,吉林出版集团有限责任公司,2009 年版。

七、中文专著

陈顺馨:《中国当代文学的叙事与性别》,北京大学出版社,1995 年版。

陈顺馨、戴锦华选编:《妇女、民族与女性主义》,中央编译出版社,2004 年版。

戴锦华:《犹在镜中:戴锦华访谈录》,知识出版社,1999 年版。

杜芳琴、王向贤主编:《妇女与社会性别研究在中国（1987～2003)》,天津人民出版社,2003 年版。

都岚岚:《为人之政治:朱迪斯·巴特勒思想研究》,南京大学出版社,2020 年版。

冯芃芃、郑岩芳:《社会性别与社会读本》,上海三联书店,2010 年版。

何成洲、［美］王玲珍:《性别、理论与文化（2010 年第 1 卷)》,南京大学出版社,2010 年版。

何磊:《欲望·身份·生命——朱迪斯·巴特勒的主体之旅》,河南大学出版社,2019 年版。

何式凝、［加］曾家达:《情欲、伦理与权力:香港两性问题研究报告》,中国社会科学出版社,2012 年版。

李小江:《女性／性别的学术问题》,山东人民出版社,2005 年版。

李小江:《夏娃的探索——妇女研究论稿》,河南人民出版社,1988年版。

李银河主编:《妇女:最漫长的革命——当代西方女性主义理论精选》,中国妇女出版社,2007年版。

刘慧英:《走出男权传统的樊篱——文学中男权意识的批判》,生活·读书·新知三联书店,1995年版。

刘思谦:《"娜拉"言说:中国现代女作家心路纪程》,河南大学出版社,2007年版。

刘思谦、屈雅君等:《性别研究:理论背景与文学文化阐释》,南开大学出版社,2010年版。

[美]刘剑梅:《革命与情爱——二十世纪中国小说史中的女性身体与主题重述》,郭冰茹译,上海三联书店,2009年版。

刘岩、邱小轻、詹俊峰编著:《女性身份研究读本》,武汉大学出版社,2007年版。

孟悦、戴锦华:《浮出历史地表——现代妇女文学研究》,北京大学出版社,2018年版。

宋素凤:《多重主体策略的自我命名:女性主义文学理论研究》,山东大学出版社,2002年版。

陶东风主编:《文化研究精粹读本》,中国人民大学出版社,2006年版。

王逢振等编译:《性别政治》,天津社会科学院出版社,2001年版。

王逢振等编:《文化研究选读》,外语教学与研究出版社,2007年版。

王金玲、林维红主编:《性别视角:文化与社会》,社会科学文献出版社,2009年版。

汪民安、陈永国、马海良主编:《后现代性的哲学话语:从福柯到赛义德》,浙江人民出版社,2000 年版。

汪民安、陈永国编:《后身体:文化、权力和生命政治学》,吉林人民出版社,2011 年版。

汪民安主编:《文化研究关键词》,江苏人民出版社,2011 年版。

汪民安:《身体、空间与后现代性》,江苏人民出版社,2006 年版。

王楠:《美国性别批评理论研究》,北京大学出版社,2015 年版。

王玉珏:《主体的生成与反抗:朱迪斯·巴特勒身体政治学理论研究》,北京师范大学出版社,2018 年版。

幸洁:《性别表演:后现代语境下的跨界理论与实践》,浙江大学出版社,2016 年版。

姚文放:《审美文化学导论》,社会科学文献出版社,2011 年版。

姚文放:《从形式主义到历史主义:晚近文学理论“向外转”的深层机理探究》,北京大学出版社,2017 年版。

叶舒宪:《性别诗学》,社会科学文献出版社,1999 年版。

张念:《性别政治与国家:论中国妇女解放》,商务印书馆,2014 年版。

张永清、马云龙主编:《后马克思主义读本:理论批评》,人民出版社,2011 年版。

张一兵、胡大平:《西方马克思主义哲学的历史逻辑》,南京大学出版社,2003 年版。

周凡主编:《后马克思主义:批判与辩护》,中央编译出版社,2007 年版。

八、中文论文

[美]艾瑞思·玛丽恩·杨:《活身体与性别：对社会结构和主体性的反思》，贺翠香译，《国外社会科学》2012 年第 3 期。

Cazier, JP & Butler, J :《很高兴见证民意的涌现——朱蒂斯·巴特勒访谈》，张子岳译，《当代国外马克思主义评论》2018 年第 1 期。

柴焰:《"理论之后"马克思主义宏大叙事的探索——伊格尔顿对"生命意义"的思考》，《兰州学刊》2011 年第 9 期。

成红舞:《他者观与哀悼伦理——西蒙娜·德·波伏瓦与朱迪斯·巴特勒的他者观比较》，《西南交通大学学报（社会科学版）》2014 年第 3 期。

陈虹:《中国当代文学：女性主义·女性写作·女性本文》，《文艺评论》1995 年第 4 期。

戴锦华、邹赞:《文化镜城与隐形书写——戴锦华访谈录》，《中国图书评论》2014 年第 4 期。

董丽敏:《从文化政治到知识生产——对 20 世纪早期几种"女性文学史"的考察》，《中国现代文学研究丛刊》2011 年第 5 期。

都岚岚:《论朱迪斯·巴特勒性别理论的动态发展》，《妇女研究论丛》2010 年第 6 期。

都岚岚:《西方文论关键词　性别操演理论》，《外国文学》2011 年第 5 期。

都岚岚:《酷儿理论等于同性恋研究吗？》，《文艺理论研究》2015 年第 6 期。

都岚岚:《脆弱与承认：论巴特勒的非暴力伦理》，《外国文学》2015 年第 4 期。

范譞:《跳出性别之网——读朱迪斯·巴特勒〈消解性别〉兼论

"性别规范"概念》,《社会学研究》2010 年第 5 期。

范譞:《物质性与物质化〈身体之重〉一书中的身体理论》,《社会》2012 年第 3 期。

范岭梅:《朱迪斯·巴特勒主体思想的演变》,《外国文学动态》2012 年第 6 期。

范一亭:《从"批评"到"批判"——福柯的〈何为批判〉与文学批评者的身份探求》,《国外文学》2013 年第 4 期。

方向红:《流氓与民主:一种必需解构的国家伦理——德里达〈流氓〉解读》,《南京社会科学》2009 年第 4 期。

傅美蓉、屈雅君:《社会性别、再现与女性的他者地位》,《妇女研究论丛》2010 年第 3 期。

郭劼:《承认与消解:朱迪斯·巴特勒的〈消解性别〉》,《妇女研究论丛》2010 年第 6 期。

何成洲:《巴特勒与表演性理论》,《外国文学评论》2010 年第 3 期。

何磊:《绽出、迷失、矛盾:黑格尔的欲望主体之旅》,《外国文学》2013 年第 3 期。

柯倩婷:《身体与性别研究:从波伏娃与巴特勒对身体的论述谈起》,《妇女研究论丛》2010 年第 1 期。

孔明安:《政治霸权的逻辑及其普遍性的困境——简析后马克思主义视域中的普遍性与本质主义之争》,《国外社会科学》2013 年第 1 期。

李昀、万益:《巴特勒的困惑:对〈性属困惑〉的阿多诺式批判》,《当代外国文学》2006 年第 2 期。

林青:《激进政治理论的"相遇"问题——从马克思、阿尔都塞到当代生命政治理论》,《南京大学学报(哲学·人文科学·社会科学)》

2016 年第 5 期。

　　林树明:《性别诗学:意会与构想》,《中国文化研究》2000 年第 1 期。

　　林树明:《一石激起千层浪——关于性别诗学批评的思考》,《当代文坛》2011 年第 2 期。

　　林树明:《女性文学研究、性别诗学与社会学理论》,《贵州社会科学》2007 年第 12 期。

　　刘思谦:《中国女性文学的现代性》,《文艺研究》1998 年第 1 期。

　　刘希:《后结构理论与中国女性主义批评——以社会主义文化研究中的妇女"主体性"为中心》,《文艺理论研究》2021 年第 1 期。

　　马元龙:《棘手的主体:自主抑或臣服?》,《外国文学》2009 年第 4 期。

　　马中英、韩璞庚:《生命政治批判:马克思政治经济学 - 历史批判的"隐性逻辑"》,《青海社会科学》2019 年第 4 期。

　　孟悦:《性别表象与民族神话》,《二十一世纪》1991 年第 4 期。

　　闵冬潮:《从全球女性主义到跨国女性主义——兼论跨国女性主义的知识生产》,《妇女研究论丛》2005 年第 5 期。

　　莫立民:《新时期三十年女性主义文学批评》,《甘肃社会科学》2010 年第 5 期。

　　南希·弗瑞泽、孟登迎:《异性恋主义、误认与资本主义——对朱迪斯·巴特勒的回应》,《外国文学》1999 年第 2 期。

　　戚宗海:《文化转化:试论朱迪斯·巴特勒的理论路径》,《集美大学学报(哲学社会科学版)》2021 年第 2 期。

　　钱疏影:《异类反抗——论朱迪斯·巴特勒的安提戈涅》,《浙江学刊》2014 年第 4 期。

　　乔以钢、张磊:《性别批评的构建及其基本特征》,《天津社会科学》2007年第4期。

R.波尔:《走向无伦理学的反叛》,林子赛译,《马克思主义与现实》2015年第1期。

宋少鹏:《"社会主义妇女解放与西方女权主义的区别:理论与实践"座谈会综述》,《山西师大学报(社会科学版)》2011年第4期。

宋素凤:《后结构主义与女性主义的对话》,《山东大学学报(哲学社会科学版)》1999年第4期。

宋素凤:《〈性别麻烦:女性主义与身份的颠覆〉——后结构主义思潮下的激进性别政治思考》,《妇女研究论丛》2010年第1期。

宋政超:《平等的新世界——巴特勒新冠论探》,《文化研究》2020年第2期。

孙婷婷:《性别跨越的狂欢与困境——朱迪斯·巴特勒的述行理论研究》,《妇女研究论丛》2010年第6期。

孙婷婷:《身体的解构与重构——朱迪斯·巴特勒〈身体之重〉的身体述行解读》,《妇女研究论丛》2012年第3期。

孙婷婷:《家庭、性别的双重背离:朱迪斯·巴特勒对悲剧英雄安提戈涅的解读》,《四川戏剧》2014年第11期。

孙婷婷:《与他人相遇:朱迪斯·巴特勒文化身份研究的伦理维度》,《河南师范大学学报(哲学社会科学版)》2015年第6期。

何成洲:《性别研究的未来——与托莉·莫伊的访谈》,《当代外国文学》2009年第2期。

万益、李昀:《后解构的女性主体性:在"现"与"后"之间游走》,《广西大学学报(哲学社会科学版)》2012年第1期。

万莲子:《性别:一种可能的审美维度——全球化视域里的中国性别诗学研究导论(1985—2005大陆)(下)》,《湘潭大学学报(哲学社会科学版)》2006年第1期。

王冰冰:《从身体政治到全球民主——论朱迪斯·巴特勒理论的政治转向》,《文艺争鸣》2015 年第 11 期。

王玲珍:《中国社会主义女性主义实践再思考——兼论美国冷战思潮、自由 / 本质女性主义对社会主义妇女研究的持续影响》, 王玲珍、肖画译,《妇女研究论丛》2015 年第 3 期。

王玲珍:《关于中国革命与性别平等 / 解放的理论再思考》,《妇女研究论丛》2017 年第 5 期。

王玲珍:《重审新时期中国女性主义实践和性 / 别差异话语——以李小江为例》,《南开学报(哲学社会科学版)》2015 年第 6 期。

王楠:《性别与伦理间的安提戈涅:黑格尔之后》,《外国文学研究》2014 年第 3 期。

王楠:《从性别表演到文化批判:论朱迪斯·巴特勒的政治伦理批评》,《妇女研究论丛》2015 年第 2 期。

王侃:《理论霸权、阐释焦虑与文化民族主义——"强制阐释论"略议》,《文艺争鸣》2015 年第 5 期。

陈莉:《除了"阐释",文学理论还能干什么?》,《吉首大学学报(社会科学版)》2016 年第 2 期。

王宁:《巴特勒的理论之于中国当代性别研究的意义》,《山东外语教学》2015 年第 1 期。

王宁:《德里达的幽灵:走向全球人文的建构》,《探索与争鸣》2018 年第 6 期。

王学谦:《用自己的眼光看西方文论——张江的"强制阐释论"与中国文论建设》,《文艺争鸣》2015 年第 3 期。

王玉珏:《欲望的主体——论朱迪斯·巴特勒与黑格尔之思想勾连》,《集美大学学报(哲社版)》2016 年第 1 期。

王玉珏:《重思可能性——朱迪斯·巴特勒激进民主理论研究》,

《广西师范大学学报（哲学社会科学版）》2015 年第 4 期。

王玉珏:《权力话语与身体的物质化——朱迪斯·巴特勒的女性主义系谱学研究》,《西南大学学报（社会科学版）》2015 年第 3 期。

王政:《"女性意识"、"社会性别意识"辨异》,《妇女研究论丛》1997 年第 1 期。

肖明华:《当代女性主义文学批评的发生与影响》,《青海社会科学》2015 年第 1 期。

杨乐:《朱迪斯·巴特勒之批判理论的历史唯物主义批判》,《浙江社会科学》2021 年第 10 期。

姚文放:《文化政治与文学理论的后现代转折》,《文学评论》2011 年第 3 期。

姚文放:《文化政治三维度》,《求是学刊》2011 年第 2 期。

张江:《当代西方文论若干问题辨识——兼及中国文论重建》,《中国社会科学》2014 年第 5 期。

朱迪斯·巴特勒，沃伦·J. 布鲁门菲尔德等:《"有一个人在这里"——朱迪斯·巴特勒访谈》,何磊译,《当代艺术与投资》2011 年第 1 期。

朱迪斯·巴特勒:《身体的脆弱性、联盟和街头政治》,杨乐、张也译,《国外理论动态》2018 年第 2 期。

朱迪斯·巴特勒:《感知他者中的生命——早期黑格尔论爱》,王艳秋译,《广州大学学报（社会科学版）》2022 年第 1 期。

后 记

偶然看到这样一个视频：一个中学生模样的女孩在凌晨两三点忽然坐在地上号啕大哭，边哭边大喊："我的作业终于写完了……"欢喜畅快？心酸悲哀？抑或释放欣慰……如今，我的第一部书稿也终于完成，但内心却没有女孩般大喜大悲的酣畅淋漓。搬个小凳子坐在阳台，捧着一杯热水，一小口一小口地喝。冬日的阳光有些清冷，也有些许温暖。生活会继续，生活也在继续。每天上班下班，接送孩子，偶尔锻炼下正在老化的腰椎和肩颈，不至于久坐后那么疼痛。

朱自清先生24岁时就感慨时光匆匆，何况已是中年不惑的我。2013年读博时，我的大女儿四岁。2016年博士毕业后的第二年，我的小女儿出生，今年已七岁。工作多年后，虽仍在大学校园，但和做学生时心境大不相同。我时常会有这样的错觉：昨天甚至是刚刚发生的事情早已遥远，反倒是若干年前甚至儿时的记忆犹在目前。还清晰记得脱产读博那一年，学校的一草一木都是那样生机勃勃，老师的每一节课都是那样精彩；也清晰记得和张迪平、管才君、王磊三位同窗共同学习探讨，共游瘦西湖的美好情景；还有和我的大学同学兼校友闵永军、室友兼师妹魏磊一起度过的美好时光。虽然毕业论文的写作过程有点艰难漫长，但是柳暗花明的兴奋惊喜，同窗相互的鼓励督促，甚至山穷水尽的茫然焦虑，如今回忆起来都是那样美好。我的博士求学之旅也算一路顺畅，博士论文被评为扬州大学优秀博士毕业论文，获江苏省百篇优秀博士毕业论文提名。但是毕业之后重归工作，毕业论文也被搁置一旁。2018 年带着全家不远千里来到新的城市，想在学术道路上走得更远些。2019 年申请进入浙江师范大学文艺学专业的博士后流动站。2020 年以博士论文为基础申请课题，获批教育部人文社会科学研究青年基金项目与中国博士后科学基金面上资助项目。蓦然回首，这些文字的生命已有八年，时间战线拉得有些长，八年中走走停停，也没有持续地思考与修正。如今虽已成书，但自觉依然存在很多问题。对我来说，在学术这条路上，有待成长的空间还很大，不管如何，这本书的出版也算对它们，对自己有了一个交代。

　　回首我的人生之路，在人生转角处总会遇到好的机遇，或幸得贵人相助。初中毕业时出于家庭原因，我读了中等师范学校，那时候国家政策对中师生极为优待，不但每月有生活补贴，而且毕业后国家统一分配工作。三年级毕业时恰逢保送大学的机遇，我很幸运地被保送上了大学。大学毕业后我直接回老家商丘的一所高中工作，幸遇我的同事、室友李香君，她在准备考研究生，于是我便和她一起准备考试，相互鼓励，最终我俩都如愿以偿。我考上了苏州大学文艺学方向的研究生，师从鲁枢元教授。考试前我给鲁老师写了一封信，没想到老师很快给我回了信，而且是亲笔手写，我欣喜若狂。不过太遗憾，后来因为辗转各地，信弄丢了。研究生毕业后我就职于一所高校，幸遇我的人生伴侣周平先生，结婚生女。本想一生就这样度过了，然而困惑不安总是时不时地触碰我那颗渴求的心灵，大女儿上了幼儿园，暂时没有学习压力，我也相对有了空余精力，便萌生了考博的想法，我先生得知后非常支持我。一个偶然的机会，我决定报考姚文放教授的博士生。面试时第一次见到姚老师，他和蔼地问了我一些硕士时期学习的情况和工作上的事情，我如实回答。没想到数天后竟收到姚老师的恭贺短信，我当时非常激动，深深感受到老师的宽阔胸怀和公平公正。可以说研究生生活改变了我的人生轨迹，特别是博士阶段的学习让我的思维有了质的飞跃。后来有机会换了新的工作，竟然遇到大学同学，感谢老同学李国辉和霍明丽夫妇，在他们的帮助和指点下，初来乍到的我和我的家庭很快适应了新的城市生活和工作学习的环境。

我与朱迪斯·巴特勒的相遇比较偶然，也可以说是一种迟早的相遇。因为性别。与巴特勒走向学术道路的缘起相似，"生而为女"的我在很小的时候就有着对性别的敏感认知。我家有兄妹四人，我排行老大，还有两个弟弟一个妹妹。我的父母是他们那个时代的知识分子，对我们兄弟姐妹四人没有性别方面的差异对待，但是我的周围却充斥着男女尊卑的观念。因为我是女孩，生下来就没有得到长辈的照顾，妈妈只能辞掉工作；我妹妹生下来就被嫌弃：你看这大耳朵，要是个男孩该多好；小学的时候我所有的女性玩伴都中途辍学。感谢我的父母赐予我生命，感谢他们对我求学道路的一路支持。在后来不同的人生阶段，我或多或少都遭遇着性别的差异对待。对"生而为女"的自知欲求和"明白些道理，遇见些有趣的事"的生命冲动，让我在学术研究道路上敏锐地捕捉到性别研究的方向。本科毕业论文和张爱玲有关，硕士毕业论文研究嫦娥奔月神话衍变过程中的生态女性主义思想，博士论文在寻寻觅觅中最终遇见了朱迪斯·巴特勒。这个名字对当时的我而言是陌生的，然而，在写作过程中我惊讶地发现，其实很早之前我就购买了她的成名作《性别麻烦：女性主义与身份的颠覆》。研究巴特勒给我的生活带来很大的变化，我惊讶于她思想的深邃和独特的哲学思考，当然也是因为这个，加之她被诟病的晦涩的文风，我的研究过程相当辛苦，然而我享受着这辛苦，它使我的精神世界更加丰满。我述行性地生成着一个个崭新的自我，同时，我也逐渐"看见"了生活中那些可见的与不可见的"他者面孔"。

偶然看到一个采访，马斯克被问及在 AI 技术不断完善的情况下，会给自己的孩子什么样的职业建议。在面对如此多、如此大的改变时，什么才是最有价值的？面对这些问题，马斯克足足沉默了十来秒，然后回答：这是一个很难回答的问题。我想我只能说，跟随自己的本心吧，去做有兴趣或是能感受到成就感的事情，尽量成为对社会有用的人。对于马斯克的回答，我们可能不太满意。有网友这样评论：他的言论就好比医生嘱咐一个生命即将走到尽头的人，能吃点啥就吃点，开心过好每一天。如今的社会发展太快，特别是人工智能的发展，未来的不确定性时常会让人焦虑不安，生活中的种种境况也会让人倍感无力。我们该何去何从？不过，马斯克的回答也可以给我们些许启示——跟随本心，寻找生命的意义。这其实何尝不是一种哲学思考？如同镌刻在德尔斐神殿石碑上的"认识你自己"的哲学箴言，或者巴特勒思考的那个"主体"。人类对外在世界的探索几乎达到极限，是该回归内在的本心了，重新思考：我是谁？我从哪里来？要到哪里去？

如今论文写完了，但我意犹未尽。如同朱迪斯·巴特勒的主体之旅，我将一直在路上，同时也带着那一丝不安。

感谢导师们的教诲！

感谢朋友们的相助！

感谢浙江大学出版社的老师们！感谢宋旭华老师的统筹安排，

感谢责任编辑耐心细致的校对和修改建议！

感谢亲人们的默默守护与承担！

感谢参考文献中的所有学者！

最后，感谢能在慵懒和困顿中坚守的自己！

正写着，耳边传来一个声音："慧呢，吃呀饭啦。"老人口中的方言透露着温暖和关爱，一种幸福感油然而生。是啊，除了学术，还有生活。爱生活，爱家人，爱自己，爱学术，爱工作。好了，吃饭去啦！

图书在版编目（CIP）数据

朱迪斯·巴特勒主体哲学思想及其文化政治批判 / 王慧著. -- 杭州：浙江大学出版社，2025. 1. -- ISBN 978-7-308-25816-6

Ⅰ. B712.6

中国国家版本馆CIP数据核字第2025Z13V22号

朱迪斯·巴特勒主体哲学思想及其文化政治批判

王　慧　著

责任编辑	牟琳琳	
责任校对	黄梦瑶	
封面设计	周　灵	
出版发行	浙江大学出版社	
	（杭州市天目山路148号　邮政编码310007）	
	（网址：http://www.zjupress.com）	
排　　版	杭州林智广告有限公司	
印　　刷	浙江新华数码印务有限公司	
开　　本	880mm×1230mm　1/32	
印　　张	13.625	
字　　数	315千	
版印次	2025年1月第1版　2025年1月第1次印刷	
书　　号	ISBN 978-7-308-25816-6	
定　　价	98.00元	